동아시아 법문명권 속의 일본사

유교핵 정치문화를 중심으로

이 도서의 국립중앙도서관 출판예정도서목록(CIP)은
서지정보유통지원시스템 홈페이지(http://seoji.nl.go.kr)와
국가자료공동목록시스템(http://www.nl.go.kr/kolisnet)에서
이용하실 수 있습니다. CIP2016025921(양장) / CIP2016025922(학생판)

HIGASHI AJIA HOBUNMEIKEN NO NAKA NO NIHONSHI
by Katsumi Fukaya

© 2012 by Katsumi Fukaya
First published 2012 by Iwanami Shoten, Publishers, Tokyo.
This Korean edition published 2016
by HanulMPlus Inc., Paju
by arrangement with the proprietor c/o Iwanami Shoten, Publishers, Tokyo

동아시아 법문명권 속의 일본사

유교핵 정치문화를 중심으로

후카야 가쓰미 지음 | 박경수 옮김

한울
아카데미

차례

한국의 독자들께 드리는 말씀

이 책의 한국어 번역본이 완성되어 출판에까지 이르게 된 것을 진심으로 감사하게 생각합니다. 한 사람이라도 더 많은 분들께서 이 책을 검토하고 비판해주시길 기대합니다. 집필에 이르게 된 동기, 가장 역점을 둔 부분 등에 관해서는 본문의 「들어가며」에 자세히 서술했기에 여기서는 한국어판 간행에 즈음하여 저 자신의 연구 궤적을 간단히 말씀드리는 것으로 한국의 독자 분들에 대한 인사에 갈음하고자 합니다.

저는 젊은 시절부터 '일본근세사' ─ 17세기부터 19세기 후반까지의 에도시대사 ─ 연구에 뜻을 두었으며, 주로 '백성잇키(百姓一揆)', '요나오시잇키(世直し一揆)' 등 민중운동사 분야의 연구에 진력해왔습니다. 그간 천착한 몇 가지 잇키(一揆, 민중소요)와 그 속에 드러난 인물 군상은 제게 참으로 매력적이어서 모든 열과 성을 다해 사실(史實) ─ 저항과 피저항 쌍방의 실태 ─을 추적하는 작업에 빠져들 수 있었습니다. 그러한 관련 기록과 유적들을 정밀하게 추구하면 할수록 학업의 '재미'는 깊어졌고 시간은 늘 부족하여 그 밖에 사안에 대해서는 별다른 관심을 두지 않았습니다.

하지만 50세 가까이 되었을 무렵, 일본 근세 민중운동사와 그 배경에 관해 저 나름의 총괄적인 인식이 어느 정도 정리되자 그것들이 넓은 세계사 속에서 도대체 어떤 특징과 의미를 갖는 것인가에 대한 물음이 자신의 내부로부터 솟구쳐서 차츰 억제하기 어렵게 되었습니다. 물론 저희 세대의 일본사 연구자라면 누구나 그러했듯이 젊은 시절의 저도 서양의 민중운동사를 모델로 삼아 그것과 일본의 농민운동을 비교하면서 특징적인 면을 찾아내고자 노력했습니다. 프리드리히 엥겔스(Friedrich Engels)의 『독일농민전쟁』 등은 세계사의 표준적 이미지를 제공하는 기초 문헌으로서 전근대 일본의 민중운동사 연구자들에게 필독서였습니다.

50대에 들어선 후로 저는 유럽이 아니라 동아시아 세계 속에 일본 근세의 민중운동사를 자리매김할 수 있기를 갈망하게 되었습니다. 실태보다도 이념적인 틀을 중심으로 하여 구축된 '유럽 근대'를 지표로 삼아 제(諸) 사회를 점검하고 선진·후진을 판별하는 종래의 발상은 실은 이미 당시 유럽에서도 아시아에서도 부정되기 시작했습니다. 이런 시대 배경적인 변화의 와중에 저 자신도 비로소 일국사적인 민중운동사로부터 탈피를 꾀하게 된 것입니다.

주위를 둘러보니 마침 '근대화' 시기의 민중운동사를 전공하는 일본 내 연구자들 가운데 저와 비슷한 생각을 품은 이들이 몇 사람 있었습니다. 하지만 저희는 외국사 전공자가 아니었기에 일본의 고문서는 해독이 가능해도 외국어는 아주 서툴렀고 인적인 교류 관계도 전혀 없었습니다. 그때 쓰루조노 유타카 씨(鶴園裕, 와세다 대학에서 연세대학교 대학원으로 유학하여 후기 조선사를 전공함, 현재 가나자와 대학 근무), 강극실 씨(姜克實, 상하이 푸단 대학에서 와세다 대학 대학원으로 유학하여 이시바시 단잔의 소국사상을 연구함. 현재 오카야마 대학 근무) 등의 협력을 얻어서 한국의 '갑오농민전쟁' 연구자들 – 역사문제연구소 소속 –, 중국의 '태평천국' 연구자들 – 난징 대학 소속 – 과 각기 현지 방문을 통해 교류하며 관련 사적지도 직접 견학할 수 있었습니다. 그로부터 이런 교류는 항시적으로 지속되었고, 21세기에 들어서서는 후속 세대 연구자들의 관심을 수용하여 민중운동사 바깥으로도 공동 주제의 외연이 확장되었습니다. 저희의 연구 그룹은 '아시아민중사연구회'라는 명칭으로(1991년 발족 – 옮긴이) 성실한 학회로 성장해왔습니다. 대학원생을 포함한 젊은 연구자들과 함께 공동의 주제를 탐구해온 덕분에 이러한 관심을 공유하는 한국의 연구자들과도 교류가 이어져서 현재에 이르렀습니다.

이 연구회 초창기부터 계속해서 대표 위원의 역할을 맡았음에도 일본 학계는 저를 과거와 다름없이 '일본근세사' 연구자로 간주하고 있습니다. 그러나 4반세기 이상에 걸친 국제적인 연구 교류의 경험을 통해 주관적으로는 '동아시아근세사' 연구자라는 자기 인식 위에서 나날이 면학을 이어왔습니다. 이 책은 지난 4반세기 동안 '일본은 어찌하여 아시아인가?'라는 물음을 자신에게 던지며 동아시아사와 일본사를 가교(架橋)하고자 노력한 연찬의 과정을 통해 길어 올린 스스로의 사고와 논점을 종합적으로 정리한 것입니다. (일본 내에는)일본이 아시아의 일원이라는 점이 극히 자명한 사실처럼 운위되는 반면에 다른 한편에서는 일본의 이질성, 비(非)아시아성도 아주 당연하다는 듯이 회자되고 있습니다. 저는 이러한 상반된 양면에 동시에 답해보고 싶었습니다. 자세한 내용은 본론으로 미루겠습니다만, 제가 이 책을 통해 가장 역점을 둔 것은 근대 이래 일본사 연구에 깊이 뿌리박은 '탈아론적 일본 이질론'을 학문적으로 어떻게 극복할 것인가라는 과제였습니다. 저 나름대로 그간의 일본근세사 연구자로서 시야를 토대로 하여 일본사가 짊어진 부하(負荷, 가해자로서 역사적 부채 – 옮긴이)를 피하지 않고 직시하며 사실(史實)과 논리를 모순 없이 정합시키고자 고심을 거듭했습니다.

동아시아는 장구한 시간에 걸쳐 겹겹이 농후한 역사를 쌓았으나 근현대의 세계사상이란 측면에서 보면 그 존재감이 충분치 못한 것 같습니다. 그럼에도 불구하고 저는 동아시아사가 아득한 옛적부터 수많은 흥망성쇠를 경험했고, 그런 과정을 통해 하나하나 축적하며 공유해온 정치문화의 여러 요소 가운데 몇 가지는 장차 동아시아의 미래를 위해 견인차가 될 만한 가능성이 충분하다고 봅니다. 예컨대 동아시아 정치문화의 핵심 요소인 '민본(民本)', '평균(平均)', '태평(太平)', '학습(學習)', '교유(敎諭)' 등에 대해 깊고 대담한 해석과 더불어 의미의 전환을 시도할 수 있습니다. 그리고 '근대화' 이후 동아시아가 불가피하게 조우한 서양 법문명권의 지적, 정신적 자산에 대해 아시아를 부정하고 '유럽 근대'를 그저 추종하는 게 아니라 주체적, 의욕적으로 양자의 하이브리디티(hybridity, 혼성화)를 추구함으로써 거기서부터 새로운 '희망의 씨앗'을 구하려는 노력이 지금 긴요하지 않은가 생각합니다.

강릉 원주대학교 박경수 교수가 이 책의 번역에 진력해주셨습니다. 박 교수와는 2014년 11월 8일 서울 건국대학교에서 열린 '(한국)일본사학회 창립 20주년 기념 국제학술대회'에서 만나 좋은 대화의 시간을 가졌습니다. 저는 이 대회에서도 기조 강연자로서 이 책의 내용을 요약해서 말씀드릴 수 있었습니다. 끝으로 한국어판이 간행되기까지 힘써주신 관계 제위께 깊이 감사드립니다.

2016년 7월 8일

후카야 가쓰미(深谷克己)

들어가며

시의와 의존의 동아시아사

유럽의 주권국가들이 서로 간에 거친 경쟁을 펼치며 무리지어 도래한 '웨스턴 임팩트'. 그 엄청난 파고를 꼼짝없이 뒤집어쓰게 된, 이른바 근대화의 시기를 맞았을 때 동아시아는 아직 화이(華夷) 서열의 신분제적 국제질서를 기반으로 한 복수의 왕조가 사슬처럼 이어진 세계였다. 여러 왕조가 연쇄하는 지역세계 내부에는 오랜 세월 거듭된 흥망성쇠를 통해 자연스럽게 배태된 패권주의적 욕구로부터 사대주의적 겁약(怯弱)에 이르기까지 다양한 집단의식이 곳곳에 응어리져 있었다. 그런 응어리들을 이면에 숨긴 상호 교류를 통해 동아시아는 17세기 후반부터 거의 200년이란 긴 시간 동안 비전(非戰) 상태를 누릴 수 있었다.

그러나 비전 상태하에서도 기나긴 역사적 경험과 기억이 심어준 서로에 대한 시의심이 온전히 해소된 것은 아니었다. 전쟁 없이 통교를 이어온 에도 시대 일본과 조선의 관계만 해도 실상은 그 이전 중세사회보다도 못한, 쌍방향성이 결여된 일방적이고 명목적인 '선린' 교류였다. 부산포라는 단 하나의 항구만으로 제한된 교류, 일본 측 통신사의 한성(漢城) 입경 거부 등과 같은 통신사 외교의 형태에는 '임진전쟁'의 상흔이 깊이 투영되어 있었다.

동아시아 국가들의 서로에 대한 시의심은 서구적 근대화에 대처하는 각각의 정치과정을 겪으며 전보다 몇 곱절로 커졌다. 그 주된 요인을 '대일본제국'의 폭주에서 찾은 논고가 이미 학계에 대량으로 축적되었다. 오랜 기간 일본 근세 에도시대사를 전공해온 필자로서는 종전과 다른 시각에서 이 논의에 참여하고 싶다. 이 책을 통해 필자는 동아시아 각국 사이에 뒤엉킨 시의심을 역사적 맥락에서 통찰하는 작업과 아울러, '동아시아를 동아시아답게 해주는 공통분모적 기반은 무엇인가?'라는 의문에 접근해보고자 한다. 이는 '일본은 왜 동아시아인가?'라는 스스로에게 던진 물음에 대한 답변을 겸할 수도 있을 것이다.

시간이 흐를수록 상호 의존의 정도는 분명히 심화되고 있다. 그러나 다른 한편으로는 기회 있을 때마다 상대방을 향해 격렬한 시의심을 분출한다. 이런 동아시아의 국가와 사회를 땅속줄기처럼 속살을 맞대고 뒤엉켜 자라게 할 만한 희망의 불씨는 과연 없을까? 마치 숙명과도 같이 서로 시의(猜疑, 질시·의심)하는 동아시아의 역사 저 깊은 곳에 함께 땀 흘려 가꿀 만한 '희망의 씨앗'이 이미 오래전부터 싹트고 있지는 않았을까? 그 씨앗을 찾아낼 수 있을지 없을지를 역사학적인 시선으로 재검토하려는 것이 이 책의 목표이다.

왕조 변천의 경험으로 가득한 동아시아는 역사적 지층이 농밀하게 퇴적된 광(廣)지역이다. 그 역사의 밑바닥으로부터 현실 극복을 위한 씨앗을 찾고자 문제를 제기하는 데는 그 나름의 배경이 있다. 아시아는 구미 사회를 모방하여 유사한 형태의 '근대화'를 이루기 위해 구미가 달성한 여러 요소의 이식과 육성에 고심해왔다. '근대'를 향한 아시아의 갈망은 바로 '유럽 근대'를 지향하는 일이었다. 그 '근대'가 아직 우러러볼 만한 가치를 지속했을 때 아시아의 제 사회는 유럽 모델의 근대정신과 근대사회를 목표로 삼았다. 그러한 고심이 유럽중심사관, 다시 말하면 '유럽 선진', '아시아 후진' 사관을 낳았다. 피아 간 거리가 조금씩 좁혀지자 점차 디테일한 차이점까지 뚜렷이 보였다. 하지만 그것이 오히려 유럽중심사관을 한층 더 증폭시킴으로써 아시아 제 사회는 바닥으로 추락한 자부심을 끌어올리지 못하고 후진 의식도 떨쳐낼 수 없게 되었다.

이윽고 유럽적 근대를 최상의 가치로 삼던 근대주의에 대한 회의가 광범위하게 제기되어 구미뿐만 아니라 아시아에서도 널리 인식되기에 이르렀다. 그런데 같은 근대주의에 대한 회의라 해도 구미와 아시아 사이에는 당연히 내용상 큰 차이가 있었으나 마치 똑같은 근대주의의 본질에 대한 의문인 것처럼 오해되는 경우가 많았다. 아시아에서는 지역의 고유한 사정으로부터 유래된 새로운 모순에 부딪힐 때마다 문제의 원인을 근대주의에서 찾았고, 점차 '포스트모더니즘'이란 말이 널리 회자되었다. 또한 근대주의의 실체를 둘러싼 회의는 구미도 아시아도 마찬가지였지만 아시아의 경우 그간의 편향성에 대한 반성도 작용했다. 즉, '근대' 앞에다 '유럽적'이라고 카테고리를 덧씌우게 된 것이다.

이른바 '근대'를 상징하는 민주주의, 자유, 평등, 평화 등의 개념은 유럽 고전고대로부터 탄생해서 긴 세월에 걸쳐 어의(語義)가 연마되고 수정을 거듭해왔다. 근대주의에 대한 비판이 제기된 후로도 그 각각의 개념어를 역사의 심연으로부터 길어 올려 재해석하려는 노력은 당연히 가능했다. 그러나 아시아에서는 그 하나하나의 어휘를 외래의 번역어로써 수용한 까닭에 오독(誤讀), 위화감, 해석의 미묘한 차이 등을 피할 수 없었다. 그리고 미처 소화되지 않은 부분은 '뒤처진 근대', '왜곡된 근대'라는 자기 인식 혹은, 타자 인식으로 정착하여 지속적으로 영향을 미쳤다. 애당초 몸에 맞지 않은 옷을 오래도록 걸쳐서 생긴 피부의 생채기를 피할 수 없었던 것이다. 물론 그것들 각각의 개념어가 이루고자 하는 목표는 인정하지 않을 수 없다. 하지만 지금이라도 자기 체형에 맞는 옷으로 다시 봉재해서 입으려면 도대체 어떻게 해야 좋을까?

동아시아사를 보는 시각

이 책이 하나의 범주로 포괄하는 동아시아는 현대 세계가 그렇게 부르는 지역, 다시 말해서 일본열도·대만·한반도·인도차이나반도 북부·중국 대륙을 합친 광지역이다. 극동이나 북동아시아와의 관계를 따지는 작업은 이 책의 주안점이 아니다. 자타 공히 그렇게 인식하는 하나의 광역적인 권역으로서 동아시아의 주로 전근대 역사가 이 책의 연구 대상이다.

동아시아에 관한 논의는 정치·경제에 대한 보도, 국제관계를 다룬 논단 등을 통해 접하지 않는 날이 거의 없을 정도로 대단히 왕성하다. 역사학 분야에서도 동아시아사에 대한 관심은 근년 줄곧 고조되어 현재는 관련 주제의 학술지 발표 논문, 학회 심포지엄이나 학술대회의 전체 주제, 일반 시민을 대상으로 한 강좌 및 출판 시리즈물 기획 등등 사례가 부지기수이다. 동아시아 내부의 연구, 교육을 둘러싼 국제교류도 1990년대 이후 한층 횟수가 늘어났고 형태도 극히 다양해졌다.

그러한 국제교류를 통해 성과를 교환할 기회는 분명히 늘어났다. 하지만 동아시아사의 체계적 인식이라는 측면에서 보면 그 중심축을 이룰 기본 개념이 공유 또는 공감되는 수준까지는 이르지 못했고, 연구자 개개인이 자신의 성과물을 공개하고 의견을 주고받는 단계에 머물고 있을 뿐이다. 하나의 '기본법칙' 같은 것을 공유할 필요가 있다고 주장하는 것은 아니다. 거대 이론에 기대어 세계사를 통찰하고자 한 과거 일본의 '자본주의발달사', '국민국가형성사'와 같은 종전의 방법론으로는 동아시아사를 보다 주체적으로 이해하려는 지금의 동아시아인들에게 충족감을 주기 어렵다.

동아시아사에 대한 새로운 시론(試論)도 제기되고 있다. 역사학의 첨단에서 동아시아사론을 활발히 개진해온 한국사 연구자 조경달(趙景達)은 거대 담론을 조급히 서두르는 위험성을 경고한다(趙景達, 2012). 이런 경고를 높이 평가하면서, 오랜 기간 일본근세사 연구자로서 일국사적인 작은 담론을 축적해온 필자는 자신의 지금까지 작업 성과를 재검토하고 총괄함으로써 보다 확대 가능한 동아시아 담론을 이 책을 통해 시도해보고자 한다.

물론 이것은 일본사에 대한 기존 인식을 재점검하는 작업부터 시작해야 하므로 결코 쉬운 일이 아니다. 정치, 경제 분야의 동아시아론에서 일본이 동아시아 세계 안에 존재한다는 것은 극히 자명한 일로 간주된다. 그러나 역사학적으로는 전혀 그렇지 못하다. 일본 역사학계가 그간 쌓아온 사실(史實)의 논증, 세계상의 구성이라는 차원에서 보면 실은 일본은 동아시아사 내부에 자리하고 있지 않다. 오히려 일본, 일본인은 아시아 제 사회에 비해 대단히 이질적인 존재라는 인식이 심화되어왔다.

이 책에서는 동아시아사 내에서 일본사가 지닌 이질적이고 개성적인 점들이 적지 않게 지적될 것이다. 그러나 일본사의 이질성을 부각하는 것이 이 책의 지향점은 아니다. 역으로 이 책은 동아시아사의 저변을 관류하는 유사한 효모(酵母), 그 원형질을 찾아내고 그것이 일본사에 어떤 식으로 축적되어 왔는지를 검토함으로써 일본이 역사적으로 왜 아시아인가를 분명히 밝히는 데 목적을 둔다. 물론 그러한 작업을 통해 일본사의 가해자적 측면을 은폐하거나 완화시키려는 의도는 전혀 없다.

필자의 사견이지만 '일본 이질론'이란 그것을 자만하는 논리도 혹은 질책하는 논리도 결국은 일본의 선진성, 강대성을 내세우는 결론으로 수렴된다. 필자는 일본사를 높이 평가해온 일본 학계의 기존 역사인식의 틀에서 벗어나서 동아시아사 안에서 '키'와 '체격'은 비슷하지만 개성적인 '이목구비'를 갖춘 존재로서 일본사를 다시 자리매김하고 싶다. 그런 입장에 서서, 동아시아의 제 국가와 사회를 관류하는 역사적인 공통분모는 무엇인가? 외부에 쉬이 드러나지 않는 일본적인 개성을 내포한 분자는 무엇인가? 그 분모와 분자의 관계성, 다시 말해서 '일본은 어찌하여 아시아인가?'라는 물음들에 접근해가고 싶다. 국가의 형태 하나만 들여다봐도 가시적인 차이는 분명히 존재한다. 게다가 어떤 부분적인 요소를 중점적으로 비교하면 할수록 일본 이질론에 이끌리기 쉽다. 하지만 필자는 일본이 왜, 어떻게 아시아인가?라는 자신의 물음에 끝까지 천착하고 싶다. 그러한 노력이 현대 세계가 추구하는 평화·민주·평등·민권·인권 등의 보편적 가치에 이르기 위한 동아시아적 회로를 발견하게 해줄지도 모른다.

일러두기

1. 사료, 참고 문헌으로부터 인용된 어휘, 인용된 문장은 전부 " " 안에 넣었다.

2. 강조 어휘, 학술 용어 등은 전부 ' ' 안에 넣었다. 단, 원문은 「 」를 대량으로 사용하고
   있으나 이해에 지장이 없는 한 가급적 줄였다.

3. 지은이 주, 옮긴이 주는 모두 각주로 처리했다. 단, 지은이 주는 극소수이므로 '―지은이 주'
   라고 뒤에 부기했다. 그 외에 아무 표기가 없는 것은 전부 옮긴이 주다.

4. 어휘, 용어의 간단한 설명 등은 본문의 ( ) 안에 넣었다.

5. 지은이가 제시한 사료집, 참고 문헌은 본문 중 ( ) 안에 넣었다.

6. 한자어로 충분히 의미가 통하는 제도, 법률, 사건, 관직명 등은 한글 독음으로 적고
   ( ) 안에 한자를 병기했다.

7. 일본의 고유한 지명, 인명, 연호, 제도, 법률, 사건, 관직명 등은 일본어 독음을 한글로 적고
   ( ) 안에 한자를 병기했다. 단, 중국, 류큐 등의 경우는 6항에 따랐다.

8. 일본식 연호를 사용한 연도 표기는 전부 서력으로 바꿨다. 단, 날짜는 태음력을 그대로
   사용했다.

제1장 ─────────────────────────────────

일본사 인식의 문제점

1. '일본사'에 대한 숙고

1) 이에나가 사부로의 프로테스트와 서양·동양

이에나가 사부로(家永三郎)는 1942년 초부터 1945년 3월에 걸쳐 『외래문화섭취사론(外来文化摂取史論)』을 집필했다(家永三郎, 1948). 집필 동기에 대해 이에나가는 초판 서문과 복각판의 후기를 통해 "이성을 잃은 듯이 격화되어 가는 배외사상의 폭풍우 소리를 창밖으로 들으며 집필한 이 책자에는 인용문 하나하나에 이르기까지 당시 필자의 억누르기 어려웠던 감정이 담겨 있다." "전쟁 중의 상황에 프로테스트(protest, 항변)하기 위해 쓴 것", "광기와 같은 일본주의의 횡행에 프로테스트한다는 뜻에서 가능한 최대의 저항을 이 책 집필에 담았다"라고 토로했다.

그러면 이에나가의 프로테스트는 학문적으로 어떤 방향을 지향했을까? 전시하의 "배외사상"이란 분명히 서양을 향한 것이었다. 이런 풍조에 저항하여 이에나가는 서양문화 섭취가 일본사에서 얼마나 큰 비중과 의미를 점하는지를 밝히고자 했고, 그래서 저서의 부제목도 "근대 서양문화 섭취의 사상사적 고찰"이라 부친 것으로 보인다.

일본문화사가 외래문화의 섭취를 전제로 한다는 점은 부정할 수 없는 사실이다. 하지만 그렇다면 서양문화 섭취 이전의 단계로써 당연히 동양문화의 수용에 대해 설명하지 않으면 안 된다. 이 책도 그런 과정을 밟고 있다. 하지만 그것은 서양문화 섭취를 논증하기 위한 「서론」 부분에 불과하며, 저술의 주안점은 어디까지나 서양문화 섭취에 두었다. 나아가서 이에나가는 일본이 섭취한 동·서 문화의 관계에 대해 "구라파(歐羅巴, 유럽)와의 거리에 따른 격리감도 교통 기술의 진보에 힘입어 점차 극복되고, 이윽고 서양문화는 지나(支那, 중국)문화와 병렬되어 결국 그것을 능가하기에 이르렀다"라고 단정했다.

국수주의와 배외사상에 맞서서 학문을 무기로 과감히 싸우고자 했던 이에나가는 결국 "근대 서양문화의 섭취가 우리 역사의 전개를 확연히 양분하는 가장 중대한 전환점"이라는 결론에 도달한다. 물론 그 과정에서는 중국·조선·일본을 비교하고 각각의 특징에 관해 논하지 않을 수 없었다. "지나문화의 중심으로부터 거리는 일본, 조선에 큰 차이가 없었으나 조선이 지나문화의 유입으로 완전히 그 문화적 식민지가 되어버린 데 대해, 일본의 경우 지나문화가 끝까지 일본의 고유문화를 압도할 수 없었던 이유는 바다로 인한 격리가 대륙의 정치적 군사적 진출을 제지하고 일본이 국가적 독립을 확보한 사정에 기인함과 동시에, 역시 대륙문화와의 접촉 및 그 유입에 일정한 한계가 있어서 외래문화의 홍수에도 불구하고 독자적인 문화의 성장·발전이 방해받을 정도의 사태에까지 이르지 않았기 때문이라고 이해해야 할 것이다." 혹은, "개관해보면 조선문화사는 지나문화에 대한 예종(隷從)으로 일관했다고 해도 과언이 아니다. 예컨대 유교를 수입할 때도 지나의 특수한 사회적 지반을 벗어나서는 의미가 없는 예법 규정을 그대로 수용함으로써 유교가 조선에 동화된 게 아니라 조선인의 생활을 유교 예법에 맞추도록 한 것이 바로 그러하다" 등의 비평에 이르면 중국에 대한 "문화적 식민지" 조선과 "고유문화"를 지켜낸 일본이라는 우열론적 인식이 선명하게 드러난다.

또한 "서양문화에 대한 일본의 이해와 지향과 섭취 후 동화력은 실로 눈부셨다. 이에 반해 지나는 일본과 같은 쇄국시대가 없었고, 애당초 서양문화와의 접촉이 훨씬 빨랐음에도 불구하고 근대문화의 가치를 인식할 힘이 없던 까닭에 과학의 이기(利器)를 마치 완구처럼 생각하거나 서양 서적의 한역(漢譯)조차 대개 서양인의 손에 맡겨버림으로써 스스로 나서서 배우려는 열의를 결여하고 오랫동안 근대문화를 적극적으로 섭취하지 않았으니 그 국가적 진전을 저해한 바가 심대했다"라는 언설도 일·중 양국을 비교한 선진·후진론이며, "조선으로부터 문화 섭취는 분로쿠·게이초노에키(文禄·慶長の役, 임진전쟁)의 부산물로써 인쇄와 도자 기술을 얻은 외에 이렇다 할 것이 없었음은 이미 일본문화가 조선 등을 통해 배울 단계를 훨씬 넘어선 때문이었다"라는 것도 선진·후진론적인 언설이다.

한편으로 이에나가는 쓰다 소기치(津田左右吉)의 학설을 깊이 존숭했다. 저서의 「결론」 부분에서도 "극히 주목할 만한 하나의 견해"라 전제하며 쓰다의 설을 길게 인용하여 자신의 주장에 대한 뒷받침으로 삼았다. 물론 양자의 견해가 완전히 일치하는 것은 아니어서 "지나문화"의 일본 유입 자체를 부정한 쓰다의 과격한 주장에 대해 일본 근세를 숙지하는 이에나가는 슬며시 수정을 가하기도 했다. 그럼에도 쓰다의 새 논고를 읽고는, "박사의 진의가 실로 나의 소견과 거의 부합"하는 데 안도하고 특별히 주기(注記)를 덧붙였다.

2) 쓰다 소키치의 조바심과 "지나사상"

이에나가 사부로가 자신의 주장을 보강하는 데 활용한 쓰다 소키치의 저술은『지나사상과 일본(支那思想と日本)』이었다(津田左右吉, 1937). 이 책은 1933년, 1936년에 이와나미강좌(岩波講座)가 펴낸『철학(哲學)』에 게재한 두 편의 논문을 한 책으로 묶은 것이다. 쓰다는 시류에 대한 분노를 자주 표출한 역사학자였다. 하지만 이 시기 쓰다가 분격한 시류란 중일전쟁의 발단이 된 1937년의 노구교사건(蘆溝橋事件) 같은 현실 속의 전쟁 행위가 아니었다. 쓰다는 오히려 "이번 사변(事變)", 즉 노구교사건을 통해 감내하기 어려운 시류를 무너뜨릴 가능성까지 감지했다. "일본은 지금 지나인(支那人, 중국인)의 항일사상을 물리치고 두 민족이 지나에서 서로 손잡고 매진할 수 있는 새로운 정세를 만들고자 목숨을 건 노력을 기울이고 있다"라는 것이 개전에 대한 쓰다의 반응이었다.

그러면 쓰다가 기대한 것은 무엇일까? "이번 사변은 지금까지 일본과 지나의 문화, 일본인과 지나인의 생활이 그야말로 전혀 다르고 두 민족이 완전히 다른 세계의 주민이란 점, 그리고 동시에 현대 문화와 현대 과학 및 그 정신이 일본인의 독자적인 정신과 상충되지 않는다는 점을 가장 잘 보여준다." 이 문장에는 쓰다 자신이 이성을 잃을 정도로 안타까워 한, 승복할 수 없는 시류에 대해 강조하고 싶은 말들이 응축되어 있다.

그 하나는 일본인과 "지나인"이 전혀 다른 민족이란 점, 다른 하나는 지금의 일본인이 일본의 독자적인 정신문화를 바탕으로 하여 보편적 과학정신을 획득하고 있다는 점이다. 쓰다는 서양이 대표하는 "현대 문화, 현대 과학 및 그 정신"을 중국인은 이해할 수 없는 반면, 일본인은 자기 문화의 독자성을 지키면서도 이해할 수 있었다고 본다. 그리고 "이번 사변"이 그 일을 중국에 각성시킬 좋은 기회라고 간주함으로써 긍정적으로 현 사태를 바라볼 수 있었다. 쓰다는 두 민족의 "문화적 제휴"를 희망했다. 하지만 그것은 "현대의 세계문화를 이미 자기 것으로 소화해낸 일본이 아직 거기까지 미치지 못한 지나를 이끄는" 형태이어야만 했다.

쓰다가 느낀 조바심 가운데 하나는 당시 일본에서 소리 높여 제기되던 '동양', '동양인', '동양문화'에 대한 논란이었다. 쓰다는 마치 짐승이 엄니를 드러내듯이 그 허구성을 파헤치려 했다. 다른 하나는 어떤 상황을 맞아서도 스스로 바뀌려 하지 않는 중국의 중화사상에 대한 것이었다. 쓰다는 "중화를 자랑으로 삼는 지나인은 일본이 이적(夷狄)이며 중화로부터 배워야 하는 나라라고만 여겨 독자의 문화를 지니고 있다고는 생각지 않는다. 동시에 중화는 스스로 무엇이든 다 갖추고 있다고 믿음으로써 허심탄회하게 일본을 보고 그 가치를 인정하려 들지 않는다"라고 비난했다.

이즈음에서 쓰다의 감정은 팽창하여 결국 일탈하고 만다. "약하다고 느낀 상대에 대해선 어떠한 일을 저지를지 모르는 것이 지나의 민족성의 중요한 일면"이라고 분노하고, "그들은 사색에 능하지 않으며 반성과 내관(內觀)을 좋아하지 않는다." "사상은 대체로 단편적이어서 조직성, 통일성이 결여되었다." "비판적 정신이 없고 그럴 만한 능력이 없는 것도 논리적인 두뇌가 없기에 현실을 직시하여 사물의 본질을 규명하지 못하는 점에 중요한 이유가 있을 것이다." 이윽고 추궁의 범위는 중국어에까지 미친다. "(위와 같은 점은)지나어의 성질과도 관계가 있어서 명사도 동사도 형용사도 그 형태에 구별이 없고, 또 동음어가 많아 말의 의미가 혼란스러워지기 쉬우며, 말과 말의 관계가 애매한 까닭에 사상을 전달하는 데 명확함이 없"으니, "지나어는 논리적인 사고에는 적합하지 않다"라고 거의 화풀이라도 하듯이 매도했다.

심지어 쓰다는 그런 중국을 우러러 존숭하는 일본인에게도 공격을 가한다. "일본인 가운데도 과거의 문화적 독자성에 대한 굳건한 신념을 갖지 못하고 마치 지나문화에 종속되기라도 한 것처럼 선전하는 자들이 있다. 또한 일본의 현대 문화가 스스로 세계성을 내포한 덕분에 비로소 현대 세계 속의 일본문화이며 거기에는 자연스럽게 문화적 독자성이 내재되어 있음에도 불구하고 충분한 자각 없이 단순히 서양문화의 모방인 것처럼 말을 퍼뜨리는 자가 있다. 이것은 결국 지나인의 잘못된 일본관을 조장하는 일이며, 오늘날도 여전히 불식되지 않은 지나인의 중화의식이나 일본에 대한 우월감에 영합하는 행위에 불과하다."

그런 영합의 근거로 유교를 지목하고, "정치적, 도덕적 가르침으로서 유교가 권력자나 지식인의 사상 및 지식 형성에 오랜 시간 크나큰 권위를 가졌음에도 불구하고 그 힘에 의해 지나의 정치와 사회가 조금도 나아지지 않았고 지나의 민중 또한 전혀 행복해지지 않았다"라고 단정 짓는다. 쓰다의 유교 비판은 "현대의 세계 문화"를 기준으로 한 언설이란 점에서 부분적으로 설득력을 인정할 수 있다. 하지만 쓰다는 유교만이 아니라 "지나사상", 즉 제자백가(諸子百家) 전체가 마찬가지라 하여 그 하나하나가 가진 사상체계로서 수준을 부정하고 폄훼한다. "도덕인가? 정치인가? 이도저도 아니면 처세술인가? 성공법인가? 제자백가의 모든 사려(思慮)는 거의 전부가 이 중 하나에 관해서이다. 유가(儒家)의 주장이 도덕과 정치에 관한 것임은 말할 나위 없고 묵가(墨家), 즉 묵자의 설을 계승했다는 학파도 그러하다. 처세를 위한 법도가 이것들과 깊이 결부되었으며 후술하는 바처럼 특히 정치술(政治術)이 그러하다. 또한 도가(道家), 즉 노장사상은 보신(保身)의 도(道) 또는 성공법이나 치민술(治民術)이고, 법가(法家)라는 학파의 사상도 군주를 위해 어떻게 그 권력을 강화하고 어떤 방법으로 신하와 민중을 자유롭게 부릴지를 설파한 것으로 필경은 예외 없이 처세술이다."

이런 식으로 중국의 사상, 언어 등을 매도한 쓰다의 언설로부터 역설적으로 중국문화에 깊이 경도될 수밖에 없었던 주변국 지식인의 뒤틀린 내면세계를 느끼는 것은 완전히 빗나간 감회일까? 쓰다의 언설은 일본이 동아시아로부터 받아 온 문명적 압력이 그만큼 컸다는 반증에 지나지 않는다. 그러한 근친(近親)에 대한 원한 감정을 아주 상스러운 어조로 토로했을 것이다.

3) 마루야마 마사오의 "파시즘적 역사학"에 대한 저항과 유교

이에나가 사부로는 자신이 『외래문화섭취사론』을 집필할 때 동경대학 법학부의 장서를 이용할 수 있도록 편의를 봐 준 이가 마루야마 마사오(丸山眞男)였다는 사실을 저서에 명시하고 있다. 그 마루야마가 저술한 『일본정치사상사연구(日本政治思想史研究)』(丸山眞男, 1952)는 주지하는 대로 사상사의 방법론과 입증, 나아가서 연구자로서 자세에 이르기까지 패전 후 일본사회 전체에 엄청난 영향을 미쳤다.

이 책은 수록된 논문의 내용도 물론이거니와 별도의 논고라 해도 좋을 만큼 많은 분량을 차지한 「후기」가 1950~1960년대 당시 일본의 민주화를 열망하던 학생(저자도 포함 – 옮긴이), 지식층에 깊은 감동을 주었다. 그 「후기」에 의하면 이 책은 1940년부터 1949년에 걸쳐 발표한 "도쿠가와시대(德川時代)"의 정치사상사 논문 중에서 스스로 몇 편을 선정하여 한 책으로 묶은 것이라 한다. "(전쟁 말기, 군대)소집영장을 받은 후에도 일주일간 여유가 있었기에 입영하는 날 아침까지 걸려서 겨우 결말을 지었다"는 한 구절은 '전후 민주주의'를 갈망하던 그 무렵의 학생들을 깊이 감동시키는 힘이 있었다.

마루야마는 「후기」에서 "도쿠가와시대의 사상사에 몰두하게 된 하나의 이를테면 초(超)학문적 동기"에 대해, "반석처럼 견고한 체제도 스스로 붕괴의 내재적인 필연성을 가진다는 점을 도쿠가와시대를 통해 (중략)실증하는 작업은 당시 상황하에서 조금 과장스럽게 말하면 그 자체로써 영혼의 구원이었다"라고 토로한다. 마루야마가 "파시즘적 역사학에 대해 강한 저항감을 느낀 사람들에게 일종의 필사적인 거점이었다"라고 했을 때 "거점"은 "명치유신의 근대적 측면, 더 거슬러 올라가서는 도쿠가와시대에 내포된 근대적 요소의 성숙"이었으며, 당시의 양심적 지성들은 그 존재를 증명하기 위해 매진하는 수밖에 달리 탈출구를 찾지 못했다.

마루야마는 "근대적 이데올로기를 정치가의 직접적 발언으로부터 포착하는 행위의 위험성 내지 자의성"을 지적하며, "봉건적 이데올로기를 그 내부로부터 해체시키는 사상적 계기"에 천착했다. 다시 말해서 사상을 토로한 언설 그 자체가 아니라 사유양식의 변화를 탐구하는 방법론을 취한 것이다. 마루야마가 그러한 관점에 서서 에도시대 소라이학(徂徠学)을 분석함으로써 주자학의 자연적 질서관을 오규 소라이(荻生徂徠)가 논리적으로 "파괴"했다는 사실을 논증하고자 한 점과,[1] 그런 일련의 영위를 "자연"에서 "작위"로 향하는 하나의 큰 흐름으로 평가하고 그 "작위"로부터 "근대성"을 도출한 점 등은 이미 잘 알려져 있다.

마루야마의 「후기」는 젊은 역사학도들을 깊이 감동시켰다. 그러나 막상 본인에게는 전시(戰時)에서 전후(戰後)로 바뀐 환경의 격변과, 또한 처음 발표로부터 여러 해가 지나서 한 권의 저서로 묶을 때 피할 수 없이 연구자를 괴롭히는 자신의 과거 작업에 대한 불만을 표출한 문장이기도 했다. 거기에 예전 자신이 행한 일본과 중국의 비교론에 대한 반성이 빠질 수 없었다. 왜냐하면 마루야마의 학문적 토대는 유교에 대한 분석이며, 또 일본 근세의 유교로부터 근대성을 발견하고 그것을 논증하는 작업이었기 때문이다.

마루야마는 자신의 심회를, "총괄적으로 자기비판을 가한다면 오늘날의 관점에서 우선 가장 두드러지는 결함은 서두에 논한 중국의 정체성(停滯性)과 일본의 상대적 진보성이라는 견지일 것이다"라고 적고 있다. 하지만 그것을 적극적으로 '참회'하거나 '청산'하려 들진 않았다. 마루야마가 처한 환경, 생활면에서 경험해온 중국상(中國像) 등이 이에나가 사부로나 쓰다 소키치와 별반 다를 바 없었기 때문이다.

마루야마는 "변명이 허용된다면 중국의 정체성이라는 것은 당시 제일선

---

1) 오규 소라이(荻生徂徠, 1666~1728): 유학자·문헌학자·경세사상가. 주자학의 고전 해석을 비판하고 고문사학(古文辭学)을 확립하여 후대 일본의 사상가들에게 심대한 영향을 미침.

에 선 중국사가(中國史家) 사이에 다소 공통되는 문제의식이었다. 나도 그대로 답습해서 왜 중국은 근대화에 실패하여 반(半)식민지화되고 일본은 명치유신으로 동양 최초의, 심지어 유일한 근대국가로 발돋움할 수 있었는가라는 과제를 사상사 측면에서 추구했다'라고 솔직히 인정한다. 이미 전후 중국의 공산혁명을 숙지하던 마루야마는 "(서구 모방적인)근대를 경험한 일본과 그것이 성공을 거두지 못한 중국에서 오늘날 대중적 지반을 갖춘 근대화란 점에서는 정말 상반된 현상이 나타나고 있다"라고 하여 일본보다 앞선 중국의 공화제에 대해 거론하고, "이 복잡한 역사의 변증법 속에서 비로소 '왜 일본은 동양 최초의 근대국가 수립에 성공했는가?'라는 설문을 재검토하지 않으면 안 된다"라고 논했다.

마루야마는 현실과 맞서는 일을 결코 기피하지 않았다. 그러나 에도시대 소라이학으로부터 근대적 사유를 추출해낸 그의 유교론은 결국 중국 유교의 정체성, 일본 유교의 선진성이란 이해의 틀을 벗어날 수 없었다. 그의 저서 맨 앞의 「서문: 근세 유교의 성립」은 느닷없이 W. F. 헤겔(Georg W. F. Hegel)의 「역사철학서론(歷史哲学緒論)」 중 「지나제국(支那帝國)」론에 대한 인용으로 시작된다. 마루야마도 "지나 역사의 정체성" 논의에 가담한 것이다.

4) 야스마루 요시오의 "모더니즘"에 대한 격투와 통속도덕

마루야마의 근대 인식을 "모더니즘의 도그마(dogma)"라고까지 논박하며 그와 반대적인 시좌와 이론, 분석 대상, 논증을 제시한 연구자는 다음 세대인 야스마루 요시오(安丸良夫)였다. 야스마루의 『일본 근대화와 민중사상(日本の近代化と民衆思想)』은 1965년부터 1973년, 1974년까지 자신이 발표한 민중사상사에 관한 논문을 모은 책이다(安丸良夫, 1974). 제목으로 잘 요약된 것처럼 야스마루에게 가장 중요한 과제는 일본의 근대화가 어떠한 원동력, 다

시 말해서 "생산력의 인간적 기초"에 의해 달성되었는가를 해명하는 일이었다. 그는 이 과제를 역사학을 포함한 사회과학의 모든 분야에서 종전까지 전혀 고려된 적이 없던 민중의 사상적 에너지, 즉 "통속도덕(通俗道德)"적 자기규율을 통해 탐구했다.

야스마루의 저술은 그 후 찬사와 비판을 동시에 받았다. 하지만 어느 입장에 서든 일본 근대화와 민중사상을 역사적으로 고찰하려는 연구자들에게는 그냥 지나칠 수 없는 핵심 문헌 중 하나가 되었다. 야스마루가 우연스레 이런 견해에 도달한 것이 아니란 점은 두 말할 필요도 없다. 눈앞에 펼쳐진 일본의 현실에 대한 심각한 분노와 선행연구에 대한 철저한 비판 작업을 병행하는 쉽지 않은 과정을 통해 어렵사리 독자적인 시좌를 획득한 것이다. 야스마루는 안보투쟁(安保闘争)에도 참가했다.[2] 그러나 오히려 그 후에 벌어진 이데올로기적 상황, 즉 에드윈 라이샤워(Edwin Oldfather Reischauer), 월트 로스토(Walt Whitman Rostow), 로버트 벨라(Robert Neelly Bellah) 등으로 대표되는 미국 발 '근대화'론이야말로 그가 넘어서야 할 학문적 장벽이었다. "그 이데올로기적 역할을 폭로하는 데서 멈추지 않고, '근대화'론에 대한 도전과 극복을 우리 역사학의 내재적 혁신을 위한 계기로 삼지 않으면 안 된다"(저서「후기」)라는 절박감을 바탕으로 하여 비로소 획득한 근대화의 새로운 이미지라 할 수 있다.

이른바 '근대화'론은 일본 근대화의 주체로서 "지배계급의 개량적 분자"인 지식인층을 높이 평가한다. 지식인층을 구성한 면면은 이에나가, 마루야마 등이 사례로 든 일본을 근대로 이끈 정계, 학계의 지도적 인물들과 별반 다르지 않다. 야스마루는 그런 (통설화된)이론을 학문 내적으로 극복하기 위해 근대 사상의 성립 과정을 둘러싼 종전까지의 연구 방법론과 원천적으로 결

---

2) 안보투쟁(安保闘争): 1959~1960년 미일안전보장조약 개정에 반대한 청년, 지식인의 대규모 정치투쟁.

별을 꾀한다. 과거의 방법론이 "자연, 사회에 대한 객관적인 인식과 그 인식을 가능케 하는 모든 사유양식의 성립 과정"(즉, 자연과 인간의 분리, 경험적 합리적 인식의 발전 - 지은이) 혹은, "인간이 정욕, 이기심, 자아 등에 눈뜨고 그것들을 긍정해가는 과정"(자아의 확립 - 지은이) 등을 분석의 기준으로 삼아 온 데 대해, 야스마루는 "이념화된 근대 사상의 틀을 고집하여 그것으로 역사적 대상을 재단하는 모더니즘의 도그마에 불과하다. 근세에서 근대에 이르기까지 이런 식으로 모더니즘 위주의 방법을 취하면 새로운 사상 형성의 가능성을 보이는 것들은 거의 예외 없이 지배계급이나 그 주변부에서 잉태된 제 사상이다"라고 정면으로 비판했다.

앞서 논한 마루야마도 그 비판의 화살을 피하지 못했다. 아니 오히려 마루야마의 예리한 통찰이야말로 야스마루에게 큰 자극이 되었기에 더더욱 긴장을 늦출 수 없는 첫 번째 상대였다. 마루야마가 취한 시각과 방법으로는 미국식 '근대화'론을 결코 극복할 수 없다는 믿음이 야스마루로 하여금 방법론적 혁신을 고심하게 했다. 야스마루는 저서와 동일한 제목의 주 논문을 통해, 민중사상의 "능동성, 주체성이 근면·검약·정직·효행 등과 같은 형태를 취하며 자주 유교의 통속화와 결합되어 나타난 까닭에 모더니스트들은 그것들에 담긴 방대한 인간적 에너지를 포착해내지 못했다. 마루야마 마사오 씨가 『일본의 사상(日本の思想)』(1961)에서 일본인의 사유구조를 날카롭게 분석하고 그 병리를 파헤쳐서 근대 일본적 사유구조의 기저를 전통적인 공동체 의식을 통해 파악했을 때도 그러한 착오가 있었던 것으로 생각된다.3) 마루야마 씨는 근대 일본사회의 가장 통속적인 의식이 광범위한 사람들의 주체적인 에너지를 담아서 역사적으로 형성된 것이란 점을 이해하지 못했다. 때문에 일본 근대화의 근원적 에너지를 파악할 수 없었고 또 통속적인 의식에

---

3) 마루야마 마사오의 저서 『일본의 사상(日本の思想)』은 패전 후 일본 지식인의 필독서로 100만 부 이상이 발매됨.

내포된 강인한 규제력의 근원도 해명하지 않았다. 올무처럼 구성원을 얽매는 공동체 의식으로부터 미래를 향해 해방을 쟁취해 나갈 만한 길은 발견되지 않는다"라 하여, 마루야마를 직접 거명해서 자기 학설의 정수를 쏟아냈다. 야스마루에게 마루야마가 얼마나 넘기 어려운, 그렇지만 넘어서지 않을 수 없는 선학(先學)이었던가를 뼈저리게 느낄 수 있는 부분이다.

야스마루는 자신의 통속도덕론을 초역사적인 것으로 상정하지는 않았다. "그러한 제 사상은(중략) 원록(元禄, 1688~1704)·향보(享保, 1716~1736) 연간에 삼도(三都)와[4] 그 주변에서 시작되어 근세 후기에 거의 전국적인 규모로 전개되고, 명치(明治) 20년대(1887~1896) 이후 최하층의 민중에까지 파급되었다"라고 함으로써 사회의 변화를 배경으로 한 일정한 시기의 현상으로 본 것이다. 또한 "자기 형성", "자기 단련"과 같은 주체적 에너지의 긍정적인 측면만을 강조한 것이 아니라 바로 그 주체성으로 인해 근대의 천황제 이데올로기를 자주적으로 지탱하게 된다고 전망했다.

단, 야스마루의 통속도덕론은 향후 동아시아와의 관련 속에서 논지를 계속 확장해 가야 할 내부적인 과제도 안고 있다. 야스마루가 주창한 민중의 "자기 형성", "자기 단련", "자기 규율" 등 제 요소는 주로 유교의 하강과 그 사회적 확산에 기반을 둔 덕목들이다. 야스마루 자신은 "근대 자본주의사회의 철(鐵)의 법칙성"과 "천황제 이데올로기"를 극복해야 할 현실적 과제로 삼았기에 일본사의 근대 이행과정만으로 논의를 한정지을 수밖에 없었다. 그러나 야스마루가 유교적 덕목들에 대해 언급한 순간 이미 그것들은 동아시아와 연결된, 아니 장차 연결 지을 수밖에 없는 논리 구조라는 점을 한 사람의 독자로서 지적하지 않을 수 없다. 그런 의미에서 야스마루의 민중사상론은 본인의 의사와 상관없이 '동아시아사와의 가교(架橋)'를 추구한 학설이라

---

4) 삼도(三都): 에도·교토·오사카를 통합해서 일컫는 에도시대의 역사 용어.

할 수 있다.

2. '전후 역사학'과 탈아론적 일본 이질론

1) 『일본 자본주의발달사 강좌』의 학문적 신뢰성

이른바 '전후 역사학'과 같은 일본 역사학계의 큰 흐름이 제2차 세계대전 후 갑자기 나타난 것은 아니다. 전쟁이 종료되기까지는 '황국사관(皇國史觀)' 일변도였고 그 질식할 것 같은 상황으로부터 해방된 전후사회에 들어서서 비로소 자율적으로 고찰하고 검증하는 역사학이 가능해졌다고 생각하는 것은 이미 앞서 든 몇몇 역사가들의 성과를 보면 전혀 부정확한 인식이란 점을 잘 알 수 있다. 하지만 그것들은 강한 억압과 부자유 속에서 어렵사리 움튼 자율성일 뿐이며, 역사교육의 장에서는 어떤 이론(異論)도 허용되지 않는 '황국사관'의 시대였다.

'전후 역사학'은 전중(戰中) 또는 전시하의 역사학, 나아가서는 전전(戰前) 역사학과도 맥락이 이어진다. 마르크스주의 역사가의 한 사람인 하니 고로 (羽仁五郎)는 1929년 『전형기의 역사학(轉形期の歷史學)』을 출간했다(羽仁五郎, 1929). 여기서 "전형기"란 혁명기, 변혁기와 동의어이다. 하니의 경우 저서의 제명은 현실 자본주의 세계로부터 공상 속의 유토피아가 아닌 과학적 전망으로서 사회주의 세계가 도래할 가능성에 목표를 맞춘 역사학이라는 의미였다. 하니는 이 책을 통해 당시 현존하던 자본주의 세계와 사회주의 세계 각각의 국제적인 역사학회를 비교 거론하며 요컨대 전자의 패배를 예언했다. 현재의 관점에서 보면 후자는 이미 절멸했고 존속하는 것은 전자 쪽이니 하니의 예언이 보기 좋게 빗나간 셈이다. 여하튼 하니와 같이 현실에 대한 비판정신이 차고 넘치던 일부 역사가들에게 미래를 향한 희망을 부여한 것은 1910년대에 일어난 러시아혁명이었다. 그런 의미에서 '전후 역사학'의 원류에는 국제 공산주의(internationalism)의 영향이 짙게 배어 있다.

전전·전중 역사학으로부터 바통을 이어받은 '전후 역사학'이 비단 마르크스주의 역사학 한 가지로만 대변되지 않는다는 점은 앞서 논한 이에나가 사부로의 문화사, 마루야마 마사오의 정치사상사 등을 통해 쉽게 이해할 수 있다. 그러나 '전후 역사학'에서 가장 활발한 움직임을 보인 일대 사조가 하니고로 등을 계승한 마르크스주의 역사학이었다는 점은 의심할 여지없는 사실이다. 이는 그러한 사유방식을 지향한 학생, 식자층이 대단히 많았기에 일어난 현상이다. 하지만 마르크스주의가 가장 전위적이었고 그 혁명 지향성이 전후 일본사회의 변혁을 희구하던 대중의 욕구에 잘 부합되었기 때문이라고만 간주하는 것은 단지 한 측면을 설명해주는 논리에 지나지 않는다.

필자의 사견으로 볼 때, 마르크스주의 역사학에 학문적 신뢰성이 널리 인정된 계기는 위와 같은 사조를 바탕으로 생산된 개별 성과물들의 질적인 수준뿐만 아니라, 무엇보다도 전전 역사학의 기념비적 성과로 사료되는『일본자본주의발달사 강좌(日本資本主義発達史講座)』(이하『강좌』)가 출간된 이후부터이다. 이『강좌』는 노로 에이타로(野呂栄太郎), 핫토리 시소(服部之聡), 하니고로, 히라노 기타로(平野義太郎), 야마다 모리타로(山田盛太郎) 등 전전 시기를 대표하는 마르크스주의 이론가, 역사학자들이 총결집하여 공동으로 간행했다. 그러므로 전문적인 역사학 분야에만 머무르지 않고, 역사·경제·사회·문화 전반에 걸쳐 자본주의사회 일본에 대해 종합적 연구를 시도한 성과물로 자리매김될 수 있었다.

『강좌』는 전 7권으로 구성되어 1932년 5월부터 이듬해 8월까지 이와나미 서점(岩波書店)을 통해 간행되었다.『강좌』의 집필자들은 당면한 일본 "부르죠아민주주의혁명"의 과제로서 천황제 폐기를 상정하고 그 후에 도래할 사회주의를 전망하는 입장을 공유했다. 그래서 명치유신 자체를 "부르죠아민주주의혁명"이라고 규정하고 당시 일본의 당면 과제로 "사회주의혁명"을 전망한 '노농파(勞農派)'에 대해 흔히 '강좌파(講座派)'라고 불렸다. 『강좌』 시리즈는 그 후 사회과학 전반에 엄청난 영향력을 발휘했다.

제1권 『제1부 명치유신사』는 하니 고로의 「막말(幕末, 에도막부 말기)의 사회경제 상태, 계급관계 및 계급투쟁 전편·후편」·「막말의 정치투쟁」·「막말의 사상적 동향」, 핫토리 시소의 「막말의 세계정세와 외교 사정」으로 구성되었다. 제2권 『제1부 명치유신사』에는 핫토리 시소의 「명치유신의 혁명 및 반(反)혁명」, 하니 고로와 이즈 기미오(伊豆公夫)의 「명치유신의 제도상 변혁」, 야마다 모리타로의 「명치유신의 농업상 제 변혁」, 히라노 기타로의 「명치유신의 정치적 지배형태」·「명치유신 변혁에 수반된 새로운 계급문화와 사회적 정치적 운동」 등이 수록되었다. 이러한 '강좌파'의 역사인식론은 '전후 역사학' 가운데서도 특히 일본근세사, 명치유신사, 일본근대사 등을 전공하는 후배 연구자들에게 때로는 역사적 시각 면에서, 때로는 연구 대상이나 분석방법을 통해 실로 다양하게 계승되었다.

전편에 걸쳐 '주의', '주장'으로 가득 찬 『강좌』 시리즈가 광범위한 영향력을 발휘할 수 있었던 것은 단순히 내용이 선동적이거나 마르크스주의 역사학이었기 때문이 아니다. 이런 식으로 체계를 갖춰 조직적이고 종합적 관점에서 일본사, 일본사회를 다수의 연구자가 협력하여 분석·검증한 작업은 종전까지 일본의 모든 학문분야에서 유례가 없던 획기적인 일이었다. 물론 개인적인 연구를 통해 큰 성과를 내놓은 연구자는 그 전에도 있었다. 그러나 공동의 취지에 입각한 분담 연구를 통해 일본사회의 근대화를 『강좌』 시리즈처럼 기획하고 학술적 성과물로써 공간한 사례는 일찍이 없던 일이었다.

이 점이 '강좌파'에 대한 학문적 신뢰를 낳은 최대 요인이라고 필자는 생각한다. 이런 종류의 신뢰감이란 연구자, 지식인, 학생 한 사람 한 사람의 입장에서 보면 극히 미미한 정도에 지나지 않을 것이다. 하지만 그 총량은 지속적으로 영향력을 발휘하여 결국은 널리 사회를 움직이게 만든다. 『강좌』가 이끌어낸 학문적 신뢰성이야말로 '전후 역사학'에서 마르크스주의 역사학을 주역의 자리에까지 밀어올린 최고 최대의 원천이었다고 필자는 이해하고 있다.

이리하여 마르크스주의 역사학은 역사학연구회(歷史學硏究會, 이하 역연)나 일본사연구회(日本史硏究會), 나아가서 그런 줄기로부터 가지가 벋어나가듯이 전국적으로 번진 대학의 '학생 역연', 각 지역 활동가가 주축이 된 역사 연구 그룹, 각지의 서민사료 조사 단체 등에 깊은 영향을 미치게 된다. 그러한 연구 단체에는 애초부터 마르크스주의자가 아닌 구성원도 여럿 있었으나 『강좌』의 학문적 신용이 이윽고 그들 단체의 학문적 신용으로도 전이되고, 게다가 전후의 마르크스주의 역사학자들이 속속 구체적인 연구 성과를 양산해낸 까닭에 비(非)마르크스주의자들도 이윽고 그 매력에 빠져들었다. 하니 고로를 필두로 한 고대사의 도마 세이타(藤間生大), 근세사의 하야시 모토이(林基) 등 주도적인 마르크스주의 연구자들은 대체로 대학 아카데미즘이 아닌 재야 연구자로써 활약했으며, 학회의 경우도 역사학연구회 같은 재야 학회가 문제제기의 힘이나 실증적 성과 등 질적, 양적인 면에서 높은 수준의 능력을 발휘했다.

2) 반봉건 민주화의 책무 의식

1939년 아직 20대 약관이던 기타지마 쇼겐(北島正元)은 『일본역사전서(日本歷史全書)』 전 24권 중 제1권으로 『일본근세사(日本近世史)』를 간행했다(北島正元, 1939). 마르크스주의자가 아닌 보통의 '양심적'인 근세사 연구자로서 기타지마는 "바야흐로 중대한 역사적 단계에 직면한 우리나라"라는 인식 위에서 자신의 절절한 생각을 이 책에다 전개했다. "우리나라의 근세는 상대(上代), 중세를 통해 순조로운 방향으로 발전해 가던 사회가 현저히 반동(反動)과 정체의 색채를 띠기 시작한 시기이다. 그 대표적 계기의 하나로 쇄국과 같은 역사적 사실을 들 수 있다"라고 하며, 쇄국이야말로 "원래 대단히 관용적인 국제적 성질을 지닌 우리 국민이 고루한 배외 자존주의에 물들어"서 "세계사의 무대로부터 낙후되고," 나아가서 전시(戰時) 풍조를 강화해가는 원인(遠因)이 되었음을 통사적 서술을 통해 밝히고자 했다.

같은 저서에서 기타지마는 근세 이래의 "배외 자존주의"와 더불어, 명치유신에 의해서도 "봉건적 유제(遺制)가 완전한 불식"되지 않은 채 자본주의적 요소와 융합하여 당대에 이르렀음을 강조한다. 기타지마는 '전후 역사학'의 근세사 분야를 견인한 연구자 중 한 사람이었으며 특히 봉건적 잔재의 부정과 극복, 반(反)봉건 민주화를 문제의식의 중핵에 두었다. 1958년 기타지마는 단행본 저서 『에도시대(江戶時代)』를 출간한다(北島正元, 1958). 그 「서문」에서는 "에도시대가 끊임없이 거론되는 이유는 그만큼 우리 생활 속에 지금도 여전히 봉건적인 것들이 여러 형태로 남아 있기 때문일 것이다. 그것은 근대적인 것과 미묘하게 뒤섞여" 존속한다고 지적하고, "낡은 것을 명확히 분별하여 극복해 가기 위해서는 그것들을 잉태한 에도시대의 실상을 알아야만 한다"라고 근세사 인식의 중요성을 지적했다.

1948년 또 한 사람의 '양심적'인 실증주의 역사가 고다마 고타(兒玉幸多)는 『에도시대의 농민생활(江戶時代の農民生活)』을 출간했다(兒玉幸多, 1948).[5] 그 「서론」을 통해 고다마는 "에도시대는 말할 필요도 없이 봉건제도의 시대였다. 쇼군(將軍)·다이묘(大名) 같은 대토지 소유자가 존재했고, 농민은 토지에 긴박당해서 자신을 위해서가 아닌 연공(年貢)을 생산하기 위해 노동했다. (중

---

5) 『에도시대의 농민생활(江戶時代の農民生活)』은 후에 『근세농민생활사(近世農民生活史)』로 제명을 변경함—지은이 주.

략)연대제도·감금제도·밀고제도 등이 움쭉달싹 못하도록 그들을 속박했다. 그들에게 요구된 것은 우마(牛馬)처럼 혹은, 우마와 함께 죽을힘을 다해 일하는 것이었다"라고 논했다. 책의 본문은 철두철미 근세 농민의 비참한 생활상에 관한 서술이었다.

근세사 연구는 비단 근세라는 시대사적 범주에 그치지 않고 근대의 소작농, 피차별 부락 등의 문제로까지 연결된다.[6] 때문에 근세사 연구자들은 근대의 직접적인 전사(前史)를 이루는 연구 대상에 대해 강한 현실적 책임을 공유했고, 지주제·신분제가 오랜 기간 주요 주제로 부각되었다.

'전후 역사학'은 하나의 총칭인 동시에 다분히 감각적인 용어이다. 정확한 정의는 없지만 대체로 제2차 세계대전 후의 '근대주의'적인 역사학 연구와 역사인식의 여러 사조를 합쳐서 일컫는 말이다. 그 속에 드러난 하나하나의 사조는 목표 또는 그 달성에 대한 이미지의 차이에 따라 여러 모로 편차를 보인다. 그렇지만 역사관이라는 큰 틀에서 보면 '진보주의'와 발전단계론을 기본적인 시좌로 삼는다는 점에서 공통적이다. 원시사회로부터 '문명'으로 향하는 발전단계론적 역사상을 학습하도록 구성된 현대의 학교 역사교육에도 '전후 역사학'은 여전히 깊은 영향을 미치고 있다.

역사의 전개 과정에 큰 좌절이나 곤란함이 있었다 해도 그것들이 극복되어온 과정을 확인하고 현재보다 나은 사회를 이루기 위한 과제를 들춰내서 미래의 가능성을 제시한다. 그런 이미지의 중핵을 이룬 것은 '근대주의'에 포함된 가장 양질(良質)의 요소인 자유·평등·평화·독립 등에 대한 가능성, 약속성이다. 따라서 역사의 귀결점인 눈앞의 현실이 이미 도달했어야 할 가능성, 약속성을 배반하고 있다고 간주한다면 그 역사적 이유를 해명하는 데 진력할 수밖에 없다. 이렇게 '근대주의' 역사관은 발전단계론에 입각한 미래

---

6) 피차별 부락: 에도시대에 형성되어 근현대까지 지속된 피차별민들의 집단 거주지.

사회의 이미지를 내포한다. 그 속에서 인간의 실력행사에 의한 혁명적인 행동을 동력 삼아 미래를 향한 방향 전환을 구상한 것이 마르크스주의 역사철학이다.

제2차 세계대전 후의 '근대주의' 역사학 가운데 마르크스주의와 확연히 구분되는 대표적인 연구로는 앞서 소개한 마루야마 마사오의 정치사상사, 그리고 경제사가 오쓰카 히사오(大塚久雄)의 『공동체의 기초이론(共同体の基礎理論)』 등이 있다(大塚久雄, 1955). 마루야마, 오쓰카는 마르크스주의도 '강좌파'도 숙지하고 있었으나 그보다는 막스 웨버(Max Weber)의 이론에서 큰 감화를 받았다. 그 밖에 이에나가 사부로의 실증주의적인 문화사도 있으니 결코 한 가지 노선만은 아니었다.

이처럼 '전후 역사학'은 몇 갈래로 나눌 수 있다. 하지만 그 어느 쪽이든 현실의 일본사회가 '비근대적 성격', '왜곡된 근대'라는 자성 위에서 제대로 된 '근대'의 도래를 염원한 민주화 지향의 학문 사조라는 점에서 같은 방향을 지향했다. 그리고 어떤 경우에도 상향적인 미래대망론(未來待望論), 다시 말해서 지나온 과거보다 앞으로가 인간의 행복 수준이 높아지리라는 희망적인 미래관을 수반한 점도 비슷했다.

3) '전후 역사학'과 탈아론적인 일본 이질론

제2차 세계대전 후 침략전쟁과 사회 억압의 구체제를 반성하며 반전(反戰)과 민주화를 기치로 하여 이전까지 소리 높여 주장할 수 없었던 연구 과제를 계속적으로 제기하고 큰 성과를 거둔 것은 이른바 '전후 역사학'이었다. 그러나 필자는 '전후 역사학'에 대해 한편으로 깊은 경의를 표하면서도 훌륭한 성과를 진정 의미 깊게 수용하기 위해서는 '전후 역사학'이 그 발상의 저변에 탈아시아적인 인식을 공유해왔다는 점을 감히 지적하지 않을 수 없다.

물론 '전후 역사학'이 자각적으로 아시아 차별의식을 내포하고 있었다는 것은 아니다. 아시아에 대해 정복 의도를 은밀히 숨기고 있었다는 것도 더더욱 아니다. 오히려 그 역이다. 겉으로 아시아와의 '공존공영권(共存共榮圈)'을 내세우고 현실적으로는 침략전쟁을 일삼아 희생자를 양산했던 '대일본제국'의 행보를 가장 엄중히 비판하면서 발전해온 것이 '전후 역사학'이었다. 가장 양질의 아시아에 대한 공감과 연대의 의식을 내포한 학문 사조였다 해도 과언이 아니다.

그러나 학문적 의지와 그 논리적 구성의 내용물이 반드시 일치하는 것은 아니다. '전후 역사학'의 학문적 내용, 그 인식론적 구성에는 연구자 개개인의 자의식과는 달리 세계에 대해서는 '일본 이질론', 아시아에 대해서는 '일본 선진론'으로 귀착되고 마는 측면이 분명히 존재했다. 주관적으로는 아시아 차별론을 거부했지만 역사인식의 구조라는 면에서 보면 '탈(脫)아시아'적 내지는 '비(非)아시아'적인 인식구조에 도달해버렸다는 것이다.

단, 이러한 모순을 '전후 역사학'이 전혀 인지하지 못했던 것은 아니다. 도야마 시게키(遠山茂樹)의 『전후 역사학과 역사의식(戰後の歷史学と歷史意識)』은 '전후 역사학'의 발자취를 가장 성실히 추적하고 자성적으로 문제점을 파헤친 사학사의 논저이다(遠山茂樹, 1968). 도야마는 "아시아적 정체성(停滯性) 극복을 위한 모색"의 출발점으로 1953년도에 열린 역사학연구회 전국대회를 든다. 이 대회에서는 19세기 이후 일본이 독립을 유지한 반면 중국은 반(半)식민지화한 그 분기점을 어떻게 설명할 것인가는 문제에 대해 국가, 민중운동 등 다방면에 걸쳐 고찰이 이루어지고 일국사를 초월하려는 주장도 제기되었다. 그러나 도야마는 "아시아적 정체성 논의로 귀결되고 마는 일·중 비교론으로부터 탈피"하기는 어려웠고, "참가자 대부분이 '실패'라는 평가를 공유했다"라고 솔직히 인정한다. 도야마는 대회 기획자의 한 사람으로서 「1953년도 대회의 결함은 왜 생겼는가?(一九五三年度大会の欠陥は何故生まれたのか)」

라는 글을 대회 종료 후 발표했다.

　반체제론적인 역사학이 최고조에 달한 시기를 대표하는 '전후 역사학'이 그 저변에 탈아시아적 성격을 띠게 된 것은 전술한 1930년대의 『강좌』로부터 엄청난 영향을 받았고 그것을 기반으로 성장해온 일과 무관하지 않다. 명치유신 이후의 '대일본제국' 형성 과정을 통해 일본사회 내부는 자신들이 여타 아시아 제국과는 다르다는 자기의식으로 충만했다. 스스로 '일등국'이란 등급을 매긴 적도 있었다. 그것은 생활 속에서 잉태된 감각이거나 혹은, 군사적 강대화와 전승의 기억이 누적된 데 따른 것이었다.

　다가온 일본의 혁명을 준비하기 위해 일본사회를 종합적으로 연구한 『강좌』는 말하자면 그런 세간의 감각에 가장 강렬히 비판적으로 대치한 반면에 학문적으로는 오히려 그 타당성을 논증해왔다고 할 수 있다. 그것은 『강좌』의 집필자들이 애초부터 의도한 바가 아니었지만 학문적 성과로써 일본사의 '근대적 발전'이 검증되었기에 쉬이 피할 수 없는 일이었다. 『강좌』 자체가 애초부터 사회과학적 관점에서 일본근대사를 자본주의발달사라는 큰 흐름 속에 자리매김할 목적으로 기획된 때문이다.

　『강좌』에 참가한 연구자들의 원래 지향은 일본이 아직 혁명 달성에 이르지 못했다는 점을 강조하기 위한 학문적 접근이었을 터이다. 하지만 그 애당초 의도와는 상관없이 연구결과는 일본사가 아시아사 속에서 특단의 선진성을 가진다는 사실을 학문적으로 증명한 셈이 되어버렸다. 왜냐하면 『강좌』 자체가 일본 자본주의의 발전을 사실(史實)로써 인정한 위에 그 미해결 과제를 제시하기 위한 것이었기 때문이다. 『강좌』는 세계사적인 자본주의의 역사가 아니라 일본 자본주의의 발달사로써 기획되었으며, 단순한 '자본주의 맹아론'이 아닌 일본적 산업혁명의 확정까지도 시야에 넣고 있었다.

　일본 자본주의발달사를 인식의 중심축으로 삼으면 아시아에서 일본만이 유일하게 유럽사의 전개 과정과 유사하다고 하는 '일본 이질론'적인 함정에 빠져들 수밖에 없다. 제2차 세계대전 후 이른바 '세계사의 기본법칙'은 어떤 지역이든 관철된다는 논리를 토대로 한국사, 중국사를 비롯한 아시아 각국에서도 자본주의 맹아론이 제기되어 일대 논쟁을 불러일으켰다. 그러나 이는 과거 역사에 대해 마치 억지를 부리는 듯한 부분이 있어서 이윽고 종결되고 만다.

'독립을 수호한 명치유신'이라는 근대이행론, 즉 일본 학계의 국민국가형 성사론도 마찬가지로 바로 이웃의 반식민지화, 식민지화한 나라들과 비교한다면 '일본 이질론'에 빠질 수밖에 없다. 물론 이러한 시계열적인 사상(事象)에 대한 인식이 완전히 허구는 아니다. 하지만 이것은 일국사적인 과정으로 이해해야 할 문제이며, 이러한 것들을 포괄하는 보다 상위의 유연성(類緣性)을 동아시아 차원에서 찾아내지 않으면 결국 일본 근대의 선진성과 이질성, 다시 말해서 탈아시아적인 역사상에 맞닥뜨리지 않을 수 없을 것이다.

'일본 이질론'은 자본주의화의 길을 걷기 시작한 일본의 근대사상(近代史像)에만 국한된 일이 아니다. '전후 역사학'은 중세, 근세의 통일권력이 고대적 왕조가 아닌 무가정권(武家政權)이었다는 사실도 일본사가 유럽사와 유사한 점의 하나로 간주했다. 무가정권론은 고대까지 아시아와 일본열도가 어깨를 나란히 했지만 대개 '중세화' 무렵부터 유독 일본만이 유럽사에 가까운 역사전개를 보이게 되었다고 인식한다. 이 밖에 고대 농촌의 변용, 새로운 계급·계층의 등장에 대해서도 헤이안시대(平安時代, 8세기 말~12세기 말) 이래의 어떤 시점부터 탈아시아화 또는 비아시아화가 지적되고, 그것이 유럽사와의 근사성(近似性)과 같은 의미로 해석되었다.

일본사 연구자의 주관적 견해로는 일본역사 자체의 내적 변화 속에서 변혁 요소를 검출한 결과에 다름 아니겠지만 유럽사의 농노제도, 영주권력론으로부터 도입된 개념이나 시대구분론에 입각하여 자국사에 대한 해명을 시도한 결과가 이른바 '영주제론'으로 나아가게 된 것이다. 아래로부터 성장하는 농민사회와 그것을 기반으로 삼은 고대 권력을 극복해가는 중세 무사단, 무가정권의 추이라고 하는 일본 중세사의 이미지는 정치한 사회경제사적 분석을 통한 학문적 성과로써 널리 지지되고, 세부적인 견해차를 다툴 정도로 수많은 새로운 사례 연구가 생산되었다. 이시모타 쇼(石母田正)『중세적 세계의 형성(中世的世界の形成)』은 그런 동향을 견인한 대표적 성과물로써 역사관의 차이를 넘어 높이 평가되고 이윽고 고전적 명저의 반열에 올랐다(石母田正, 1946).

근대로의 진입=비아시아화라는 역사인식이 자연스럽게 정착되었다. 근세사 분야에서 난학(蘭學),[7] 양학(洋學)[8] 쪽으로 다수의 연구자들을 이끈 동인은 그것들이 봉건제 극복의 계기를 품고 있다는 믿음 때문이었다. 마찬가지로 비아시아적인 학문·의료가 근세 일본에 초래한 다양한 양상들에 대한 연구가 정열적으로 추진된 것도 전후의 연구자들이 봉건적, 비과학적인 사고·관습을 파괴할 힘이 그 속에 있다고 기대한 때문이다. 일본을 바꾸겠다는 열의가 한편으로 '일본 이질론'이란 문제점을 잉태하게 된 것이다.

점차 아시아와 일본 사이의 이질론이 학문적으로 논증되고 일반에까지 확산되어갔다. 하지만 다른 한편에서는 유럽 수준에 미달하는 점도 다수 제기되었다. 이것들이 역사인식에도 반영되어 '유럽중심사관'이 사회의 집단 심성처럼 되었고, 그러한 측면에서 '일본 이질론'은 일본의 '뒤쳐진 근대', '왜곡된 근대'로 인식되었다. 근세사 분야에서는 기생지주제(寄生地主制)로 통칭된, 근대 지주제의 전사(前史)를 밝히는 작업이 활발히 전개되었다.[9] 전후

---

7) 난학(蘭學): 에도시대 네덜란드어를 매개로 수입, 발달한 서양의 의학·천문학·역학·지리학·물리학·화학과 군사기술 등.

8) 양학(洋學): 광의로는 에도시대 서양 학문의 총칭, 협의로는 난학의 기초 위에 1850년대 개항 후에 영어·프랑스어를 매개로 수입된 서양 학문.

9) 기생지주제(寄生地主制): 지주의 토지소유권을 절대화한 명치헌법하에서 소작인으로부터 취한 고율의 소작료가 그 후 일본 자본주의의 기초를 이루었다는 학술 용어.

근세사 연구자들의 가장 큰 공적이라 할 만한 소농(小農) 자립에 대한 검증도 실은 자립의 달성을 확인하기 위한 연구뿐만 아니라 자립을 지속하지 못하고 질지(質地, 경작권을 저당 잡힌 토지) 소작화한 점, 다시 말해서 근대 지주제의 기점을 찾는 과정에서 밝혀진 역사상이다. 소농 자립은 유럽사와 근사하지만 질지 소작에서 기생지주제로의 전개는 '뒤처진 근대', '왜곡된 근대'의 표상으로 이해되었다. 심지어 유럽사에 비해 낙후된 부분을 일본사만의 고유성이 아니라 아시아적 현상으로 치부함으로써 이번엔 일본사를 아시아사에 근접시켰다. 이러한 인식은 '아시아적 특질론', '아시아적 생산 양식'이라는 학문적인 논의 과정을 거치며 심화되었다. 아시아의 '정체성', '후진성' 그 자체를 학문화한 것이다.

현재로선 일본 역사학계 전체를 통해 '전후 역사학'의 영향력은 현저히 약해졌다. 대략적인 경향을 간추리자면 1980년대 이후 연구자의 중심 세대가 교체되면서 발전단계론에 얽매이지 않는 문제의식의 다양화, 나아가서는 '이야기', '기억' 등 넓은 의미에서 사실(史實) 논증방식의 다양화가 진전되었다. 요컨대 '현대 역사학'으로 변화한 것이다.

세대 간 생활체험의 차이가 관심이나 연구주제의 차이로 표출되면서 '전후 역사학'이 가진 구심력은 크게 약화되었다. 그리고 발전단계론이 그려내고자 한 미래의 사회상도 신용을 잃었다. 1990년대의 동구권(東歐圈) 붕괴는 개별 사회과학의 제 분야가 아닌 마르크스주의적 사고체계의 신용 자체를 현저히 약화시켰다. 이제 역사학은 발전단계론에 입각한 일극집중적인 주제 설정이 아닌, 변화하는 시대의 새로운 문제군(群)에 대한 위기의식을 토대로 하여 연구자 개개인이 감지한 상황에 대한 절박감을 바탕으로 개별적인 주제가 선택되고 그 연원을 해명하는 방식으로 중심을 이동했다. '세계사의 기본법칙'이라는 발전단계론의 거대 이론(grand theory) 위에서 구심적인 연구 과제에 천착하는 것이 아니라 전혀 새로운 문제군 이를테면 환경, 정보, 고령화, 생태계, 스트레스, 재해 등과 같은 사회문제에 연구자 각자가 자신의 판단으로 맞서는 '현대 역사학'으로 이행한 것이다. 그런 의미에서 일본 역사학계는 '전후 역사학'의 주박(呪縛, 주술적 속박)으로부터 비로소 자유로워졌다고 할 수 있다.

이 책을 통해 필자가 앞으로 전개할 논지도 이런 자유로운 분위기에 이끌려 비로소 가능했다는 점을 인정하지 않을 수 없다. 그러나 말할 필요도 없는 일이지만 '전후 역사학'에 대해 일정한 검토 없이 지나쳐버리는 것은 그것을 학문적으로 극복하는 길이 아니다. 마찬가지로 '전후 역사학'이 그 진지한 학문적 영위를 통해 본의 아니게 내면화하게 된 '탈아론적(脫亞論的) 일본 이질론'도 단순히 '현대 역사학'으로 말을 바꿔 타는 일만으로는 해결되지 않는다. 동아시아세계의 활력이 과거보다 한층 고조되고 제 사회의 수준이 접근하여 상호의존의 필요성이 더욱 높아진 현재도 다른 한편에서는 서로에 대한 시의심이 심화되고 있다. '탈아론적 일본 이질론'을 극복하기 위한 노력은 지금 오히려 몰입할 가치가 있는 학문적 과제라고 생각한다.

동아시아 고전고대와 법문명권

1. 세계사와 광지역사

1) 세계사 인식론에 대한 회의, 그리고 새로운 지향

5년에 한 번 장소를 바꾸어 세계 각지에서 개최되는 국제역사학회의(1926
년 설립)의 2000년도 제19회 대회는 노르웨이 오슬로에서 열렸다. 개회 직후
에 시작된 전체회의의 공통주제는 새삼스럽게도 세계사의 전망, 그 개념과
방법을 되묻는 것이었다(Perspectives on global history, concepts and metho-
dology). 발표자 3인 중 첫 번째 분은 단도직입적으로 「세계사는 가능한가?
(Is Universal History Possible?)」라는 제목의 발표를 통해 전체사(全體史)의 가
능성을 더듬고자 했다.

일본 내 '전후 역사학'의 대상 범위를 훨씬 넘어선 세계사적 규모에서 역
사인식의 동요는 20세기가 종말을 고하기 약 10년쯤 전부터 본격적으로 나
타났다. 1989년 베를린 장벽이 붕괴되고 일사천리로 연쇄 진행된 동구권 혁
명─혁명가의 장기 독재 권력을 붕괴시킨 민중혁명─을 통해 20세기 역사의 근
간을 이뤄온 세계적인 정치·사상의 배치 구조가 무너졌고, 동시에 그것을

뒷받침해온 역사인식의 얼개도 혁명적인 동요를 겪게 된다.

우선 동구권을 이끌던 마르크스주의뿐만 아니라 근대주의적인 발전단계론으로 무장한 역사관도 힘이 쇠퇴했다. 게다가 베를린 장벽의 붕괴 후 벌어진 국가권력의 탈취 내지 유지를 위한 경쟁, 그리고 예상을 뛰어넘은 온갖 사회문제군의 확대가 기존 역사인식의 붕괴를 가속화시켰다. 결국 '어떻게 살 것인가?'를 제시하는 이정표로 간주되던 역사관이 '사상의 척추'라는 지위에서 후퇴하기에 이른다. 이런 변화에 대해 전 세계적으로 역사학자들이 공유한 경악과 당혹감이 위 국제회의에 그대로 반영된 것이다. 엄청난 진동은 역사 연구자들 대부분이 현재도 여전히 체감 중이다.

종전의 세계사 인식 및 구상은 거의 예외 없이 장차 인간해방을 예견한 미래사회론을 수반하는 내용이었다. 그 미래의 사회상은 대체로 종국에는 모든 사회가 일원적인 형태, 수준으로 귀결된다는 인식방법을 취했다. 종교가 가진 다양한 역사관도, 전근대의 혁명 왕권에 늘 부수되던 쇠퇴사관(衰退史觀)도,[1] 공상적인 유토피아 이미지도, 과학적·실증적·인민적임을 표방하던 각종 진보사관도, 모두가 어떤 궁극적인 해방의 형태로 인류사가 귀결된다는 일종의 '약속'과 같은 미래상을 제시해왔다.

일본 학계에서 '전후 역사학'이 거대 이론(grand theory)라고 일컬어진 것은 위와 같이 인류의 최종 해방에 대한 일관성을 띤 ─ 그렇다고 인식된 ─ 세계사적 규모의 발전단계론을 기반으로 했기 때문이다. 물론 필자도 거대 이론을 전면 부정하지 않는다. 거대 역사이론에는 전체사에 대한 강한 지향성이 맥박치고 있으며, 이런 측면은 '현대 역사학'이 마땅히 계승해야 할 점이기 때문이다.

새로운 세대의 역사 연구자들은 지구적 차원의 거대 이론에 입각하여 실

---

1) 쇠퇴사관(衰退史觀): 신·영웅에 의한 구제사관(救濟史觀) ─ 지은이 주.

중할 대상을 임의 선택하고 그 결과에 대해 연역적으로 역사의 질서를 부여해가는 연구 방법을 기피한다. 동시에 비교사(比較史)를 대망하는 분위기도 강해졌다. 이는 일국사(一國史)에 몰입하지 않고 넓은 시야를 지향하되, 과거와 같은 가설적인 거대 이론이 아니라 역사적 실태에 바탕을 둔 비교사의 실증적인 연구 성과를 축적함으로써 보다 보편적인 역사상에 접근하고자 하는 바람의 표현이다. 거대 이론의 쇠퇴에 따른 당연한 추세라 할 수 있을 것이다.

분명히 비교사는 서로의 유사점과 차이점을 세부에 이르기까지 부각시킨다. 그 성과의 축적은 보다 확실성 높은 역사상을 구축하는 데 귀중한 자산이 될 것이다. 하지만 그런 의의를 인정한다 해도 비교사적 실증만으로 전체사에 접근하기에는 무리가 있다. 역사 속의 무수히 많은 사상(事象)들을 총체적으로 인식하는 시야를 갖기 위해서는 아무래도 가설적인 논리화를 위한 수단, 즉 이론 자체의 연구를 병행하지 않으면 안 된다.

실증적인 비교사 연구에 매진하기보다 종래의 세계사상(世界史像)을 회의(懷疑)하면서 그 새로운 논리화에 천착하는 쪽이 오류에 빠질 위험성은 당연히 클 것이다. 그러나 각 사회로부터 도출된 서로 모순적인 역사상을 과부족 없이 체계적으로 설명하며 전체사에 접근해 가기 위해서는 실태 연구와 아울러 그것들을 논리화하기 위한 이론 연구의 병행이 불가피하다. 게다가 과거의 세계사 인식론에는 서로 무오류성(無誤謬性)을 경쟁하는 측면이 강했다. 하지만 아직 밝혀내지 못한 엄청난 영역이 남아 있다는 사실 또한 겸허히 인정할 수 있어야 한다.

이 장에서는 위와 같은 점을 고려하여 필자 나름의 가설을 제시하는 데 필요한 몇 가지 사건이나 용어에 관해 우선 서술할 예정이다.

이 책은 '동아시아 법문명권(法文明圈)'이라는 새로운 범주를 제시하고, 그 성격과 의미 및 지속성, 그 권역 내부에 존재하는 일본사의 개성에 대해 논하는 것을 목표로 삼는다. 또한 필자는 '법문명'을 성립시킨 필요조건적인 토대를 '정치문화'라는 용어로 압축할 수 있다고 생각한다. 정치문화는 이미 널리 사용되는 말이다. 그러나 필자는 그 개념 속에 자신의 사견을 포함시키고자 한다.

과거의 세계사 인식론에 대한 회의는 깊다. 하지만 전체사에 대한 희망이 완전히 없어진 게 아니라면 관련 작업을 진전시키기 위해 몇 가지 용어나 사고의 방식에 관한 약속을 미리 제시해둘 필요가 있다. 새로운 역사상을 도출하기 위해서는 예로부터 익숙하게 경험해온 사고의 틀에 갇혀선 안 되기 때문이다. 새로운 사료, 사실(史實)의 제시뿐만 아니라 새로운 발상을 자극하는 참신한 방법론을 제시하지 않으면 한 걸음도 앞으로 나아갈 수 없을 것이다.

역사학은 ① 사료·사실에 대한 분석 작업과 동시에 ② 기존 사학사·학설사와 비교 검토한 결과를 종합함으로써 개별 주제 연구가 갖는 의미, 의의를 하나하나 확인하며 나아가는 학문 분야이다. 그러나 한편으로 ③ 시각=시좌 및 이론에 대한 연구도 반드시 필요하다. 이 세 가지는 상호 긴밀히 결부되어 어느 한쪽을 진행하는 와중에 다른 한쪽에 대한 착상, 착안을 하는 경우도 많다. 하지만 일단은 각기 독자적인 영역을 이룬다.

아래에서 논할 내용은 ③에 해당하는 시각, 이론에 관해서이다. 연구자의 언설로서는 흔히 분석 방법·키워드·개념·용어라고 일컬어지는 것들에 가깝다. 시각, 이론을 주제로 한 연구는 아직 완전히 숙성되지 않은 요소들로 인해 자칫 과오가 발생하거나 오해를 낳는 일도 잦지만 감연히 시도해보겠다.

2) 광지역사의 이해

이 책의 논지 전개를 위해 여기서는 '광(廣)지역사와 세계사', '광지역사와 법문명권', '법문명권과 정치문화', '법문명권과 고전고대' 등의 상호 관계성을 각각의 개념과 함께 미리 설명해둘 필요가 있다. 이것들은 서로 깊이 연관된다. 개중에도 법문명권이란 용어를 특히 자주 사용하게 되는 까닭에 이 것과 거의 동일한 범주인 광지역사부터 먼저 논해보기로 하자.

광지역사란 일국사 혹은, 하나의 왕조사를 넘어선 규모이지만 세계사보다는 좁은 범위의 역사를 지칭한다. 규모도 형태도 각기 다른 여러 개의 드넓은 권역이 역사적으로 존재해왔다는 것이 필자가 세계사를 보는 기본 관점이다. 그것은 현대 세계에까지 흔적을 남기는데, 단순한 흔적에 그치지 않고 지속적으로 영향력을 온존한 곳도 있는 것으로 보인다. 단, 역사의 시원(始原)에서부터 같은 공간 - 구획 - 의 광지역사가 고정적으로 존재했다고는 생각하지 않는다. 그것은 분명히 역사의 과정을 통해 생성되었으며, 역사 속에서 넓이도 질량도 변화해왔다. 그리고 역사의 어떤 일정한 단계, 즉 '고대화'의 과정에 형성된 핵원(核源) 같은 것이 그 후 지구 상에서 광지역사의 종별(種別)을 크게 규정지은 것으로 생각한다.

필자는 근대 이전에 주안점을 두고, 동아시아를 하나의 '유기적인 역사적 구조체'로 인식하고 있다. 다시 말해서 필자는 전근대 동아시아의 제 국가, 제 사회가 어떤 공통항으로 통합되는 일체적인 성격을 띠고 있으며 광지역사로서의 동아시아사를 구성해왔다고 본다.

광지역사라는 말은 동아시아 법문명권 구상을 위한 중요한 전제이다. 이는 세계사의 다양성과 광지역사 내부의 일체성, 즉 다양성과 일체성을 동시에 함의하는 용어이다. 필자는 광지역사의 일체성이 정치문화 영역을 통해 가장 명징하게 드러난다고 생각한다. 광지역사를 내부적으로 결합시키는 요소로 정치적 차원, 경제적 차원, 사회적 차원에서 여러 후보를 거론할 수 있겠으나 필자는 동아시아 광지역사의 경우 정치문화를 그 핵심 요소로 보고 있다.

세계사에 관해서는 이미 까마득히 오래전부터 수많은 논의가 거듭되었다. 근대 역사학이 출발한 후로도 허다히 많은 구상들이 제기되곤 했다. 필자는 세계사와 광지역사의 관계에 대해 일차적으로 세계사를 광지역사의 상위 개념으로 이해한다. 또한 세계사의 다양성과 광지역사의 일체성을 동전의 양면처럼 생각하고 있다. 세계가 존재하는 한 세계사 연구도 계속될 것이며, 어떤 종류의 방법론에 의거하여 그 전체상에 접근할 수 있을 것이다. 허나 세계사 인식을 위한 종전의 연구는 늘 아직 도래하지 않은 미래상도 응시하려 했고 거기에 예견적인 이미지를 덧붙여 왔다. 심지어 미래상에 선악의 가치관까지 부여한 때문에 그 세계사론은 시대 상황에 따라 유효성을 발휘하거나 반대로 상실하곤 했다. 다시 말해서 수많은 사람들을 때로는 격렬한 행동으로 내몰기도 하고 때로는 그 자리에 멈춰 서게 만든 것이다.

일본의 경우, '전후 역사학'을 계승한 미래론적인 발전단계에 토대를 둔 세계사론은 오늘날 쇠퇴일로에 있다. 마르크스주의 역사학은 '세계사의 기본법칙'에 입각한 발전단계론적 세계사를 지금은 거의 제기할 수 없게 되었다. 그 밖에 근대주의 역사학에서 별다른 주저 없이 '진보', '미래'를 제시할 만한 입장은 현재로서 거의 눈에 띄지 않는다. 종교적 역사관처럼 쇠퇴의 방향과 심판·구제에 의한 재생을 주장하는 미래론은 오늘날도 변함없이 구심력을 발휘하고 있다. 하지만 이 경우는 교조(敎祖) 내지 탁월한 지도자에 대한 인격적 숭배가 우선하므로 쇠퇴사관 자체의 설득력을 깊이 인정하기 어렵다. 종교는 여전히 큰 힘을 갖지만 개인의 일신상 불안과 불우함으로부터 해방이 종교를 수용하는 큰 계기가 되고 있을 뿐, 그 역사인식의 독자적인 구성방법이 구심력의 근원이 아니라는 것이다. 세계사의 구성이라는 측면에서 보면 종교의 효력은 예전만 못하다 해도 좋을 것이다.

위와 같은 일원적 세계사론을 통해 우리가 배울 점도 적지 않다. 그러나 필자는 그런 최정상의 세계사론이 어떠한 미래상을 제시했는가에 대해선 일단 유보해두고 싶다. 왜냐하면 세계사적인 예견, 예언이 종래 많은 사람들을 견인해온 것은 틀림없는 사실(史實)이지만 그 대부분은 역사학의 영역을 넘어선 선각자적 언설이어서 역사가로서의 언설을 일탈한 것으로 사료되기 때문이다.

필자는 세계사보다 한 단계 낮은 차원에서 정치문화를 중심축으로 하는 법문명권이라는 역사적 구조체가 오랜 시간에 걸쳐 다양한 광지역사를 형성해왔다고 보는 다원주의적 인식 위에 서 있다. 그것은 근대 이전의 경우 보다 현저했지만 현대에 들어서서도 그 흔적이나 여전히 살아 움직이는 영향력을 확인할 수 있다. 세계사는 아직 일극화, 일원화의 시대에 다다르지 않았다. 광지역 사이의 우승열패(優勝劣敗)가 어느 정도 드러났을 뿐이지 이것들 모두를 완전히 제패한 지구 차원의 법문명은 확증되지 않았다. 장차 어떤 일원적인 형태로 세계가 순화되어 갈지 어떨지 현재로선 판단할 수 없다. 한편에서 인류사적으로 공유할 만한 '원칙'들이 심화되고는 있으나 언론·사상 면에서는 다원(개성)주의도 글로벌리즘, 국제화라는 말과 거의 동등한 기세로 여전히 활력을 유지하는 것이 오늘날의 상황이라 할 수 있다.

'다양한 광지역사'라는 필자의 사견은 일원성을 지향하는 기존의 세계사론에 대한 이의 제기이긴 하지만 그렇다고 무한한 다양성을 주장하려는 것은 아니다. 지구 상에는 아마 열 손가락으로 충분히 꼽을 만한 광지역의 법문명권이 존속해왔을 것이다. 각각의 법문명권의 강도(强度, 구심력 — 옮긴이)는 개성적인 정치문화의 통합성 및 그 확산 정도에 따라 비유적으로 표현하자면 적극적인 법문명권, 소극적인 법문명권으로 구분할 수 있을 것이다.

3) 법문명권과 고전고대

광지역사, 법문명권으로 인식이 가능한 이유는 역사의 가장 이른 시기에 어떤 중핵지대로부터 잉태된, 그런 까닭에 '고전고대(古典古代)'라 불리는 문명원(文明源)의 도가니에서 끓어오른 정치문화가 근린지역 나아가서는 마치

불똥이 번지듯이 원격지로 퍼져나가서 점차 광역적으로 스며들고 결국 지역 전체를 동질의 정치색으로 물들였기 때문이다. 모든 존재는 유생기(幼生期)에 획득한 형질을 기층(基層)으로서 계속 보전하며, 그 후에 받은 여러 임팩트(충격 – 지은이)는 경우에 따라 이를 흡수하거나 배제한다.

마찬가지로 앞에서 논한 정치문화는 하나의 정치사회가 생성되는 '고대화' 시대에 비롯된 것이기에 그 뿌리가 깊고 넓어서 후대의 정치사회에서는 거의 체질화한다. 말하자면 사회의 유생기에 획득한 어떤 특정한 인자들이 광지역사의 정치적 속성을 형성하는 것이다. 그것은 응결성이 강해서 때로 형태를 바꾸더라도 완전히 불식되지 않으며, 외부로부터 아무리 강한 타격을 받아도 약간의 변형을 겪으며 살아남는다. 다만, 광지역사에 따라서는 '고대화'의 시기(始期)에 차이가 커서 때로 그 시간차가 몇 세기에 이르는 경우도 있다.

광지역사는 '고대화' 과정을 통해 생산된 많은 일화가 그 후의 정치사회로 구승되고 기록되며 이윽고 신화화(神話化)한다. 그리고 연구, 논쟁을 통해 점차 체계화된 신화에 기반을 둔 신학(神學)이 성립하기에 이른다. 이 신학은 고대국가 이후의 학교기관이나 친척, 근린 조직 등을 통해 먼저 개별 가족의 상층부 – 귀인화한 신분층 – 에 교육되며, 차츰 민중 차원으로까지 침투하여 스며든다. 요컨대 사회 전체가 신화를 되새김질하는 것이다. 물론 그런 침투 방식에도 법문명권 나름의 성격이 드러난다. 국가, 왕조에 따라서는 정학(正學)과 이학(異學)의 차별이 엄격하거나 느슨하다. 오히려 이학의 여러 유파 쪽이 보다 활기를 띤 사회도 있었다.

요순(堯舜)도 공자·맹자도 사서오경도 애초엔 특정한 학자들 사이에서, 나중엔 치자(治者)들이 교유(敎諭)에 이용하고, 이윽고 민간에까지 퍼져나갔다. 그것들 각 요소 간의 관계가 다소 애매하거나 '사서삼경', '사서육경'이라 해도 무관하다. 춘추전국보다 더 오래된 시대와 기원후의 인물, 일화가 뒤섞이

더라도 전혀 문제없다. 자유로운 다시읽기를 거치면서 종국에는 같은 종류의 언설이 보급되었다. 그 시원(始原)에 고전고대의 중화(中華) 왕조가 자리하며, 그 무렵의 몇몇 인물들은 항상 특별한 '성인(聖人)', '성왕(聖王)'으로서 상위에 모셔진다. 동아시아 법문명권에 지금도 살아 숨 쉬는 것은 이러한 역사적 광경이다.

이 책에서 논하는 정치문화란 '고대화'의 과정을 통해 생성된 이래, '중세화', '근세화', '근대화' 나아가서는 '현대화'에 이르기까지 마치 석고상처럼 아무런 변화 없이 지속된 것이 아니다. 애당초 '고대화', '중세화' 등으로 구분짓는 이유도 시계열적인 변화를 겪어온 때문이다. 그런 변화를 가장 밑바탕으로부터 추동한 힘은 다름 아닌 경제다. 여기서 말하는 경제는 소유, 생산력, 경영형태 가운데 어느 한쪽으로만 일원적으로 수렴되는 성격이 아니라 경제적 실력의 종합체를 가리킨다. 여하튼 그러한 의미에서의 경제를 기본 동인으로 한 시계열적인 발전과 변화는 인정하지 않을 수 없다.

모순처럼 들리겠지만 다른 한편에서는 '고대화'의 과정을 통해 정치문화가 거의 기층화하고, 경제력에 의한 사회환경의 변화에도 불구하고 고유한 독자성을 띤 법문명이 계속 이어진 점도 마찬가지로 인정하지 않으면 안 된다. 재차 강조하거니와 정치문화의 불변성을 강변하자는 게 아니다. 시세에 역행하거나, 시세에 대응하여 형태를 달리하면서도 그 기층은 지속되었다는 것이다. 바꿔 말하면 정치문화는 시대적 변화에 대응하지만 그 핵심 요소가 완전히 쇠퇴하지 않고 단지 형태만 바꿈으로써 외부에서 보기엔 그 사회의 독특한 성격처럼 보이는 것이다.

정치문화의 내부는 여러 요소로 구성된다. 따라서 상호간에 우열, 강약이 발생하여 때로는 분리되어 있던 요소가 서로 유착하거나 다른 큰 것과 충돌해서 새로운 요소가 첨가되는 경우도 있었을 것이다. 그렇지만 원래의 핵심 요소는 이미 체질화되어 흡착력이 강하다. 또한 법문명권 상호간에도 강약의 차이가 있어서 접촉, 충돌에 의해 타자를 힘으로 제압하는 일도 있을 것이다. 그래도 하나의 민족어가 집요한 생명력을 유지하듯이, 현재도 우리는 광지역사의 이미지를 여전히 온존하고 있다.

광지역사가 처음부터 전 지구 상에 존재했던 것은 아니다. 그것은 법문명권이 전 지구를 뒤덮지 않았던 것과 마찬가지 일이다. 일정한 경계영역을 가진 어떤 정치문화의 제 요소가 그 바깥의 주변부로 불규칙하게 퍼져나가서 이윽고 보다 큰 법문명이 서로 경계를 접하게 될 정도로 광대해졌다. 물론 법문명이 발을 들여놓지 못한 공간도 광범위하게 남아 있다. 힘의 작용 방향으로 말하자면 중심으로부터의 강압적인 공격력을 통해 법문명의 범위가 넓혀진 경우도 있고, 역으로 주변이 중핵의 정치문화를 적극 흡수하고 때로 중핵의 힘에 저항하면서 독자적인 왕권을 성립해간 경우도 있다. 그러나 힘이 어느 쪽으로부터 작용했든 결과적으로 중핵에서 탄생한 정치문화가 확산된 점에는 차이가 없다.

광지역사, 법문명권의 역사적 중핵을 이루는 곳은 그 정치문화의 원천이 되는 고전고대가 발생한 지역이다. 다만 이 경우 고전고대의 개념 자체를 통념적 이해로부터 해방시키지 않으면 안 된다. 일반적으로 고전고대란 유럽고대의 그리스·로마시대를 가리키는 시대 용어이다. 고전고대에 발원한 문화, 문명이 르네상스로 이어지고 그 후 유럽 내 모든 지역문화의 기반이 되었으며, 그 핵심 요소는 오늘날도 유럽 전역에 맥박치고 있다는 것이다.

'고대문명'은 고전고대와는 개념적으로 구별되는 말이다. 오래전부터 회자되어온 이집트문명, 메소포타미아문명, 황하문명, 인더스문명 외에도 기원후까지 포함하면 고대문명의 소재지는 더 많아진다. 그것들 가운데 특히 고전고대의 '고전(古典)'을 덧붙인 것은 다른 고대문명·문화들에 대한 차별성을 강조하기 위해서이다. 말할 필요도 없이 그 저변에는 여타에 비해 출중하다는 자부심과 긍지를 앞세운 유럽중심사관이 작용하고 있다.

이른바 '고전고대'는 지중해세계에서 번창했다. 그러나 문자나 철기 등은 선행한 이집트문명, 황화문명의 성과를 물려받았다. 지중해 세계의 문화는 기원후 수세기가 지난 고대말까지 이어져 철학, 자연과학에서 독자적인 발전을 보였다. 그 문화적 유산은 이슬람권으로도 혼입되었으나 서양의 기독교 세계가 주류를 계승했고, 그 후계 문화로 인식되는 사회·정치 등이 이후 지구적 규모로 세계사를 견인해왔다. 때로 그 힘은 내부, 외부의 저항세력과 갈등하며 성쇠를 경험한다. 하지만 오늘날까지도 세계에 대한 주도권을 잃지 않았다.

그러나 유럽중심사관을 바탕으로 세계를 서열화하는 그런 좁은 의미로만 고전고대의 지평을 한정지을 필요는 없다. 필자는 고전고대를 서양도 그 일부로 포함하는, 말 그대로 전 세계의 역사를 총체적으로 이해하기 위한 중요한 보편개념으로 사용할 수 있으며, 그것이 세계사 인식에 바람직하다고 생각하는 입장이다.

지구 상에는 공통의 신화를 공유하거나 거기에 공감하는 몇 개의 광지역이 있고, 그 시원(始原) 부분에 고전고대가 존재했다. 어떤 고전고대에도 '신화', '성인', '성전(聖典)'이라는 세 가지 요건이 구비되었으며 그것들이 하나의 광지역을 이루는 원자(原資)로 작용했다. 각각의 고전고대의 시원 부분에는 주변 왕조보다 상위에 자리한 중핵왕조가 있었다. 그러한 광지역이 점차 법문명권을 형성했고 현대에 이르기까지 직간접으로 우리에게 영향력을 미치고 있다.

단, 이러한 복수의 법문명권은 그 구심력의 강도가 일정하지 않았다. 고전고대의 여러 요소들이 비교적 뚜렷이 모습을 드러내는 광지역이 있을 것이다. 그러나 한편으로 소거법(消去法)을 통해서만 구심성이 느슨한 신화군(群)을 파악할 수 있고 비로소 고전고대를 상정할만한 광지역도 있을 것이다.[2] 인접한 여러 개의 왕조가 병립하는 광지역은 대개 적극적인 법문명권을 형성했다. 하지만 부족사회 단계에 가까운 다수의 수장(首長) 지배 영역이 나란히 병존한 광지역도 소극적인 법문명권으로 인정 가능한 경우가 있다. 왜냐하면 그런 권역에서도 일상적인 분쟁의 저 밑바닥에 대단히 유사한 정사(正邪) 관념, 초월 관념이 존재할 수 있기 때문이다. 이것들에 대한 상세한 검증은 금후의 연구로 미룰 수밖에 없다.

4) 후계 중핵국가와 법문명권의 다양성

고전고대는 지구 상 어느 곳이든 존재했던 게 아니다. 조건이 좋은 몇 군데에서 발원하여 그곳을 중심으로 고유한 정치문화가 생육되기 시작했다. 고전고대의 중핵국가란 이런 '고대화'의 과정을 거치며 가장 이른 시기에 생성된 고대국가를 지칭한다. 따라서 지구 상에는 서로 성격을 달리하는 복수의 고전고대가 존재했고, 점차 각각의 문명적 특질이 함양되어 이윽고 주변으로 전파되었으며, 그러한 유산이 현대에까지 영향을 미치고 있는 것이다.

고전고대 시대의 중핵국가를 계승한 후계(後繼) 중핵국가는 고전고대가 키워낸 문명적 특질을 원자로써 활용하여 그것을 재해석하고 재창조를 거듭했다. 다만 후계 중핵국가들은 이미 그 특질이 고전고대로부터 착색되었기에 진정한 고전고대와는 구별된다. 그것이 '후계'라는 점은 주변 제 왕조도 인지했던 사실이며, 고전고대와 동일한 정도의 경의를 품었을지는 알 수 없다. 사정에 따라서는 오히려 경멸의 대상이 된 경우도 있을 것이다. 하지만 설혹 그러했다 해도 고전고대를 계승한 그 중핵성까지 부정되지는 않았고 부정할 수도 없었다. 그러므로 여기서는 '후계' 중핵국가라고 부르는 것이다.

예컨대 그리스·로마는 서양 법문명권에서 부정할 수 없는 고전고대의 위

---

2) 소거법(消去法): 비공통적인 요소를 하나씩 지워가는 비교사의 연구 방법론.

치에 있다. 올림픽 성화가 지금도 그리스에서 채화되는 것은 그 지속적인 영향력을 웅변해준다. 세계 어느 누구도 이 점에 대해 이의를 제기하지 않는다. 그러나 지금의 그리스가 진정한 경의의 대상인가 라고 반문해보면 현대인의 시각은 많이 다를 것이다. 동아시아의 경우도 마찬가지이다. 근현대 일본사회가 중국·중국인에 대해 가졌던 시각도 이런 흐름에서 보면 이해할 수 있다.

법문명은 고전고대 이래의 언설, 신앙 등을 바탕으로 발생했다. 앞서 말한 대로 그 필수적인 구성요소로는 '신화', '성인', '성전'을 들 수 있다. 좀 더 부연하자면 신화는 초월적인 신 관념, 성인이란 선과 악을 구분 짓는 정사 관념, 성전은 국가·왕조가 정한 선악과 사회적 정의 등 지배의 정통성 내지 정당성을 둘러싼 관념이 될 것이다. 이 밖에도 각종 제도적·법제적인 요소들, 정신·의식·심성에 연관된 여러 요소들을 통해 법문명이 구성된다.

법문명론에 접근하기 위한 유효한 개념어인 정치문화에는 법제·직제와 같은 실체적인 측면만이 아니라 의식과 관념 그 밖에 사회적, 문화적 기반에 관련된 사항들도 포함된다. 완성된 법문명권에는 중핵국가, 주변 국가와 같은 왕조국가와 그 틈새를 메우며 각지에 존속한 자연성이 강한 부족사회의 세 가지 층위가 있다. 부족사회는 점차 왕조국가에 병합 혹은 그것에 복속적인 존재가 되든지, 경우에 따라서는 스스로 왕조화하게 된다. 이리하여 법제·직제 등 실체적인 면과 의식·관념 등 사회적·문화적인 요소들 중 공통분모가 될 만한 것들이 외연을 확장해가는 것이다.

그러면 여기서 법문명권 속의 부족사회에 관해 한 걸음 더 들어가 보기로 하자. 법문명권이 고전고대와 함께 생성된 것은 인구가 아직 많지 않던 시대였으며, 물론 그보다 더 오래된 인간사회도 다수 존재하고 있었다. 고전고대의 시대에 들어선 후로도 법문명권을 구성하는 좁은 공간 바깥에는 조몬시대(縄文時代)의 일본열도처럼 여전히 많은 부족사회가 있었다.[3] 인구의 과다

(寡多)라는 조건이 있으므로 단순한 공간적 광협(廣狹)만으로 따지기는 어렵다. 다만 비유적으로 보면 법문명권의 확대란 부족사회적 상태 혹은, 좀 더 진전되어 국가의 유생(幼生) 상태에 있던 부족사회를 그 내부로 포섭해간다는 의미이다. 즉, 법문명권이 점점 대규모로 통합을 이루면 부족사회는 틈새적 존재로 자리하게 되고, 어떠한 사정으로 인해 강한 외압이 작용하면서 그 일원으로 포섭된다는 말이다. 이때 표출된 저항력의 강약에 따라 중핵왕조의 직접적인 지배공간으로 흡수되고 마느냐 종속적인 주변 왕조가 되느냐라는 차이가 발생한다. 그 어느 쪽이든 부족사회는 병원균, 혹한, 수원(水源) 부족 등등 이미 정치사회를 경험한 인간 집단이 정착하기 어려운 자연조건일수록 오랜 기간 존속할 수 있다.

필자는 법문명권의 다양성을 중시하는 입장이다. 그렇다면 법문명 상호 간에 서로 구별을 가능하게 하고 다양성을 잉태하는 근원적인 조건은 무엇일까? 단순히 어떤 법문명의 특징을 문제 삼는다면 허다하게 드러나는 표층적인 현상들을 들먹이면 될 것이다. 하지만 법문명권의 다양성을 뒷받침하는 가장 중요한 배경적 조건은 고전고대 단계나 혹은, 그 주요 형질을 이어받은 다음 단계의 정치사회를 통해 숙성되어 지배층부터 서민에 이르기까지 모든 계층의 정신세계에 파고들고 이윽고 신학적으로 양식화하여 세련된 초월 관념, 다시 말해서 신 관념의 차이라고 생각한다.

광지역의 신 관념은 결코 단색(單色)이 아니다. 복수의 관념 가운데 여타에 비해 우세를 보인 하나의 관념 체계가 국가적으로 보호 받는 지위를 획득하고, 결과적으로 드넓은 영향권을 창출한다. 이렇게 국가에 의해 선택되고 널리 보급된 신 관념이야말로 법문명권이라는 광지역의 정체성을 뒷받침하는 궁극적인 인자라고 필자는 생각하고 있다.

---

3) 조몬시대(繩文時代): 기원전 약 1만년~동 4세기의 신석기시대. 말기에 작물 재배 흔적이 보임.

2. 동아시아 법문명권과 주변 왕조·주변 사회

1) 동아시아 고전고대와 중화왕조, 후계 중화왕조

고전고대는 비단 서양만이 아니라 동아시아 고대에도 존재했다. 고전고 대라는 용어 자체는 사용하지 않았지만 "고전기(古典期)", "고전적 중화제국" 등과 같은 표현으로 중국사, 동아시아사에서 그 후의 역사 과정에 커다란 문 명적 영향을 미친 정치문화체가 있었음을 시사하는 관점은 상당히 보편적이 다(中林隆之, 2011). 이러한 견해가 아시아사 가운데 일본사의 후진성을 강조 하는 연구로 이어진 경우도 있다(宮崎市定, 1973).

동아시아 세계에 깊은 광영(光影)을 드리운 고전고대를 이 책에서는 '동아 시아 고전고대'라 부르기로 하자. 그것을 발원시킨 무대는 대륙의 '중원(中原)' 이라 불리는 지역이었다. '중원'이란 좁은 의미로는 춘추전국시대(기원전 770~ 동 221년) 통일왕조 주(周)의 왕도가 두어진 것으로 추측되는 현재의 하남성 (河南省) 일대를, 넓은 의미로는 그 후 한족(漢族)의 세력권 확대와 더불어 지 금처럼 중국 고대국가, 고대사회의 발상지로써 황하 중·하류의 화북 평원지 대를 가리키는 지명으로 사용된다. '중국', '중주(中州)'도 같은 의미이다.

중원이란 말에는 이민족이 감히 범접하지 못하는 문화의 중심지라는 의 미가 일찍부터 부여되었다. 한족은 그 활동이 활발해지면 남방으로까지 주 거와 정치를 확장해갔지만 그들에게 중원은 언제까지고 민족의 발상지로서 기억되었다. 중국사에서 천하를 다투는 권력체의 정통성은 주 왕조의 근거 지였던 중원을 평정하여 자기 것으로 만드는 데 있었다. "중원에서 사슴을 쫓다(中原逐鹿)"라는 옛말은 천하―중원―를 무대로 제위(帝位)―사슴―를 다툰다는 뜻이며,[4] 통일왕조를 지향하여 쟁탈전을 펼치는 일을 가리킨다. 그런 관념이 주변 왕조로도 전파되어 일본사의 경우 "천하통일", "천하일통

(一統)", "천하인(天下人)" 등과 같은 말이 모두가 다 아는 보편적인 역사 용어로 된 것이다.

　동아시아 고전고대, 즉 동아시아 법문명권이란 가장 이른 시기에 중원의 중심부를 차지한 정통 국가인 중화왕조와, 그 시원적인 광원(光源)하에서 생육되었으나 완전히 흡수되기를 거부하며 스스로도 소광원화(小光源化)한 주변 제 왕조들의 연합체를 총칭하는 말이다. 단, 유의할 점은 그 안팎의 광대한 지역에 아직 다수의 부족사회가 존재했다는 사실이다.

　일본에 가까운 지역을 예로 들면 에조치(蝦夷地) 사회나 대만(台湾) 사회가 근세까지도 부족성(部族性)을 유지했다.5) 대만은 17세기 명나라 유신(遺臣)이 지배하다가 1683년 이후 청조(清朝)로 복속된다.6) 또 에조치 전역이 막번체제(幕藩體制)에 포섭된 것은 1807년부터의 일이다.7) 이는 시간을 거슬러 오를수록 수많은 부족사회가 중원 바깥의, 후일 동아시아 세계로 편입되는 광대한 지역에 존속했음을 시사해준다. 물론 일본열도도 원래는 그 전역에 걸쳐 다수의 부족사회들이 자리 잡고 있었다.

　중화왕조, 주변 왕조, 부족사회들로 구성된 동아시아 법문명권은 결코 정적인 세계가 아니었다. 중화왕조 자체가 격심한 흥망성쇠를 겪으며 난립과 통일을 거듭했고, 주변 왕조와의 관계도 극히 유동적이었다. 서로에 대한 이루 헤아릴 수 없는 공격, 방어, 교섭의 과정을 통해 화이(華夷)·사대(事大)·기미(羈縻, 말굴레와 고삐)·적례(敵禮)라고 하는 상하, 병렬의 국제질서가 형성되었다. '화이'란 중화왕조와 주변의 북적(北狄)·남만(南蠻)·서융(西戎=西夷)·동

---

4) 중원축록(中原逐鹿): "진(秦)이 사슴을 잃자 천하가 모두 이를 뒤쫓았다"라는 『사기(史記)』 「회음후전(淮陰侯伝)」에서 유래한 고사성어.

5) 에조치(蝦夷地): 아이누족 혹은, 일본인의 일부가 살던 고대·중세 일본열도의 동북지역 및 북해도 일원.

6) 본문의 "명나라 유신"은 정성공(鄭成功, 1624~1662)을 가리킴.

7) 막부체제(幕藩體制): 에도시대 막부·번이 전국의 인민을 중층적으로 지배한 정치사회적 지배체제.

이(東夷) 사이의 신분제적 국제질서, 다시 말해서 천자(天子)-제왕(諸王)의 복속관계를 의미한다. 이 책에서는 세부적인 논의에 들어가지 않는 한 이것들을 학계에서 상용되는 '화이', '이(夷)'로 총칭할 생각이다. '사대'는 이(夷) 쪽이 중화에 대해 취한 자기 비하와 충성의 자세를 말한다. '기미'란 하위로 간주된 주변 제 사회를 회유하여 길들이는 일로써, 중화왕조뿐만 아니라 이(夷)에 해당하는 국가들도 주변에 대해 기미정책을 취한 경우가 있다. '적례'는 이(夷) 왕조 간의 대등한 교제관계를 의미한다.

하위로 자리매김된 주변 왕조들은 중화왕조에 대해 정략적으로 양손을 비비는 저자세 외교에 충실했으나 결코 그 입장에만 스스로 안주하지 않았다. 처한 위치를 조금이라도 끌어올리고자 하는 욕구는 개인이든 국가든 다를 바 없다. 그리하여 상대방에 대한 자국, 자왕조(自王朝)의 상승 욕구가 작위·허위 등을 포함해서 수많은 전승과 기념물들을 양산하며 때로 현재(顯在)하는 힘이 되거나 또 어떤 경우는 은밀한 논의를 거쳐 감추어진 힘으로 비축되었다.

주변 왕조들은 중화왕조와의 화이 관계에서 분명히 열위(劣位)에 위치했다. 그러나 스스로도 자기 주변에 대한 권위를 키워 소규모 고전고대를 만들어내고자 했다. 이것이 '일본화(日本化)', '조선화(朝鮮化)' 등 주변 왕조들의 말하자면 자기화 노력이다. 그들 각자가 독자적인 아이덴티티를 획득 또는 창출하고자 했다. 일본사의 경우 기기신화(記紀神話)가 바로 그런 노력의 산물이다.8) 이것들에는 민족적 무용담도 담겨졌다. 동아시아 법문명권 안에서 위와 같은 주변 왕조들의 중화화(中華化)를 지향한 제사 행위 등에 관해 이미 연구가 시작되었다(井上智勝, 2011).

이렇게 화이의 세계는 내부적인 대항의식으로 충만했다. 하지만 그 한편

---

8) 기기신화(記紀神話): 『고사기』와 『일본서기』에 실린 천황가의 시조 신화. 명치유신 이후 패전까지 역사적 사실로 간주되었음.

으로 주변 왕조의 동아시아화도 진전되어, 어떤 시대에는 천천히 또 어떤 시대에는 급속하게 후술하는 민본·평균·태평 등과 같은 이 법문명권의 보편적 가치가 공유되어갔다.

그러나 중화왕조 또한 영속적인 존재가 아니었다. 진정한 중화왕조란 말할 필요도 없이 고전고대의 중화왕조에 한한다. 그 후의 중세 중국, 근세 중국 등은 '전국(傳國)'을 증명하는 모종의 신기(神器)를 획득,[9] 확보함으로써 중화성(中華性)을 이어 받아 중핵적인 왕조로 될 수 있었다. 하지만 이것들은 어디까지나 후계 중화왕조에 지나지 않는다. 동아시아 세계에서 고전고대의 중화왕조란 오랜 기간 구승되어 왔으며 또 앞으로도 구승될 하(夏), 은(殷), 주(周) 등 신화화된 왕조들이다. 이후 중국의 통일 왕조들은 이 신화화된 왕조들로부터 전설처럼 구승된 천자-인민의 관계를 마땅히 본받아야 할 전례(典禮)로 삼았다. 그런 의미에서도 '후계 중화왕조'란 명칭이 아주 적절하다.

2) 동아시아 세계의 공통성과 이질성

'동아시아'라는 말은 오늘날 참으로 다용되고 있다. '동북아시아'도 자주 사용되는데 이것은 시베리아까지 포함하여 현대적인 지세관(地勢觀)에 입각한 용어이다. 전근대를 중심으로 한 이 책의 범주를 약간 벗어나는 부분도 있으나 아주 근접한 지역 인식이라 할 수 있을 것이다.

필자가 이 책을 집필하는 목적은 동아시아에 하나의 세계로 인식 가능한 공통의 역사적 실질이 존재했다는 점을 주장하기 위해서이다. 물론 역사의 공유를 명확히 단정 지을 만한 공통항이 쉬이 찾아지진 않는다. 지금까지도 여러 분야를 통해 동아시아의 지역적 특성이 거론되어왔다. 역사학 분야로

---

9) 전국(傳國): 중화왕조의 법통 계승을 의미함.

만 한정하면 우선 중국고대사 연구자 니시지마 사다오(西嶋定生)의 학설을 들수 있다. 니시지마는 중국을 중심으로 책봉·조공 관계를 맺은 세계가 유교·율령·불교 — 한역(漢譯) 불경 — 등을 공유하는 "동아시아문화권"을 형성한 것으로 보았다(西嶋定世, 1983 등). 이런 니시지마의 설을 비판적으로 계승하며, 한자문화 수용 등을 기점으로 한 동아시아 내부의 지역적 연결방식까지 시야에 넣고 독자적인 동아시아문화권 구상을 심화시킨 이가 조선고대사 연구자 이성시(李成市)이다(李成市, 2000).

또한 독일인 역사학자 라인하르트 죌너(Reinhard Erich Zoellner)는 저서 『동아시아의 역사: 그 구축』을 통해 동아시아의 특징을 두 가지 들고 있다(ツェルナー, 2009).[10] 첫째는 식사에 젓가락을 사용하는 지역이란 점이다. 둘째는 아열대 및 온대 몬순 지역에 위치하고 "역사적 중화문명"을 공유하며 정치적, 경제적 상호 교류에 기초한 일관적인 "역내 시스템"이 존재한 지역이라는 점이다. 그가 논한 상호 교류 시스템이란 니시지마의 책봉체제론과도 유사한 듯 보이지만 완전히 같지는 않다.

근년엔 조선사 연구자 미야지마 히로시(宮島博史)가 일본 역사학계의 일국사적 시각과 탈아론적인 논조를 정력적으로 비판하며 동아시아 소농사회론(小農社會論)을 제창했다.[11] 미야지마의 학설은 일본이 소농사회에 적합한 상부구조의 정치사상으로써 주자학을 수용하지 않았다는 점에서 여타 동아시아 국가와는 달랐다고 보는 일본 이질론에 기초한다(宮島博史, 2006). 그러나 미야지마의 소농사회론과 일본사, 특히 일본근세사의 소농론 사이에는 큰 차이가 있다.

'전후 역사학' 가운데 일본사 분야는 특히 사회경제사적인 측면에서 많은

---

10) 라인하르트 죌너(Reinhard Erich Zoellner)는 1961년 남아공 출신. 현재 독일 본 대학 한국·일본 전공 주임교수.

11) 미야지마 히로시(宮島博史)는 2002~2014년 성균관대학교 동아시아학술원 교수로 근무함.

성과를 거두었다. 필자가 몸담은 일본근세사의 경우는 1950년대 이후 소농자립론을 토대로 하여 가족사, 촌락사 등 사회 실상의 해명에 나름대로 족적을 남겼으며, 이것들이 전후 일본근세사의 최대 성과라고 해도 좋을 것이다. 그러나 근세사학계가 축적해온 소농자립론이란 병농분리제(兵農分離制),[12] 검지(檢地),[13] 토지대장 등재 농민,[14] 단혼 소가족,[15] 지연적 촌락공동체, 촌락 청부 연공제[16] 등과 연동되어 세부에 이르기까지 대단히 엄밀한 정의를 수반한 이론체계였다. 따라서 중국사, 조선사에서 이에 버금가는 내용을 갖춘 소농의 존재를 인정할 수 없었다. 게다가 소농자립론 또한 일본사의 선진성, 중국사 및 조선사의 후진성이라는 분리적 시각과 한편으로 결부되었다. 심지어 일본근세사의 소농론자들은 같은 일본의 중세사에 대해서도 소농의 사회적 성립을 인정하지 않았다. 미야지마는 조선사, 동아시아사로부터 본 일본사의 이질성을 강조했지만 일본 역사학계는 오래도록 일본의 역사적 선진성, 바꿔 말하면 아시아와의 이질성을 오히려 당연시해온 것이다.

선진, 후진이란 외피를 벗어던진다 해도 동아시아 제 왕조 사이에 서로 다른 점이 많다는 사실까지 부정할 수는 없다. 농촌구조, 농가 경영 등을 예로 들면 먼저 공동체적 규제의 형태가 아주 다르다는 인상을 받는다. 일본 근세의 농촌은 낯선 자에 대한 경계심이 깊고 혈연 못지않게 지연적 결합이 두드러진다. 이런 면들은 출입이 자유로운 중국의 촌락이나 동성(同姓) 결합

---

12) 병농분리제(兵農分離制): 도요토미 히데요시 때부터 제도화되어 근세 국가의 국제(國制)로 전면 채용된 무사, 농민의 신분적·직능적·공간적 분리 정책.
13) 검지(檢地, 檢知): 필지 단위로 전답을 실측하여 면적, 등급, 경작 및 연공 부담자 등을 검지장(檢地帳=토지대장)에 등재한 정책.
14) 토지대장 등재 농민: 일본사의 역사 용어로는 '나우케뱌쿠쇼(名請百姓)'. 검지장에 등재된 경작자 겸 연공 부담자.
15) 단혼 소가족: 부부·자녀 등 2~4인으로 구성된 소규모 농업경영체.
16) 촌락 청부 연공제: 정식 제도 명칭은 무라우케(村請). 촌락 단위로 연공 등 각종 조세업무를 청부한 제도.

이 강한 조선의 촌락과 상당히 다르다. 또한 도시를 보면 도성(都城) 이외에 도 수많은 성하정(城下町)이 있고[17] 궁정문화, 농촌문화 외에 도시민(町人)의 문화를 보유한 일본 근세와 조선 근세에는 큰 차이가 있다. 국가 형태를 놓고 보자면 권력이 조정으로 일원화되지 않고 막부·쇼군(將軍)이 국가를 지배하며, 심지어 여기에도 권력이 완전히 수렴되지 않고 다수의 번(藩)·다이묘(大名)들로 분권화된 일본 근세의 특징이 일목요연하게 드러난다. 의식주나 민속 행사 등 민중생활사로 시선을 돌리면 거의 수습이 불가능할 정도로 각각의 사회는 개성적인 차이를 보인다. 이러한 지표들은 향후의 시점 전환, 연구의 진전 등에 따라 혹은 상호 근접성이 밝혀질지도 모른다. 하지만 아직은 거리감이 크게 느껴진다.

위와 같은 저간의 사정을 감안하면 동아시아 세계의 공통항을 찾고자 하는 이 책의 과제는 좁은 입구의 틈새를 비집고 열어젖히는 일과도 같다. 그 좁은 입구로서 필자는 감히 정치문화라는 시각의 유효성을 제기하고 싶은 것이다. '정치문화'라는 개념이 이미 국제적으로 거론되어온 것은 알고 있다. 예를 들어 미국의 비교정치학자 가브리엘 아몬드(Gabriel Abraham Almond)와[18] 시드니 버바(Sidney Verba)는[19] 정치문화란 어떤 정치 시스템에 속한 구성원들이 그 정치에 대해 어떠한 태도와 관심을 가지는가에 따라 결정된다고 보며, 그 유형을 미(未)분화형·신민형(臣民型)·참가형의 세 가지로 분류했다(アーモンド·ブァーバ, 1974).

두 사람의 연구로부터 시사 받은 점도 물론 있다. 하지만 필자는 일상 속의 노동문화, 가사문화(家事文化) 등과 병렬적이며 또한 국가권력과 백성 사이를 통합하는 힘, 의식의 총체로서 정치문화의 개념을 자유롭고 유연하게

---

17) 성하정(城下町): 전국시대 후기 이래 영주의 거성을 중심으로 형성된 정치·군사·상업 중심지.
18) 가브리엘 아몬드(Gabriel Almond): 캘리포니아 스탠퍼드 대학교 교수.
19) 시드니 버바(Sidney Verba): 하버드 대학교 교수.

사용하고 싶다. 필자는 법제·직제의 실태, 치(治)와 피치(被治)의 관계, 상하 신분 간에 기대되는 인격상, 정통성·정당성의 관념, 정사 관념, 초월 관념, 그 밖에 정치적·문화적 기반에 관계되는 제 요소들도 폭넓게 수용하여 정치 문화를 하드와 소프트 양면에서 동시에 고려하고자 한다. 때로는 공통성을 찾기 어려운 사회구조에 관한 사항도 적절히 포함시킬 것이다. 그러나 주된 시선을 정치문화의 높이와 넓이에 맞춤으로써 이러한 여러 요소들을 공통분 모 속으로 끌어들일 수 있으리라 생각한다. 근년 들어 일본사 분야에서도 의 욕적으로 정치문화를 논하는 움직임이 보인다(中川学, 2009).

3) 동아시아적 정치문화의 내용

그러면 동아시아적 정치문화를 구성하는 요소에는 어떤 것들이 있을까? 이하, 필자가 생각하는 몇 가지를 항목별로 열거해보자. 단, 이것들에 관해 서는 과거에 이미 그 대강을 제시한 적이 있다(深谷克己, 2005a·2005b·2005c 외). 전체적으로 근세사의 범주를 넘어선 것들이 많긴 하나 필자의 주안점은 어디까지나 일본근세사에 있다는 점도 양해를 구해두고 싶다. 또한 개중에 는 거의 확신에 이른 것부터 아직은 추측 단계이거나 단순한 착상에 가까워 서 추후 검증을 요하는 것 등 제각각으로 나뉘지만 지금으로선 이 책의 방향 을 제시하는 일이 무엇보다 중요하다고 생각한다.

(1) 한자와 지역 문자를 혼합, 병용한 의사전달

한자문화는 기존의 동아시아론에 관한 대부분의 논의에서 가장 중시되는 특징이다. 이 책은 한자라는 동아시아 세계의 공통항에다 그 분자적 개성으 로서 각각의 왕조하에서 고안된 지역 문자를 함께 고려함으로써 문명화와 저항, 즉 자립 문화의 성장이라는 양 측면을 동시에 주목하고자 한다.

(2) 불교·유교·도교 등 보편적, 토속적인 초월 관념: 제천(諸天)·제불·제신

어떤 사회든 초월 관념이 일원화되기는 어려운 법이지만 특히 일본의 경우는 거의 다신교라고 해도 좋을 만큼 종교 간 절충(원문은 '習合')이 심하게 나타난다. 도교의 영향이 그다지 본격적인 것은 아니라고들 한다. 그렇지만 일본 근세사회의 공과(功過) 판단, 경신강(庚申講)의 보급 등을 보면 결코 무시할 수 없다.[20] 또 음양도(陰陽道)는[21] 그 자체를 도교라고 할 수는 없으나 유교·불교와는 세계관이 다르며 음양료(陰陽寮),[22] 음양사(陰陽師)의[23] 영향력은 유교·불교로 대체할 수 없었다. 그러나 이러한 것들이 그저 다신교적, 절충적으로 병렬하고 있는 점이 동아시아의 특징은 아니다. 필자는 최상위에 자리 잡은 '천(天)' 관념이 제신(諸神)·제불(諸佛)에 대한 신앙심까지 모두 아우른 것이 동아시아라고 본다.

(3) 노장으로부터 차용한 심법(心法) 존중

노장(老莊) 사상이란 도교의 신선이나 음양도의 방술관(方術觀)과는 거리가 있다. 그러나 일본 근세의 경우 유학자의 사유방식에도 영향을 미치며, 석문심학(石門心學)과 같은 생활윤리 사상에는 그 훈화(訓話) 구성의 도처에 노장사상이 짙게 배어 있다.[24]

---

20) 경신강(庚申講): 중국 도교로부터 유래하여 에도시대 일본에서 성행한 경신의 날(간지의 57번째에 해당하는 날) 밤에 철야하며 신을 제사하는 상호부조 조직.

21) 음양도(陰陽道): 음양오행설에 기초하여 길흉화복을 점친 방술(方術) 신앙.

22) 음양료(陰陽寮): 일본 고대 율령제하에서 천문·기상·역법·점복 등을 관장한 중앙 관청.

23) 음양사(陰陽師): 음양료 소속 직원 또는 후대에 민간의 기도를 담당한 직업적 방술사(方術士).

24) 석문심학(石門心學): 18세기 전반 이시다 바이간(石田梅岩, 1685~1744)으로부터 유래되어 에도시대 후기의 민간사상 형성에 깊은 영향을 미친 신·유·불 절충의 생활도덕. 특히 상업·상인의 사회적 역할을 적극적으로 긍정함.

(4) 오상·자애(慈愛)·공과의 윤리론

이것들은 유교·불교·도교가 절충된 생활윤리라는 점에서 공통적이다. 각각의 비중 관계는 동아시아 세계 내부에서도 사회에 따라 다르겠지만 민중 생활 측면에서는 대체로 혼합되어 나타나는 것으로 보인다. 일본사의 경우 여기에 신도(神道)의 신 관념이 더해진다. 생활의 편리성과 깊숙이 결부된 민간 습속들은 각각의 사회가 지닌 지역적, 분자적 개성으로 이해할 수 있다.

(5) 인정·덕치의 정도론

"백성은 나라의 근본"이라고 하는 군주제적 민본주의가 인정(仁政)·덕치 (德治)의 정도론(政道論)에 대응하는 정치문화이다. 이 정도론이 치자, 피치자 에게 공유되어 일종의 사회적인 합의를 형성했다. 물론 이때의 '합의'란 '동 의'와는 다르다. 이해(利害)를 달리하는 두 세력이 갈등을 거듭한 끝에 도달 한 보다 높은 지점에서의 추상적이면서도 보편성을 띤 원칙이며 특수한 의 미를 가진 사회적 계약·약정·약속이라고 해도 좋다. 아마 오늘날의 국제조 약이 이와 유사할 것이다.

치자-피치자 간에 합의된 원칙이라 해도 민본(民本)을 전제로 인정, 덕치 를 행하겠다는 치자 측의 정도론이 우선이다. 그리고 백성들은 이것을 치자 의 책무로써 요구하게 된다. 이러한 민본을 요구하는 힘은 때로 자기희생을 감수할 정도로 컸다. 민(民)의 생존을 둘러싼 치자 측의 당연한 책무는 생산 자 가족의 안녕, 환과고독(鰥寡孤獨)에 대한 강력한 구제 요구 등을 통해 잘 드러난다.25) 그러나 '민주'가 아닌 '민본'이란 어디까지나 치자에 대한 인격 적 의존, 수혜 감정 등을 수반하는 점에 유의해야 할 것이다. 민본주의에 관 한 선구적인 연구로 조경달 「조선의 민본주의와 민중운동: 근세 일본과의

---

25) 환과고독(鰥寡孤獨): 홀아비·과부·고아·독거노인 등 외롭고 의지할 곳 없는 사람.

비교(朝鮮の民本主義と民衆運動: 近世日本との比較)」가 있다(趙景達, 2011).

(6) 태평·무사의 평화론

존비(尊卑)·상하·양천(良賤)을 망라한 천하의 모든 존재에 대해 국가=왕이 태평(太平)·무사(無事)의 실현을 약속한 것도 동아시아의 정치문화이다. 그 약속을 지키지 못할 때 국가권력의 위신, 위광이 크게 흔들리게 된다.

(7) '백성'이라는 '공민' 신분의 설정

백성에 대한 논의는 동아시아 전근대사를 비교사적으로 고찰할 때 가장 중요한 문제이다. 동아시아 정치문화의 중핵 요소는 앞에서 든 민본주의, 인정·덕치보다 실은 백성의 존재라고 할 수 있다. 물론 이것들은 한 덩어리처럼 서로 뒤엉키지만 백성 신분이 '국가의 민(民)' 혹은, 전근대의 '국민', '공민(公民)'으로 설정된 점이야말로 정치문화의 대들보라 해도 좋다. 백성은 소농과 반드시 일치하지는 않는다. 그것은 경제 개념이 아니라 기본적으로 정치 개념이다. 백성의 의미는 시대에 따라 변하며, 일본사에서 보자면 근세의 백성이 소농에 가장 가까워서 백성=소농으로 이해된다.

백성은 일본뿐만 아니라 중국, 조선, 류큐(琉球) 등 왕조를 형성한 지역에서는 발음은 서로 다르더라도 예외 없이 저변으로부터 국가를 유지하는 공민으로 존재했다. 사건에 불과하지만 동아시아 세계의 가장 큰 역사적 공통분모는 바로 백성이다. 일본의 초닌(町人)은 백성에서 갈라져 나온 정치적 신분으로,[26] 일본적 개성을 나타내는 존재라 할 수 있다.

---

26) 초닌(町人): 직인·상인을 포함한 정식 도시민.

(8) 균전(均田)·평균의 평등주의적 백성 안민론

안민론(安民論)도 동아시아 정치문화의 핵심 요소이다. 그것은 평균·평산(平産) 또는 두루 고르게 한다는 사고방식과 조합을 이룬다. 이런 의미에서의 평등주의는 동아시아 법문명권을 규정하는 정치문화의 토양을 이룬다. 물론 이때의 평등주의는 군주, 영주의 존재 자체를 부정하는 것이 아니다. 일군만민주의(一君萬民主義) 혹은, 초월 관념인 신불과 연결되어 신 또는 부처 앞에서의 인간 평등주의이다. 그렇기에 민본적인 인정·덕치와 결부되는 것이다.

(9) 부귀·음덕의[27] 지복론(至福論)

정치문화는 궁극적으로는 피지배 인민들에게 행복 이미지를 제시한다. 안민과 무사도 결국 행복에 이르기 위한 조건에 지나지 않는다. 동아시아 인민의 행복이란 대체로 스스로 부귀하게 지내며 자손에까지 음덕(蔭德)을 남긴다는 내용으로 구성된다. 그 원형은 동아시아 고전고대의 성왕(聖王) 요(堯)의 설화에 담긴 "고복격양(鼓腹擊壤)"으로부터 찾을 수 있다.[28]

(10) 사농공상의 양민과 준별되는 천민 신분의 설정

동아시아에서 국가의 민(民)은 흔히 사농공상(士農工商)이라 불린다. 그러나 '인민'은 그들만이 아니다. 천시당하는 비공민(非公民) 신분을 사회 내부적으로 구조화시킨 점도 동아시아 정치문화의 빼놓을 수 없는 요소이다. 역사를 통해 크게 변화해온 '사농공상'은 분명히 정치적 개념이다.

(11) 화이·사대의 신분제적 국제관계론

국가, 왕조의 성립과 유지를 위해서는 국제관계의 안정이 불가결하다. 그

---

27) 음덕(蔭德): 선조의 덕으로 자손이 입는 혜택.
28) 고복격양(鼓腹擊壤): 배를 두드리고 땅을 치며 임금의 덕을 찬양하고 태평성대를 누림.

것은 필연적으로 광역에 걸친 외교관계의 양식을 조성하고 정착시키려 한다. 동아시아의 경우 이런 국제관계의 양식이 화이질서라는 사실은 이미 널리 알려져 있다. 좀 더 일반화하자면 대등한 병렬 상태의 국제관계가 아니라 '(후계) 중화왕조'라는 중핵적 존재에 대해 상·하 신분제적인 관계의 구축으로 귀결되었다는 것이다.

제3장 —————

일본의 '고대화'·'중세화'와 정치사회의 개성

1. 일본의 '고대화'

1) 타자 인식에서 출발한 국명 '일본'

'아시아'라는 광지역명이 타자의 인식에서 비롯된 것과 마찬가지로,[1] '일본', '일본국'도 오래전부터 스스로에 대한 긍지와 민족적 아이덴티티를 집약한 국가 명칭이긴 하지만 당초는 타자 인식에서 출발했던 것으로 보인다. 다만 그 후 아주 이른 시기부터 주체적인 자기 인식을 담은 자칭(自稱)으로 사용되었다.

『구당서(舊唐書)』「왜국·일본전」에서는 "해 뜨는 곳에 위치한 까닭에 일본"이라 함으로써 '일본'이란 호칭이 원래 대륙 쪽의 시각이었음을 짐작하게 해준다. 이것을 당시 일본이 받아들여 수(隋) 양제(煬帝)에게 보낸 국서(607년 —옮긴이)에 스스로를 "해 뜨는 곳의 천자(日出處天子)"라 칭해서 중화왕조를 불쾌하게 했다고 전한다. 아마 "해 뜨는 곳"보다 "천자"라는 주변 왕조로서

---

1) '아시아'는 고대 메소포타미아의 앗시리아인들이 에게해 동쪽을 해 뜨는 곳이란 의미의 '아스(asu)'라 부른 데서 유래했다.

주제넘은 자칭이 불쾌감의 원인이었을 것이다.

'일본'이란 국호를 고려할 때 잊어선 안 될 일은 "해 뜨는 곳에 위치한 까닭에 일본"이라고 스스로 인식했다 해도 그 당시 '일본'은 현대 일본의 판도에 비추어보면 결코 열도 전역을 망라한 국가가 아니었다는 사실이다. 명치유신 때 류큐(琉球) 왕부(王府)를 강제적으로 편입한 점은 그렇다 치더라도 혼슈(本州) 면적의 7할이나 되는 현대의 홋카이도(北海道) ─ 구 에조지(蝦夷地) ─ 까지 일본국으로 편입시킨 것은 19세기의 일이며, 지금도 여전히 주변 해역에서는 국민국가적 주권 분쟁이 이어지고 있다.

사회가 정치적 지배-피지배 관계가 아닌 장로(長老)·기도자(祈禱者) 등의 경험적 지식과 탁선(託宣)을 통해 인도되며,[2] 집단적 합의에 의해 행위를 결정하는 '운영사회(運營社會)'로부터 특단의 유력자나 소수 상위자들의 의사만으로 좌지우지되는 '정치사회'로 변화해가는 것이 바로 '고대화'의 과정이다. 어떤 사회든 그 변화가 일거에 진전되지는 않는다. 특히 일본사는 애초부터 동아시아의 고전고대를 계승하겠다는 뚜렷한 자의식을 지녔던 대륙 제 왕조들보다 지리적으로 더 주변에 위치했다. 게다가 왕(王)으로의 지위 상승을 추구하는 여러 집단이 국제적인 힘의 작용 속에서 쟁투를 거듭하며 성쇠를 겪었기에 '고대화'에 긴 시간이 소요되었다. 대략적으로 개관하면 부족사회에서 소국 및 소국 연합의 시대로, 그로부터 다시 일본국의 시대로 나아간 전 기간을 '고대화' 과정으로 볼 수 있다.

동아시아에서도 특히 동쪽 일대는 거의 전역에서 '고대화'를 경험했다. 부족사회로서의 양태를 유지한 사회집단도 오랜 기간 존속했으나 세계사적 시야에서 보면 농밀한 왕조 병존의 광지역이었다. 이런 점이 장기간 외부 세계의 침입을 허용하지 않는 조건으로 작용하기도 했다. 앞서 언급했듯이 '고대

---

2) 탁선(託宣): 신탁(神託). 특정한 인간을 통한 신의 계시.

화'가 일거에 일본열도를 뒤덮은 것은 아니다. 오랜 과정을 거쳤기에 통일 왕조의 성립 후에도 소국 또는 부족사회 상태의 집단이 자연스레 각지에 존속할 수 있었다. 그런 속에서 '일본국'이 기내(畿內) 지역을 중심으로 태동한 것은 연구사상 이미 부정할 수 없는 사실이다. 그 태동기에 훗날 일본사의 개성으로 간주될 만한 몇 가지 요소가 추가되었다. 외래의 사회집단에 의해 촉진된 정치사회화도 그중 하나이다. 이 점에 관해서는 뒤에 재론할 것이다.

필자는 이 책을 통해 동아시아 법문명권이라는 광지역의 중요한 공통 요소로써 정치문화에 착목하고자 한다. 정치문화를 단서 삼아 동아시아를 하나의 역사적 구조체로 인식하기 위해서는 이 세계가 정치사회화해가는 일련의 사정, 다시 말해서 정치사회가 대두하는 '고대화'의 과정이 중요한 의미를 가진다. 동아시아 제 사회는 같은 방향으로의 '고대화'를 경험함으로써 그 후 다른 거대한 법문명권과 충돌을 겪으면서도 큰 틀에서 원기적(源基的) 형질을 각 사회의 저변에 공유하게 되었다. 그리고 타자로부터 서로 근사한 일체적인 세계로 인식되기에 이르런 것이다.

정치문화란 실태적인 것, 정신적인 것을 포함하여 폭넓은 요소로 이루어진다. 그러한 가시와 불가시의 조합이 획기적으로 명확해지는 단계가 바로 '고대화'이다. 동아시아 각지에서 언제 '고대화'가 시작되었는지는 사회에 따라 다르다. 그 시기(始期)는 고전고대가 발현한 중화왕조의 등장 직후부터 십 수 세기에 걸칠 정도로 지역적으로 큰 차이를 보인다. '고대화'의 공유란 대등한 힘을 보유한 왕조가 늘어났다는 것이 아니다. 중화왕조와 주변의 이(夷) ─ 사주(四周)의 이적융만(夷狄戎蠻) ─ 왕조들이 화이질서라는 국제체제를 구축했다는 의미이다. 여하튼 '고대화'를 공유함으로써 동아시아는 기술·경제의 수준 차, 교분을 나누는 통신(通信), 전쟁 등을 넘어서서 서로 닮은 정치적 형질을 보유하게 되었다. 필자는 이러한 정치문화적인 공통성을 띤 광지역권을 '동아시아 법문명권'이라 부르고자 한다.

2) 대항 왕조의 형성을 통한 일본의 '고대화'

동아시아 고전고대를 계승한 후계 중화왕조는 화이 관계를 확장해갔다. 하지만 그 범주가 중원 이상의 넓이로 확대됨에 따라서 불안감도 커졌다. 중화왕조는 교체가 가능했다. 그로 인해 주변 제 왕조의 난립과 통일이 거듭되고 그중 하나인 일본 왕조와의 관계도 유동적이었다.

열도를 둘러싼 이런 외적 사정이 일본 '고대화'에 한 가지 개성을 부여했다. 즉, 대륙으로부터 망명한 도래인(渡来人)이 일본의 '고대화'를 촉진한 것이다. 대륙에서 보는 일본열도의 위치는 인도차이나반도와 유사했다. 연륙(連陸)인가, 바다 건너인가라는 차이가 있긴 하지만 망명이 가능한 위치였다. 단, 인도차이나반도와 차이가 난 점은 한반도에 여러 고대국가가 흥망하고 그 바다 너머에 일본열도가 위치했다는 점이다. 그래서 대륙, 한반도의 정세 변동에 따라 밀려나듯이 일본으로 도래한 개인 및 집단이 대륙과 반도 국가들의 정치문화, 제 기술, 제 관념, 운영기법 등을 전해 주는 역할을 했다.

전래 행위를 뒷받침하는 동기는 일차적으로 도래자의 자기보존 욕구에 기인한 것이었다. 하지만 그것은 열도 내에 대두한 지배자들의 왕조 존속을 위한 원망과도 깊이 결부되었다. 쌍방의 이해는 침략당하지 않을 독립 왕조를 세우자는 점에서 일치했다. 그리하여 일본의 '고대화'에는 조몬(繩文) 사회가 자연 발효하여 내부의 기도자·예언자 집단이 지배자로 올라서는 내적 진화과정만으로 설명할 수 없는 요소가 더해졌고, 그 결과 '고대화'가 보다 촉진되었다. 망명자나 또는 살아 있는 선물로써 국왕 간에 혜사(惠賜)된 학자·기술자 등등 도래자 집단에 의해 수많은 문물이 열도로 반입된 것이다.

그것이 바로 일본 왕조를 확립시키는 힘이었으며 나아가서 왕조 확장을 위한 구상과 그 구체적 실행, 즉 동정(東征)으로까지 연결되었다.[3] 그리고 한편으로는 한반도, 대륙의 제 왕조에 대항하면서 그들과의 거리 관계를 안정적으로 유지해가는 외교정책의 모태가 되기도 했다. 중화에 대한 충성심, 사대주의가 일본에서 비교적 약했던 이유는 바다라는 안전 조건과 더불어 한반도, 대륙의 내부 분쟁에서 도태된 탈락자 내지 반대 세력들이 고대의 일본 왕조를 지탱했다는 사실과 틀림없이 연관된다.

일본의 '고대화'란 중화왕조 주변의 대단히 광대한 지역이 정치사회화를 겪는 와중에 또 하나의 새로운 주변 왕조가 출현한 일이라 할 수 있다. 물론 중화왕조와 열도의 규슈·혼슈가 직접적으로 연결된 것은 아니다. 중원이 동방으로까지 힘을 확장하고, 한반도에서 제 왕조가 성립하는 환경적 변용 속에서 일본열도 또한 '고대화' 과정이 진척된 것이다.

'고대화'는 수 세기에 걸친 기나긴 과정이었으며 처음부터 '일본', '일본국'이었던 것은 아니다. "백여 국으로 나뉘어"라고[4] 기록된 시대부터 나국(奴國)·야마타이국(邪馬台國) 등 소국 혹은, 소국 연합의 시대를 지난 몇 세기 후에 비로소 동아시아 법문명권의 승인을 얻은 국호로서 '일본', '일본국'이 사용되기 시작했다. 전술한 대로 일본열도에는 여전히 독립성이 강한 정치적 세력, 부족사회들이 각지에 존재했고 그것들과 대항하면서 국제관계 면에서 우월한 지위를 획득한 것이다.

'일본'이란 국호가 정식으로 성립되기 전까지 중화왕조는 열도의 대표적인 왕조, 정치 세력을 화이의식을 수반하여 '왜(倭)', '왜국'이라 불렀다. 그 후 '왜'는 열도에서 가장 강성해진 '야마토'가 자신의 한자 표기로 사용했으며, 점차 우열감이 내포된 '왜'가 아닌 단순한 타자 인식으로서 '일본(日本)'을 내세웠지만 훈(訓)은 여전히 '야마토'라고 읽었다. 한편 동아시아 세계에서는

---

3) 본문의 '동정(東征)'은 규슈 북부에서 혼슈 야마토(大和)로, 다시 혼슈 동북의 에미시(蝦夷) 지역으로 영역 확장을 의미함.

4) 후한 반고(班固)가 전한의 역사를 편찬한 『한서(漢書)』 「지리지(地理志)」 중 "樂浪海中有倭人, 分爲百餘國"이라는 기사를 가리킴.

618년 후계 중화왕조인 당이 수를 멸하고 주변 제국을 강하게 압박했다. 결국 663년 왜는 백제 유민들과 합력해서 신라와 연합한 당과 백촌강(白村江)에서 맞붙었으나 대패한다.[5] 그 후 당이 강화 사절을 왜에 파견함으로써 화이의 국교가 시작되었으니 결과적으로 백촌강 전투가 왜의 '일본' 지향을 중화왕조가 인정하는 전환점이 된 셈이다.

국호 변경은 '왜'라는 한자의 뜻이 아름답지 못하다는 일본 측의 가치관 때문이었다고 전해진다. 그러나 '일본'이 '왜'를 정복해서 병합했다거나 거꾸로 '왜'가 '일본'을 쳐서 없애고 그 호칭까지 빼앗았다는 해석도 당시부터 존재했다고 한다.

백촌강 전투 후 자국의 안정적인 존속을 위해 왜 왕조는 가시적인 '고대화'에 한층 더 매진해야 했다. 광원(光源)인 중화왕조의 율령제를 도입해서 율령국가를 건설하는 일이 화급한 과제로 대두되었다. 668년 덴치(天智) 천왕이 최초의 율령인 오미령(近江令)을 제정했고,[6] 임신의 난(壬申の亂)을[7] 통해 패권을 거머쥔 덴무(天武) 천황과 왕비로서 그의 뒤를 이은 지토(持統) 천황이 689년 아스카기요미하라령(飛鳥淨御原令)을 제정했다.[8] 그 후 701년의 대보율령(大寶律令) 제정에 이르는 과정에서 국호 '일본'이 비로소 확립되었다.[9] 그 구체적인 연도에 대해서는 고대사 연구자들 사이에서도 주장이 갈린다. 이렇게 국호로서 '일본'의 정식 성립은 7세기 후반부터 8세기 초 사이의 일로 볼 수 있다. '천황' 호칭이 자기 인식 혹은, 자기주장으로서 나타나기

---

5) 백촌강(白村江): 백강(白江), 금강 하구로 추정되나 아직 정설은 없음.

6) 오미령(近江令): 원본은 현존하지 않으며 그 실재를 뒷받침할 사료도 빈약함.

7) 임신의 난(壬申の亂): 672년 덴치(天智) 천황의 동생―나중의 덴무(天武) 천황―이 왕위 계승을 노리고 일으킨 일본고대사 최대의 반란.

8) 아스카기요미하라령(飛鳥淨御原令): 일본 최초의 체계적인 「령(令)」으로 인정되지만 원본이 현존하지 않아 불명확한 부분이 많음.

9) 대보율령(大寶律令): 「율(律)」 6권·「령(令)」 11권. 일본역사상 최초로 「율」과 「령」이 겸비된 본격적인 율령.

시작한 것도 같은 무렵이다.

한 마디 덧붙이자면 '일본', '일본국'이란 호칭은 그 후 널리 사용되었고, 근세가 되면 '천하'가 그것들과 동일한 의미를 떠었다. 단, '국(國)'의 용도는 아주 애매해서 일본 내부의 지역편성을 의미하는 일상어 — 예컨대 '무사시노 구니(武蔵國)' — 나 다이묘(大名)의 영지, 태어난 고향 등을 가리키는 말로도 이용된다.10)

그런데 국제적인 인지도를 발판으로 일본열도에 탄생할 수 있었던 통일 왕조는 크게는 중화왕조에 대항적으로 출현한 주변 제 왕조 중 하나에 지나지 않았다. 따라서 그 지속을 희구하는 의식상의 안전 보장 장치로써 불가피하게 자기화를 추구했다. 즉, 스스로도 소(小)광원화하기 위해 '소(小)고전고대', '소중화'를 창출하고자 한 것이다. 그리하여 천손강림 신화, 성왕(聖王)으로서 진무(神武) 천황,11) 성전(聖典)으로서 『고사기(古事記)』12) 『일본서기(日本書紀)』 등이 만들어진다.13) 하지만 이러한 자기화, 일본화를 향한 의욕적인 행보가 그 자체로써 동아시아화 속의 일본화 과정이었다는 것은 이미 명약관화한 일이다.

3) 일본국의 왕권과 '민백성'

'고대화'를 달성한 국가라고 말할 수 있는 이유는 '국가'와 '국가의 민(民)' 사이의 대치 관계가 율령을 통해 명시되었기 때문이다. 일본의 고대국가는 율령제도에 기초해서 편성되었다. 이때 국가의 민은 통사적으로 보면 공조

---

10) 국(國): 일본어 독음은 '구니'. 고대 율령제하에서는 지방 행정단위, 근세는 주로 다이묘(大名) 의 영국(領國)을 가리킴.

11) 진무(神武): 기기신화(記紀神話)상의 초대 천황.

12) 『고사기(古事記)』: 천황가의 신화적 계보와 영웅·전설 등을 담아 712년 완성된 역사문학서.

13) 『일본서기(日本書紀)』: 신대(神代)부터 697년까지의 기사를 편찬하여 720년에 완성된 역사서.

(公租)를 부담하는 양민(良民)이며, 양민은 천민과 구별되는 개념이다. 양자 간 경계에 애매한 부분도 없지 않지만 율령제와 함께 신분적인 양천(良賤) 개념도 국가의 기본 얼개로써 도입되었다는 점에 유의해야 할 것이다.

일본사의 경우 '백성'은 정치 개념이지 경제 개념이 아니다. 그리고 백성이란 애초부터 개별적인 존재이어서 국가와의 관계도 순수한 개인은 아니지만 개별 가족이 기초 단위로 상정되었다. 고대 일본은 반전수수제(班田收授制)하에 백성을 공민(公民)으로 파악했다.[14] 하지만 이때 백성에는 관인(官人)도 포함되었다. '백성'은 원래 중국으로부터 수입된 말인데,『논어』,『맹자』에서도 '귀인(貴人)'과 구별하여 사농공상 전체나 서민층에 대한 총칭으로 자주 사용되곤 했다. 일본사에서 '민백성(民百姓)'이란 말은 가장 광의의 호칭이라 할 수 있다.

공민, 즉 농경을 생업으로 삼는 백성은 반전수수의 대상이며 조세·병역을 부담했다. 그 전까지도 시세 흐름에 따른 자연성장적인 지배-피지배의 관계는 존재했으나 아직 정치문화로는 성숙되지 않았다. 율령제하의 반전수수제를 통해 백성은 수평화의 가능성을 획득했고, 비로소 공민=백성을 기본으로 한 정치사회가 성립할 수 있었다. 이것이 말하자면 중화왕조에 대한 대항적 각성으로써 일본 왕조의 출현이다.

이리하여 동아시아에는 (후계) 중화왕조를 중심으로 한 제 왕조 간에 화이·사대·기미·적례라는 국제관계가 형성되었다. 전체적 배치라는 측면에서 일본은 그중 '동이'에 속했지만 일본의 입장에서 보면 대등성이 강한 관계이기도 했다. "이만융적(夷蠻戎狄)"의 네 가지 번(蕃) 또는 이(夷) 세력들은 일단 화이 관계에 포섭되었으나 제각기 '중화 황제'화라는 속내를 감추고 있었다. 물론 초발 단계에서의 항복, 패배 경험이 주변 왕조들의 기억 속에 엄존

---

14) 반전수수제(班田收授制): 중국 균전제(均田制)를 모방한 토지국유제도. 매 6년마다 작성되는 호적에 의거하여 6세 이상 남녀별, 신분별로 일정한 면적의 구분전을 차등적으로 지급함.

하고 있었다. 한편으로, 힘의 차이가 크긴 했으나 중화왕조에도 한계는 있었다. 주변을 완벽히 압도할 수 없었기 때문에 화이질서, 조공·책봉관계 등을 통해 안정화를 도모한 것이다. 중화왕조가 영원한 존재가 아니었다는 것은 사실(史實)을 통해서도 잘 드러난다.

일본의 '고대화'는 소국 난립에서부터 시작되었다. 그러나 정치사회화라는 관점에서 볼 때 관건이 되는 것은 백성의 존재이다. 즉, '국가' — 왕·왕권 — 와 '국가의 민' — 혹은, 관민(官民) — 이 대치되는 구조가 명확해진 것이다. '국가의 민'이란 공민을 가리킨다. 공민은 소국 시대의 피지배자들처럼 단순히 두려움에 떨며 순종하는 인간 군상이 아니다. 대화개신(大化改新)으로 일거에 모든 체제가 바뀌진 않았다.[15] 하지만 그러한 정치사회화 과정을 통해 일본사의 중요한 원기(源基)가 형성되었기에 그 후 중화왕조에 대항적인 아이덴티티까지 내재한 일본적인 정치문화, '소(小)고전고대'의 시발점으로서 거듭 반추되기에 이르렀다. '고대화'란 이렇게 여러 모순적인 요소를 포괄하며 '정치의 문명화'를 향해 나아가는 기점이었다.

율령제는 '고대화', 즉 정치사회화의 진행에 병행하여 동아시아 세계에 확산된 중앙집권적인 통치제도이다. 진정한 중앙 정권인가에 관해선 의문이 있다. 그런 애매모호함이 오히려 율령제를 서둘러 채용한 원인이 되었을 것이다. 살아남기 위해서는 선진적 통치기술이라는 파도에 재빨리 편승해야 했다. 하지만 그 기술이 어디든 같은 정도로 파급, 흡수된 것은 아니었다.

통일 국가를 이룩한 당의 제도와 사고방식을 받아들이는 데 민첩했던 것은 일본이었다. 일본은 이른 시기에 당제(唐制)에 입각한 체계적인 법전을 편찬, 시행했다. 율과 령을 겸비한 율령의 완성은 8세기 초두 대보율령부터인데, 이는 7세기 중엽 제정된 당의 영휘율령(永徽律令)을 바로 반세기 후에 참

---

15) 대화개신(大化改新): 645년 이래 대륙의 영향을 받아서 혁신적 성향이 강한 호족들이 구 세력을 일소하고 시작한 왕권·조정 중심의 중앙집권적인 정치개혁에 대한 총칭.

고하여 만든 것이라고 한다.16)

율령은 고대의 법전으로서 뿐만 아니라 그것에 기초한 각종 제도가 국가 형태를 좌우했다는 측면에서 더욱더 중요하다. 이 점이 일본의 '고대화'=정치사회화와 정치문화의 형성에도 엄청난 영향을 끼쳤다. 율령이 갑작스레 완성된 것은 아니며 거기에는 20년 정도 준비 기간이 소요되었다. 그사이의 과정은 말할 필요도 없이 쉽지 않았다. 덴무 천황의 "조(詔, 천황의 명령)" 형태로 시작되었으나 그의 생존 중에는 제정되지 못하고 사후에 우선 령이 완성되었다. 심지어 이조차 대단히 부적절한 "당물(唐物)" 도입으로 비난받아야 했다(「飛鳥淨御原令」). 그러나 이 같은 국가사업의 추진이 주변 왕조로서 일본의 독자적인 존재를 내세우는 데 중요한 의미가 있었다.

한편으로는 '동아시아화'와 '일본화'의 갈등도 시작되었다. 그것은 율령 편찬 작업이 수입된 당의 율령을 당시 일본의 국정에 적합하도록 변용하는 것을 과제로 했기 때문이다. 뒤집어서 생각하면 국정에 대한 적합화를 도모하여 20년이란 시간을 소비하며 하나하나 내용을 만들어 간 저간의 사정 그 자체에서 대항적 각성으로써 일본 왕조가 탄생한 의미를 엿볼 수 있다. 이러한 긴 '고대화' 운동의 결과물인 '일본' 국호의 창출에 의해 천황 왕권이 확립될 수 있었다. 그 후 열도 각지의 정치권력은 점차적으로 왕권에 흡수되고 스스로도 공권화(公權化)한다.

다만 오래전부터 '천자(天子)'는 동아시아에 존재하고 있었다. 천제(天帝)의 아들 천자가 천명(天命)을 통해 천하를 다스린다는 정치사상에 기원을 둔 천명론, 왕권세습사상은 주나라 때 이미 출현했다. 또 "천인상관(天人相關)"함으로써 기존의 왕가가 덕을 잃으면 새로운 가계(家系)가 천명으로 정해진다는 유덕천자론(有德天子論)도 나타났다. 진(秦)의 시황제는 "황제" 호칭을 사

---

16) 영휘율령(永徽律令): 650년 제정되어 이듬해부터 시행됨.

용해서 천자로서 자신을 신격화했다. 그러나 한대(漢代)가 되면 유교적인 유덕천자론이 부활한다. 다시 말해서 천자란 스스로 신이 아니라 지상에서의 신의 아들이라는 관념이 보편화한 것이다.

일본국의 왕권 확립에 주도권을 발휘한 것은 후지와라노 후히토(藤原不比等) 등이었다.[17] 그들은 한반도 내 왕조의 흥망 특히, 백제 멸망과 그 관계자들의 일본 망명 등 국제적 동향에 민감히 반응하고 위기감을 증폭시키면서 왜국의 '일본국'으로서 상승과 위치 확립을 도모했다.

그보다 훨씬 앞서 기원을 전후한 시기의 일본열도 서부에는 지배-피지배 관계에 기반을 둔 사회가 존재했다. 당시 동아시아는 전한(前漢)의 지배권이 한반도 북단 압록강을 넘어선 지역에까지 확대되어 낙랑군이 설치되고 그 내부에 군현제에 기초한 조선현(朝鮮縣)이 두어졌다. 낙랑군에 왜의 "백여국"이 조공했다고 한다.[18] 이들 소국들이 서로 어떤 관계를 맺었는지는 현재로써 알 수 없다. 여하튼 일본 왕조의 성립에 이르기까지 '고대화'는 실로 기나긴 시간이 소요되었다. 그리고 열도가 아직 소국 시대에 머무르고 있던 때 바다 건너편에서는 이미 정치문화의 법문명권이 성립되어 있었다. 그 법문명권을 향해 마치 선두를 다투듯이 소국 간의 참가 경쟁이 시작된 것이다. 게다가 왜인만이 아니라 도래인들이 거기에 참여함으로써 중화왕조에 대한 대항감도 의식화되어갔다.

그러한 소국들이 중화왕조의 직접 지배권에 포섭되지 않았던 것은 그 후의 경과까지 포함해서 생각하면 한반도 내의 한족(漢族)과 조선족 저항 세력들이 말하자면 방파제 역할을 해주었기 때문이다. 대륙의 입장에서 보면 그 방파제 너머에 왜의 정치세력권이 자리하고 있었다. 때문에 조공·책봉관계

---

17) 후지와라노 후히토(藤原不比等, 659~720): 대화개신을 주도한 나카토미노 가마타리(中臣鎌足)의 아들이며 대보율령 제정, 헤이조쿄(平城京, 나라) 천도 등 당대의 정치를 영도함.
18) 낙랑군에 왜의 "백여 국"이 조공한 관련 기사는 본문 앞의 『한서』「지리지」참조.

를 통해 특정 소국의 국호가 국제적으로 인정받는 일도 빠르게 진행되었다. 기원후 수십 년이 지나면 나국(奴國)이 후한 광무제(光武帝)로부터 "한위노국왕(漢委奴國王)"의 인수(印綬)를 얻어 정치지배권을 강화한다.[19]

중요한 것은 야마타이국 등이 기록된 내란기까지 포함하여 일본의 '고대화' 과정이 수 세기에 걸친 점과,[20] 그리고 히미코(卑弥呼)의[21] 기사에 보이는 것처럼 "귀도(鬼道, 주술적 힘)"의 의미가 대단히 커서 후일 일본 왕권의 속성으로 내면화되었으며 그 위에 천(天)을 제사지내는 중화왕조의 초월 관념이 더해지면서 이후 오랜 기간 영향을 미쳤다는 점이다. 여하튼 그 전까지 중화의 관점에서 그저 내려다보일 뿐이던 왜국사회는 망명자, 도래인을 받아들여 점차 첨예한 자기화를 도모해간다. 특히 7세기 들어 대륙·한반도·일본열도가 함께 휘말려든 대규모 동란은 한반도와 일본열도 내 주변 왕조들의 긴장을 고조시켰고, 결과적으로 각각의 자기화가 급속히 추진되었다. 하지만 그것은 동시에 정치문화의 동아시아화를 수반했으니 결국 동아시아 법문명권의 확장 과정으로 이해할 수 있다.

2. 정권의 분기와[22] 일본의 '중세화'

1) 왕권, 정권의 분기와 공무 간 의존

원래 정도(政道)란 민백성과 대치하는 장에서 왕권이 책임의 주체가 되어

---

19) 금인(金印)의 진위 여부, 인자(印字)의 해석 등에 이설 있음.
20) 본문의 "내란기"는 『후한서』 「동이전」에 보이는 2세기 후반의 "왜국대란(倭國大亂)"을 가리킴.
21) 히미코(卑弥呼, ?~247): 왜국대란 후 소국의 수장들이 공동으로 세운 야마타이국의 여왕.
22) "분기(分岐)"의 원문 표기는 "분출(分出)".

집행해 가야 마땅하다. 그러나 일본사의 경우는 고대 왕권이 쇠퇴하면서 국가의 상부구조도 변형되기 시작했다. 차츰 본래 모습으로부터 일탈이 심화되어 결국은 '왕권'과 '정권'이 분기(分岐)하고 공간적으로도 분리되었다. 이리하여 중세가 되면 왕권은 교토, 정권은 멀리 관동지역의 가마쿠라(鎌倉)로 '별소(別所)'화한다. 이것이 중국·한국·류큐 같은 중앙집권국가와는 다른, 이후 수백 년간 지속된 일본사의 개성적인 국가 형태로 되었다. 다만 베트남의 근세는 일본 근세와 아주 유사하게 별소화한 위임 정권이 출현하기도 했다(井上智勝, 2011).

고대 일본이 중세 일본으로 변모해가는 전 과정을 '중세화'라고 부른다면 정치사적인 '중세화'는 섭관정치(摂関政治),[23] 원정(院政),[24] 헤이씨정권(平氏政權),[25] 그리고 가마쿠라의 무가정권(武家政權) 성립과 같이 국가를 주도하는 세력 나아가서는 그 형태가 계기적인 변화를 겪는 과정이었다. 그 변화의 기초를 '전후 역사학'은 영주제론(領主制論)에[26] 입각하여 장원론(莊園論), 중세촌락론, 농업경영론 등 주로 사회경제사적인 측면에서 해명을 시도해왔다. 그런 성과 덕분에 일본 중세의 역사상은 보다 풍요로워졌다. 하지만 근년엔 중세사학계에서도 무사, 장원 등에 대한 근본적인 재검토가 시작되고 있다.

필자는 이 책을 통해 사회 하부보다도 '무가정권'이라 불리는 상부구조 쪽에 초점을 맞추어 일본사에서의 왕권 변화를 새롭게 해석하고자 한다. 그 이

---

23) 섭관정치(摂関政治): 10세기 후반부터 약 1세기 간 후지와라(藤原) 가문이 섭정(攝政)·관백(關白)의 지위를 이용하여 실질적으로 국가를 통치한 정치형태.

24) 원정(院政): 천황위를 물려준 상황(上皇)·법황(法皇)이 원청(院廳)을 통해 국정을 관장한 11세기 후반 이래 일본의 특수한 정치형태.

25) 헤이씨정권(平氏政權): 12세기 후반 다이라노 기요모리(平淸盛)에 의해 수립된 군사력에 바탕을 둔 정권.

26) '영주제론(領主制論)'이란 농촌을 기반으로 발전한 봉건영주가 권력을 장악했다고 보는 학설이다—지은이 주.

유는 섭관정치, 원정, 헤이씨정권의 계기적인 출현이 그 각각의 내실을 어떤 식으로 설명하든 간에 고대 율령국가의 천황 친정(親政), 부연하자면 동아시아 법문명권의 주변적 존재인 일본 왕조의 왕권 변형과정이라는 점을 부정할 수 없다고 생각하기 때문이다.

헤이씨정권을 최초의 무가정권으로 인정하는 경향이 근년 들어 오히려 강화되고 있다고 한다. '정권'이란 호칭을 붙이는 자체가 '왕권'으로부터 분리, 독립을 의미한다. 헤이씨(平氏)가 제국(諸國)의 치안경찰권을 확보하고 슈고(守護)27)·지토(地頭)를28) 통해 각지에 무사들을 배치하거나 무사의 계열화를 꾀한 것에 대한 평가가 이른바 헤이씨정권론의 토대이다.

그래도 헤이씨정권을 세운 다이라노 기요모리(平淸盛)가 조정을 구성하는 귀인(貴人)의 일원으로서 권세를 휘두른 일까지 부정할 수는 없다.29) 헤이씨 정권의 중심을 이룬 인물들은 "긴다치(公達)"로 불리며 예외 없이 귀인화해갔다.30) 이는 같은 태정대신(太政大臣)의 지위를 차지했다 해도 전투에 두루 참가하여 두각을 드러내고 하극상을 일으켰던 훗날의 도요토미 히데요시(豊臣秀吉)와는 사정이 다르다.31) 도요토미 정권도 천황, 공가, 나아가서 율령의 관위제도를 최대한 활용한 권력이었지만 히데요시 자신이 조정 귀인의 반열에 오르지는 않았다.

국가권력이 같은 지점으로 집중되고 그 기반 위에서 왕이 친정을 펼치거나 혹은, 2인자가 권력을 거머쥔 경우는 어디서든 흔히 찾아볼 수 있다. 일

---

27) 슈고(守護): 구니(國) 단위로 치안 및 군사 업무를 담당한 가마쿠라·무로마치 막부의 지방직. 점차 권력을 확장하여 영주화함.

28) 지토(地頭): 주로 가마쿠라·무로마치 막부하에서 장원·공령의 관리 및 지배권을 위임받았고, 점차 재지영주(在地領主)로 성장함.

29) 다이라노 기요모리(平淸盛, 1118~1181): 무장 출신으로 호겐(保元)·헤이지(平治)의 난을 수습하고 1167년 태정대신(太政大臣)에 오른 후 왕실의 외척으로 권력을 장악함.

30) 긴다치(公達=君達): 대신의 지위에 오를 수 있는 상층 공가(公家).

31) 태정대신(太政大臣): 율령제하의 최고위 관직. 히데요시는 1586년 임명됨.

본 근세만을 두고 보더라도 쇼군(將軍) 전제(專制)에 기초한 막번체제(幕藩體制)32)하에서 시기에 따라 쇼군 친정, 오고쇼(大御所) 정치,33) 다이로(大老) 전제,34) 로주(老中) 합의정치35) 등이 번갈아 나타났다. 로주의 합의정치라 해도 복수의 로주 가운데 누가 더 큰 지도력을 발휘했는가는 시기에 따라 다르다. 다누마 오키쓰구(田沼意次)와 같이 로주 수좌(首座)가 아니면서도 권력을 휘둘러서 '다누마시대' 심지어는 '다누마정권'이라는 부정확한 호칭으로 불리는 예도 있다.36) 또한 오오쿠(大奧) 세력이 쇼군, 로주 수좌의 인사권에 영향을 미친 경우도 있다.37)

이런 점은 막번체제와는 정치구조를 달리 하는 중국의 후계 중화왕조, 조선 왕조의 경우도 동일했을 것이다. 천자·국왕의 친정은 물론이거니와, 때로는 재상 및 측근 세력의 지도력이 천자·국왕을 상회하거나 환관(宦官) 지배로 일컬어지는 시기도 있었다. 이러한 지배세력 혹은, 권력조직 중추의 편재와 이동은 현대 정치에서도 그대로 나타난다. 아마 정치권력이라는 것이 존속하는 한 모습을 바꾸며 출현하지 않을 수 없는 보편적인 현상일 것이다.

그러나 이것들은 비유적으로 말하면 같은 궁전, 성관(城館)이라는 하나의 지점 위에서 일어난 변화이며 따라서 변화의 폭도 한정적이었다. 하지만 일본사의 중세화와 동시에 진행된 왕권으로부터 정권의 분기와 무가정권의 성립은 동일한 조정 내부에서 발생한 사건이 아니다. 무가정권의 중핵은 원격

32) 막번체제(幕藩體制): 중앙의 막부(幕府)와 지방의 번(藩)이 전체 인민을 중층적으로 지배한 에도시대의 정치체제.
33) 오고쇼(大御所): 쇼군(將軍)을 은퇴한 후에도 1인자로서 권력을 유지한 자를 가리킴.
34) 다이로(大老): 에도막부의 최고위 임시 직책.
35) 로주(老中): 에도막부의 정무를 실질적으로 총괄한 정원 3~5명의 고위직.
36) 다누마 오키쓰구(田沼意次, 1719~1788): 1772년부터 에도막부의 로주(老中) 겸 소바요닌(側用人)을 겸직함―지은이(일부는 옮긴이).
37) 오오쿠(大奧): 에도시대 쇼군의 정실·측실과 그 자녀들, 다수의 시녀들이 거주한 에도성의 안쪽 공간. 쇼군 이외 남성의 출입이 금지됨.

지의 별소에 새로 형성되었다. 그러므로 정권의 독자적 재량권도 비교할 수 없을 정도로 컸다.

'왕권'에 대해 중세, 근세의 일본사에서 '정권'이란 용어가 특별한 비중을 갖는 이유는 궁전 또는 묘당(廟堂, 조정)에서 신하들이 보유했던 제한적인 권력과는 달리 정권으로서 독자성이 컸고 그런 연유로 동아시아 제 왕조 가운데 두드러졌기 때문이다. '왕권', '정권'은 지금도 역사교과서를 포함한 일본 통사에서 '야마토왕권(大和王權)', '야마토정권(大和政權)'과 같이 집필자에 따라 자유롭게 선택되고 있다. 그 자체로써 문제가 없지 않지만 양자를 동격인 양 쓸 수 있는 것은 거기에 일본사의 개성이 반영된 덕분이다.

헤이씨정권보다 한 단계 더 정권으로서 실태를 강화한 무가정권인 가마쿠라막부(鎌倉幕府)는 근세 에도막부(江戸幕府)의 광범위한 정치적, 행정적 지배력에 견주어 보면 아직 고케닌(御家人) 통제를 위한 경찰적 권력이란 성격이 두드러진다.[38] 하지만 단순히 무력에 기초한 강권 지배에 머무르지 않으려는 노력도 일찍부터 시작되었다. 그 상징적인 사건이 교토로부터 오에노 히로모토(大江廣元, 1148~1225)를 불러들인 일이다.

그는 몬조도(文章道)를 가학(家學)으로 삼은 집안 출신으로 원래는 교토 조정에 출사한 하급 귀족 - 관인 - 이었다.[39] 미나모토노 요리토모(源頼朝)의 부름에 응하여 가마쿠라로 내려 와서 요리토모의 측근이 되었으며,[40] 막부의 행정기관인 만도코로(政所)의[41] 초대 벳토(別当, 장관직)를 담당했다. 여기엔 약간의 배경이 있었으니, 그보다 앞서 친형으로 알려진 나카하라노 지카

---

38) 고케닌(御家人): 가마쿠라막부 이래 쇼군과 어은(御恩)·봉공(奉公)의 주종관계를 맺은 무사.
39) 몬조도(文章道): 정식 명칭은 기덴도(紀傳道). 헤이안시대 초기에 확립된 중국의 역사·문학을 공부하는 관학(官學) 과정.
40) 미나모토(노) 요리토모(源頼朝, 1147~1199): 헤이씨정권을 무너뜨리고 무가정권의 효시인 가마쿠라막부를 일으켜서 초대 쇼군(將軍)에 취임함.
41) 만도코로(政所): 헤이안시대 중기 이후 권문세가의 가정기관(家政機關)을 지칭하는 역사 용어.

요시(中原親能, 1143~1208)가 먼저 요리토모에 복종하여 교토 조정과의 교섭에서 활약했다. 오에노 히로모토는 이런 인연으로 가마쿠라로 내려 간 것이다. 처음엔 구몬조(公文所)의[42] 벳토를 맡았으나 구몬조가 만도코로로 개편되자 그 벳토가 되어 조정과의 교섭, 막부 재정, 조닌(雜人) 소송의 실무를 담당했다.[43] 즉, 막부의 최고위 관료를 역임한 것이다. 슈고·지토의 설치도 원래는 히로모토의 제안에 따른 것이라고 한다. 미나모토노 요리모토 사후에도 그는 호조씨(北条氏)에 협조하여 교토 조정과의 교섭뿐만 아니라 막부 정책의 결정 과정에 깊이 관여했다.[44] '오에막부(大江幕府)'라는 말이 아직도 학계 일각에서 들릴 정도이다.

이 일이 의미하는 바는 고대 이래 교토의 왕권이 독점하던 관료적 능력을 나눠 가지는 형태로 무가정권이 집정(執政) 능력을 행사하기 시작했다는 점이다. 바꿔 말하면 이는 정권이 왕권으로부터 분기하고 별소화했음을 보여주는 일이기도 하다. 또한 오에노 히로모토의 출신 성분, 조정과의 교섭 업무 등에서 볼 수 있는 것처럼 무가정권은 처음부터 조정을 타도한 혁명 권력으로 출발한 게 아니라 왕권과 정권의 공생을 인정한 권력체였으며, 그 전체로써 공무(公武) 결합 혹은, 조막(朝幕, 조정과 막부) 결합이라는 양상을 띠었다. 애당초 성립 과정에서 드러난 조·막 간 갈등은 무가정권의 수립에 으레 따를 수밖에 없는 현상이었다. 하지만 어느 정도 시간이 지난 다음은 새삼 화융(和融)을 도모하여 그것을 유지하기 위한 기구, 직책을 만드는 것이 상례였다.

1221년 조큐의 난(承久の亂)에 즈음하여 오에노 히로모토의 장남은 조정

---

42) 구몬조(公文所): 초창기 가마쿠라막부의 중추를 담당한 기관.

43) "조닌(雜人)"은 일반 백성·서민을 가리키는 일본 중세의 법률 용어.

44) 호조씨(北条氏): 미나모토 요리토모의 처가. 막부 설립에 공을 세우고 요리토모 사후에 정권을 장악함.

측에,45) 당사자인 히로모토는 적극적으로 교토를 정벌하는 쪽에 가담했다. 하지만 이는 조·막 간 단절을 반영한 사건이 아니라 정권 강화기에 흔히 나타나는 가족 간의 불일치로 봐야 할 것이다. 가마쿠라시대의 무가정권은 그후 교토의 친왕(親王)46)·섭가(攝家)로부터47) 새 쇼군을 맞아들이는 것을 관행으로 삼았고, 나아가서 교토와 가마쿠라 양쪽 모두 정치적 중심지로 존속해갔다. 후대의 쇼쿠호시대(織豊時代),48) 도쿠가와(德川) 쇼군의 시대까지 포괄하여 공무(公武) 결합 왕권으로 간주되는 데는 이처럼 충분한 근거가 있다(堀新, 2011). 근세 초기에는 에도막부의 압력으로 천황, 조정이 재편되지만 이윽고 조막 화융의 관계를 구조화하기 위해 부케텐소역(武家傳奏役)이 설치되고,49) 막부의 교토 출장소라 할 수 있는 니조성(二条城)과 천황 칙사·상황 원사(院使)·텐소 등을 영접하기 위한 에도의 텐소 저택이 건설, 운영되었다. 심지어 천황가와 도쿠가 가문은 친척의 연을 맺기에 이른다.50)

하지만 위와 같은 결합, 화융의 관계도 고대사로부터 발자취를 추적하면 결국 왕권으로부터 분기와 별소화의 과정이었다는 점을 부정할 수 없다. 그 근본 원인은 말할 필요도 없이 고대 왕권의 약체화에 있었다. 그러나 무가정권 또한 무가사회 내부 및 사사(寺社, 유력 사찰과 신사) 세력의 저항을 받고 있었으니 정권으로서 힘은 커졌지만 왕권과 상호 의존의 관계를 맺지 않을 수 없었다.

---

45) 조큐의 난(承久の亂): 고토바(後鳥羽) 상황이 가마쿠라막부를 친 사건. 상황 세력이 완패함으로써 조정에 대한 무가정권의 우위가 확정됨.

46) 친왕(親王): 율령제하 천황의 형제·자식에 대한 칭호, 그 후 시대에 따라 범위가 변함.

47) 섭가(攝家): 섭정·관백 가문. 주로 후지와라가(藤原家)를 가리킴.

48) 쇼쿠호시대(織豊時代): 16세기 후반 오다 노부나가, 도요토미 히데요시가 지배한 통일정권의 시대.

49) 부케텐소역(武家傳奏役): 조정·막부 간의 연락과 교섭을 위해 조정 측에 두어진 관직으로 에도시대는 조정의 실무까지 담당함.

50) 에도막부 2대 쇼군 도쿠가와 히데타다(德川秀忠)의 딸 마사코(和子)가 입궐하여 고미즈노오(後水尾) 천황과 사이에 낳은 딸이 메이쇼(明正) 천황임—지은이 주.

대국적 견지에서 보면 일본사의 중세 왕권, 근세 왕권도 (무가)정권이 분기됨으로써 비로소 명맥을 유지한 측면이 있다. 이렇게 정권이 별소화한 일본 왕조도 동아시아 법문명권 내에서는 그 애매한 속성을 적당히 얼버무릴 수 있었다. 그러나 19세기 명치유신기에는 서양 제국에 의해 그런 애매함이 더 이상 통용되지 않는 국면으로 내몰리고 결과적으로 '복고적 근대화'를 선택하기에 이른다.

쇼군 권력이 애초부터 왕권으로부터 별소화한 정권이었기에 이를 정합적으로 설명해내기 위한 논의가 여러 형태로 이루어졌고 그것들이 정치행동에까지 큰 영향을 미쳤다. 조막 관계를 둘러싼 학계의 시각은 '대립' 또는 '갈등' 관계, '결합' 또는 '화융' 관계 사이에서 수많은 차이를 빚었다. '전후 역사학'에서는 명목뿐인 무력한 천황론이 우세했다. 그러나 '현대 역사학'의 경우는 화융·결합의 관계를 중시하며, 나아가서 막말(幕末) 시기 교토의 정치적 부상을 다른 세력이 이용했다는 종래의 관점에서 벗어나 자력(自力) 부상 쪽에 역점을 둔 견해도 나타나고 있다.

히미코 기사에서 논한 대로 고대 이래의 "귀도"성을 계승한 일본의 역대 왕권은 정치로부터 완전히 발을 빼지 않았다. 교토 왕권도 '별소'의 정권도 동일한 정도론(政道論)을 체득하기 위해 노력을 기울였다. 왕권 쪽은 실력을 갖추지 못했고 정권 쪽이 정치를 집행하는 관계이긴 했으나 왕권의 장(長)이 '왕'으로 인식된 한편으로 정권의 장은 어디까지나 '패자(覇者)'였다. 하지만 이때의 패자는 부정적인 어휘가 아니라 '왕자(王者)를 무력으로 지탱하는 세력 가운데 제1인자'라는 의미였다.

2) 중세의 도리, 덕치주의와 「이마카와장」

필자는 '근세화'에 즈음하여 동아시아의 지배 사상이 일본열도로 급류처

럼 밀려들고 정치사상, 정치문화의 동아시아화가 진전되었으며 그것이 신분
계층의 상하, 좌우로 침투하여 점점 폭을 넓혔다는 기본적인 시각 위에 서
있다. 그렇다면 중세 일본의 가마쿠라시대에 대해서는 고케닌(御家人) 세계
의 실생활 속에 뿌리내린 '도리(道理)'가 정(正)·사(邪)를 가늠하는 기본 척도
였고, 그런 도리 관념을 수반한 가산(家産) 욕구가 팽배해진 결과 무로마치시
대[51] 후반 무렵에는 무위(武威)와 쟁란의 군웅할거 상황이 전개된 것으로 봐
도 좋지 않을까 생각한다.

이미 지적되어온 바와 같이 필자도 중세 무가정권의 '도리'에는 유교적 논
리, 다시 말해서 '보편적인 덕(德)에 바탕을 둔 정치'라는 사고가 침투해 있었
다고 생각한다. '근세화' 과정의 목민사상(牧民思想)처럼 봇물 터지듯 밀려든
것은 아니라 해도 고대 율령지배 이념의 계승과 중세적인 유교정치사상 수
용의 여파는 중세의 정치문화에 분명히 배어들었다. 왕권 약화의 결과라고
는 하지만 공무 결합과 화융의 조막 권력이 지배력을 발휘할 수 있었던 것은
고대 공가지배 시대에 나타났던 정치이념, 즉 덕정(德政)을 앞세운 덕치주의
를 조정과 막부가 함께 지향한다고 하는 정치적 목표의 공유가 있었기 때문
이었다. 오에노 히로모토 등도 단지 일신상의 사욕을 위해 교토에서 가마쿠
라로 활동무대를 옮긴 건 아니었을 것이다.

1232년 가마쿠라막부가 제정한 「고세이바이시키모쿠(御成敗式目)」(日本思
想大系 21 『中世政治社会思想』上, 이하 「시키모쿠」)는 앞 시대에 한문으로 작성
된 율령을 무가, 민간 모두 전혀 해독하지 못한다는 인식을 전제로 했다.[52]
그런 까닭에 발령에 즈음해서는 법전의 내용을 자세히 모르더라도 그저 주

---

51) 무로마치시대(室町時代): 길게는 무로마치막부가 존속한 1336년에서 1573년까지, 짧게는 남
    북조 내란이 수습되고 통일 정권으로서 막부의 권능이 실현된 1392년부터 1493년까지. 본문
    에서는 전자를 가리킴.
52) 「고세이바이시키모쿠(御成敗式目)」: 일본 역사상 최초의 체계적인 무가 법전, '시키모쿠(式
    目)'는 일본 중세 성문법의 일반 명칭.

군에게 충, 부모에게 효, 남편에게는 순종, 그리고 옳지 않은 일을 피하여 바른 일을 좇으면 자연히 안도(安堵)할 수 있다는 취지의 주의서가 첨서된 것이다(「北条泰時消息」). 이런 주의서가 받아들여졌다는 것은 율령제로부터 그다지 동떨어진 사회가 아니었음을 암시해준다. 「시키모쿠」의 전체 51개 조문 도처와 그 말미에는 '도리', '리(理)'라는 말이 '무리(無理)', '비거(非攄)'와 대비되었고, 게다가 중세 무가의 '이비(理非)' 판단을 둘러싼 독자성 논의가 거듭해서 나타난다. 위와 같은 점을 대략적으로 수긍한 위에, 필자는 이 「시키모쿠」가 '정도(政道)'(제30조)를 의식하고 한 걸음 더 나아가서 이미 '인정(仁政)'을 표방하고 있는 점에 보다 주목하고 싶다.

그 구체적인 사례로는 전부터 자주 거론되어온 「시키모쿠」 중 "백성 거류(去留)의 권리"를 규정한 제42조를 들 수 있다.

(전략) 영주들이 도훼(逃毁)라 칭하여 백성의 처자를 억류하고 재산을 탈취한다. 이러한 소행은 심히 인정(仁政)에 어긋난다.

그래서 연공(年貢) 물납에 미납분이 있다면 그 납부를 마친 위에 "거류는 모름지기 민의 뜻에 맡겨야 한다"라고 지시했다. 이 조문은 과거에는 근세 에도시대의 '백성 토지긴박(土地緊縛)' 원칙과 대비되곤 했으나,[53] 필자의 사견으로는 도쿠가와 이에야스도 늘 가마쿠라막부의 치세를 배우고자 했고 근세에도 거류 자유의 원칙은 존재했다. 여하튼 가마쿠라시대의 무가정권도 민백성의 일에 정면으로 대응하여 인정 이념을 이용했던 점에 주의해두자.

한편으로 가마쿠라시대 이후 무가정권의 요직에 있던 자가 선종(禪宗)에 귀의하는 일이 흔히 발생했다. 선종 사찰, 승려들도 막부를 비롯해서 유력한

---

53) 토지긴박(土地緊縛): 검지장(檢地帳)에 등재된 농민에게 전담 경작과 연공 납부를 강제한 에도 막부의 농촌 지배에 대한 학술 용어.

무가의 비호를 받았다. 고위직 선승(禪僧)들은 불교도인 동시에 유교에 대한 이해를 가진 자로서 정치 및 사회의 질서화에 유교가 유효하다는 점을 인식하고 있었다.

유교란 고정된 하나의 이론체계에 머무르는 정체적인 사상이 아니다. 무릇 사회적인 유효성을 띤 사상은 항상 경신을 거듭한다. 유교 내부로 한 걸음 들어가 보면 13세기 초 중국에서는 그전까지 한·당의 훈고(訓詁)[54] 중심 유교가 쇠퇴하고 주자학, 즉 송학(宋學)이 보급되기 시작했다. 주자학은 큰 시차 없이 선승들에 의해 바로 일본으로 전래되었다. 고전고대의 문화적 영향과는 다른 차원에서 중세 중국이 일신한 불교, 유교가 일본에도 활발히 파급된 것이다.

입송(入宋) 유학승들에 의한 주자학의 도입은 유서(儒書)를 일본으로 지참하는 형태로 시작되었다. 물론 일본인 유학승만이 아니었다. 송, 원의 중국인 선승들도 대륙 내 정치상황으로부터 도피라는 동기는 있었지만 선교를 위한 사명감에 불타서 주변 왕조인 일본을 향했다. 선교 의욕, 상급 무사의 입신(入信)이란 점에서 보자면 수 세기 후 내일(來日)한 기독교 선교사들의 경험과도 유사했다. 그러나 주지하는 대로 최종적인 결과는 그야말로 판이하게 나타났다.

중국인 선승들은 무가 세력의 지지를 얻어 교세를 강화했으며 동시에 주자학도 확장해갔다. 개중에 원나라 선승 일산일령(一山一寧)과 그 문인들은 송학을 넓히는 데 큰 공을 세웠고,[55] 결국 무로마치시대 선림유학(禪林儒學)의 원천이 되었다. 가마쿠라·무로마치시대의 송학은 이렇게 승려들을 중심으로 전파되었다. 그 덕분에 유교와 불교, 특히 주자학과 선종의 융합을 설

---

54) 훈고(訓詁): 『논어』, 『맹자』 등 경전에 주석을 달아 정확한 해석을 다룸.

55) 일산일령(一山一寧, 1247~1317): 1299년 원(元) 성종(成宗)의 국서를 지참하고 일본으로 건너옴. 주자학을 통해 오산문학(五山文學)의 융성에 공헌함.

파하고 다수의 무사를 선종으로 귀의시킬 수 있었다. 쇼군 아시카가 요시미쓰(足利義滿)도 사서(四書)의 정도론을 배웠고 그 후 선종에 귀의했다.[56]

선림 주자학은 무사들에게 광범위한 영향을 미쳐서 무가정권을 저변으로부터 지탱하게 된다. 또한 그것은 천황·공가·박사가(博士家) 등 조정 세력에까지 파급되었다.[57] 예컨대 고다이고(後醍醐) 천황은 주자학의 대의명분론을 힘써 흡수하여 스스로의 왕권 회복을 위한 도막(倒幕)과 건무신정(建武新政)의 이론으로 활용했다.[58] 뒤이은 남북조 내란기에도 그는 두 개의 대의, 즉 "군신의 의(君臣之義)"와 "화이의 변(華夷之辯)" 가운데 전자를 강력히 내세우며 신하된 자의 도리를 중심으로 군신의 본분을 되물음으로써 주자학을 남조(南朝) 측 근왕사상의 핵심 배경으로 삼았다.

동아시아 세계에 뿌리내린 왕권 관념으로 보자면 '하나의 왕(一王)'이 당연한 일이다. 결합이든 화융이든 왕권으로부터 분리된 정권을 결코 용납할 수 없다는 (고다이고의)확신은 주자학적으로는 필연적인 귀결이다. 그러나 중세 일본의 경우 장원공령제(莊園公領制)에서[59] 보는 바와 같이 천황·조정도 치도(治道) — 정도론 — 를 배우고 행했지만, 모반·대범(大犯) 단속을 비롯한 치안 유지와 고케닌 통제 등 사회의 무사(無事) 보장을 주무로 삼는 쪽의 치도는 무가정권에 위임되었다. 이러한 공과 무가 서로 의존하는 통치형태가 당대 사회에 적합한 것으로 인식된 것이다.

「이마카와장(今川狀)」(『靜岡市史』)이라 불리는 무가의 가훈은 중세 일본사

---

56) 아시카가 요시미쓰(足利義滿, 1358~1408): 무로마치막부 3대 쇼군. 남북조 통일을 달성하고 퇴임 후 명 황제에 의해 '일본국왕'에 책봉됨.

57) 박사가(博士家): 율령제하에서 분야별 학문을 전문적으로 세습한 가문.

58) 건무신정(建武新政): 고다이고 천황에 의해 추진된 천황독재 정치. 1333년부터 불과 2년간에 그침.

59) 장원공령제(莊園公領制): 율령제적 토지국유제가 붕괴한 후 11~12세기에 성립된 사적인 장원과 국가의 공령이 병존한 중세 특유의 토지제도.

회에 침투한 유교의 수용방식을 살피는 데 대단히 시사적이다. 이는 도토미(遠江, 시즈오카현 서부)의 이마카와씨 시조로 일컬어지는 이마카와 료슌(今川了俊)이 1412년 자신의 친동생이자 양자인 나카아키(仲秋)에게 지배자로서 요체를 전수한 교유서이다.[60] 무장의 각오를 설파한 내용임에도 불구하고 태평시대이던 근세에도 삶의 자세를 배우는 인생훈(人生訓)으로서 습자를 위한 교본으로 사회 전역에 걸쳐 널리 읽힌 스테디셀러였다. 정확성에 의문이 있긴 하지만 근세에는 발행부수가 대개 10만 권에 달했다고 한다. 나중엔 '이마카와(今川)'라는 말 자체가 교훈서의 대명사로 사용되기도 했다. 「이마카와장」을 여성용 오라이모노(往来物)로[61] 개편하여 삽화를 넣고 가나(仮名)문자를 사용한 「온나이마카와(女今川)」를 1687년 사와다 기치(沢田きち)가 저술했는데, 그 후 「온나다이가쿠(女大学)」와 함께 근세 여성교육의 텍스트로 활용되었다. 또 「만민이마카와(万民今川)」와 같은 유서(類書)도 출판되었다.

이마카와 료슌 자신은 유자(儒者)가 아니었으며, 불교 중에서도 중세 무사들에게 보편화된 선(禪)에 마음을 기울였다. 료슌은 무장이자 슈고다이묘(守護大名)로서 야심적으로 행동한 인물이다.[62] 23개 조에 이르는 「이마카와장」의 「제사(制詞)」도 결코 유교적인 내용이라고는 할 수 없다. 주자학, 양명학 같은 학파적인 경향에도 전혀 관심을 보이지 않았다. 다만 무장으로서 각오를 표출하는 가운데 유가적인 것에 대한 존경, 그로부터 배우는 일이 긴요하다는 점을 논하고 있을 뿐이다.

하지만 보편성을 띤 사상이 사회적으로 수용되는 데 반드시 깊고 체계적인 논리가 필요한 것은 아니다. 사회는 학자의 집단이 아니기 때문이다. 편

---

60) 이마카와 로슌(今川了俊, 1326~1414?): 1371년 규슈탄다이(九州探題)에 취임한 후 남조 세력을 제압하고 규슈에 막부 권력을 확립했으나 1395년 아시카가 요시미쓰에 의해 파면됨.
61) 오라이모노(往来物): 에도시대 초등 교육용 독본 또는 부교재를 의미함.
62) 슈고다이묘(守護大名): 남북조 내란 후 정치, 군사 면에서 세력을 크게 확장한 슈고층에 대한 학술 용어.

언척구(片言隻句)나[63) 일지반해(一知半解)에[64) 불과하다 해도 불교, 유교, 신도 등으로부터 내면에 울림을 주는 문구들을 끄집어내어 삶의 길잡이로 삼았을 때 그 사람들은 유교, 불교, 신도의 영향을 받은 것으로 간주된다.

료슌은 나카아키에게 전수한 23개 조와 상당히 긴 발문(跋文)에다 스스로 "사미(沙彌) 료슌"이라고 서명했다. "사미"란 세속에 있으면서 삭발하고 승려의 모습을 한 자를 가리킨다. 그러므로 료슌의 자기 인식은 유자라기보다 불자(佛子) 쪽에 가까웠다. 그는 23개 조를 통해 전체적으로 무장의 각오를 설파했으나, 제1조에서는 "문도(文道)·무도(武道)"를 모르면 승리를 얻지 못한다고 했다. 서두부터 문무양도(文武兩道)라는 지극히 유가적인 정도론 – 문무일덕주의(文武一德主義) – 을 내세운 점에 유의하고 싶다. 또한 그는 신사·불각과 출가·사문(沙門)을 귀하게 여겨야 한다면서,[65) 동시에 "천도(天道)"를 두려워하도록 경고한다. 충효와 무가의 "도리"를 강조하고 "비도(非道)"에 대해 경계한다. "궁마 전투를 익히는 것이 무사의 도"라고 주장하면서, 한편으로는 "학문(學文) 없이 정도를 펼칠 수 없다"라 하여 "정도"와 "학문"이 불가분의 관계임을 강조한다. 사서오경에 관심을 촉구하는 동시에, "그 밖에 군서(軍書)"에 대한 학습도 중시했다.

나아가서 료슌은 "중인애경(衆人愛敬)", "피관(被官)[66) 이하도 주야 자비", "부처의 중생 구제" 등 불교적 어휘에다, "무리는 비법(非法)", "무도(無道)", "민에게 탐욕을 부림", "헌법(憲法)", "국민(國民)을 다스리는 데 인의예지신 중 하나라도 결여해선 위태로움", "정도", "문무양도" 등과 같은 유교적 어휘를 적절히 혼용하며 자신의 사고체계 전부를 양자인 나카아키에게 전수하고

---

63) 편언척구(片言隻句): 한 마디 말과 약간의 글귀.

64) 일지반해(一知半解): 하나쯤 알되 그것도 반밖에 못 깨달은 천박한 지식.

65) 사문(沙門): 출가하여 도를 수행하는 자.

66) 피관(被官): 영주층에 종속되어가신화한 중세 후기의 하급 무사.

자 고심했다.

3. 세 가지 민족적 무공 설화

가족·일족에게 전해 내려오는 전승과 기록 속에 용감한 선조가 있으면 집안에 자긍심이 생기고, 향촌사회에 용감한 선열에 대한 기억이 있으면 애향심이 커진다. 마찬가지로 왕조·국가의 선인(先人)들을 주체로 한 무용담은 애국심을 배양한다. 근대 국민국가만 국가의 이야기를 갖는 게 아니다. 국민국가에 비해 국경은 애매하지만 전근대 동아시아 제국에서도 '천하', '본조(本朝)'와 같은 국토 의식과 그 안전보장을 위한 위기감은 충만했다.

일본의 '고대화' 과정은 (후계) 중화왕조를 비롯하여 선진문화를 보유한 한반도의 주변 왕조들로부터 정치의 문명화라는 은혜와 압력을 동시에 받으면서 그에 대항적으로 자기화를 진행시킨 과정이기도 했다. 그리하여 처음부터 중화왕조에 대한 대항적 각성이 강했던 점이 일본의 '고대화'=정치사회화에 큰 특징을 이루게 된다. 그 대항의식이 표출된 한 사례가 바로 민족적 무공담(武功譚)이다. 명치(明治) 이전의 일본사에는 고대, 중세, 근세 각각의 시발점마다 커다란 민족적 무공담이 존재한다. 그것들은 모두 내전에서의 무공담이 아닌 '이국 출병' 혹은, '이적(異敵) 격퇴'를 중심 소재로 한 설화들이다.

1) '진구 황후 삼한정벌': 신라 정토설화

『고사기』, 『일본서기』가 3세기경의 일로 전하는 고대 일본의 신라·고구려·백제 정복 기사는 후대에 '신공 황후 삼한정벌'로 회자되었고, 근세 일본에서도 그 진위가 의심받는 일 없이 그대로 근대까지 이어져 온 설화 내지 일종의 영험담(靈驗譚)이다. 근대의 조선 식민지화 과정에서는 피아(彼我) 간의 원래적인 강약이라는 고대사상(古代史像)을 제공하기도 했다.

설화의 핵심 내용은 『일본서기』에 제14대로 기록된 주아이(仲哀) 천황의 비(妃)이자 제15대 오진(應仁) 천황의 생모인 진구(神功) 황후가 신라로 출병했다는 것이다. 결과적으로 신라는 항복했고 백제와 고구려도 일본 지배하에 들어온 것처럼 서술되고 있다. 8세기 전반 완성된 이 『일본서기』의 기록이 아마도 그 후 열도 내 귀족세계가 '삼한정벌'을 사실(史實)로써 확신하는 계기가 된 것으로 보인다.

그러나 국토의 인식이란 면에서 보다 중요한 정보원(情報源) 역할을 한 것은 남북조시대 말기 1370년 무렵 성립한 전쟁 소설 『태평기(太平記)』의 제39권 「진구황후공신라급사(神功皇后攻新羅給事)」였다.[67] 성격상 고대로부터 중세로 전래된 민족설화라고 할 수 있겠지만 당대에는 역사적 사실로 인지되었다. 에도시대의 학자들 중에도 그 신빙성을 의심한 자는 없었다. 왜냐하면 과거의 '기록'을 허위라고 보는 발상 자체가 아예 없었고, 설령 의문을 갖더라도 증명이 불가능했으며, 게다가 근세인에게 목격된 조선통신사는 쌍방향이 아니라 단(單)방향적으로 "내빙(來聘)"하는 존재였던 때문이다.[68] 이리하여 제2차 세계대전까지 일본에서는 '삼한정벌'이 널리 진실로 간주되었다.

위와 같은 민족적 무공담을 수반하며 고대적인 정치사회화의 이미지가 무르익어 갔다. 그것은 일본의 '고대화'가 대륙의 중화왕조뿐만 아니라 한반도 제 왕조와도 복잡한 긴장관계를 내포하면서 비로소 달성되었음을 변증해주는 것이기도 하다. 그 후 이 무공담은 민족의 기억으로 정착되어 동아시아 세계에서 일본사의 위치를 특징짓는 데 크게 일조했으니, 아마 최초의 민족

---

67) 『태평기(太平記)』: 가마쿠라막부 멸망과 남북조 내란을 주로 남조 입장에서 생생하게 그려낸 원작자 미상의 작품. 근세인의 역사인식에 큰 영향을 미친 점은 본문 제7장에 상술하고 있음.
68) 내빙(來聘): 외국의 사절이 천황을 알현하고 예물을 바친다는 의미.

적 무공담이라 해도 좋을 것이다. 나아가서 이 무공담은 정치를 전담하는 집단으로서 조정의 위신을 사회적으로 승인받는 데도 큰 힘이 된 것으로 사료된다. "민의(民意)", "천의(天意)"라는 말이 함의하는 바와 같이 '안전을 보장해주는 자'야말로 국가권력을 장악하기에 적합하다고 민백성이 인정했기 때문이다.

고대의 민족적 무공담에 대해 위와 같은 해석이 가능하다면, 어쩌면 그것은 '삼한정벌' 설화의 무대가 된 3세기가 아니라 그 후에 전개된 대화개신의 여러 사업이나 '왜국'의 '일본국' 전환에서 찾는 편이 오히려 적절하지 않을까라는 생각도 든다. 그러나 그 후의 역사는 광개토대왕 비문에 나타난 4세기 말~5세기 초 고구려에 대한 패퇴, 7세기 후반 백촌강 전투에서의 대패 등 도저히 무훈·무공을 과시하기 어려운 사건들을 다수 품고 있다. 그리하여 대륙에서 패잔한 망명자 세력까지 포섭하여 할 수 있는 한껏 개신 사업을 추진한 결과가 일본국의 탄생이다. 바로 그 무렵 일본에게 패배를 안긴 적국 당나라의 정치 시스템을 도입하여 율령국가를 수립하고자 했던 국가 존립의 방법론적 경험은 시대를 초월해서 20세기 중반 세계대전에 패배한 후 구미형 민주국가 수립을 위해 매진하는 과정에서도 재현되었다.

2) '원구'의 기억과 무가에 대한 신뢰

민족적 무공담이 국가권력에 대한 신뢰의 원천으로 작용한 사실은 무가정권 성장기에도 그대로 드러난다. '신공 황후 삼한정벌'을 중세사회에 전해준 『태평기』는 중세 무사에 의한 '제2의 민족적 무공담'에 관해서도 아래와 같은 기사를 후대인들에게 남겼다.

이적(異賊) 내습에 대한 방비를 견고히 했다. 그리하여 온 천하가 모두 그 분부

(彼下知)에 따르지 않는 곳이 없고, 나라 밖까지 모두가 그 권세에 복종하지 않는 자가 없었다(『太平記』第一卷「後醍醐天皇御治世事付武家繁昌事」).

그다지 내용이 자세하진 않지만 원구(元寇) 침략 때 가마쿠라막부가 쌓은 무공이 대내외적으로 무가정권에 대한 신뢰의 기초가 된 점을 기술한 것으로 보인다.[69] 인용문 가운데 "그 분부"의 "그(彼)"란 미나모토 요리토모의 장인 호조 도키마사(北条時政) 이후의 호조씨 7대를 가리킨다.[70]

이어서 『태평기』는 "정치가 무가로부터 나와서 그 덕이 궁민(窮民)을 위무하기에 족했다"라고 덧붙인다. 무가정권이 단순히 이국의 침략을 막아낸 정도로 교만하지 않고 "인은(仁恩)"에 기초한 무민정치(撫民政治)를 베풂으로써 '유교핵(儒教核) 정치문화'의 실천에도 유의했음을 주목한 것이다. 또 조막 관계에 관해 『태평기』는 공무 결합, 조막 화융의 입장에 서서 조큐의 난 이후 교토 조정의 친왕 또는 5섭가(五攝家)로부터[71] "이세안민(理世安民)의 그릇"에[72] 적합한 인물을 가마쿠라로 내려 보냈고, "무신"들이 그를 정이대장군(征夷大将軍, 쇼군)으로 받들어서 따르게 되었다고 설명한다. 여기에도 유교적인 안민(安民)의 정도(政道)가 강조되고 있음을 알 수 있다.

'원구'는 한족(漢族)을 물리치고 후계 중화왕조의 자리를 차지한 원(元) 제국과 거기에 복속당한 주변 왕조인 고려 왕조의 연합군이 또 다른 주변 왕조인 일본국을 1274년, 1281년 2회에 걸쳐 공격한 전쟁을 일컫는 말이다. 일본사에서는 '몽고습래(蒙古襲來)'라고도 불리며 규슈 북부가 전장이 되었다. 일본의 지세적인 위치, 그리고 인적 사회규모 등이 중화왕조와의 종주(宗主) 관

---

69) 원구(元寇): 1274년, 1281년 2회에 걸친 몽골의 일본 침략.

70) 호조 도키마사(北条時政, 1138~1215): 요리토모 사후 호조씨 권력의 기초를 세움.

71) 5섭가(五攝家): 후지와라가를 필두로 하여 섭정·관백을 배출한 다섯 가문에 대한 총칭.

72) 이세안민(理世安民): 세상을 다스리고 백성을 편안하게 함.

계를 선택 가능한 입장이 되게 해주었다. 아예 선택이 불가능했던 고려와는 이 점에서 차이가 날 수밖에 없었고, 근대에 이르기까지 중화에 대한 사대 의식에도 자연히 낙차가 존재했다.

다만 원구 침략에 즈음해서도 대 조선관이 반드시 적대적이진 않았다. 결국 보내지 않은 답서의[73] 서안(書案)으로 조정이 준비했던 문건에는 몽골과 고려를 분리하여 고려에 대해 일본인 송환에 감사한다는 표현이 들어 있었다고 한다. 그래도 전란이 수습된 후 일본의 민간에서는 아이들이 성화를 부리면 "무쿠리(몽고)·고쿠리(고려) 귀신 온다"라고 겁을 주었다. 원구 침략을 겪은 결과 동아시아 세계 내부로부터의 재공격에 대비하여 일본은 해방체제(海防體制)를 진척시켰고, 대륙의 경우도 일본의 무위를 깨닫고 복수를 경계하는 일본강국관(日本强國觀)이 배태되었다.

또한 일본에서는 무사(無事)를 보장해주는 무가에 대한 신뢰감이 증폭되어 그 후 공무 결합형 국가의 원형적인 모습에 다가가게 된다. 침략을 당한 당시는 상황·천황이 하나가 되어 이국 저주 기원, 대반야경 독송에 전념했고 귀족, 승려들도 승리와 평안을 위한 각종 기원에 여념이 없었다. 천황을 비롯한 조정과 사사가 국가적 중대사를 위해 기도를 올리고 무가가 병장기를 들고 직접 나가싸운다고 하는 중세, 근세를 관류하는 무가위임형 공무일체(公武一體) 방식이 원구의 경험을 통해 뚜렷이 모습을 드러낸 것이다.

3) '가라이리'와 '분로쿠·게이초노에키'의 기억

명치 이전의 일본사에서 민족적 무공담에 포함되는 또 한 가지 사건이 임진전쟁이다. 이에 관한 자세한 검토는 다음 장으로 미루고 우선 여기선 민족

---

73) 본문의 "답서"는 1271년 진도의 삼별초가 가마쿠라막부에 구원을 청했으나 조정·막부 모두 묵살한 일을 가리키는 것으로 보임.

적 무공담으로서 성격에 관해 논해보기로 하자. 7년간의 임진전쟁에서 '분로쿠노에키(文禄の役)'라 불리는 제1차 침략은 1592년 시작되어 이듬해 일단 휴전 상태에 접어든다. '게이초노에키(慶長の役)'라 불리는 제2차 침략은 1597년 시작되어 그 이듬해 히데요시의 죽음과 일본군의 철수로 막을 내린다. 그런데 3년여에 걸친 휴전 기간 동안 동아시아 법문명권 내에서 일본의 위치에 질적인 변화가 생겼다. 다시 말해서 이 시기 일본이 후계 중화왕조에 대한 입공국(入貢國)으로서 입장의 폐기를 선언한 것이다. 강화교섭의 결렬은 이렇게 큰 의미를 내포하고 있었다.

다이코(太閤)[74] 히데요시의 '가라이리(唐入り)'는[75] '신공 황후 삼한정벌'이나 원구의 기억과는 그 의미와 후대에 남긴 교훈이 달랐다. 히데요시는 전쟁 개시를 명하고 그 후의 군령(軍令)도 정확히 하달했다(中野等, 2006). 하지만 이 전쟁으로 말미암아 히데요시 병사 후에 다이묘 간 내분이 야기되었고 결국 정권 자체가 붕괴했다.

오다 노부나가와 도요토미 히데요시의 일대기인『노부나가공기(信長公記)』,『다이코기(太閤記)』는 둘 다 살아생전 엄청난 명성을 얻었으나 결국은 멸망하고만 인물 또는 집안에 관한 역사기록이다. 그중 조선 침략전쟁의 이미지를 근세사회에 널리 정착시킨 것은『다이코기』쪽이었다. 히데요시 생전부터 그 생애를 묘사한 기록들이 있었는데『다이코기』란 제명으로는 그의 사후 오타 규이치(太田牛一, 1527~?), 가와즈미 사부로에몬(川角三郎右衛門, 생몰 불명) 등에 의해 몇 종이 저술되었다.

그중 가나자와번(金澤藩) 2대 번주(藩主) 마에다 도시쓰네(前田利常, 1594~1658) 휘하의 유학자 오제 호안(小瀬甫庵, 1564~1640?)이 펴낸『다이코기』는

---

74) 다이코(太閤): 관백을 자식에게 물려준 후 임명되는 직위로, 특히 히데요시에 대한 칭호로 사용됨.
75) 가라이리(唐入り): 임진전쟁을 일컫는 일본사의 역사 용어.

단순히 도요토미 정권의 성쇠에 대한 기록물이 아니었다. 특히 제20권 「여덟 가지 이야기(八物語)」는 "국가의 치세에 기둥이 될 여덟 가지 이야기가 있다", "이 여덟 가지는 천하를 지탱하는 보검이다"라는 의미를 담은 제명이다(『太閤記』). 핵심은 국왕이 스스로 경계해야 할 일들을 "유학의 실리(實理)"로써 설파한 정도론이었다. 그 하나는 현인을 등용하여 잘 부릴 것, 둘은 소인배를 멀리하고 사심(私心)을 없앨 것, 셋은 유학의 가르침을 힘껏 실행할 것, 넷은 군법을 잘 이해하여 좋은 지휘자를 등용할 것, 다섯은 천하 국가의 형세를 자세히 살펴서 장기적으로 자손의 번영을 도모할 것, 여섯은 천하 병란의 조짐에 주의할 것, 일곱은 "환과고독(鰥寡孤独)" — 제2장에 설명 — 에 대한 구휼을 아끼지 말 것, 마지막 여덟은 "본선지미(本善之美)"를 추구하여 흔들리지 말 것이란 내용이며,[76] 이상 하나하나에 대해 구체적인 방법과 마음가짐을 논하고 있다. 일종의 전쟁소설이라 할 수 있는 『다이코기』가 유교적 정치문화를 제창하는 책자로 보기 좋게 변신한 것이다.

---

76) 본선지미(本善之美): 선하고 아름다운 본성을 의미하는 것으로 보임.

제4장

임진전쟁과 이베리아 임팩트

1. 동아시아 세계의 재서열화와 근세 일본

1) 서로 다른 팽창 지향성과 권역 내 동란

여기서는 막번체제에 깊이 각인된 이베리아 임팩트에 관해 생각해보고 싶다. 현재도 그러하듯이 이베리아반도에는 스페인 ─ 에스파냐 ─ 과 포르투 갈 두 나라가 있다. 내부에 이슬람 왕조가 존재한 때도 있긴 했으나 대체로 서양 법문명권의 고전고대를 원천으로 하는 하나의 권역으로서 발전해왔다. 두 나라는 일본이 근대화 시기에 겪은 웨스턴 임팩트와는 성격을 달리하는 강한 압력을 '근세화' 시기 일본열도에 가했다. 그 압력을 '이베리아 임팩트' 라 부르기로 하자. 그리고 위와 같은 요건까지 시야에 포함해서 일본열도가 경험한 근세로부터 근대로의 흐름을 조감해보기로 하자.

정치문화를 중심에 두고 보면 민본주의·교유주의(敎諭主義)의 군주제 지 배를 원칙으로 한 동아시아 법문명권은 고대, 중세보다 더 강한 기세로 '근 세화'하는 일본을 스스로와 동일한 색깔로 물들여왔다. 물론 이 법문명권에 도 인접한 지역이나 바다 건너에 대해 주로 무력으로 내습하는 팽창 지향성은 존재했다. 하지만 서양 법문명권의 경우는 무력 정복과 기독교 포교를 앞세웠고 원격지 원정에 의한 세력 이식도 두려워하지 않았다. 이 시대 그들이 행한 포교는 자신들의 고유한 신(神) 관념에 기초하여 정치·종교 미분리의 정치사상을 외부 세계에 강제한 행위에 다름 아니었다.

보다 넓은 시각에서 보면 16세기 후반 동아시아는 권역 내부에서 잉태된 두 개의 힘과 먼 바닷길을 건너온 서양 법문명권의 힘이라는 세 가지 위험 인자를 내포하고 있었다. 그것들은 동이(東夷) 일본, 북적(北狄) 만주의 여진족, 그리고 남만(南蠻) 유럽의 이베리아반도 양국과 영국 및 네덜란드이며, 세 인자의 발동에는 각기 시기적인 차이가 있었다.

이 시기 서양 세계는 기독교 포교와 세계 지배를 국시(國是)로 삼은 이베리아반도의 스페인, 포르투갈 두 세력을 중심으로 소위 대항해시대를 펼쳐 가고 있었다.[1] 양국은 통상에도 종사했지만 그것은 아직 역내의 약속 지점에서 원격지 상인들이 만나 교역을 행하는 정도에 불과했다. 그들에게 아시아 진출은 당시 유럽인들이 선호한 향신료 입수를 위해서였지 처음부터 총포나 서양 산물의 상업적 교역을 노린 것은 아니었다.

로마 교황을 배경으로 한 이베리아 양국의 포교를 앞세운 정복 욕구는 전 세계로 향했다. 그 힘은 동남아시아를 거쳐 이윽고 동아시아에까지 미쳤다. 하지만 고대부터 왕조 교체의 경험을 쌓아온 동아시아 법문명권에서는 아시아 남부나 라틴아메리카처럼 정복 욕구가 손쉽게 달성되지 않았다. 서양 법문명의 힘은 동아시아 세계 가장자리에서의 교역 및 포교를 위한 기지 취득이나 일본에서의 신도 획득에 머물렀다. 마카오와 히라도(平戸)는 거류 허가 지역이었을 뿐 식민지가 아니었다.[2] 19세기 중엽 아편전쟁 때까지 마카오

---

1) 당시 이베리아 양국의 국시는 1494년의 토르데시리어스조약(스페인어 Tratado de Tordesillas)에 의거하여 교황자오선(教皇子午線)을 기준으로 양국이 세계를 분할 지배한다는 '데마르카시온(Demarcacion, 세계 분할)'이었다—지은이 주.

는 중국이 관리하는 거류지였다. 중화왕조와 그 주변 왕조들이 펼친 흥망과 교체의 역사가 켜켜이 중첩된 동아시아는 외부 세력이 잠시 뒤흔들 수는 있었으나 국가의 골격까지 무너뜨리진 못했다. 다만 동인도회사를 만들어 각지에 상관을 경영한 네덜란드, 영국에 비해서 루손·고아 등지에 식민지 정부인 총독부를 설치한 이베리아 세력은 보다 강력한 힘을 미칠 수 있었다.

16세기 말부터 17세기 중엽에 걸친 동아시아의 대변동은 동아시아 세계의 내부 소요에 의해 촉발되었다. 후계 중화왕조에 대해 입공(入貢)을 중단한 일본과 입공을 거부한 만주국이[3] 동아시아 법문명권의 정치적 최상위인 '중화 황제' 자리를 노리고 침략 행동을 감행했다. 그 결과 동아시아 법문명권은 후계 중화왕조의 붕괴를 비롯해서 주변 제 왕조의 위치가 큰 동요를 겪었다. '동이'와 '북적'의 중화 침략을 노린 전쟁은 일본과 중국·조선 사이에 임진전쟁,[4] 여진족이 세운 나라 금(金)에 의한 조선·중국 침략으로 전개되어 동아시아 세계의 재(再)서열화를 압박했다.

2) 재서열화의 방향

원래 통일된 중국은 동아시아 고전고대를 계승하는 중심성을 인정받긴 했지만 고전고대와는 다른 후계 중화왕조이다. 그 중화를 이어받은 명에서 숭정제(崇禎帝, 재위 1610~1644)를 자살에 이르게 하고 대순국(大順國)이라는 새 왕조를 선포한 농민반란 지도자 이자성(李自成, 1606~1645)에 의한 내부 혁명 후에 '화이변태(華夷變態)'의 재서열화가 본격적으로 진행된 것이 동아

---

2) 히라도(平戶): 현재의 나가사키현 히라도시(平戶市), 에도시대 초기 영국, 네덜란드의 상관(商館)이 있었음.

3) 만주국의 입공 거부는 쇠약해진 명(明)이 '이(夷)'인 여진족에 대해 '화(華)'로서 역할을 제대로 해주지 못한다는 불만을 명분으로 함—지은이 주.

4) 임진전쟁(壬辰戰爭): 일본의 조선 침략에서 시작된 7년간 전쟁의 총칭—지은이 주.

시아 세계의 첫 번째 변동이다. 1644년 청이 이자성을 물리치고 북경으로 천도함으로써 명청교체(明淸交替)가 시작된다. 1646년 복주(福州, 복건성)를 기반으로 명의 재건을 꾀하던 당왕(唐王) 융무제(隆武帝, 재위 1645~1646) 정권이 멸망했다. 그 정보를 입수한 에도막부의 쇼군은 당왕 정권에 대해 원군 파견을 계획하는 한편으로 다이묘들에게 해방(海防) 강화를 명하여 청의 일본 침략에 대비했다.

두 번째 변동은 조선 왕조가 청과 책봉·조공 관계를 맺게 된 일이다. 금의 2대 황제에 즉위하여 청으로 국호를 바꾼 홍타이지(皇太極) 태종(太宗, 재위 1626~1643)은 1636년 10만의 군세를 이끌고 압록강을 넘어 조선에 침입했다. 16대 조선국왕 인조(仁祖, 재위 1623~1649)는 강화도로 피신하려 했으나 남한산성에서 농성 끝에 항복했다. 인조는 홍타이지에게 삼궤구고두례(三跪九叩頭禮)와 청조에 대한 신종(臣從)을 강요당했다.[5] 이리하여 후계 중화인 청조와 조선 왕조 사이에 책봉·조공 관계가 확립된 것이다.

세 번째로는 류큐(琉球) 왕조에서도 17세기 중엽 명에서 청으로 책봉·조공 관계가 전환된다. 1609년 일본 시마즈씨(島津氏)의 류큐 침공은 임진전쟁의 연장선상에서 일어났다.[6] 히데요시의 '조선출병' 당시 시마즈씨가 군량미와 축성에 필요한 노역 지원을 류큐에 요청했으나 거부당한 일을 이에야스로부터 침공 허가를 받는 주요 명분으로 활용했기 때문이다. 1649년 청은 류큐에 조공을 강요함으로써 일본 쇼군의 경계심을 자극했다. 하지만 이때 일본은 청과 류큐의 종속(宗屬) 관계를 인정하면서 이면으로 시마즈씨를 통해 류큐를 실효적으로 지배하는 길을 선택했다. 그 후 류큐는 일본에 대해서는 책봉·조공 관계가 아닌 이국성(異國性)을 띤 하위 국가, 시마즈씨로서는

---

5) 삼궤구고두례(三跪九叩頭禮): 청 황제를 알현할 때의 의식. 양 무릎을 꿇고 양 손을 땅에 대어 이마를 3회 땅에 조아린 후 일어서는 동작을 3회 반복함.

6) 시즈마씨(島津氏): 규슈 남단 사쓰마번(薩摩藩)의 번주 가문.

실효적인 지배권역, 청에 대해서는 조공 국가라는 위치에 서게 되었다. 이러한 재서열화의 결과 일본에 대한 종속성이 심화되었지만 그 후로도 류큐는 내적 자율의 역량과 가능성을 계속적으로 추구했다.

한편으로 일본열도에서는 도요토미 정권이 붕괴하고 도쿠가와 정권이 새로 성립한다. 도쿠가와 이에야스는 조선과 류큐 루트를 통해 중국과의 관계 복구를 시도했으나(紙屋敦之, 1990b), 성공하지 못했다. 따라서 재서열화 후의 동아시아 법문명권에서 일본의 최종적인 위치는 후계 중화왕조에 대한 비입공(非入貢)으로 굳어지게 된다. 이런 상황에서도 당시 일본이 필요로 한 중국 물품을 입수하기 위해 정경분리 형태의 당인무역(唐人貿易)이 이루어졌고, 또한 대체 방안으로써 주인선무역(朱印船貿易)이 확대되었다.7)

당인무역은 원래 화이변태의 여파로 발생한 항청복명운동(抗淸復明運動)의 일환이었다. 항청복명을 추진하던 세력의 병기·병력·군자금 지원 요청인 "걸사(乞師)"에 부응해서 시작되었으나 무역액은 그다지 커지 않았다. 임진 전쟁의 후유증으로 감합무역 재개가 어려워진 후에 만약 당인무역이 일본의 수요를 제대로 충족시켰다면 주인선무역은 그리 융성하지 못했을 것이다. 주인선무역이 활발했던 이유는 일본이 동아시아 화이질서로부터 이탈함으로써 중화와 주변 제국 간 교류에 수반된 감합무역에서 배제되었고, 필요한 물자의 수급을 위해 별도의 무역 방식이 절실했던 때문이다. 류큐를 통한 중국 물산 수입으로도 수요를 온전히 충족할 수 없었다. 그런 까닭에 주인선무역을 통해 중국산 '백사(白糸, 生糸)'를 확보하고자 한 것이다.

---

7) 주인선무역(朱印船貿易): 주로 에도시대 초기 막부의 도항 허가문서인 주인장(朱印狀)을 지참한 선박을 이용한 동남아 무역을 가리킴.

3) 화이 세계와 비입공, 비적례

중세에 비해 근세 일본은 동아시아 화이(華夷)질서로부터 배제당하는 방향으로 나아갔다. 당인무역을 통한 비공식적 교역이나 표류민 송환 같은 왕래가 있었지만 국가 관계라는 측면에서는 명말 이래 청조에 대해서도 비입공 왕조로 자리 잡았다. 1596년 임진전쟁 휴전기에 책봉을 위해 파견된 명의 강화 교섭 사절을 그냥 돌려보낸 것이 그 시발점이었다. 그리고 책봉관계에서 배제된 후로는 '일본형 화이질서'가 대항적으로 부상하게 된다(荒野泰典, 1988).

배제를 수반한 상호 불균형의 관계는 근세 일본과 후기 조선 왕조 사이에도 나타났다. 근세의 조일 관계는 쌍방향적인 대등한 관계가 아니었다. 조일 관계가 한정적이었다는 것은 쓰시마번(對馬藩) 관리의 부산 왜관 상주를 통해서도 알 수 있다. 중세까지의 한성 왜관은 폐쇄되었으며, 근세 왜관은 쓰시마번을 위해 조선 측이 자재를 들여 건설했다. 조선국으로부터는 임진전쟁 후 처음 얼마간 회답겸쇄환사(回答兼刷還使)가 내일(來日)했고, 이윽고 신의를 나누는 통신사가 파견되었다. 그러나 근세의 조일 관계는 쌍방향적인 대등한 우호 관계로까지 발전하지 못했다. 조선국으로부터만 통신사가 파견되는 단(單)방향적 관계였으며 따라서 대등하지 않은 비(非)적례의 국가관계에 머물렀다.

유독 일본만 주변 왕조로서 소규모 화이질서를 창출한 것은 아니었다. 조선국은 일본 왕조와 쓰시마 소씨(宗氏)가 같은 등급이라고 보지 않았다. 소씨는 "대마도주(對馬島主)"에 지나지 않았으며 중세 이래의 관계에 입각한 "기미(羈縻)"의 대상, 다시 말해 조선에게 패악을 부리는 일을 미연에 방지하기 위해 선물을 안겨서 회유해야 할 상대일 뿐이었다. 사실 소씨는 근세의 전 시기를 통해 조선국왕으로부터 "세견미(歲遣米)"를 하사받았고 급여액을 늘리기 위한 교섭에 치중했다. 그러므로 쓰시마번 입장에서는 '선린우호'라 해도 조·일 두 왕조 차원에서 보면 단방향의 비적례 관계였다.

류큐로부터는 처음에 사은사(謝恩使)가 왔고 그 후로는 막부 쇼군의 취임을 축하하는 경하사(慶賀使)가 그때그때 내일했다. 조선통신사, 류큐의 경하사는 동아시아 세계에서 일본 쇼군이 왕권자(王權者)로 인정받았음을 전제로 한다. 그러한 경향은 류큐 경하사에서 보듯이 18세기 들어 오히려 강해졌다. 류큐 사절에 대해서는 항상 사쓰마 번주 시마즈씨의 의도가 작용했고, 결국 "에도노보리(江戸登り)"가 관행화되었다(紙屋敦之, 1990a).[8] 이런 관계도 마찬가지로 동아시아의 재서열화가 진전되면서 생긴 일이다.

반세기 이상에 걸쳐 동아시아의 재서열화를 압박한 대동란(大動亂)은 한편으로 막대한 인적 피해를 초래했다. 일본군 침략에 의한 조선 인사(人士)의 살상, 일본군 병사의 상병(傷病), 이자성의 난에 수반된 살상, 금·청 군병에 의한 민병(民兵)·한족·조선인의 인적 피해 등 그 정확한 숫자는 알 수 없으나 사상자가 대개 200만~300만에 달했을 것으로 추정된다.

임진전쟁의 결과 '중화 황제'화의 욕구가 좌절되고 난세에서 치세로 전환한 일본은 '무사(無事)의 시대'에 적합한 백성 통치를 위해 민본·균산(均産)·태평 등을 중시하는 동아시아 법문명권의 유교적 정도론, 즉 민본주의와 교유주의에 입각한 군주제적 지배를 마치 마른 모래땅이 물을 흡수하듯이 중국, 조선으로부터 적극적으로 받아들였다. 왕권 자체의 정통성과는 의미가 다르지만 명분상의 정통성이 깊이 침윤함으로써 내실 면에서 고대, 중세보다 동아시아화가 현저히 진전된 것이다. 그리고 동시에 애초부터 반발적으로 일본의 독자성을 강하게 의식하고 긍지로 삼던 일본화의 기세도 더욱 증폭되어 가시적으로 나타났다.

---

8) 에도노보리(江戸登り): 사절이 에도까지 가서 쇼군을 배알하는 의례.

정치문화 측면에서 동아시아화가 현저해진 반면에, 임진전쟁의 부정적인 결말로써 후계 중화왕조인 명·청에 대한 비입공, 조선국에 대한 비적례의 관계도 감수해야만 했다. 그럼에도 불구하고 대동란에 따른 재서열화 이후 동아시아 동쪽의 제 왕조 사이에는 장기간에 걸친 비(非)전시 상태가 지속되었다. 그 배경은 아마 화이 왕조국가 간 힘의 균형이 지역을 감싼 데 있을 것이다. 동쪽만으로 한정지은 이유는 동아시아 법문명권 전역이 비전시 상태였다고 할 수는 없기 때문이다. 동아시아 세계의 서쪽에는 청조에 의해 대규모 살육을 수반한 무력 팽창이 진행되었다.

17~18세기 동아시아 법문명권은 공간－화이 관계－과 내실－정치문화 침투 및 인구 증가－양면에서 모두 크게 팽창했다. 후계 중화왕조는 청이 북경에 도성을 정한 것만으로도 만리장성을 넘어서 아득한 북방으로까지 팽창을 실현했다. 또 일본열도 동부에서는 남하해온 러시아에 대항하여 일본 왕조가 아이누의 에조지(蝦夷地) 사회에 대해 내국화 압력을 가했다.[9] 그 결과 마쓰마에씨(松前氏)를 앞세운 오시마반도(渡島半島) 지배에 그치지 않고 에조지 전역에 대해 쇼군의 직접 지배가 시작되었다.[10] 아이누의 제 부족은 당연히 저항했지만 그것을 억누르며 일본적 형질을 강하게 내포한 동아시아화가 에조지에서도 진행되었다. 이는 곧 일본화한 동아시아적 문명화의 내습이었다. 또한 보다 넓은 시야에서 보면 오랜 세월 독자성을 유지해온 부족집단 에조지 사회가 동아시아 법문명권 하의 한 왕조국가에 강제로 포섭된 것이며, 그런 의미에서 동아시아 법문명권의 확장으로 이해할 수 있다.

---

9) 에조치(蝦夷地): 홋카이도(北海道)에 대한 에도시대의 명칭.
10) 마쓰마에씨(松前氏): 홋카이도 최남단 마쓰마에(松前)를 거점으로 아이누를 지배한 번주 가문.

4) 법문명권 간의 접촉 방식

위와 같은 변화를 추동한 힘은 새로운 단계의 주권국가군으로 등장한 서양 법문명권의 동아시아 진출, 즉 웨스턴 임팩트로부터 유래했다. 일본의 에조지 진출은 러시아에 대한 우려가 발단이었지만 그 우려는 미·영·불 등 서구 세력에 대한 경계심과 표리를 이루며 증폭된 것이었다.

막말유신기(幕末維新期) 일본열도의 변용 과정을 정연한 논리로 설명하기란 쉽지 않다. 당시 일본은 비(非)가톨릭 세력과[11] 교체해서 다시 도래한 서양 법문명권 제국의 압력에 맞서서 동아시아 세계로부터 후원을 기대할 수 있는 입장 ― 화이사대(華夷事大) 또는 적례교린(敵禮交隣)의 관계 ― 이 아니었다. 그런 까닭에 오래도록 봉인해온 전국시대의 무공담 기억에 기초한 무국(武國)·무위(武威)라는 국가의 '얼굴'을 신속히 되찾고 또 증폭시켜야 했다. 그리고 다시금 '중화 황제'화의 방향을 통해 직면한 위기와 모순을 타개할 길을 더듬기 시작했다.

서양 법문명권은 이미 14세기경부터 기나긴 전쟁을 겪으며 치열한 전투와 강화교섭, 조약체결, 국가연맹의 방위체제 구축 등에 사활을 걸어 왔다. 이에 반해 동아시아 법문명권의 경우 17세기 후반부터 19세기 후반에 이르기까지 장기간에 걸쳐 비전시 상태를 지속해온 것은 역사상 분명한 사실이다. 이러한 양자의 차이가 19세기 들어 두 문명권이 마주친 장에서 주권국가군과 화이의 왕조국가군 사이에 서로 동조할 수 없는 접촉이라는 사태를 야기했다. 필자의 사견으로는 국제관계에 대해 의식의 격차가 큰 이 두 국가군 간의 충돌과 부조화가 일본이 근대화에 즈음하여 "도막(倒幕, 무력으로 막부를 무너뜨림)"을 택하는 결과를 빚은 것으로 사료된다. 이 점에 관해서는 제10장

---

11) 본문의 "비(非)가톨릭 세력"은 주로 네덜란드를 가리킴.

에서 재론할 것이다.

이상과 같은 필자의 이해는 스스로 판단컨대 대체로 타당하지 않을까 생각된다. 다만 간과해서 안 될 문제점은 '근세화' 과정에서 종(種)이 다른 법문명 간의 접촉, 간섭, 충돌에 관한 고찰에 약점이 보인다는 점이다. 간단히 논하자면 이는 일본 '근세화'에 미친 동아시아와 유럽의 영향을 각기 별개의 국면으로 파악했을 뿐 양자를 관련짓지 못했다는 점에 대한 자성이다.

일본 '근세화'는 대량으로 유입된 동아시아 법문명의 정치문화를 되새김질하며 그것을 통치를 위한 정도론으로 활용했다. 그러나 근세 일본을 규정하고 막번체제에 중요한 요소를 각인한 것은 동아시아 문화만이 아니었다. 일본사에서는 유럽인의 내항, 철포(鐵砲, 화승총·조총), 기독교, 남만문화(南蛮文化) 등과 같은 사항들을 꽤 비중 있게 다룬다. 또한 어떤 역사서든 전국시대의 종식에 철포가 수행한 역할에 관해 논하고 있다. 필자가 앞부분에서 서술한 개관적 내용 속에도 그러한 요소들이 담겨 있다. 허나 아시아와 유럽 양자의 힘이 어떤 상호 작용을 통해 일본사의 전개에 영향을 미쳤는가라는 점은 전혀 언급하지 못했다. 과거에도 필자는 이런 스스로의 문제점을 지적한 바 있다(深谷克己, 2010).

현재로서는 동아시아 법문명 세력과 서양 법문명 세력, 이 양자가 일본 '근세화'라는 특정한 국지적 상황에서 조우하여 어떤 식의 상호 관계를 맺었는지 규명할 필요가 있을 것이다. 대략적으로 보면 서양 법문명은 근대화 단계의 웨스턴 임팩트와는 규모와 방법이 다른 이베리아 임팩트를 '근세화' 과정의 일본에 가했다. 이에 대한 당대 일본의 반응은 이베리아 양국을 향한 직접적인 반격이 아니라 동아시아 법문명권의 중추에 대한 '중화 황제'화 욕구의 급속한 팽창으로 나타났다.

2. 이베리아 임팩트와 임진전쟁

1) 서양이라는 또 하나의 조건

일본사는 '근세화'의 입구에서 한번, 그 출구이자 '근대화'의 초입에서 한
번, 전부 2회에 걸쳐 서양 법문명권으로부터 모험을 감행해온 국가적 세력
과 조우하며 강한 긴장관계를 경험했다.

그 첫째가 이베리아 임팩트이고 둘째가 웨스턴 임팩트이다. 그것들은 동
일한 계통이었으나 규모, 의도 면에서 종별(種別)에 차이가 있었다. 또한 단
순한 조우가 아니라 일본 측이 커다란 사회적, 정치적 압력을 감내해야 했다
는 점에서 일본에게는 '임팩트'로 받아들여졌다. '임팩트'란 일시적인 충격에
그치지 않고 그것을 받은 사회에 유산으로서 깊은 흔적을 남겼을 때 그렇게
부를 수 있다. 물론 긍정적인 의미로서의 자산만이 아니라 부정적인 상흔도
역시 유산이다. 근세 일본사는 이 2회의 임팩트 사이에 긴 역사라고도 할 수
있다. 이런 외적 임팩트의 경험은 동아시아 법문명권 동단(東端)에 위치한 일
본의 강박 관념과 안전 원망을 고찰하는 데 대단히 중요하다. 그리고 2회 모
두 일본 측의 반응은 동아시아 법문명권을 향한 동일한 욕구로 급팽창했다.

'동일한 욕구'라 한 것은 동아시아 법문명권 내부의 정치적 최상위 자리를
탈취하려는 '중화 황제'화의 원망이다. 두 번째 임팩트인 근대화 과정의 경
우 일본 내에는 양이론(攘夷論)이 격화했다. 유럽 세계로부터 압력이 드셌던
만큼, 유럽에 대한 양이론이 고조되었을 뿐만 아니라 "총무사(惣無事)"를 바
라는 강박 관념이 동아시아 세계의 중심화를 지향하는 공격적 욕구로 연동
되어갔다.[12] 이러한 점이 동아시아 동단의 주변 왕조 일본의 통폐(通弊)라고

---

12) 총무사(惣無事): 도요토미 히데요시가 전국 통일 단계에 발령한 사전(私戰) 정지 명령, 즉 사적
인 전투행위는 쌍방 모두 무력으로 정복하겠다는 정책에서 유래한 용어. 여기선 동아시아 세

도 할 만한 방어 반응이었다. 중국 동북부는 18세기 후반 에도막부의 에조지 조사 이후 "만주(滿州)"라는 지명으로 민간에 알려졌으나(勘定奉行松本秀持, 「建議書」). 그 후 식자들 사이에 회자된 세계론, 정략론을 통해 만주·몽고는 "당토(唐土)", "한토(漢土)"와 인접한 지역으로 인식되었다. 여하튼 일본에 대한 동아시아의 영향과 유럽의 영향은 일본 학계에서 지금껏 별개의 문제로 간주되어 각기 많은 연구가 축적되었으나 아직 양자의 관계 방식에 관한 깊은 종합적 인식에는 도달하지 못했다.

임진전쟁의 결과 '중화 황제'화 욕구가 차단되고, 히데요시 사후 도요토미 계열 다이묘인 이시다 미쓰나리(石田三成, 1560~1600)와 무단파(武斷派) 다이묘들[13] 사이의 강화교섭을 둘러싼 내분이 천하의 패권을 다툰 세키가하라 내전으로까지 전개된 끝에, 결국 에도를 중심으로 한 도쿠가와 정권이 탄생했다고 보는 것이 학계의 일반적인 인식이다. 즉, 임진전쟁은 근세국가 성립의 방향을 강력히 규정한 것이다. 주지하는 대로 임진전쟁의 주력 병기는 포르투갈인으로부터 처음 입수한 후 열도 전역에 급속히 확산된 일본산 철포였다. 이는 당시 유럽-일본, 동아시아-일본이라는 두 가지 관계의 연결성을 단적으로 보여주는 역사적 사실이다.

히데요시의 군사적 결단, 다시 말해서 임진전쟁의 개전 원인에 대해서는 공격 대상이 된 왕조를 군사적 약체인 "장수국(長袖國)"으로[14] 인식한 점이나 혹은, '한정 없는 군역' 동원을 통해 도요토미 정권의 구심력을 유지하려 했다는 등의 해석이 시도되어왔다. 물론 나름대로 타당한 견해들이긴 하지만 필자는 보다 넓은 시야에서 해답을 구해보고 싶다. 근년 들어 유럽과 동아시

계를 포괄한 '천하 무사(天下無事)'의 의미로 이해됨.

13) 본문의 "무단파 다이묘들"이란 가토 기요마사(加藤淸正), 후쿠시마 마사노리(福島政則), 구로다 나가마사(黑田長政) 등 7인의 다이묘를 가리킴.

14) 장수국(長袖國): 전투용 복장이 아닌 긴 소매 의복을 상용하는 문약한 명, 조선을 가리킴.

아의 상호 관계를 통해 임진전쟁의 목적을 재고찰한 새로운 연구도 나오기 시작했다(平川新, 2010a, 2010b).

1592년 5월 18일 자로 히데요시가 양아들인 관백(關白) 히데쓰구(豊臣秀次, 1568~1595)에게 내린 각서 25개 조는 "대당(大唐) 수도로 예려(叡慮, 천황)를 옮기겠다"는 내용을 담은 동아시아 삼국 분할지배 구상으로 유명하다(『近世朝幕関係法令史料集』). 그간 숱하게 많은 연구서들이 이를 히데요시의 공상 내지 망상에 찬 정복 구상이라고 설명해왔다. 그러나 개인, 집단이 항상 신분적인 상승욕구를 갖는 것과 마찬가지로 중화왕조, 후계 중화왕조의 주변에 위치한 제 왕조도 국가적 민족적 원망으로서 '중화 황제'화라는 잠재적인 욕구를 간직했으며 도요토미 정권 또한 예외가 아니었다. 이 책은 당시 일본의 경우 그것이 잠재된 욕구만으로 끝나지 않고 "천하인(天下人)" 히데요시가 개전을 결단할 만한 납득 가능한 동기가 존재했다는 인식 위에 서 있다.[15]

2) 천황 이동 요청과 천황의 의향

히데요시의 구상이 한갓 공상이 아니었음은 고요세이(後陽成) 천황에 대해 세운 북경행행계획(北京行幸計劃)을 통해서도 짐작할 수 있다. 천황의 북경 이동 계획을 천명한 것은 각서 25개 조 중 제18조이다.

一. 대당(大唐) 수도로 예려(叡慮)를 옮기겠으니 그 준비를 해야 한다. 내후년(1594년)에 행행할 것이다. 그런 후에 수도 주위의 10개 국을 (천황에게)진상하겠다. 그 안에서 공가중(公家衆, 조정 귀족들)에게도 빠짐없이 영지를 주겠다. 하급 공가는 (영지 규모를 현재보다)열 배로 늘리고 상급 공가는 각기 그

---

15) "천하인(天下人)"은 일본 전국의 권력을 장악한 인물이라는 의미의 역사 용어.

실정에 맞춰 영지를 정하겠다(「尊經閣古文書纂」『近世朝幕關係法令史料集』).

조문의 취지는 후계 중화왕조인 명의 도성 북경으로 고요세이 천황의 행행을 실행하겠다는 것이다. "10개 국", "열 배" 등은 대략적인 표현에 불과하다. 요컨대 북경 주변을 일본 조정의 직할지, 즉 기내(畿內)로 삼고 현재보다 훨씬 넓은 영지를 인정하겠다는 의미이다. 중화왕조가 직접 지배하는 땅으로 바다 건너 천황을 옮기겠다는 것은 천황가의 지난 역사로 보면 놀라울 만큼 황당한 계획이다. 바로 이런 점이 히데요시의 대륙 공략을 망상, 공상에 지나지 않는다고 해석하게 만든 근거 중 하나로 작용했다.

그러나 이 계획은 각서 25개 조에 포함된 것만으로 끝나지 않았다. 히데요시는 계획을 공표함과 동시에 천황 행행을 둘러싼 선례와 필요한 절차에 대한 조사를 조정의 상급 공가 층에 지시했다. 아래는 1592년 6월 7일 자 상급 공가중의 연판서(連判書) 가운데 일부이다. 문서를 발급한 마에다 겐이(前田玄以)는[16] 도요토미 정권의 5부교(五奉行) 중 한 사람으로,[17] 당시 교토쇼시다이(京都所司代)에 재임하며 조정과의 교섭을 담당했다.[18] 1588년 고요세이 천황의 주라쿠다이(聚樂第) 행행 때도 활약을 보인 인물이다.[19]

고려의 일이 낙착되어 다이코(太閤, 히데요시)께서 도해(渡海)하신다. 몸소 대당(大唐)으로 군세를 몰아서 평정하는 즉시 금상에게 대당을 진상할 터이니 내밀히 그 준비를 명하시라고 다이코가 금상께 말씀을 올렸다. 그러한즉 행행의식(行幸儀式) 등에 관한 각 집안의 기록을 작성하여 이달 20일까지 준비를 마

---

16) 마에다 겐이(前田玄以: 1539~1602): 사료 중 "민부경 법인(民部卿 法印)"은 그의 호이다.
17) 5부교(五奉行): 부교(奉行)는 무가의 직명으로, 정무를 분담해 한 부서를 지휘함. "5부교"는 히데요시 사망 직전에 아들 히데요리(秀賴)의 후계 체제를 공고히 하고자 임명한 5명의 부교.
18) 교토쇼시다이(京都所司代): 교토 시정과 사사(寺社) 관계를 전담한 막부의 직명.
19) 주라쿠다이(聚樂第): 도요토미 히데요시가 교토에 건축한 성곽 형식의 저택.

치라는 예려(叡慮, 천황의 뜻)이시다. 소생이 알리도록 덴소중(傳奏衆)을[20] 통해 칙정(勅定, 천황의 결정)이 있었으니 그 뜻을 명심하여 행여 방심하지 마시라. 삼가 말씀드린다.

6월 7일 민부경 법인(民部卿 法印)

겐이(玄以) (화압)

(「前田玄以廻状」『近世朝幕関係法令史料集』)

위 문서는 히데요시 자신의 대륙 도해를 위해서가 아닌 천황의 행행 절차에 관한 선례 조사를 가신을 통해 지시한 내용이다. 이에 대해 후시미노미야(伏見宮), 5섭가(五摂家) 이하, 다이나곤(大納言)·주나곤(中納言) 이하에 속하는 전체 46개 상급 공가가 수결을 두어 연서(連署)함으로써 지시를 수용했다.[21]

그러나 이런 일련의 움직임에 대해 고요세이 천황은 특별히 다이코 히데요시의 도해에 반대하는 의사를 문서로 전달했다. 이는 천황 자신의 행행을 거부하겠다는 간접적인 의사표명일 것이다. 여하튼 히데요시의 군사행동에 천황이 찬반을 표명한 것은 전례가 없던 일이다. 그 "신필(宸筆, 천자의 필적)"의 내용은 아래와 같다.

고려국으로의 하향(下向)은 험로와 파도를 이겨내야 하니 (다이코에게는)맞지 않은 일이다. 제졸(諸卒)을 보내는 것만으로 족하지 않겠는가. 조가(朝家, 조정)를 위해, 또 천하를 위해, 거듭거듭 출정을 삼가는 게 마땅하다. 먼 장래를 생각하여 이번 일을 중지한다면 각별히 기쁠 것이다. 자세한 것은 칙사가 전할

---

20) 덴소중(傳奏衆): 조정-막부 간 연락과 교섭을 위해 조정 측에 두어진 막부의 관직자들.

21) 후시미노미야(伏見宮)는 스코(崇光) 천황의 아들 요시히토(榮仁) 친왕을 시조로 한 가문이며, 5섭가는 섭정·관백을 배출하는 다섯 가문이다. 다이나곤(大納言)은 율령제하의 최고 행정기관인 태정관(太政官)의 관직명 중 하나이고, 주나곤(中納言)은 "다이나곤"과 동일하다.

것이다. 아무쪼록 부탁하노라.

다이코에게

(「宸翰榮華」『近世朝幕関係法令史料集』)

위와 같이 당시 히데요시의 대륙 진출 욕구는 천황의 중화왕조에 대한 행행까지 구체화시키려는 기세를 내포한 것이었다. 최근 학계에서는 각서 25개 조에 관해서도 그 진실성을 인정하는 입장에서 검토가 비로소 시작되었다(堀新, 2012).

망상, 공상이 아니라면 히데요시의 대륙 침략은 도대체 어떤 동기에서 자행된 것일까? 사실 임진전쟁의 원인을 둘러싼 논의는 제2차 세계대전 이전에 활발히 이루어졌다. 패전 후의 임진전쟁 연구는 도요토미정권론, 군량론, 군사적 전개 등을 중심으로 치밀하게 진행되었다. 하지만 그 원인에 관한 논의는 오히려 배경으로 밀려나고 말았다. 임진전쟁의 광범위한 연구사 검토에 대해서는 기타지마 만지(北島万次)『도요토미 정권의 대외인식과 조선 침략(豊臣政権の対外認識と朝鮮侵略)』을 참조하기 바란다(北島万次, 1990). 이 책에서는 이베리아 임팩트와 임진전쟁의 관계를 중심으로 한 걸음 더 진전된 인식을 추구하고 싶다.

3) 삼국 분할 구상과 국가적 위기감

이베리아 임팩트와 임진전쟁의 유기적 연관성을 논한 히라카와 아라타(平川新)의 연구에 관해서는 앞서도 언급했다(平川新, 2010a, 2010b). 필자도 소론을 통해 히라카와의 연구 성과를 긍정적으로 논평한 바 있다(深谷克己, 2011).

통사적인 일본사는 흔히 전국시대 중반쯤에 '유럽인의 내항'이라는 단원을 설정하여 기독교와 철포 전래, 남만무역의 개시와 함께 전국 통일로 향하는 과정에 대해 기술한다. 그런데 이때의 유럽인은 '내항(來航)'했을 뿐 일본을 '내습(來襲)'한 존재가 아니다. 이런 유화적인 표현은 유럽의 대항해시대에 동아시아는 중남미와 같은 식민지화를 겪지 않았다는 고통의 차이, 그리고 난학(蘭学)·양학(洋学)에 관한 긍정적인 자세에서 유래한 것으로 사료된다.[22] 필자는 유럽이 '내습' 세력화할 수 없었던 이유를 고대 이래 동아시아 세계가 왕조 교체를 거듭하며 축적해온 총체적인 역량 덕분이라고 이해하고 있다.

하지만 '데마르카시온(Demarcacion, 세계 분할)'이란 용어로 널리 알려진 포르투갈, 스페인의 세계 분할 구상과 기독교 포교조직의 관계는 관련 연구사에 따르면 이미 의심할 여지가 없는 사실이다. 당시 종교개혁을 반대하던 가톨릭 세력의 종교적 패권주의가 공격적인 성향을 띤 점은 동아시아 세계에서도 예외가 아니었다. 세계를 구제하겠다는 욕망이 크면 클수록 무력을 앞세워서라도 기독교사회로의 전환을 강제하려는 정열 또한 드세졌다. 말하자면 정의감의 이면에 수반된 부정적 측면이다. 예수회는 일본사회를 알기 위해 『일포사서(日葡辞書)』까지 제작했다.[23] 그것은 포교를 위한 사명감의 발로였다. 그러나 다른 한편으로 로마 교황에게 충성을 맹세한 군대적 조직으로서 예수회는 그들이 당도한 사회를 정복하고 식민지화하겠다는 구상으로부터 한시도 벗어난 적이 없다. 이 점에 관해선 선교사의 군사계획을 극명히 밝혀낸 실증 연구가 있다(高瀬弘一郎, 1977). 그 무렵의 세계사에는 '문명'이 '미개'를 정복하는 행위가 악이라는 발상 자체가 아예 존재하지 않았던 것이다.

---

22) 난학(蘭学)은 에도시대 네덜란드어를 매개로 수입 유포된 서양의 자연과학, 군사 기술, 서양 지식에 대한 총칭이고, 양학(洋学)은 여기서는 난학과 구분하여 에도시대 말기 영어·프랑스어를 매개로 수입 유포된 군사과학, 식산흥업 기술, 인문학 및 사회과학의 총칭.

23) 『일포사서(日葡辞書)』: 무로마치시대 말기에 기독교 포교를 목적으로 예수회 선교사들에 의해 제작된 일본어-포르투갈어 사전. 1603년, 1604년에 간행됨.

16세기 동아시아 법문명권의 입장에서 대항해시대 이베리아 세력의 출현은 이질적인 초월 관념을 내재한 문명적 압력이었다. 그것은 두 세기 후 '만국공법(萬國公法) 주권국가군'의 상품교환주의를 앞세운 웨스턴 임팩트와는 명백히 구분되는 것이었다. 이베리아 임팩트를 임진전쟁의 발발 원인과 연계시킨 히라카와의 연구는 종전까지의 임진전쟁 원인론에 새로운 자극을 주었다. 하지만 그의 임진전쟁 원인론은 유럽 세력에 대한 일본의 저항이 결국 아시아 침략을 초래했다는 논리이다. 자계(自戒, 자국사에 대한 반성) 없이 이런 주장을 펼치면 '침략면죄론(侵略免罪論)'에 빈틈을 주게 된다. 그러나 지금까지 필자가 전개해온 '중화 황제'화 욕구론 역시 결과적으로 '조선 침략'을 애매하게 처리했다는 자괴감에서 벗어나기 어렵다. 그렇다면 사상(事象)의 전체상에 대한 과부족 없는 설명이야말로 역사학에 부과된 사회적 책임이라는 본연의 자세를 지켜나가야 할 것이다.

히라카와의 성과는 일찍이 다카세 고이치로(高瀨弘一郎)가 포교 집단의 유럽 원문서를 검토해서 제시한 극히 구체적인 실증 연구를 토대로 한 것이다. 그러면 다카세, 히라카와의 연구 성과에다 필자의 사견을 더하여 이베리아 임팩트와 임진전쟁을 관련지어 보자.

이베리아반도의 두 기독교 포교 집단은 특히 1580년대 일본에서의 포교 성과, 즉 기독교로 개종한 다이묘와 기리시탄[24] 민중의 증가라는 자신감을 기반으로 동아시아에 대해 무력정복 욕구를 증폭시켰다. 그것은 포교와 일체화된 선한 열의이긴 했지만 선의란 왕왕 상대를 무시한 지나친 신념이 되기도 한다.

동아시아에서 포르투갈, 스페인 양국의 데마르카시온은 우선 일본을 이베리아 세력 쪽으로 포섭한 연후에 후계 중화왕조를 향한 군사행동에 일본

---

24) 기리시탄(切支丹·吉利支丹): 에도시대 기독교인을 지칭한 역사 용어.

군을 동원하려는 구상으로 나타났다. 이런 아시아 정복 구상은 구체적인 군사계획이나 실천적 행동을 수반하지는 않았고 '언설' 단계에 머물렀다. 하지만 그 언설은 필리핀 총독으로부터 나온 의견이거나 마카오의 선교사가 필리핀 총독에게 보낸 제안이었으며, 민간 상인들의 일상적인 영업 또는 잡담 기사가 아니었다.

동아시아 세계에서는 혹여 '중화 황제'화를 노려 중원 침략을 결행하더라도 그것은 상대가 '중화'인 때문이었다. '중화'를 특별한 상위의 대국으로 우러르는 관념은 역내 제 왕조가 공유한 일종의 집합의식이었다. 그러나 이베리아 양국에게 그런 화이적 감정이 존재할 리 없었으니, 그들의 눈에 동아시아는 그저 광대한, 장차 기리시탄이 되어야 마땅할 선량한 양떼 대군(大群)으로 구성된 정치권에 지나지 않았다.

4) 동아시아 개종을 목표로 한 언설들

16세기 중엽부터 명나라 내 포르투갈인의 거류지가 된 주강(珠江) 하구의 마카오는 위와 같은 정보, 제안의 발신과 수신을 위한 중심지로서 역할을 수행했다. 그곳은 아직 식민지가 아니어서 지배권은 명조(明朝)에 있었고 치외법권도 인정되지 않았다. 마치 주인선무역이 활황을 보이던 시기 동남아시아 각지에 형성된 니혼마치(日本町)와 마찬가지로 교역 거점이었으며, 동시에 예수회의 동남아시아 포교를 위한 핵심이기도 했다.

마카오는 히라도, 나가사키 등 일본 내 포르투갈인 거류지와의 빈번한 교류를 통해 번창할 수 있었다. 일본에 체류한 예수회 선교사들은 당시 전국시대 후기의 열도 내 쟁란 상황에 대해서도 파악하고 있었으나 그에 대한 경계심, 적대감은 거의 갖지 않았다. 거꾸로 16세기 후반부터 동세기 말에 걸쳐 기독교로 개종(改宗)한 기리시탄 다이묘, 기리시탄 민중이 늘어나는 현황을 통해 포교 성과를 실감하고 있었다. 그런 와중에 어느 선교사는 일본열도의 전면적인 개종을 위해 군선, 대포, 병사 파견을 요청하는 서한을 마카오로 보냈다. 기독교도의 증가 속도를 보며 일본 지배의 가능성을 점친 배경에는 아마 중남미에서의 데마르카시온 경험이 작용했을 것이다. 또 그들에게 일본인 기리시탄들은 포교를 위한 중국 정복전쟁에서 우군이 되어줄 존재로 인식되었다.

임진전쟁에서 침략의 선봉을 맡은 기리시탄 다이묘 고니시 유키나가(小西行長, ?~1600)의 군단에는 조선 포교를 노린 예수회 선교사도 동행했다(上垣外, 1994). 만에 하나 동아시아 삼국에 대한 히데요시의 분할지배 구상이 실현되었다면 이 선교사는 명나라 포교까지 희망했을 것이다. 이 무렵 예수회에서는 스페인 국왕이 일본을 군사적으로 제압하면 호전적인 일본군의 도움을 받아 중국도 정복할 수 있다는 논의가 거듭되었다. 요컨대 중국을 목표로 삼은 일본정복론이다. 개중에는 일본인 기리시탄의 종군을 구상한 제언도 있었다.

히데요시의 정복 구상은 중국·조선만이 아니라 류큐·대만·루손을 포함한 동아시아, 동남아시아 전역에 걸쳤다. 이것은 히데요시의 계획이 동아시아 대륙에 대한 공격만으로 그치지 않았으며 이베리아 임팩트와의 관계를 염두에 두지 않으면 설명할 수 없다는 것을 의미한다. 천하인으로서 열도의 실권을 장악한 히데요시가 강행한 임진전쟁, 즉 조선 침략은 조선 인사(人士)들에게 막대한 희생을 강요했고 나아가서는 전과(戰果) 없는 철병과 도요토미 정권의 와해라는 결말을 초래했다. 이런 임진전쟁을 '(정권의)구심력 유지를 위한 군역 강제', '만년의 절대군주가 품은 과대망상' 등과 같은 일국사적 해석으로부터 해방시키기 위한 힌트는 멀리 동남아시아까지 내다본 무력시위였다고 이해하는 데 있다.

1587년 히데요시는 규슈 정벌을 성공리에 마친 후 하카타(博多)에서 바테렌추방령이라 불리는 5개 조의 금교령(禁敎令)을 선포한다.[25] 그 직전에 선교사들은 규슈 하코자키(箱崎)에서 그들 나라의 거대한 군선을 히데요시에게 보이며 포교에 미칠 긍정적인 효과를 기대했다. 하지만 오히려 경계심을 자극하여 금교령이 선포된 것이다. 바테렌추방령에는 기리시탄 민중보다도 선교사의 활동, 상급 영주들의 기독교 신앙, 특히 포교활동이 파괴적인 불교 배척 행위로까지 나타난 점 등을 히데요시가 문제시했음이 명확히 드러난다. 히데요시는 예수회의 군사적 능력과 기리시탄 다이묘 영지에서의 신사·불각 파괴 그리고 오무라씨(大村氏)의 토지 할양 등에 대해 일개 다이묘로서가 아닌 "국토"를 지배하는 천하인의 자세로 대응했다.[26] '주고쿠대회군(中國大回軍)'을[27] 감행했을 때의 군사(軍師) 구로다 간베이(黑田官兵衛, 1546~1604)가 기리시탄 다이묘였던 것처럼 오다 휘하의 일개 무장에 지나지 않던 과거의 입장과 천하인으로서 입장은 정치의식 면에서 전혀 달랐다고 할 수 있다.

이베리아 양국의 세계 식민지화 전략을 히데요시가 어느 정도 파악하고 있었는지는 명확히 논증할 수 없다. 그러나 천하 쟁란이라는 질풍노도의 시대를 끝까지 헤쳐나가서 정점에까지 뛰어오른 일본열도의 패권자 — 천하인 — 라는 그의 지난 경력을 감안하면, 규슈 정복전쟁 직후에 스스로 목격한 이국의 거대한 군선과 무기의 위력을 경계하지 않을 수 없었을 것이다. 주변 왕조로서 '중화 황제'화의 욕구는 잠재하고 있었으나 전국시대 백년이라는 일국사적 요인만을 가지고 대륙 침략 욕구, 삼국 분할 구상으로까지 확대시켜 해석하는 데는 상당한 무리가 있다. 그렇다면 이베리아 임팩트에 대한 반발을 포함해서 검토해야 할 것이다.

---

25) "바테렌"은 포르투갈어 'padre(師父·선교사)'에서 유래한 에도시대의 역사 용어.

26) 오무라씨(大村氏): 나가사키를 예수회에 기부한 오무라 스미타다(大村純忠)를 가리킴.

27) 주고쿠대회군(中國大回軍): 1582년 6월 주군 오다 노부나가의 비명횡사 급보를 접한 히데요시가 빗추(備中, 오카야마현 서부) 다카마쓰(高松)로부터 급거 교토로 회군한 사건.

이 책의 출발점은 정치문화론의 시각에서 동아시아 법문명권을 상정하고 이 법문명권의 내재적 논리에 입각하여 '근세화' 또는 '근대화'에 즈음한 일본이 한반도 및 중국 대륙에 자행한 공격적 사고와 행위를 해명하는 데 있다. 그리고 앞에서는 이베리아 임팩트라는 서양 법문명권의 힘이 가해진 경우도 일본의 반응은 동아시아적인 특성을 띤 욕구, 행동으로 나타났음을 지적했다.

기독교도의 수가 다이묘와 민중 양면에서 모두 증가한 일본, 그리고 예수회의 주요 정복 대상이 된 후계 중화왕조, 또 일본군에 동행하여 조선 포교를 노린 것으로 추측되는 예수회의 종군 선교사 등을 종합적으로 고려하면 동아시아 법문명권에 대해 이베리아 임팩트가 대대적으로 작용한 점은 부정할 수 없다. 그와 같은 의미에서 히라카와 연구가 지적한 대로 임진전쟁에 "동양으로부터의 반항과 도전"이란 측면이 있었음을 부인하기 어렵다. 하지만 결과적으로 한반도를 거쳐 중국의 도성을 탈취하려는 '동양 침략'을 선택해버린 - 일본열도의 안전이 위협 받을 때마다 동아시아에 대해 침략 충동을 노골화한 - 일본의 거의 지정학적인 '숙명'과 같은 행태에 대해 - '일본사의 깊은 죄'에 대해 - 필자는 깊은 아픔을 느끼지 않을 수 없다.[28] 다만 주지하다시피 실제로는 '중화'의 도성까지 도달하지 못하고 조선 침략과 중국 동북부 - 만주 - 에 대한 군사적, 정치적 전개에 머물렀다.

임진전쟁부터 17세기 중엽까지에 걸친 동아시아 대동란은 결국 후계 중화왕조의 교체, 즉 '화이변태'를 초래했다. 이는 이베리아 임팩트 때문이 아니라 동아시아 법문명권 내부의 화이 관계에 기인한 대변동이었다. 그 후 동아시아 법문명권은 수축되기는커녕 화이 관계의 공간도, 정치문화의 침투와

---

28) 본문의 이 부분은 한국사로서 대단히 민감한 내용이라고 판단했기에 최대한 신중을 기하기 위해 지은이 후카야(深谷) 선생에게 전자 메일로 일일이 진의를 확인하고 번역문을 작성했다. 특히 설명부호 안은 메일을 통해 확인해서 첨서한 사항임.

인구 증가라는 내실 면에서도 크게 팽창했다. 반면 이베리아 임팩트에 직접 반응하여 '중화 황제'화를 노린 군사 행동에 나섰던 일본은 반격 당했고, 후계 중화왕조인 청조에 대한 비(非)입공, 조선에 대한 비(非)적례 등을 통해 화이질서의 권역 밖으로 축출되었다. 근세 일본이 소규모 화이질서라는 갑옷으로 스스로를 감싼 원인도 이런 점과 연관될 것이다.

3. 이베리아 임팩트와 기리시탄 금제

1) 모든 지역, 모든 신분을 규제한 금교령

기독교 포교를 대의명분으로 삼아 세계 분할 지배를 노리던 포르투갈, 스페인이 동아시아에서는 영토로서의 식민지를 획득하지 못하고 밀려났다. 이베리아 양국의 데마르카시온 구상을 '내습'이 아닌 '내항'으로 변질시킨 것은 앞서도 논했듯이 고대 이래 동아시아 법문명권에 두텁게 축적된 '역사의 힘', 다시 말해서 흥망과 교체를 거듭해온 농밀한 제 왕조의 존재와 그 총체적인 반발력 덕분이었을 것이다.

'기리시탄 잇키(一揆)' 세력을 진압하기 위한 12만 군세의 규슈 시마바라(島原) 출진은 근세 일본에 이베리아 임팩트가 깊이 각인되었음을 명시적으로 보여주는 사례이다.[29] 그 후 근세사의 두드러진 특징 중 하나가 기리시탄 금제라는 사실은 누구도 부정할 수 없다. "슈몬아라타메(宗門改)"는 막번 체제의 전 기간을 통해 흔들림 없는 원칙으로 존속했다.[30] 이는 근세 일본

---

29) 기리시탄 잇키(一揆): 1637~1638년 규슈 서북부 시마바라(島原)·아마쿠사(天草)에서 발생한 기리시탄 민중과 지역 토호 중심의 대규모 소요. 금교령 강화 및 쇄국 단행의 계기로 작용함.

30) 슈몬아라타메(宗門改): 매년 슈몬닌베쓰초(宗門人別帳)에 자신이 소속한 불교 종파와 사찰을

이 서양 법문명권의 식민지가 되지는 않았으나 그 체제에 미친 규정성을 깊이 받아들인 증좌라 할 수 있다.

기리시탄 금제는 일본사의 자생적인 힘만으로 가능했던 게 아니다. 아래에 소개하는 대로 최초로 반포된 전국적인 금교령을 보면 동아시아 전역에 공통되는 논리에 의해 기독교를 물리치려 했음을 잘 알 수 있다. 더욱이 그 논리는 '근세화' 과정의 일본에 동아시아화와 일본화의 동시진행적인 각성을 촉구하는 내용이었다.

1613년 9월, 에도막부 2대 쇼군 도쿠가와 히데타다(德川秀忠, 1579~1632)는 한 해 전 도쿠가와씨 지배 지역에만 한정적으로 적용했던 금교 명령을 일거에 전국적인 금교령으로 확대 선포했다. 이것은 현직을 은퇴한 오고쇼(大御所) 이에야스의 결단에서 비롯되었다. 그러나 형식상으로는 쇼군 히데타다가 주인(朱印)을 찍고 "일본국의 모든 사람이 이 취지를 알고 지켜야 할 법도"로서 선포되었다. 물론 "법도"가 "일본국의 모든 사람"에게 바로 전달되었을 리는 없고 애초엔 멀리서 들리는 뇌성소리에 지나지 않았을 것이다. 하지만 차츰 국시(國是)처럼 되어 막부 대관(代官), 하타모토, 다이묘 등을 통해 민백성에 대한 강제 규정으로 변해갔다.

흔히 「바테렌 추방문(伴天連追放之文)」(이하 「추방령」)이라 불리는 이 전국 금교령은 이질적인 초월 관념과 그 포교 집단을 배제하기 위해 당대의 집권 세력이 어떤 식으로 이론을 무장했는지 파악할 수 있는 극히 흥미로운 소재이다. 원문은 한문인데, "하늘(乾)을 아비로 땅(坤)을 어미로 하여 사람은 그 중간에 생기하니 이에 삼재(三才, 천·지·인)가 정해진다"라는 천지인론(天地人論)으로 시작된다(「慶長十八龍集癸丑臘月日」附, 日本思想大系 25 『キリシタン書・排耶書』). 교토에 소재한 임제종(臨濟宗) 남선사(南禪寺)의 선승 곤치인 스덴(金地

기재하게 함으로써 기독교를 철저히 배제시킨 제도.

院 崇傳)이 기초했다.[31]

기리시탄 금교령에는 에도막부의 다른 금령(禁令)에 보이지 않는 큰 특징이 있다. 다른 금령들은 대개 신분법으로 백성·초닌(町人)·사분(土分), 다시 말해서 농민·도시민·무사의 각 신분을 제한한 법령 또는 교령(敎令)이었다. 또한 그 대부분은 막부 직할령이나 다이묘령으로 포고 지역을 한정했다. 그러나 기리시탄 금교령은 애초부터 전 지역, 전 신분을 대상으로 했다. 그런 의미로 보면 근세 일본에서 가장 구속성이 엄격한 '명에'였다. 예컨대 토지에 대한 규제, 연공(年貢) 제역(諸役)의 징수 등도 전국 일률적인 제도가 아니었다. 구니야쿠킨(國役金) 같은 전국적인 부담도 공가, 무가에게는 해당되지 않았다.[32] 하지만 기리시탄 금교령은 논리적으로는 천황, 쇼군에까지 적용되었다. 따라서 기독교 배제는 막번체제 수호를 위한 금령이었다고 할 수 있다.

그 시발점이 된 「추방령」에서 제일 먼저 눈에 띄는 것은 국가 혹은, 공의(公儀, 중앙 정권)로서의 입장을 분명히 내세운 점이다. "하늘의 명을 받아 일역(日域, 일본)을 통치하고 국가를 관장하니 비로소 풍년이 든다." 이 부분은 천하인, 즉 전 국토를 지배하는 자로서 도쿠가와씨의 자의식을 강렬히 표출하고 있다. 단순히 지배자로서의 자의식에만 그치지 않았다. "밖으론 오상(五常, 인의예지신)의 지극한 덕을 보이고, 안으론 일대(一大) 장교(藏敎, 석가의 교설)에 귀의한다. 이로써 나라가 풍요롭고 백성이 평안하다." 도쿠가와씨가 인의예지신을 체현하고 나아가서 불교의 가르침도 귀히 여기는 덕분에 부국안민이 이루어졌다 하여 유덕군주(有德君主)에 의한 안민사회(安民社會) 실현을 강조한 것이다.

---

31) 곤치인 스덴(金地院 崇傳, 以心崇傳, 1569~1633): 에도시대 초기 막부의 조정 및 사사(寺社) 정책 수립에 깊이 관여함.

32) 구니야쿠킨(國役金): 에도막부가 대규모 하천 개수 등을 명목으로 구니(國) 단위로 부과한 임시 부과금.

2) 동아시아의 총지력을 활용한 야소교 비판

"하늘의 명을 받아 일역을 통치하고 국가를 관장"한다는 부분에도 주의가
필요하다. 국가적 지배권을 보장하는 최고의 초월 관념이 바로 '하늘'인 것
이다. 이 점에 대해선 제8장에서 상세히 논할 예정이다. 「추방령」은 신(神),
불(佛) 등 가능한 모든 초월 관념을 일견 복잡하게 구사했지만 최상위에서
그것들 모두를 통합한 존재가 하늘이었다. 또한 "(기리시탄을)제압하지 않으
면 오히려 천벌(天譴)을 받을 것이다"라 하여 하늘이 최고의 제재력을 가진다
는 점을 전제하고, 기리시탄 금제가 동아시아 법문명권 보편의 '하늘(天)' 관
념에 입각한 것임을 재차 강조하고 있다.

「추방령」은 "일본은 원래부터 신국(神國)이다"라는 서두의 문장으로 인해
과거에는 일본을 과시하는 신국사상에 기초한 것으로 파악되기도 했다. 하
지만 이것은 바로 다음과 같은 문장으로 이어진다. "(만물의 근원인)음양을
가늠할 수 없으니(陰陽不測, 『易經』), 이름 하여 이를 신(神)이라 부른다. 성스
럽고 신령하기 그지없으니 누가 감히 존숭하지 않겠는가. 하물며 사람의 삶
하나하나가 음양의 감화를 받아서 이루어진다. 5체(五體)와 6진(六塵),[33] 기
거(起居)와 동정(動靜)이 잠시도 신으로부터 벗어나지 않는다. 신은 바깥에서
구할 게 아니라 이미 내게 충만하고 스스로 원성(圓成)해야 하는 것이니 바로
내가 신의 몸이다." 여기서 말하는 "신"이란 만인이 타고난 지정의(知情意)의
힘을 가리키며, 그러한 것들의 집합 장소를 '신국 일본'이라고 설파함으로써
기독교적인 인간관과 대치시켰다고 이해하는 편이 자연스럽다. 다시 말해서
사람을 만물의 영장으로 보는 인간관이다. 또한 『역경』을 전거로 삼은 점도
일본만으로 범위를 한정해서는 안 된다는 것을 시사해준다.

---

33) 6진(六塵): 마음을 어지럽히는 색(色)·성(聲)·향(香)·미(味)·촉(觸)·법(法) 여섯 가지 감각의
대상.

근세 일본이 기독교를 수용할 수 없었던 이유는 예수회와 이베리아 양국의 의도에 대한 경계심 때문만이 아니었다. 당시 일본의 종교 환경이 8종9종(八宗九宗)의[34] 불교에다 다신교, 신불 절충의 사회였으며 게다가 사적인 서약·맹약의 법까지 존재했기에 국가 질서의 붕괴를 우려하여 정치적 금압이 발동된 게 아닐까 생각한다. 단순히 '하늘'을 최상위에 두는 것과 '하늘'을 향해 귀일(歸一)하는 것은 다르다. 근세 일본은 신불 절충, 다신다불(多神多佛)의 사회였기 때문에 그 통합을 위해 '하늘'이라는 구심적인 초월 관념을 최상위에 두게 되었다고 이해하는 편이 정확할 것이다.

기리시탄 금제는 다른 많은 규제와 비교해서 극히 강력했다. 하지만 그것을 정치의 자의적인 강압이라고만 간주하는 것은 부정확하다. 「추방령」은 이질적인 종교에 대한 적개심을 고조시킬 뿐만 아니라 다른 한편에서 안민(安民)의 선정을 정치목표로 제시하고 있다. 그 의지는 "나라가 풍요롭고 백성이 평안하다", "신도·불법을 더욱 융성하게 하는 선정" 등의 문구를 통해 잘 드러난다.

'하늘(天)' 관념이나 안민, 선정 등을 강조한 점을 보면 「추방령」이 신도에만 일방적으로 의존하지 않고 유교를 중심으로 신도·불법을 포괄하는 구도를 취했음을 알 수 있다. 부연하자면 이때의 금교 선언은 순수 일본적인 것만이 아니라 동아시아 세계의 모든 지력(知力)을 기울인 이론으로 무장해서 이베리아 임팩트에 대항했다. 불교는 분명히 인도에서 유래했으나 일본에는 거의 한문 경전을 통해 전래되었다. 특히 천태(天台)·진언(眞言)·선(禪)·정토(淨土)·일련종(日蓮宗) 등은 중국산 내지 일본산 불교라 할 수 있다. 이것들이 기리시탄 금제에 총동원된 것이다.

금교 선언이 의미하는 바는 기리시탄 금제라는 목표를 위해 근세 일본의

---

34) 8종9종(八宗九宗): 천태종·진언종·정토종·정토진종 등 일본 불교를 대표하는 8~9개 종파.

동아시아화가 크게 촉진된 동시에 일본화에 대한 자각 또한 대폭적으로 강화되었다는 점이다. "일본은 신국, 불국으로 신을 존숭하고 부처를 공경하며 오직 인의의 도－유교－를 따라서 선악의 법도를 바로 잡는다. 죄를 범한 무리가 있으면 (중략)묵(墨)·의(劓)·비(剕)·궁(宮)·대벽(大辟)의 5형(五刑)에 처한다"라는 부분에도 일본적 의식과 동아시아적 의식이 혼재한다.[35]

「추방령」에서 거듭 언급된 "신"은 앞서도 논한 대로 『역경』의 "음양불측"이라는 심오한 세계관에 입각한 것이지 일본 신화에 등장하는 "팔백만(八百萬) 신"이 아니다. 그러나 한편으로 "일본", "일본국", "일역", "이조(異朝, 다른 왕조) 초월", "대일(大日)의 본국(本國)" 등 선언적인 어휘를 반복적으로 사용함으로써 일본 의식을 첨예하게 드러내고 그 의식화를 꾀했다.

3) 야소교에 대한 일본 불교의 대치 자세

기독교와의 만남 이후 일본 불교는 사단(寺檀)[36] 관계를 통해 단가(檀家)가 기독교 신도가 아님을 증명하는 "사청(寺請)"의 공무를 담당하게 되었고, 나아가서 선종을 필두로 하여 야소교(耶蘇敎) 배척의 사명감을 고취하는 종교로 변모했다. 즉, "일역의 정법(正法)"이라는 자기 인식을 심화해간 것이다. 이보다 약 40년 전에 법화종(法華宗)은 황명에 의거하여 교토로부터 선교사 추방을 획책하고 실행에 옮긴 적이 있다(村井早苗, 1987). 명치유신 후에도 진종호법잇키(眞宗護法一揆)는 반(反)야소교를 기치로 내걸어서 근대 일본 불교의 향배에 중대한 영향을 미쳤다.[37]

---

35) "5형(五刑)"은 중국 고대 신체에 가해진 5대 형벌을 가리킨다. 墨(이마에 글자를 새김)·劓(코를 벰)·剕(발을 자름)·宮(거세)·大辟(사형).

36) 사단(寺檀): 사찰과 그에 소속한 단가(檀家).

37) 진종호법잇키(眞宗護法一揆): 1873년 3월 쓰루가현(敦賀県) 내에서 발생한 진종 승려, 농민 신도들의 대규모 소요. 명치 정부의 각종 근대화 정책을 "야소(耶蘇)"의 침투로 인식하고 반발함.

유교(주자학 ― 옮긴이)도 근세 일본에서는 기독교를 의식한 측면이 있다. 초기의 유학자(주자학자 ― 옮긴이)들은 야소교에 대한 배척 의식을 강화해가는 와중에 동아시아적인 것, 일본적인 것을 깊이 반추했다. 하야시 라잔(林羅山)도 기독교 수도사와의 문답에서 주자학의 우위성을 강조한다.[38] 라잔은 1606년 동생 하야시 노부즈미(林信澄)와 동석하여 예수회의 일본인 수도사 후칸사이 하비앙(不干齊 巴鼻庵, 1565~1621)과 문답하고 스스로 「배야소(排耶蘇)」라 제목 붙인 기록물을 남겼다(林道春羅山 「排耶蘇」, 日本思想大系 25 『キリシタン書·排耶書』).

이 기록을 들여다보면 일본 유학자의 기독교 배제를 위한 논리가 주자학을 중심으로 전개되었다는 점을 알 수 있다. 하지만 일본인 유자(儒者)답게 라잔은 불교와 신도에 대해서도 논하고 이것들과 유교의 공존을 당연시하면서 기독교와의 이질성 및 그 소원함에 대해 언급하고 있다. 쌍방의 문답은 시종일관 엇갈린다. 창조주, 우주의 본체(本體)에 대해서도 라잔과 노부즈미는 "태극"의 우월함을 강조한다. 또 유교 "성인"에 대한 어떤 모욕도 묵과하지 않았다.

한편, 문답 상대인 후칸사이 하비앙은 원래 교토 대덕사(大德寺)의 선승이었으나 개종하여 세례를 받고 예수회에 입교한 인물이다. 히데요시의 「추방령」에 저항하여 규슈로 피신했고 『헤이케모노가타리(平家物語)』를 구어체로 번역 편찬했으며, 교회에서 라틴어와 윤리신학을 배운 사실이 확인된다.[39] 1605년 그가 저술한 기독교 호교서(護敎書) 『묘테이몬도(妙貞問答)』(전 3권)에서는 신도, 유교, 불교 3교를 비판했다. 하야시 형제와의 논쟁은 그 이듬해

---

38) 하야시 라잔(林羅山, 1583~1657): 에도시대 초기의 주자학자로 막부의 세습 유관(儒官)인 린케(林家)의 시조.

39) 『헤이케모노가타리(平家物語)』: 가마쿠라막부 성립의 단초가 된 미나모토씨(源氏)와 다이라씨(平氏)의 내전을 패배한 다이라씨의 흥망을 중심으로 서술한 작자 미상의 역사소설. 일문·한문 혼용체.

일이다. 그 후로도 기독교도로서 의욕적인 활동을 펼쳤지만 1608년 교토에서 예수회를 탈퇴한다. 그리고 전국적인 금교령이 반포된 후로는 나가사키 부교(長崎奉行)의 기리시탄 전종(轉宗) 정책에 협력했다.[40] 1620년 일본인이 쓴 유일한 반(反)기독교 서적『하다이우스(破提宇子)』를 간행했는데,[41] 그 서문에 "여기 친우가 있다. 내게 충고하여 말하기를 '과오를 범하더라도 바로 시정하기를 주저하지 말라는 것은 공문(孔門, 공자 문하)의 활기륜(活機輪, 금언)이다(후략)'"라고 논했다(不干齊ハビアン「破提宇子」, 前揭, 日本思想大系 25).

후칸사이가 예수회 수도사일 때 그의 논적들이 유력한 논거로 삼은 것은 유도(儒道), 불도, 신도 등 동아시아 세계의 총지력(總知力)이었다. 그런데 막상 자신이 배교자가 되어 기독교를 비판할 때도 우선 "공문"의 언설을 내세웠다. 심지어 그는 유·불·신에 노자, 장자까지 끌어들여 자신의 주장을 강화하고자 했다.

필자는 근세 일본의 체제적 특징을 '기독교 배제, 유교핵 정치문화'로 정리할 수 있다고 생각한다. 같은 이베리아 임팩트를 경험한 라틴 아메리카와는 전혀 다르게 기독교 배제는 동아시아 동쪽 끝의 근세 일본에 깊숙이 각인되었다. 이베리아 임팩트에 대한 일본적인 반응이 한편으로 도요토미 군세의 조선 침략에서 비롯된 임진전쟁을 야기했고, 다른 한편으로는 근세 이후 일본의 정치질서와 사회의식을 깊이 규정한 기독교 배제로 이어진 것이다.

---

40) 나가사키부교(長崎奉行): 나가사키의 시정과 무역을 관장한 막부 직책.

41) "하다이우스(破提宇子)"는 제우스(提宇子)를 파괴한다는 의미.

제5장 ─────

'근세화'=일본의 동아시아화와 일본화

1. 유교핵 정치문화를 향한 급진전

1) 군사력이 아닌 국세 증강을 위해

    지금까지 많은 역사서들은 에도시대의 역사상을 난세로부터 치세로, 무단에서 문치로의 변화 과정으로 인식해왔다. 그러나 이 책 제3장에서 가마쿠라막부의 「고세이바이시키모쿠(御成敗式目)」 제42조 "백성 거류(去留)의 권리" 중에 나오는 "인정(仁政)"이란 용어에 주목한 바와 같이, 일본 중세를 오로지 무위(武威)에 의한 지배로 간주하는 견해는 무력적인 억압에만 의존한 무가정권이라는 선입견에서 기인한 것이므로 주의가 필요하다. 중세적 '도리'와 법치주의가 개인에 따라 어떤 식으로 표출되었는지는 마찬가지로 제3장의 「이마카와장(今川狀)」을 통해 살펴본 바 있다.

    지배 사상이란 지배와 피지배의 상호 관계를 통해 자연발생적으로 나타나는 것이다. 지배하는 측과 지배당하는 측이 길항을 거쳐 타협에 이르는 최후의 경계 지점이 있으며, 어느 한편의 욕구만 충족해서 일방적으로 관철되는 일은 있을 수 없다. 일본사의 고대, 중세도 앞에서 검토한 대로 무정치(無政

治) 사회가 아니었다. 심지어 일원적인 영유(領有) 단계로 들어선 전국다이묘(戰國大名)들도 영내 백성의 소원(訴願)을 접수하여 대처하는 과정에서 직소(直訴), 재가(裁可)라는 정치 방식을 가다듬었다. 이런 흐름은 근세가 되면 한층 의식적으로 확대된다.

"유학의 실리(實理)"를 바탕으로 히데요시의 일대기를 서술한 오제 호안(小瀨甫庵)의 『다이코기(太閤記)』(제3장에 소개)에는 근세 초두인 1625년 호안 스스로 부친 서문이 있다. 호안은 원래 전문 의서(醫書)를 고(古)활자본으로 간행하기도 한 의사 출신이다. 전근대의 의사들이 유학이나 중국 율령에 밝았던 것은 비교적 흔한 현상이었다. 호안은 아들이 가업인 의술을 이어받아 가나자와(金澤) 번주 마에다 도시쓰네(前田利常)에게 출사한 인연으로 자신도 녹봉 250석을 받고 고용되었다. 『다이코기』의 서문을 집필한 것은 그 이듬해 일이었다. 그러므로 출사한 시점에는 이미 초고가 완성되었거나 거의 탈고 단계였을 것이다.

호안이 유교적인 정치사상을 체득한 시기는 관백 도요토미 히데쓰구(豊臣秀次)와[1] 다이묘 호리오 요시하루(堀尾吉晴)에게[2] 봉공한 때부터 두 사람이 서거한 후 각지를 유랑한 사이의 일이다. 난세의 끝 무렵이던 도요토미 정권 하에서 대륙 침략, 관백 일족의 형살(刑殺)이라는 잔혹한 사태를 가까이서 직접 보고 들은 경험과 유교적 정치사상의 흡수는 아마 그에게 표리 관계가 아니었을까?

난세 극복을 향한 조짐이 농후하던 이 시기 식자들 사이에는 '무사(無事)'의 세상을 희구하는 심정이 널리 공유되고 유교를 받아들일 태세가 갖추어졌을 것이다. 오제 호안도 『다이코기』 제20권 「여덟 가지 이야기(八物語)」(제

---

1) 도요토미 히데쓰구(豊臣秀次, 1568~1595): 히데요시의 양자였으나 만년의 히데요시에게 친아들이 출생하자 추방되어 자살을 명령받음.
2) 호리오 요시하루(堀尾吉晴, 1544~1611): 히데요시 휘하의 다이묘.

3장에 소개)의 "국세(國勢)를 논하다"에서 "(무릇 국가의)성쇠 강약은 병력에 있지 않고 국세에 있다", "인심을 편안하게 하고 재유(財有)로써 민심을 부양하여 상하 화평하고 매사가 의젓하면 주인의 위세가 절로 장성(長成)하게 되니 치세가 가장 견실하다"라 하여 결국 민심의 향배가 치국(治國)의 열쇠임을 주장했다.

이 무렵 비슷한 생각을 가진 식자들이 적지 않았으며 또 그들이 무장(武將)들과 얕지 않은 교분을 가졌음은 각처에서 보이는 현상이다. 태평 세상을 바라는 열망이 식자들의 삶을 뒤흔들었고, 그런 사상을 실현해 줄 만한 유력한 영주에게 자연스레 다가서게 만든 것이다. 유교는 여기서 '전쟁과 폭력을 배제하는 이론'으로서 의미를 가졌다.

이러한 식자들이 현실을 바라보는 주안점은 영주 간 쟁투가 아니었다. 잇코잇키(一向一揆),[3] 소코쿠잇키(惣國一揆),[4] 토호잇키(土豪一揆) 등 백성들의 집단의사에 기초하여 여러 지역에서 발생한 저항 투쟁과 거기서 드러나는 "민의", "천의(天意)"가 그들의 주된 관심이었다. 물론 그 하나하나는 무기를 사용한 산론(山論)·수론(水論) 같은 촌락 간 분쟁을 포함하여 현상적으로는 폭력의 분출이었다. 하지만 그런 피지배층의 폭력까지 배제하기 위해서라도 난세 상황을 종결짓고 질서 있는 국가를 세우는 과업이 불가피하다고 식자들은 생각한 것이다.

---

3) 잇코잇키(一向一揆): 전국시대 말기 이후 정토진종=일향종 신도를 주체로 한 집단적인 민중투쟁. 약 100년간 지속된 끝에 오다 노부나가에게 최종적으로 패배함.

4) 소코쿠잇키(惣國一揆): 중세 후기 일정한 지역을 기반으로 토호·무사·백성 등 역내 피지배 계급이 결속하여 외부 권력과 대립한 투쟁.

2) 후지와라 세이카와 강항

후지와라 세이카(藤原惺窩, 1561~1619)도 그중 한 사람이다. 세이카의 주자학 습득에는 조선인 사절 및 학자와의 만남이 큰 계기가 되었다. 이는 동란기 동아시아 세계의 내적인 상호 교류와 일본의 동아시아화 확장이라는 시대적 흐름을 상징하는 사건이다. 세이카는 에도시대 초두 주자학 수용을 둘러싼 일본 지식인들의 열망을 단적으로 보여준 인물이었다. 게다가 유능한 제자들을 양성하여 후세에 오래도록 영향을 미쳤다. 제자 가운데 한 명인 하야시 라잔(林羅山, 제4장에 소개)과 그 자손들은 공의(公儀, 중앙 정권)의 학문과 외교를 전담하며 에도시대 말기까지 막부와 성쇠를 함께 했다.

세이카는 교토 시모레이제이가(下冷泉家)의[5] 3남으로 태어나 상국사(相國寺)에서 선승이 되었다.[6] 지금까지 알려진 경력의 골자는 거개가 제자 라잔이 기록한 「세이카선생 행장(行狀)」에 의거한 내용이다(『林羅山文集』 四十). 스승이 승려로 입문한 것을 라잔은 "부도(浮屠, 부처)가 되다"라고 표현했다. 세이카는 상국사를 통해 선림(禪林) 주자학을 배웠다. 하지만 "불서(佛書)를 읽으면서도 뜻은 유학에 두었다"고 한다.

세이카의 유학에 대한 열의는 단순히 오산(五山)의 유학을 학습하는 데 그치지 않았다.[7] 그는 동아시아와의 교류를 통해 자신의 학문을 심화, 확장해 갔다. 1590년 조선으로부터 온 통신사를 관백 도요토미 히데요시가 교토 주라쿠다이(聚樂第, 제4장)에서 만난다. 사절단의 숙사는 무라사키노(紫野)의 대덕사(大德寺)였다.[8] 이때의 조선 사절은 일본이 조선을 침략할 것이라는 소

---

5) 시모레이제이가(下冷泉家): 중세 이래 가도(歌道, 와카)를 전문으로 한 가문.
6) 상국사(相國寺): 임제종(臨濟宗) 분파의 대본산. 교토 소재.
7) 오산(五山): 조정·막부가 주지를 임명한 교토 주변의 5대 선종 사찰. 선림유학(禪林儒學)이 성행함.
8) 대덕사(大德寺): 임제종 본산—지은이 주.

문의 진위를 정찰하는 업무를 띠었으나 정사(正使, 황윤길), 부사(副使, 김성일)의 관찰이 어긋난 탓에 조선 왕조가 침략은 없다고 결론지었고 결국 훗날 일본군이 평양까지 일거에 진격하게 되었다고 한다.

사절단이 내일(來日)한 당시 30세이던 세이카는 대덕사를 직접 방문하여 사절 3인과 필담을 나누고 시를 교환했다. 이때 좌중의 조선 사절 가운데는 히데요시를 높이 평가한 인사도 있었지만 세이카는 이에 답하지 않고 그저 웃음으로 받아넘겼다고 한다. 또 이듬해 도요토미 히데쓰구가 오산의 시승(詩僧)들을 상국사로 불러들여 작시(作詩)를 하게 한 행사에서도 단 한번 얼굴을 내밀었을 뿐이어서 히데쓰구의 역정을 샀다. 그 후 조선 침략의 전초기지 역할을 하던 히젠(肥前)[9] 나고야(名護屋)를 찾았을 때도 히데요시의 양자 도요토미 긴고(豊臣金吾)의 어린애 장난질 같은 우행을 간언하곤 했다.[10] 천하인 일족에 대한 반감이 배어나오는 위와 같은 일화들은 세이카가 훗날 제자 라잔에게 몸소 흘린 말로 추측된다.

후지와라 세이카가 도쿠가와 이에야스(德川家康)를 처음 만난 것은 바로 이 나고야에서였다. 이에야스는 나고야에 진영을 두긴 했으나 출정을 명령받지는 않았다. 후에 이에야스가 통교 재개를 위해 조선과 교섭할 때도 도쿠가와 군세가 한반도에 상륙하지 않았던 일이 유리한 조건이 되었다. 아마 세이카도 출정할 뜻이 없는 이 무장에게 향후 의지처로 삼을 만한 친근감을 느꼈을 것이다.

1593년 이에야스는 에도성에서 세이카에게 당 태종의 언행록 『정관정요(貞觀政要)』를 강론하도록 명했다. 그 후 교토로 돌아온 세이카는 일본에 주자학을 깊이 뿌리내리게 해 줄 "좋은 스승(善師)"이 없음에 분발하여 스스로 대명국(大明國)으로 건너가고자 쓰쿠시국(筑紫國, 규슈 북부)에서 출항했으나

---

9) 히젠(肥前): 현재의 규슈 사가현(佐賀縣)과 나가사키현(長崎縣)의 일부.

10) 도요토미 긴고(豊臣金吾): 고바야카와 히데아키(小早川秀秋)의 개명하기 전 이름.

거센 풍파 때문에 뜻을 이루지 못했다. 그 후로는 "성인(聖人)"에도 스승은 없었다고 생각을 바꾸고 스스로 주자학을 체득할 것을 결의한다.

바로 이 시기에 세이카는 조선 침략에 참전한 도도 다카토라(藤堂高虎, 1556~1630)의 군사들에 의해 일본으로 연행당한 강항(姜沆)을 만났다. 유학자인 강항은 1597년 일본군의 제2차 조선 침략 – 게이초노에키(慶長の役), 정유재란 – 때 전라도에서 명나라 원군에 대한 식량 수송 업무를 맡고 있었다. 그러나 일본군에 패하여 일가가 피난하던 중에 다카토라의 수군에게 포로가 되어 일본으로 연행된 것이다.

다카토라가 지배하던 이요(伊予, 에히메현)의 오즈(大洲)에 일시적으로 연금된 강항 일가는 그 후 교토 후시미(伏見)로 이송되었고, 그곳에서 강항은 후지와라 세이카를 만나 깊은 교분을 나누며 조선의 주자학을 전수했다. 라잔이 남긴 기록에 따르면 강항은 "내가 불행이도 일본 땅까지 끌려왔으나 이런 사람과 만난 일은 큰 다행이 아닌가"라고 기쁨을 표했다고 한다. 이것은 분명히 세이카 자신의 기억일 것이다. 그 전까지 고대 한(漢)·당(唐)의 주소(注疏, 자세한 주석)를 이용하여 유교 원전을 독학해온 세이카는 강항과의 교류를 통해 "정주(程朱, 정자와 주자)의 해석"을 토대로 한 훈점(訓點)을 덧붙일 수 있게 되었다. 마지막 정서(淨書)에는 강항도 힘을 보탰다. 이리하여 세이카는 강항의 도움을 받아 비로소 일본 주자학을 체계화하고 경학과(京學派)를 형성하기에 이른다.

강항은 귀국 후 조선 조정에 제출한 보고서 『간양록(看羊錄)』(朴種鳴 譯註, 『看羊錄: 朝鮮儒者の日本抑留記』)에서 세이카가 "명, 조선의 연합군이 일본을 점령해주기 바란다"라는 말까지 했다고 전한다. 이는 강항이 조선, 명을 극히 이상적인 나라로 묘사한 때문이라고 생각할 수 있다. 그러나 세이카 또한 주자학적 정치가 펼쳐지는 대륙에 비해 쟁란으로 날밤을 지새우며 결국은 타국에 대한 침략까지 감행한 무위 중심의 일본에 깊은 실망감을 느끼고 난세로부터 치세로의 전환을 강력히 희망했음을 시사해준다. 1600년 세키가하라 내전 직전에 후시미를 출발한 강항 일가는 쓰시마를 거쳐 조선으로 귀환했다. 『간양록』은 당시 일본의 정세와 견문을 상세히 서술한, 조선 왕조에 대한 의견서였다. 강항 자신이 느낀 갖가지 감정은 한시로 표현되었다.

일본 '근세화'에 조선의 주자학이 큰 영향을 미쳤음은 이미 기존 연구를 통해 상당 부분 밝혀졌다(阿部吉雄, 1965). 또한 근년에는 "백성은 국가의 대본"이란 관점 위에 선 목민서(牧民書)가 조선에서 일본으로 전해진 경위를 논증한 연구도 나오고 있다(小川和也, 2008). 이런 연구사에 의하면 세이카는 1604년 하야시 라잔을 제자로 받아들였다. 그 후 라잔의 자손들은 근세 일본의 전 시기를 통해 공의의 문교(文敎)를 담당하며 정학(正學)으로서 주자학의 연구, 최고 학부인 쇼헤이코(昌平黌) 운영,[11] 막부·번의 유관 양성 등에 종사했으며, 에도시대 말의 미일화친조약 조인과 같이 때로는 외교 실무에도 참여했다.

세이카는 45세 때 교토의 니조성(二條城)으로 도쿠가와 이에야스의 부름을 받았다. 그러나 출사를 기피한 때문인지 라잔에게 대행하게 했고, 이후 라잔이 슨푸(駿府)의 이에야스를 측근에서 받들었다.[12] 그는 은둔주의자가 아니었지만 주자학을 축으로 한 경학파를 일으켜서 오직 연구와 문하생 양성에만 힘을 쏟았다. 제자 중에 하야시 라잔, 나바 갓쇼(那波活所), 마쓰나가 세키고(松永尺五), 호리 교안(堀杏庵) 등은 '세이카 문하 사천왕'으로 불렸다. 세이카는 난세에서 치세로 변화하는 시대의 한복판을 살아온 사람이다. 그리고 이 시기의 식자답게 '태평'을 지탱하기 위한 정치학으로서 유학을 습득

---

11) 쇼헤이코(昌平黌): 쇼헤이자카학문소(昌平坂學問所). 1630년 하야시 라잔의 가숙(家塾)에서 출발함.

12) 슨푸(駿府): 지금의 시즈오카시(静岡市). 1607년 이래 쇼군을 은퇴한 이에야스가 오고쇼(大御所) 신분으로 체류함.

했다.

3) 천하를 얻은 도쿠가와 이에야스의 "문도"

이미 중세 일본에서도 유교적 정치사상의 영향은 나타난다. 하지만 중심은 어디까지나 선림 유학이었다. 근세 일본의 경우 유교적 정치사상은 천하인, 다이묘 등이 오히려 그 흡수를 견인하고 학자, 승려가 이에 부응하는 형태로 확산되었다. 앞서 본 대로 이에야스 쪽이 적극적으로 후지와라 세이카를 유관으로 초빙했지만 세이카는 스스로 야인으로 머물기를 희망했다. 단, 세이카가 그저 야인으로서 삶만을 추구한 것은 아니다. 와카야마번(和歌山藩=紀州藩) 번주 아사노 요시나가(淺野幸長),[13] 호상(豪商) 스미노쿠라 료이(角倉了以)와도[14] 사제 간에 가까운 관계를 맺었다는 말이 있듯이 권력에 얽매이지 않고 '홍법(弘法, 널리 도리를 전파함)'의 자세를 지키고자 희망했을 것이다.

도쿠가와 이에야스의 의식 및 사상에 관해 종전의 학계는 "죽지도 않고 살지도 않도록"(『落穂集』), "재물이 남지도 않고 부족하지도 않도록"(『本佐集』)이라는 백성으로부터의 연공 수납 원칙을 둘러싼 언설이나 사망 후 도쇼다이곤겐(東照大權現)으로 봉사(奉祀)된 신격화 사상 등에 주로 주목해왔다(北島正元, 1963).[15] 근년의 이에야스론에서도 '페데(Fehde)' – 자력구제 – 의 부정, 국가에 의한 '프라이드(Friede)' – 평화 – 의 확립이라는 시각을 원용하여 도쿠가와 권력에 의한 '평화'의 실현이라는 점에 관심이 집중되고 있다(本多隆成, 2010).

물론 이 같은 논점들은 하나하나가 학술적 논쟁을 거친 결론이며 연구사적으로도 상당한 의미가 있다. 그러나 이 책의 시좌는 위 논점들과는 거리가

---

13) 아사노 요시나가(淺野幸長, 1576~1613): 정유재란 때 울산성에 농성한 무장.

14) 스미노쿠라 료이(角倉了以, 1554~1614): 교토의 주인선(朱印船) 무역가.

15) 도쇼다이곤겐(東照大權現): 이에야스 사후 조정에서 내린 신호(神號).

멀다. 필자는 이에야스가 후지와라 세이카에게 『정관정요』를 강론하게 하거나 하야시 라잔을 측근에 둔 그 의미를 숙고하고 싶다. 하기야 라잔에 대해서는 '오사카의 진(大坂の陣)'의16) 빌미가 된 방광사(方廣寺) 종명사건(鐘銘事件)17) 당시 에도막부 측의 의도적 곡해에 동의했다는 권력 영합적 측면이 예전부터 지적되어왔다. 하지만 그때 동의한 것은 라잔만이 아니었으니 그를 비속한 영합자로 혹평하는 것은 상당히 무리한 논리다.

난세에는 혈족을 포함한 일가(家)의 존속 욕구가 핵심적인 이데올로기로 기능한다. 하지만 치세의 시대가 되면 일가를 넘어서거나 가론(家論)을 내포한 보다 보편적인 관념 형태가 필요해지며, 이윽고 하드와 소프트 양면으로 구성된 정치문화를 형성하게 된다. 오제 호안, 후지와라 세이카 등은 무엇보다도 '태평'을 중시하는 새로운 세상으로 시대를 이끌고자 했다. 그러나 현실의 지배자는 사회적 질서 형성과 안정에 역점을 둔 통치 이데올로기를 추구한다.

온갖 고초를 겪은 끝에 천하인의 자리를 쟁취한 도쿠가와 이에야스는 특히 이 점에 열심이었다. 아직 검증이 부족한 부분도 있지만 접근 가능한 하나의 자료로 『도쿠가와실기(德川實紀)』의18) 「도쇼궁어실기부록(東照宮御實紀付錄)」 중 "문사(文事)"에 관한 기록이 있다.19) 『실기』는 하야시 라잔의 후예인 린케(林家)가 편술했기에 당연히 주자학 또는 린케에 대한 편향성이 보이지만 그래도 이에야스의 무(武)가 아닌 문(文) 쪽을 살피기에 좋은 자료이다.

---

16) 오사카의 진(大坂の陣): 1614년, 1615년 이에야스가 전국의 다이묘를 동원해서 오사카성을 공격하고 도요토미씨 일족을 최종적으로 멸망시킨 내전.

17) 방광사(方廣寺) 종명 사건(鐘銘事件): 종명의 "국가안강(國家安康)"을 "가(家)"와 "강(康)"의 분리, 즉 이에야스(家康)의 신수(身首) 양단(兩斷)으로 왜곡 해석하여 발생한 사건.

18) 『도쿠가와실기(德川實紀)』: 에도막부가 초대 이에야스부터 10대 이에하루(家治)까지 역대 쇼군의 치적을 편년체로 편찬한 역사서, 1843년 완성됨. 이하 본문에서는 『실기』로 표기함.

19) "도쇼궁(東照宮)"은 이에야스를 봉사하는 신사.

「부록」의 권22는 이에야스가 어린 시절부터 군진(軍陣)에 기거하며 "독서 강문(講文)할 여유"도 없이 "마상(馬上, 무력)을 통해 천하를 얻"었고, 그럼에도 "마상만으로는 통치하지 못한다는 도리"를 일찍부터 깨달아서 "성현의 도를 존중하고 신뢰"했음을 서두에서 지적한다. 그래서 히데요시 사후 사실상의 정무 집권자로서 치세를 시작한 시기부터 "문도(文道)"를 장려했다. 때문에 가신들 사이에서는 "호문(好文)"의 주군이 "문아(文雅) 풍류의 길로 빠져들었다"고 오해하는 경향도 적지 않았다. 일례로 시마즈 요시히사(島津義久)가 시가회(詩歌會)를 열어 이에야스를 초대했다.[20] 요시히사는 1611년 사망했으므로 "문아 풍류"라는 소문은 이에야스 만년까지 이어진 것으로 생각된다. 『실기』의 편자는 그러한 "부화(浮華, 실속 없이 외관만 화려함)"가 이에야스의 취향이 아니었으며 "항상 사자(四子)의 서(書)와 사기(史記)·한서(漢書)·정관정요 등을 거듭해서 시강(侍講)하도록 명"했다고 한다.

그러면 이에야스가 반복적으로 강론을 명한 서적은 어떤 것들일까? "사자의 서"란 유교 성전인 사서오경 중 사서(四書, 대학·중용·논어·맹자)를 의미한다. 그리고 "사자"는 초창기 유교를 일으킨 공자, 증삼(曾參),[21] 자사(子思),[22] 맹자 이 네 사람, 즉 "공증사맹(公曾思孟)"을 가리키는데 그들의 언행과 사상을 엮은 서적도 "사서(四書)", "사자서(四子書)"라 불렸다.

『사기』는 전한 무제(武帝) 때 사마천(司馬遷, 기원전 145?~86?)이 편찬한 역사서로,[23] 그 후 이어진 이십사사(二十四史)의 첫 번째 서책이다. 『한서』는 전한의 역사를 후한 시대에 편찬한 것으로, 이후 왕조별로 시기를 구분하는 정사(正史)의 범례가 되었다. 통사를 기술한 『사기』와는 다르지만 이십사사

---

20) 시마즈 요시히사(島津義久, 1533~1611): 규슈 전역을 거의 통일했으나 히데요시에 패하여 통일권력에 복속당한 무장.

21) 증삼(曾參, 曾子): 공자의 제자. 『효경(孝經)』은 공자와 증삼의 문답서—지은이 주.

22) 자사(子思): 공자의 손자. 『중용』의 저자로 일컬어짐—지은이 주.

23) 사마천 자신은 『태사공서(太史公書)』라 명명함—지은이 주.

와 쌍벽을 이루는 것으로 평가된다. 그리고 앞서도 언급했듯이 『정관정요』
는 당 태종의 언행록 형태를 취하면서 정치의 요체를 설파한 내용이다. 이에
야스가 이러한 정도(政道)를 논한 서적, 역사서들을 거듭해서 시강토록 했다
는 것이다.

무인으로서 이에야스는 중국의 병법서 『육도(六韜)』, 『삼략(三略)』을 시강
의 도움 없이 스스로 평소부터 읽었다고 한다.[24] 이 두 서책은 『손자(孫子)』,
『오자(吳子)』를 포함한 소위 『무경칠서(武經七書)』 가운데서도 대표적인 것들
이다. 『육도』의 '도(韜)'는 원래 칼·활 따위를 넣는 자루를 가리키는데 서책
의 내용은 태공망(太公望) 여상(呂尙)이 주나라 문왕(文王), 무왕(武王)에게 병
학을 가르치는 형태를 취한다. 병법의 비전(秘傳)을 의미하는 "호권(虎卷)"이
란 말은 『육도』 중 한 권의 명칭에서 유래했다.

물론 이에야스는 화서(和書, 일본 서적)도 공부했다. "화서로는 연희식(延喜
式), 동감(東鑑), 겐무시키모쿠(建武式目) 등을 항상 읽으"며 통치력 제고를 위
한 연찬을 게을리하지 않았다. 「연희식」은 헤이안시대에 편찬된 홍인(弘仁)·
정관(貞觀)·연희 삼대격식(三大格式)의 하나로,[25] 이에야스 당대에 거의 완전
한 형태로 잔존한 것은 「연희식」뿐이었다. 『동감』, 즉 『아즈마카가미(吾妻
鏡)』는 가마쿠라막부의 초대 쇼군 미나모토 요리토모로부터 6대 무네타카
친왕(宗尊親王)까지 12~13세기 막부의 치적을 기록한 편년체 역사서이다.[26]

「겐무시키모쿠」 - 겐무시키모쿠조조(建武式目條條) - 는 1336년 무로마치막
부가 17개 조로 정리한 시정 방침이다. 가마쿠라막부의 「고세이바이시키모
쿠」(御成敗式目=貞永式目, 제3장에 소개)와 더불어 "정건(貞建)의 식조(式條)"라고
통칭되는 것은 양자가 무가법으로서 유사성을 띠기 때문이다. 또한 17개 조

---

24) 『삼략(三略)』: 황석공(黃石公)의 찬으로 일컬어지나 후대의 위작.

25) "격식(格式)"은 율령을 보조하는 '格'(율령의 부분 수정, 추가)과 '式'(율령의 시행세칙)을 가리킴.

26) 가마쿠라막부의 4대 쇼군부터는 섭관가, 궁가(宮家, 황족) 출신이 대를 이었음─지은이 주.

라는 조목 수는 쇼토쿠태자(聖德太子)가[27] 제정한 「헌법 17개 조」의 영향이라고도 한다.[28] 그것이 사실이라면 공가법, 무가법을 구별한 이상으로 일본의 법제가 그 시원에서부터 전통과의 연속성을 의식했던 셈이다.

이에야스는 중화왕조, 일본 왕조의 제왕학을 줄곧 학습했다. 그러나 일본적 국가 형태의 큰 특징이라 할 수 있는 천황-쇼군의 신분관계는 그대로 둔 채로 사실상 제왕의 입장에서 제왕의 도를 익혔다. 아마 공무 결합적(公武結合的) 국가 형태도 이 과정에서 반복적으로 학습했을 것이며, 예컨대 천황제 폐지라든가 쇼군을 신분상 천황의 상위에 둔다는 발상은 이에야스의 뇌리에 아예 없었을 것이다. 오사카의 진에서 승리를 거둔 직후 이에야스 면전에서 덴카이(天海)와[29] 쓰번(津藩, 미에현) 번주 도도 다카토라가 논쟁을 벌였는데, 먼저 덴카이가 천황과 공가들을 이세신궁(伊勢神宮)의[30] 신주(神主)로 삼으면 자연히 이에야스가 천자(天子)와 동렬이 된다고 주장했고 이에 다카토라가 그러면 천하대란이 일어난다고 반대하자 이에야스가 다카토라의 의견을 취했다는 일화가 남아 있다. 이것은 당시 국가 형태를 둘러싼 두 가지 방향과 그 결과 선택된 결론을 상징해주는 일화일 것이다(深谷克己, 1988).

이에야스의 무가법 학습은 가마쿠라막부는 물론이거니와 무로마치막부에까지 미쳤다. 쇼쿠호 정권(織豊政權)이라 불리는 중앙 정권이 만약 천하 지배를 위해 독자적인 법률을 남겼다면 당연히 그것도 배우려 했을 것이다.[31]

---

27) 쇼토쿠태자(聖德太子, 574~622): 여제(女帝)인 스이코(推古) 천황 때 황태자 겸 섭정으로서 통치를 대행한 인물. 학문적 조예가 깊고 불교 융성에 진력함.

28) 「헌법 17개 조」: 604년 쇼토쿠태자가 신하들에게 내린 훈령. '화(和)'의 정신과 유·불 사상의 조화를 중시함.

29) 덴카이(天海, 1536?~1643): 천태종 승려. 에도시대 초두 이에야스 측근에서 조정 및 종교 정책에 깊이 관여함.

30) 이세신궁(伊勢神宮): 태양을 신격화한 아마테라스오미카미(天照御大神, 천황가의 시조신)를 봉사하는 신사. 미에현(三重縣) 이세시(伊勢市) 소재.

31) 쇼쿠호 정권(織豊政權): 오다 노부나가와 도요토미 히데요시의 통일 정권.

하지만 이런 차원에서 볼 때 쇼쿠호 정권은 아주 미성숙한 국가권력이었다.

1611년 이에야스는 교토 니조성(二條城)에서 도요토미씨에 대한 우위를 과시한다.[32] 그리고 고미즈노오(後水尾) 천황의 즉위를 빌미로 교토에 불러들인 서국(西國, 서일본)의 다이묘들로부터, 또 이듬해는 동국(東國, 관동·동북 지역)의 다이묘들로부터 에도의 공의에 복종을 약속하는 서사(誓詞)를 제출하게 했다. 그 전문(前文)인 「조조(條條)」의 제1조는 아래와 같다(『御當家令條』).

一. 우대장가(右大將家)[33] 이후 대대로 전해온 구보(公方, 쇼군)의 법식(法式= 式目)을 받들어 모실 것. 손익(損益)을 생각하여 에도에서 목록(目錄)을[34] 내게 하면 반드시 그 뜻을 지킬 것.

제2조에서는 에도 공의의 뜻을 "상의(上意)"라 칭했다. 위 조문 중 "우대장가 이후 대대"의 "법식"이란 이에야스의 제왕학에 따르면 「고세이바이시키모쿠」, 「건무시키모쿠」를 합친 "정건의 식조" 전체를 가리킨다. 이런 내용이 서사 전문에 포함될 수 있었던 것은 앞서 본 바와 같이 화서에 대한 그의 부단한 학습 노력 덕분일 것이다. 인용 사료에서 또 한 가지 주목할 것은 공무 결합의 무가정권 형태를 지지하면서도 "구보", 즉 쇼군이 정사(政事)의 주체임을 분명히 한 점이다. 이 책 제10장에서 필자는 '이왕(二王, 천황과 쇼군)'화의 아포리아(난문)에 관해 논할 예정인데, 쇼군의 정치 지배가 처음부터 '공무(公武)' 가운데 '무' 쪽만 담당했던 게 아니라 원래는 '공'의 성격도 나눠 가졌으며 그 때문에 쇼군을 옹립한 중앙 정권이 "공의(公儀)"라 불린 것이다.

다시 『실기』의 이에야스 관련 기사로 돌아가 보면 서적, 시키모쿠 등에

---

32) 히데요시의 아들 도요토미 히데요리를 접견한 일을 가리키는 것으로 보임.

33) 우대장가(右大將家): 가마쿠라막부 초대 쇼군 미나모토 요리토모(源賴朝)를 가리킴―지은이 주.

34) 이때 "목록"은 영지목록(領知目錄)을 가리키는 것으로 추측됨.

이어서 학자들과의 관계에 대해서도 기술하고 있다.

후지와라 세이카, 하야시 도슌 노부카쓰(林道春信勝, 하야시 라잔)는 말할 나위
없고 남선사(南禪寺)의 3장로(三長老), 동복사(東福寺)의 데쓰 장로(哲長老), 기
요하라 고쿠로 히데카타(淸原極臈秀賢), 미나세 추조 지카도메(水無瀨中將親
留), 아시카가학교 산요(足利學校 三要, 후술함), 로쿠온인(鹿苑院) 다 장로(兌長
老), 덴카이 승정(天海僧正)35) 등이 시좌(侍坐)할 때부터 늘 문·무·주공(文武周
公)은 물론이고 한 고조의 관인대도(寬仁大度),36) 당 태종의 허회납간(虛懷納
諫)에37) 관해 말씀하시며 그 위에 태공망(太公望), 장량(長良), 한신(韓信), 위징
(魏徵), 방현령(房玄齡) 등이 모두 자신을 버리고 국가에 충성을 다한 언행들을
칭송하셨다. 본조(本朝, 일본)의 무장으로는 가마쿠라의 우대장가에 대해 끊임
없이 말씀하셨다.

이 뒤에도 구체적인 기술을 이어 간 다음에 『실기』의 편자는 "실로 제왕
의 학문"이라고 평했다. 이에야스는 "천하의 주인된 자는 사서(四書)의 이치
에 능통하지 않으면 안 된다"라 하면서도 그 전부가 무리라면 "맹자 한 책"을
깊이 음미해야 한다는 생각이었다고 한다. 주위의 학자들은 이러한 이에야
스의 학습을 돕고자 시강 외에도 여러모로 궁리를 곁들였다. 하야시 라잔은
이에야스를 위해 『아즈마카가미』를 연구한 끝에 『동감강요(東鑑綱要)』 상·
하 두 책을 지어서 바쳤다. 또 『실기』의 관련 기사에 의하면 후지와라 세이
카는 송학(宋學, 주자학)의 의의를 이에야스에게 처음으로 강설한 데 더하여,
"경사(京師, 교토)에 학교"를 세울 계획을 마련하고 장소 선정까지 마쳤다. 하

---

35) "승정(僧正)"은 승관(僧官)의 최고위직.
36) 관인대도(寬仁大度): 너그럽고 인자하며 도량이 큼.
37) 허회납간(虛懷納諫): 공평무사하고 신하의 간언을 잘 받아들임.

지만 스스로는 교사를 고사하여 제자 라잔을 추천했고 그 직후 오사카의 진이 발발한 까닭에 계획이 좌절되었다고 한다.

한편, 라잔의 후예가 편술한 『실기』가 학조(學祖) 라잔을 긍정적으로 묘사한 것은 당연한 일이었다. 『실기』에는 라잔이 중국 고사, 일본 및 중국의 전적(典籍) 독해 등에 발군의 능력을 보였다는 사례가 여럿 소개된다. 또한 라잔이 송학에 의거하여 『논어』를 강설할 때 "청중이 사방으로부터 모여들어 문전성시를 이룬" 모습에 송유(宋儒)의 설을 반대하는 학자가 이에야스에게 제소한 일까지 있었다. 이에 대해 이에야스는 "성인의 도"는 반드시 배워야 하지만 "고주(古注), 신주(新注)는 각기 선호에 따라서"라는 견해를 비쳤다고 한다.[38]

이 밖에도 『실기』에는 이에야스 시기의 출판 사업에 대한 기록도 남아 있다. 그는 전란 종식을 위해 가장 유효한 수단이 서적이라고 판단하고, "서적을 간행하여 세상에 전하는 일이 인정(仁政)의 첫 번째"라 하며 도서 간행을 명했다고 한다. 그 후 새로 제작한 "10만여 (목)활자"를 이용하여 『정관정요』, 『공자가어(孔子家語)』, 『무경칠서』, 『주역』 등이 속속 간행되었다. 명령을 수행한 이는 아시카가학교(足利學校)의[39] 임제종파 학료승(學寮僧)이던 산요 겐키쓰(三要元佶)였다.[40] 산요는 1600년 세키가하라 내전에도 종군해서 전쟁의 길흉을 점친 바 있고 이에야스가 친히 주홍색 원 속에 '학(學)'자를 써넣은 소형 깃발을 들게 했다고 한다. 그는 이 출판 사업을 위해 교토 후시미(伏見)에 원광사(圓光寺)를 세웠다.

이에야스는 아시카가학교의 재건에도 협력했다. 이 중세 이래의 학교 시

---

38) "고주(古注)"는 한(漢)·당(唐)의 주석, "신주(新注)"는 송(宋)의 주석―지은이 주.

39) 아시카가학교(足利學校): 지금의 도치기현(栃木縣) 아시카가시(足利市)에 소재한 중세 이래의 학교 시설.

40) 산요 겐키쓰(三要元佶, 1548~1612): 폐실화상(閉室和尙)이란 이명으로 불림―지은이 주.

설은 비호자가 없어진 탓에 이미 약체화했지만 이에야스가 본교, 공자묘, 사원 등을 재건하게 하고 서적도 기부했다. 그 기부 내역은 『맹자주(孟子注)』 7책, 『맹자고주(孟子古注)』 2책, 『속자치통감강목(續資治統鑑綱目)』 13책, 『정관정요』 8책, 『육도삼략』 3책, 『유문(柳文)』 2책, 『한문정종(韓文正宗)』 2책, 『당시정성(唐詩正聲)』 4책, 『고주몽구(古注蒙求)』 1책, 『장한가(長恨歌)』 1책, 『선의외교(禪儀外交)』 2책 등이다.

이에야스는 응인의 난(應仁の亂)[41] 이래 "천하의 서적이 낱낱이 산일"된 사태를 한탄하며 널리 고서 매입을 꾀했고, 이를 계기로 공가들로부터도 귀중한 서책들이 이에야스에게 헌납되었다. 또한 그는 후대 쇼군의 정치를 돕고자 에도성 내에 "어문고(御文庫)를 창설"했는데 명치 이후 이 문고는 "모미지야마문고(紅葉山文庫)"로 불리게 된다. 이 밖에도 그가 오고쇼 신분으로 거성(居城)하던 슨푸(駿府)의 장서 가운데 『이정전서(二程全書)』 56책 등을 생전에 에도성으로 보냈으나 이것들은 이에야스 사후 2대 쇼군 히데타다(德川秀忠, 재임 1605~1623)에 의해 고산케(御三家)에 분배되었다.[42]

'분배'라는 면에서는 『군서치요(群書治要)』, 『대장(大藏)』도 빠뜨릴 수 없다. 『군서치요』 50권은 당나라 초기 태종이 치세에 참고하고자 칙령으로 편찬하게 했던 서적군이다. 『대장』(=大藏一覽集)은 송나라 때 대장경 가운데 중요한 1181칙(則)을 뽑아서 분류하여 장차 경권(經卷)을 검색할 때 편의를 도모한 서적이다. 이에야스는 사망하기 직전인 1616년 이것들을 "동제(銅製) 활자로 간행"토록 하여 이백여 부를 고산케를 위시한 "각 구니(國, 번)"에 하사했다고 한다. 국책에 기초한 문화사업이었던 것이다.

---

41) 오닌의 난(應仁の亂): 1467년부터 약 11년간에 걸친 대규모 내란. 중세적 토지제도인 장원공령제(莊園公領制) 해체와 전국시대 개막의 단초가 됨.

42) 고산케(御三家): 이에야스의 친자 세 명을 가조(家祖)로 한 오와리(尾張)·기이(紀伊)·미토(水戸)의 도쿠가와 혈족, 쇼군가의 보좌와 혈통 유지 기능을 담당함.

『실기』에 따르면 이에야스는 한적(漢籍)뿐만 아니라 화서, 문학 관계 서적 등 다방면에 흥미를 보였던 것 같다. 이러한 기사들 사이에 그의 사상이 우연스레 노출된 흥미로운 일화가 끼어 있다. 일반적으로 근세국가는 왕조 교체의 역성혁명을 부정한 것으로 이해된다. 흥미롭다는 것은 그렇게 쉬이 단정할 수 없는 일화이기 때문이다. 하야시 라잔과의 문답 가운데 은(殷) 탕왕(湯王), 주(周) 무왕(武王)이 신하의 신분으로 군주를 쓰러뜨린 일에 대해 탕·무는 천하를 위해 포악을 제거하고 만민을 구하려 했으니 악이 아니지만 한(漢)의 왕망(王莽), 위(魏)의 조조(曹操) 등은 간적(奸賊)이므로 하늘과 땅만큼 다르다는 라잔의 해설에 대해, 이에야스는 "그 설의 순정(醇正, 순수하고 옳음)"함에 찬동했다고 한다.

위와 같은 이에야스의 "문도"에 대한 진위 여부는 하나하나 세밀한 검증이 필요하다. 그러나 천하인 이에야스가 동아시아 정치문화의 흡수와 이해에 관심을 기울였고 그 보급, 보존을 위해 노력한 사실(史實)만큼은 인정해야 할 것이다.

4) 천자의 "어학문"

쇼군·오고쇼로서 도쿠가와 이에야스가 제왕의 학문을 흡수, 이해하고 그 보급에 힘쓴 것은 일본 '근세화'가 바로 동아시아화의 심화 과정이었음을 의미한다. 다시 말해서 동아시아 고전고대 이후의 중화왕조, 후계 중화왕조를 둘러싼 각종 일화 및 고사들이 날마다 새롭게 거론된 정치 공간이 근세 일본이었던 것이다.

그렇다면 일본국의 '왕가(王家)'인 천황의 경우는 어떠했을까? 사실상의 제왕(帝王)이던 오고쇼 이에야스는 오사카의 진 직후에 현직 쇼군인 히데타다, 관백 니조 아키자네(二條昭實, 재임 1615~1619)와 3자 명의로 「금중·공가중 제법도(禁中并公家中諸法度)」를 반포했다. 이보다 수 년 앞선 1611년 도요토미 정권의 비호를 받던 고요세이(後陽成, 재위 1580~1611) 천황에서 이에야스가 천거한 고미즈노오(後水尾, 재위 1611~1629) 천황으로 바뀌고 새 천황의 즉위에 맞춰 여러 다이묘들로부터 복종 서약을 받은 일에 대해서는 이미 앞에서 논한 바 있다.

그런데 종래 일본 역사학계는 에도막부의 조정 통제에 관해서는 「금중·공가중 제법도」, 다이묘 통제는 「무가 제법도(武家諸法度)」, 종교 통제는 「제종·제본산 법도(諸宗諸本山法度)」를 중심으로 하여 각기 별도로 다루는 것이 하나의 관행이었다. 그러나 보다 중요한 사실은 오사카의 진에서 승리한 직후 에도의 공의 도쿠가와씨가 가장 강성한 힘을 자랑하던 시점에 조정, 다이묘, 종교 본산들에 대해 동시적으로 헌법과 같은 기본 법령을 반포했다는 점이다. 이는 근세국가가 구상한 최상위 지배 권력의 배치, 공·무·사(寺) 권문의 역할 분담, 나아가서는 근세적인 국가의 형태를 내외에 표방한 일임에 분명하다.

위의 세 법도는 동아시아 법문명권 내부에 위치한 주변 왕조로서 일본국 - 왕권과 정권이 하나의 총체로서 공의 권능을 분장한 - 이 외부도 의식하며 독자적인 국가 형태를 선양할 목적으로 정비한 교유성(教諭性)이 강한 법령들이다. 대외 선언이라고까지 말할 수는 없지만 동아시아 세계 속에 스스로를 자리매김하기 위한 제도화가 아니었을까는 생각이 든다.

그 속에는 동아시아화와 일본화라는 두 가지 측면이 상극(相剋)이 아닌 상보적(相補的)인 관계로 나타난다. 본고의 논지에 따라 먼저 동아시아화 쪽을 살펴보자. 무가의 정상(=쇼군)이 사실상 제왕이긴 하지만 '왕권자(王權者)'가 아니라 왕권을 보좌하는 '패권자(覇權者)'였다는 점에 대해선 이미 논한 바 있다. 그러면 왕가의 주인인 천황은 어떠한 존재였을까? 「금중·공가중 제법도」 제1조의 서두는 다음과 같은 구절로 시작된다.

一. 천자(天子)가 익혀야 할 여러 예능(藝能) 가운데 그 첫째는 어학문(御學問)
이다.

'전후 역사학'은 이를 천황의 명목화, 무력화라는 관점에서 파악하여 천황
의 존재를 정치로부터 배제하고 학문, 문화의 세계에 가둔 것으로 설명해왔
다. 그러나 필자는 일본 근세를 '조막 화융(朝幕和融)'의 시대로 이해하며, 또
한 기존 연구사에도 중세 이후의 모든 무가정권을 공무 결합 왕권(公武結合王
權)으로 간주하는 견해가 있다(堀新, 2011). 그러면 '화융', '결합'이란 시각에
서 볼 경우 국가의 정치적 책임은 어떻게 분장될까? 과연 정치와 전혀 무관
한 "학문"으로만 시간을 보내야하는 것이 천황일까?

과거의 통설적 이해는 제1조 서두의 한 구절만으로 전체 문맥의 해석을
서두른 감이 있다. 거기서 멈추지 말고 조문을 끝까지 정독하면 종전과는 상
당히 다른 천황의 이미지를 만나게 된다.

배움에 힘쓰지 않으면 고도(古道, 옛 성현의 도)를 밝힐 수 없으니 그리하여 태
평을 이룬 자가 지금껏 없었다. 정관정요는 명문(明文)이다. 관평유계(寛平遺
誡), 경사(經史)를 깊이 궁구치 못하더라도 군서치요(群書治要, 앞에서 소개)는
송습(誦習, 암송하고 익힘)해야 한다 운운. 와카(和歌)는 고코(光孝, 재위 884~
887) 천황 이래 끊이지 않았다. 기어(綺語, 교묘히 말을 꾸밈)라곤 해도 우리나
라의 습속이니 내버려둬선 안 된다 운운. 금비초(禁秘抄)에 실린 글도 반드시
배우고 익혀야 한다.[43]

여기에 따르면 천황의 "어학문"으로 들고 있는 것은 『정관정요』, 『관평유

---

43) 『금비초(禁秘抄)』는 1221년 준토쿠(順德) 천황이 기초한 고사전례의 해설서. 아래 본문에도
등장함.

계』,「경사」,『군서치요』,「와카」,『금비초』 등이다. 『정관정요』의 경우는 단지 "명문"이라 평했을 뿐이지만 이는 학습을 장려한다는 의미로 해석해야 할 것이다. 즉, 여기에 거론된 것들은 모두 천황이 배워야 할 대상이다. 이런 '배운다'는 행위에 인격 도야를 위한 문명적 목적성을 크게 부여하는 것은 유가적 사고이다. 혹 유가로만 한정되지 않는다고 하더라도 보다 넓은 의미에서 동아시아 고전고대가 후대를 향해 계속적으로 발신해온 것들로 봐도 좋을 것이다.

"어학문" 속에는 동아시아적인 것과 일본적인 것이 교차한다. 『정관정요』는 이미 몇 차례 소개한 대로 당 태종 이세민(李世民, 재위 626~649)의 언행과 문답의 형태를 빌어 유교정치의 요체를 논한 정도서(政道書)이다. 이 책은 일본 근세의 시작부터 종말에 이르기까지 치자, 피치자 사이에 널리 읽혔다. 이에야스가 후지와라 세이카에게 강론하게 했고, 그 뒤를 이은 쇼군들도 시강을 통해 배웠다. 백성 신분의 식자들 중에도 읽은 자들이 제법 있다. 말하자면 『정관정요』는 유교정치의 요체, 즉 백성의 안민과 무사를 약속하는 치자로서 마음가짐을 설파한 서책이다. 배운다는 행위는 몸으로 익힘을 의미한다. 『정관정요』를 천황이 배운다는 것은 치자로서 삶의 방식을 배우는 일이었다.

『관평유계』는 897년 우다(宇多, 재위 887~897) 천황이 13세의 다이고(醍醐, 897~930) 천황에게 양위할 때 신제(新帝)에게 내린 교유서이다.[44] 또「경사」는 중화왕조의 경서·사서(史書)에 대한 총칭인데, 그 모든 것에 통하긴 어려워도 당 태종대에 편찬된 『군서치요』는 읽어야 한다고 깨우친다. 동아시아의 철학과 역사를 알고 제왕으로서 각오를 배양할 것을 『관평유계』로부터 700여 년이 지난 무가정권 시대 천황의 정치적인 자기수양으로써 장려 내지

---

44) 『관평유계(寬平遺誡)』는 조정의 정무 의식, 천황의 일상 행동, 조정 고관에 대한 인물평 등을 정리한 내용.

요구한 내용이라고 보아야 할 것이다.

「금중·공가중 제법도」의 각 조문이 어떤 방식으로 결정되었는지도 흥미로운 문제이다. 하지만 어떠한 결정 과정을 거쳤든 천황에게 요구된 "첫째는 어학문"이 다름 아닌 정도(政道)를 학습하는 일이란 점을 간과해선 안 된다. 다만 「금중·공가중 제법도」를 명치유신에 즈음하여 15대 쇼군 도쿠가와 요시노부(德天慶喜, 재직 1866~1867)가 대정봉환(大政奉還)을[45] 단행했을 때 그 전제가 된 '대정위임(大政委任)'의 약정서로 간주하는 것은 경솔한 속단임이 분명하다. 천황과 쇼군이라는 왕자와 패자가 넓은 의미로 본 공의(중앙 정권)의 정점에 서서 정도를 분유(分有)한 왕권 구조가 일본의 무가정권이다.

「금중·공가중 제법도」 제14조에는 "평민"이라도 "국왕·대신의 사범을 맡은 자는 각별히 대우할 것"이라 하며, 그러한 특례로써 "대승정(大僧正)", "정승정(正僧正)", "권승정(權僧正)" 등에 임명한다고 보충한 부분이 보인다.[46] 이때의 "국왕"을 쇼군으로 보고 그렇기에 이 조문은 '대정위임'의 의식을 표출한 것이라고 파악하는 견해도 있다. 그러나 "사범을 맡은 자"란 시강 내지 빈사(賓師)를 의미하며,[47] 위 「제법도」 자체가 조정 내의 행위에만 국한된 내용이므로 국왕=정이대장군으로 간주하기엔 무리가 있다. 여기서 "국왕"이란 일본국 왕권을 상징하는 왕, 즉 천황을 가리키는 것으로 이해하는 편이 자연스럽다(深谷克己, 2012).

근세 천황은 고대로부터 계승된 "신명성(神明性)"을 체현할 뿐 민백성(民百姓)과는 직접 마주대하지 않는 존재라는 인상이 강하다.[48] 하지만 정도(政道)

---

45) 대정봉환(大政奉還): 1867년 10월 14일 쇼군 요시노부가 정권을 교토 조정에 반납한 정치사적 일대 사건.

46) 대승정(大僧正)은 정승정(正僧正)의 상위직, 권승정(權僧正)은 정승정의 하위직이며 모두 승려가 임명되는 관직이다.

47) 빈사(賓師): 객분(客分)으로 대접받는 사범.

48) "신명성(神明性)"="귀도성(鬼道性)"—지은이 주. 본문 제3장에 히미코(卑弥呼)의 '귀도'에 관한 기

학습을 통해 그 정치적 성격을 계속 보지해왔다는 양면성에 주목해야 할 것이다. 그런 천황의 정치성을 무가정권 또한 원했다는 점도 유념해두지 않으면 안 된다. 다시 말해서 정도를 실행하는 주체가 아닌, 정도를 학습하는 주체라는 면에서의 정치성이다. 근세적 공무 결합에는 천황을 공가·무가·백성의 빛깔 좋은 장식물로 두지 않기 위해 여러 재편 장치가 필요했다. 천황을 「제법도」의 대상으로 삼은 일도 그중 하나일 것이다.

이를 고대 이래의 역사적 흐름 속에 자리매김하면 천황 지위의 상대적 저하로 봐도 무방할 것이다. 그러나 다른 한편으로는 정치구조의 결합성 또는 화융성을 유지하기 위한 재편, 즉 막번체제에 대한 적합화라고도 볼 수 있다. 필자는 일본 '근세화'에 즈음한 천황 및 공가, 사사(寺社), 나아가서는 무가의 재편 과정을 집약한 것이 앞서 든 세 종류의 권문세력에 대한 법제화였다고 생각한다. 재편된 것은 천황과 공가만이 아니었다. 무가도 사사도 함께 재편된 것이다.

2. 일본화하려는 힘

1) 이에야스의 "본방고기록" 신사 사업

도쿠가와 이에야스가 국책 차원의 출판 사업이라 해도 좋을 규모로 동아시아의 옛 전적(典籍)을 늘리고자 했음은 앞에서 살펴본 대로이다. 한편으로 화서(和書, 일본 서적)에 대해서도 제왕으로서 강력한 힘을 앞세워 밀폐된 서고까지 열어젖히고 그것들을 공개하고자 했다. 『실기』의 기술을 참고해보자.

술이 있음.

이에야스는 "원(院)의 어소(御所)"를[49] 비롯하여 "공경(公卿) 집안"에 전래되는 "본방고기록(本邦古記錄)"들을 "두루 신사(新寫, 새로 필사)"할 것을 구상했다. 이때의 "원"은 고미즈노오 천황이 즉위한 후 1611~1617년 상황의 자리에 있었던 고요세이를 지칭한다. 이에야스는 상황·공경 등의 허락을 받은 후, "오산(五山) 승도(僧徒) 가운데 서적에 밝은 자"를 선출하게 하고 교토 남선사(南禪寺)에서 매일 묘시(卯刻, 동틀 무렵)부터 유시(酉刻, 해질녘)까지 12시간씩이나 필사를 명했다. 이 사업을 감독한 이는 하야시 라잔과 선승 곤치인 스덴(제4장에 소개)이었다. 이때 새로이 필사된 서적은 『구사기(舊事記)』, 『고사기』, 『일본후기』, 『속일본후기』, 『문덕실록(文德實錄)』, 『삼대실록』, 『국사』, 『유취국사(類聚國史)』, 『율』, 『령』, 『홍인격(弘仁格)』, 『홍인식(弘仁式)』, 『정관격(貞觀格)』, 『정관식』, 『연희격(延喜格)』, 『연희식』, 『신식(新式)』, 『유취삼대격(類聚三代格)』, 『백련초(百練抄)』, 『강가차제(江家次第)』, 『신의식(新儀式)』, 『북산초(北山抄)』, 『서궁초(西宮抄)』, 『영의해(令義解)』, 『정사요략(政事要略)』, 『계하유림(桂下類林)』, 『법조유림(法曹類林)』, 『본조월령(本朝月令)』, 『신찬성씨록』, 『제목초(除目抄)』, 『강담초(江談抄)』, 『회분유취(會分類聚)』, 『고어습유(古語拾遺)』, 『이부왕기(吏部王記)』, 『명월기(明月記)』, 『서궁기(西宮記)』, 『산괴기(山槐記)』, 『석일본기(釋日本紀)』, 『유일신도명법요집(唯一神道名法要集)』, 『본조신황계도(本朝神皇系圖)』, 『본조속문수(本朝續文粹)』, 『관가문초(管家文草)』 등 다수에 이르렀다.

『실기』의 편자는 이 사업의 의의를, 종전까지는 각종 서적들을 "집안에만 간직했을 뿐" 서명(書名)조차 외부인은 알지 못했다, 이번 "신사"를 통해 앞으로는 "공무(公武)의 규법(規法)"도 근거를 찾아서 감안할 수 있게 되었다, 라고 해설했다.

---

49) 원(院): 상황(上皇)·법황(法皇)에 대한 경칭.

앞서 본 대로 오사카의 진 직후에 단행된 삼법도(三法度)의 제정은 말하자면 새로운 국가 건설을 위한 헌법 제정과 유사한 의미를 지닌 일이었다.[50] 하기야 에도시대를 통해 조문이 개정되거나 운영상 변용된 사례가 이따금 있었지만 그 획기적인 의의는 변하지 않았다. 과거와의 연속성을 중시하는 역사의식의 시대였다는 점도 선례, 선규(先規)로부터 신법(新法)의 권위를 구하는 자세를 강화하는 데 일조했다.

그리고 또 하나의 측면으로 공의, 천하인의 시야에는 일본 국내만이 아니라 후계 중화왕조, 조선 왕조, 류큐(琉球) 왕조, 이베리아 양국과 서구 제국 사이에서 자국의 좌표를 명확히 해야 한다는 인식도 당연히 포함되었을 것이다. '동아시아화'란 문명적으로 우위에 있음을 인정하지 않을 수 없는 보다 보편적인 정치문화를 흡수하여 자신의 왕조 내부에 널리 확산시키는 과업을 자기 존립의 조건으로 인식한, 다시 말해서 동아시아로부터 가해진 무력 외적인 압력에 대한 일본 근세의 대응이었다. 동아시아화를 택하지 않으면 일본 왕조로서 정치적, 문화적인 자립이나 상승이 불가능했던 것이다.

하지만 중화왕조에 순순히 흡수당했던 것은 아니다. 오히려 져서는 안 된다는 대항적 사명감이 천하인=공의를 사로잡았다. 그래서 이번엔 그 대항적 사명감이 오랜 시간을 통해 일본사 내부에 축적된, 스스로 발명하거나 또는 이미 수용 과정을 거쳐 전통화한 문화의 확인과 보급을 통한 공유, 즉 '일본화'를 의식적으로 증진시키는 쪽에도 작용했다. 그것은 먼저 공가·무가를 막론하고 지배 세력 및 권력자 차원의 움직임으로 나타났으며, 그런 의미에서 민백성에 대치하여 지배 능력을 높이기 위한 영위라는 성격을 띠었다.

과거와의 연속성에 기초해서 정권의 정통성을 강조한 사실은 앞서 든 1611년 다이묘 서사(誓詞)의 첫머리 "우대장가 이후 대대로 전해온 구보의

---

50) "삼법도(三法度)"는 천황 및 공가법, 무가법, 사사법—지은이 주.

법식"에 이어서 "에도 법도"의 권위를 창출하고자 한 부분에서도 잘 드러난다. 1615년 반포된 「무가 제법도」에는 『역경』, 『시경』의 문구도 이용되었지만 『신황정통기(神皇正統記)』, 『십칠조헌법』, 『속일본기』 「겐무시키모쿠」등 화서의 문구들이 조문, 주석 가운데 활용되었다. 그런 전적들을 조사한이는 곤치인 스덴, 하야시 라잔이었다. 특히 스덴은 가마쿠라막부, 무로마치막부를 계승한 근세 국가의 새 법규라 할 만한 「무가 제법도」 13개 조를 후시미성에 모인 여러 다이묘들 앞에서 낭독, 주지시키는 역할을 맡았다.

거듭 강조하거니와 동아시아화가 일방적으로 진척된 게 아니다. 그것과는 대항적이거나 혹은 별도의 벡터(vektor, 크기와 방향)로써 일본화를 자극하는 힘이 동시병행적으로 증폭된 것이다. 이런 현상은 여러 면에서 찾아볼 수있다. 앞서 논한 천하인 이에야스의 "문도(文道)"에서도 위와 같은 쌍방향의힘이 작용하면서 정치문화의 전체적인 상승세를 이끌었다.

2) 「금중·공가중 제법도」의 일본적 성격

천황이라는 개성적인 왕권자를 대상으로 법제를 책정하는 것 자체가 일본적이라 할 수 있다. 하지만 그렇게 강조하는 것만으로 천황에 대한 인식이심화되지는 않는다. 천황에게 요구된 "어학문"이란 동아시아 고전고대 이래민본덕치의 인정(仁政)을 표방한 정치문화의 습득을 지향하는 것이며, 따라서 그러한 정도론(政道論) 학습의 주체로서 천황은 동아시아적 존재이다.

「금중·공가중 제법도」에도 공·무·사사 관계라는 일본만의 개성적인 측면은 물론이고 동아시아화와 서로 뒤엉킨 형태로 일본화에 대한 지향성이여러 군데 나타난다. 일본 왕조의 자기 과시 혹은, 고유한 역사에 입각하려는 의식은 제1조의 "천자 제예능(諸藝能)", 제9조의 "천자 예복(禮服)" 등 "천자"라는 호칭을 통해서도 유추할 수 있다. 화이질서를 전제로 한 동아시아 법문명권에서 천자와 국왕 사이에 상하가 있다는 사실을 이에야스 주변의 유자들이 몰랐을 리 없다. 또 조문 속에 보이는 "고코(光孝, 재위 884~887) 천황"의 예처럼 국내용 문서에는 "주상(主上)", "금리(禁裏)", "예려(叡慮)"로 칭한 경우가 많은데 굳이 "천황" 호를 사용한 점에도 주의해두자. "어학문"의 내용 가운데 "아국(我國) 습속"인 "와카(和歌)", 준토쿠(順德, 1210~1221) 천황이 몸소 기초한 신사(神事) 우위의 고사전례 해설서 『금비초』 등이 포함된 것도 일본적 독자성을 잊지 않은 증좌라 볼 수 있다.[51] 이 「제법도」가 무로마치 막부의 「겐무시키모쿠」와 동일하게 전부 17개 조로 구성된 점도 쇼토쿠태자의 「헌법 17개 조」를 계승했을 것이다.

동아시아화와 일본화의 거리 관계는 제8조 연호 규정에서도 확인이 가능하다.

一. 개원(開元, 연호를 바꿈)은 한조(漢朝)의 연호 중 길례를 이용하여 정할 것. 단, 거듭 습례(習禮)하여 충분히 익숙한 경우는 본조(本朝)의 선규(先規) 관례에 따를 것.

조문에는 '근세화'에 즈음하여 동아시아화와 일본화가 어떤 상호 관계에 있었는가를 시사해주는 내용이 담겨 있다. 원래 화이 관계하의 제 왕조는 시간도 천자가 지배한다는 의미에서 연호를 공유했다. 일본사 또한 고대부터 중국 연호의 사용에 대해 절대적인 기피 감정은 없었으며 '근세화' 단계에서도 마찬가지였다. 하지만 일본 왕조는 후계 중화왕조를 포함한 중국 연호뿐만 아니라 자체 고안한 연호도 사용했다. 이 같은 연호 사용의 일관성이란 면에서 중국보다 일본 쪽이 오히려 중단이 없었다(池田光政, 1997).

---

51) 『금비초』=『금중초(禁中抄)』, 『건력어기(建曆御記)』─지은이 주.

위 조문은 근세 일본이 왕권, 정권 가운데 왕권 쪽에다 연호 선정의 표면적인 주역을 담당하게 했음을 보여주고 있다. 그 결과 헌법적 기능을 지닌 삼법도를 시행하기 직전에 제정된 개원에서는 "한조의 연호"인 "원화(元和)"가 채용되었다.[52] 근세의 개원은 혁명(革命),[53] 혁령(革令)을[54] 이유로 한 경우도 있지만 이때의 "원화"는 "습례"가 미숙했던 때문이라는 설도 있다(久保貴子, 1998).

"습례하여 충분히 익숙"하면 "본조의 선규 관례"에 따른다는 말은 화서, 화어(和語, 일본어)로써 연호를 정한다는 의미가 아니다. 『고사기』, 『일본서기』 같은 일본의 소중화적 고전고대가 아닌 동아시아 고전고대의 사서오경, 사서(史書)로부터 선정한다는 의미이다. 물론 그 선정을 위한 작업 과정에서 화서, 화어도 신중히 검토했을 것이다. 그러나 결정은 어디까지나 동아시아의 고전을 통해서였다. 단순히 타국, 중국의 것을 택한 게 아니라 동아시아 전역을 망라한 보편적인 '공유지(共有知)'로부터의 선정 작업이었고, 그러므로 비로소 동아시아 법문명권이란 규정이 가능한 것이다. 이러한 점에서 동아시아화와 일본화 두 벡터 사이의 친화와 반발이라는 거리 관계, 그리고 일본에 대한 자기 인식의 형태가 시사된다.

3) 기문학파와 고의학파

동아시아화와 일본화 사이의 대립 및 절충은 개인과 집단, 나아가서는 법제·직제에 이르기까지 다방면에 걸쳐 영향을 미쳤다. 그중 한두 가지 사례

---

52) "원화(元和)"는 당대(唐代) 806~820년의 연호—지은이 주.

53) "혁명(革命)"은 신유년(辛酉年)—지은이 주. 일본의 전통적인 음양도(陰陽道)에 의거해서 신유년에 변란이 많았다 하여 개원을 통해 변을 피하고자 함.

54) "혁령(革令)"은 갑자년(甲子年)—지은이 주.

를 살펴보자. 17세기의 유학자로 문하생이 6000명이라 일컬어지는 야마자키 안사이(山崎闇齋, 1618~1682), 마찬가지로 문하생 수가 3000명이라 일컬어지는 이토 진사이(伊藤仁齋, 1627~1705), 이 두 사람은 각기 참신한 학설과 교양을 통해 당시의 많은 일본인들을 매료시켰다. 따라서 그들이 남긴 학문, 언설 속에 동아시아와 일본의 관계가 어떤 식으로 나타나는지는 대단히 흥미로운 문제이다.

어떤 문물·사물도 다른 사회로 옮겨 가면 본디 모습과는 성격이 달라질 수밖에 없다. 율령제든 유교든 일본에 수용된 후 나름의 독자적인 전개를 보인 것은 극히 자연스러운 일이었다. 양자 관행, 은거(隱居) 관행을 통해 독특한 일본식 혈연주의를 찾아내고 그 속에서 발현되는 유교적 사고의 독자성을 지적한 연구도 있다(賴祺一 編, 1993).

일본의 '근세화' 시기에는 불교, 유교, 신도 등의 상호간 거리와 조합 방식에 따라서 많은 다양한 사상이 잉태되었다. 그럼에도 근세의 공의 권력은 경세제민의 원론(原論)과 그 실천 기법을 유교로부터 구했으며, 그것들을 기반 삼아 근세적인 정치문화가 형성된 것은 의심할 여지없는 사실이다. 유교, 불교, 노장이 서로 뒤섞였으니 그런 의미에서 보면 결코 순화(純化)된 적이 없는 '유교핵(儒教核)' 정치문화였다. 하지만 그 총체적인 기운은 학자·다이묘·공가·승려까지 몽땅 끌어들여서 정치사상의 일대 변혁기를 연출했다. 그러한 열기 속에서 필자가 거듭 강조해온 동아시아화와 일본화의 상극 관계가 수많은 개인과 집단, 법제와 의식을 통해 모습을 드러낸다.

야마자키 안사이는 불교에서 유교로, 유교에서 다시 신도로 여러 차례 사상적인 변화를 겪었다. 그가 어떤 인물인가에 대해서도 서책에 따라 평이 나뉠 정도로 대단히 실천적인 사상가였다. 그런 안사이의 자기 변천을 보다 넓은 시각에서 규정하면 주변 왕조인 일본이 경험한 동아시아 법문명권의 보편성과 일본적 독자성 사이에 빚어진 내적 갈등이었다고 할 수 있다. 일본

근세 사상계에 큰 계보를 이룬 기문학파(崎門學派)의 분열상도 학조(學祖) 안사이가 안았던 모순이 확대된 동아시아적 보편주의와 일본주의의 갈등이었다.

후지와라 세이카, 하야시 라잔을 비롯한 많은 식자들이 안사이와 기문학파가 겪은 모순을 형태를 달리하며 경험했다. 무가, 공가들 사이에도 유사한 성격의 갈등을 겪은 자가 많았다. 그것은 중화의 학문·사상에 기초한 정치의 문명화, 수기(修己)의 논리라는 강대한 압력을 받아들이면서도 한편으로 외부로부터 자극에 완전히 동화되지 않고 자율의 발판을 마련하고자 몸부림치던 주변 왕조사회 지식인들의 숙명적인 자기 단조(鍛造)과정이기도 했다.

안사이는 17세기의 인물이다. 그에 대해 논한 여러 서적은 스이카신도(垂加神道)의 제창자로써 그 사상을 특징짓고 있다.[55] 하지만 그것은 안사이가 이세신궁을 참배한 40대에 싹터서 50대 후반부터 본격화된 만년의 사상이었다. 안사이는 단순히 학구적인 사상가에 머물지 않고 40대 말부터 약 7년간에 걸쳐 아이즈(會津) 번주 호시나 마사유키(保科正之, 1611~1672)의 빈사(賓師)로서 신도-불교의 절충을 배제하는 종교정책을 통해 번정(藩政)에까지 영향을 미쳤다. 다이묘 호시나 마사유키는 주자학 및 우라베신도(卜部神道)를 기반으로 한 신유일치론(神儒一致論)의 입장에서 안사이와 서로 영향을 주고받으며,[56] 안사이가 신도에 대한 각성을 심화하는 데 일조했다.

안사이는 10대에 히에이산(比叡山)에 입산한 후,[57] 임제종 묘심사(妙心寺)로 들어가 15세에 삭발하고 승려가 되었다. 그 후 도사(土佐)의 흡강사(吸江寺)로 옮겨서 현지의 식자들과 교류하며 주자학을 공부했고, 25세에 유교로

---

55) 스이카신도(垂加神道): 주자학과 신도를 융합한 유가신도(儒家神道)로 천황, 황실에 대한 절대 존숭을 주장함.

56) 우라베신도(卜部神道): 요시다신도(吉田神道). 무로마치시대 교토 요시다신사의 신관 요시다 가네토모(吉田兼俱)가 유교·밀교·도교·음양오행설 등을 혼합하여 제창한 신도 유파로 신의 유일성, 근본성을 강조함.

57) 히에이산(比叡山): 교토 북동쪽에 위치한 왕성을 진호(鎭護)하는 산으로, 중턱에 천태종 총본산인 연력사(延曆寺)가 자리함.

전향한 다음엔 교토로 돌아와서 불교를 배격하는 한편으로 주자학 일존(一尊)의 입장에서 사당을 세워 제사를 올리며 주자의 저술에 대한 일본어 주석 작업을 진행했다. 조선의 주자학자 이퇴계(李退溪)에 대해서도 높이 평가했다. 무명인 채로 연찬에 몰두하다 38세 때 비로소 강론을 시작하여 그때부터 많은 문하생을 길렀다.

안사이의 주자학이 지닌 특징은 오직 주자의 원전으로 돌아가서 엄밀한 고증하에 주자의 사고 그 자체에 대한 해명에 힘쓰며 여타의 주자학자들을 비판한 점에 있다. "경(敬)"을 근본으로 삼고 정좌(靜坐)에 의한 심신 수양을 중시했다. 40대부터 에도, 교토를 내왕했고 호시나 마사유키의 부름을 받은 것은 48세 때 일이었다. 또 40대 이후 자주 이세신궁을 참배했으며 52세에 대궁사(大宮司)로부터 나카도미노하라에(中臣祓)를 전수받았다.[58] 54세 때는 요시카와 고레타리(吉川惟足)에게서[59] 요시다신도를 전수받고 "스이카영사(垂加靈社)"라는 신호(神號)를 받은 후 스이카신도를 창시했다. 그 후 안사이는 유교 예식을 참고삼아 자신의 영혼을 제사지내는 "생사(生祀)"를 교토 자택에서 행했다. 많은 문하생들 가운데는 '기문 3걸(三傑)'로 불리는 유력한 제자들 외에 신도 계열의 제자들도 있었으니 주자학파, 신도파 사이에 확집이 발생하기도 했다. 명분을 강조하고 탕무방벌(湯武放伐)을[60] 부정한 스승 안사이의 영향을 받아 절의(節義)를 중시한 제자들의 유파로부터 존황사상(尊皇思想)이 태동했다. 전체적으로 보면 기문학파는 주자의 원전에 투철하여 속류(俗流)를 비판하는 동시에 신도적 색채도 짙게 띰으로써, 두 가지 방향성이 온

---

58) 나카토미노하라에(中臣祓): 오오하라에(大祓). 6월과 12월 그믐날 교토의 백관(百官)을 모아 만백성의 죄와 부정(不淨)을 떨치기 위해 거행된 신도 의식.

59) 요시카와 고레타리(吉川惟足, 1616~1694): 요시다신도를 계승하여 신도·유교 일치를 주장한 요시가와신도(吉川神道)의 창시자.

60) 탕무방벌(湯武放伐): 탕왕·무왕의 사례와 같이 덕을 잃은 군주를 토벌하여 내쫓는다는 중국적 인 혁명관.

전히 일체화되지 못한 채로 그 학통이 이어졌다고 할 수 있다.

한편, 고의학파(古義學派)의 학조 이토 진사이는 교토의 상가(商家) 출신으로 주자학을 배웠고 차츰 독자적인 탐구를 통해 신경지를 개척해갔다. 그의 학문은 유교에 바탕을 두고 유교적 용어를 사용하면서도 거의 일본인의 생활철학으로 변용된 듯한 성격을 띠었으며, 그 덕분에 많은 문하생을 흡인할 수 있는 학문적 매력을 갖추게 된 것으로 사료된다.

진사이는 교토에 고의당(古義堂)이라는 사숙(私塾)을 열고 45년간에 걸친 긴 시간 동안 전국에서 모여든 다수의 문하생을 가르쳤다. 야마자키 안사이와 같이 주자학 원전에 대한 깊은 고증이란 방법론을 공유했으나 주자의 사상 형성과정을 주로 탐구한 안사이와는 대조적으로 주자학의 우주론적인 이론 구성을 기피하고 그 원류인 『논어』, 『맹자』로부터 유교의 본래 정신을 파악하고자 했다. 따라서 주자나 왕양명(王陽明)의 주석을 의식적으로 배제하고 직접 원전을 마주 대하여 고전을 고의(古義) ─ 고어 ─ 로써 실증하려는 방법을 취했기에 이 학통을 고의학파라 칭하는 것이다. 그의 사후 세상에 나온 주저(主著) 『어맹자의(語孟字義)』, 『논어고의(論語古義)』, 『맹자고의(孟子古義)』 등에서 "자의", "고의"라는 어휘는 위와 같은 연구 방법론을 집약한 말이다.

진사이는 초창기 유교의 소박한 윤리관에 천착한 끝에 공자가 사람이 올바르게 사는 길을 "인(仁)"이라는 말로 압축했다는 확신에 도달한다. 이런 확신 위에서 주자학의 이기이원론(理氣二元論) 같은 구조적인 사고를 비판하고, 또 안사이와는 다른 각도에서 린케(林家)의 주자학을 형식적 표면적인 유교 인식으로 혹평했다.

진사이는 세상에 두루 존재하는 "일원기(一元氣)"의 본래적인 활물성(活物性), 선성(善性)에 대한 신뢰감을 자기 사상의 터전으로 삼았다(日本思想大系 33 『伊藤仁齋·伊藤東涯』). 즉, 기일원론(氣一元論)에 입각한 것이다. 나아가서 "인

(仁)은 곧 애(愛)다"라 하여 인과 애를 동일시하며 애를 "실심(實心)", "실덕(實德)"이자 실체를 지닌 진심으로 이해했다. 유교의 성선론적 인간 이해에서 나온 인을 애로 치환하여 '애의 마음'이야말로 모든 덕의 발원점이라고 해석한 것이다. 그러한 '애의 마음'을 모든 사람이 원래부터 가졌다고 보았기에 결국 근저로부터 인간의 자연성을 긍정하는 사상을 형성하기에 이르렀을 것이다. 자신의 호에다 유교의 최고 개념인 "인(仁)" 자를 부친 점에서도 진사이의 강한 신념을 엿볼 수 있다.[61]

또한 진사이는 인애(仁愛)를 실천하기 위한 기초에 "성(誠)"을 두었으며, "성"이 "오륜오상(五輪五常)"을 살아 있게 만든다고 생각했다. 그리고 일상생활 속에서 "성"을 실현하기 위해 자신에게는 "충(忠)", 타인에 대해서는 "신(信)"이 소중하다는 점을 강조했다. 따라서 그가 말한 "성"이란 거짓 없는 배려심으로 풀이되는 '충신(忠信)'을 의미하는 말이었다. 진사이에게 천지만물이란 영원히 생성을 이어가는 거대한 "활물(活物)"이었고 "이(理)"라는 논리에 대항적인 활동, 운동에 다름 아니었다. 그에게 인간 삶의 본질은 일상의 흔해 빠진 평범한 행위였으며 그것이 천의(天意)에 부합하는 모습이었다. 실제로 진사이는 아들 다섯 명이 모두 유학자로 성장하는 등 유복한 가족생활을 누렸다. 진사이의 고의학(古義學)은 유교의 일본화이자 한걸음 더 나가서 유교를 원천으로 한 일본사상의 도야 바로 그것이었다.

---

61) 이토 진사이의 호는 '인재(仁齋)'.

제6장 ────────────────────

'사민의 수좌'인 무사

1. 근세인의 신분론

1) 니시카와 조켄의 『초닌부쿠로』

일본사를 아시아사와 이질적인 것으로 간주하여 분리시키는 유력한 근거 중 하나는 무가정권론이다. 이 설을 검토하기 위해서는 우선 무사란 어떤 존재인가라는 물음이 아주 중요하다. 근년 들어 일본 역사학계에서는 조선, 류큐(琉球), 중국의 '사(士)'와 일본의 '무사'에 대한 비교사적 연구가 진행되고 있다(大橋幸泰·深谷克己 編, 2011). 그러한 논의는 '사'와 '무사'의 차이를 어느 정도 분명히 해준다. 또한 동시에 그들 모두가 시대의 규범 신분임을 자각하고 사서오경에 기초한 수기적(修己的)이며 금욕적인 규율을 스스로에게 부과한 신분 계층이었다는 점에서 공통성도 확연히 드러나고 있다. 요컨대 일본의 무사는 무(武) 중심의 사고방식이라는 개성이 강하다. 하지만 여타 동아시아의 '사'와 대극적인 성격이라고는 말할 수 없다.

동아시아가 공유해온 '사농공상'이라는 용어는 일본사에서도 널리 사용된다. 그런데 '전후 역사학'의 봉건제론은 '사'와 '농·공·상'을 분리하여 지배계급(신분)-피지배계급(신분) 사이의 비(非)화해적인 관계로 대치시켰다. 하지만 필자는 근세의 사농공상이 문자 그대로 '사민(四民)'을 구성하며, '사'는 광의의 '민'에 포함된다는 입장에 서 있다.

그러면 근세인의 언설을 직접 살펴보자. 나가사키의 민간 학자 니시카와 조켄(西川如見, 1648~1724)은 1719년 간행된 저서 『초닌부쿠로(町人囊)』를 통해 당시의 신분 구성을 다음과 같이 설명한다(『町人囊·百姓囊·長崎夜話草』).

성인(聖人)의 서책을 통해 생각하건대 인간에게 다섯 가지 품위(品位)가 있다. 이것을 오등(五等)의 인륜(人倫)이라 한다. 그 첫째는 천자, 둘째는 제후, 셋째가 경대부(卿大夫), 넷째가 사(士), 다섯째가 서인(庶人)이다. 이를 일본에 비추어보면 천자는 금중님(禁中樣, 천황), 제후는 여러 다이묘(大名), 경대부는 하타모토(旗本) 중 관위를 받은 우두머리들, 사는 하타모토 중 무관(無官)의 자들이다. 구보님(公方樣, 쇼군)은 금중님에 이어서 모든 제후의 주인이므로 구보님 집안의 사무라이(侍, 하타모토·고케닌)는 비록 무관이라 해도 태생적으로 6위의 관위에 준한다. 구보님 집안의 사무라이 외에 여러 가중(家中, 다이묘의 가신들)은 이를 모두 배신(陪臣, 가신의 가신)이라 칭하고 그들 아래의 사무라이와 함께 모두 서인에 속한다. 그중 일국(一國=一藩)의 가로(家老, 번의 최고위직)는 제후의 대부(大夫)이므로 구보님 집안의 사무라이에 준한다. 그 외 각 번에 속하는 여러 사무라이, 후치(扶持)[1]·기리마이(切米, 최하급 가신) 등도 모두 서인이다. 또한 서인에 네 가지 품(品)이 있다. 바로 사·농·공·상이다. 사(士)는 위에서 말한 각 번 또는 그 아래 속하는 사무라이들이다. 농(農)은 경작인이다. 지금은 이를 백성이라 부른다. 공(工)은 뭇 직인들이다. 상(商)은 장사치들이다. 상층의 오등과 이 사민(四民)의 구분은 천리에 따른 자연스러운 인륜이

---

1) 후치(扶持): 여기서는 주로 봉록미를 지급받는 번의 하급 가신을 가리킴.

며, 특히 사민 없이는 오등의 인륜도 세울 수 없다.

조켄은 17세기 후반~18세기 전반의 사상적 흐름을 보여주는 지식인이다. 에도를 방문한 적도 있으니 위와 같은 사회론에는 나름의 넓은 안목에서 본 관찰이 반영되었을 것이다. 그는 위 인용문 서두에 "성인의 서책", 즉 동아시아 고전고대의 경서나 그것들에 대한 후세의 주석서 등에 보편적으로 나타나는 신분 구분에 대한 소개라는 점을 전제하고 있다. 사서오경은 조켄과 같은 지식인에게는 모두가 "성인의 서책"이었다. 분명히 조켄은 근세 일본의 동아시아화를 체현한 인물이다. 하지만 그렇다고 모든 면에서 중국이 옳다고 생각하진 않았다. 함부로 일본을 자찬하지도 않고 양자를 비교하면서 자신의 생각으로 평론한 것이다.

2) 무사를 모두 "서인"으로 보는 시각

니시카와 조켄은 우선 세계 공통의 기준적인 신분 구성으로서 인간사회를 천자, 제후, 경대부, 사, 서인(庶人)이라는 다섯 등급으로 구분하는 방식을 소개한다. 이어서 그 하나하나를 당시 일본의 신분 계층과 비교하며 적용시켜 간다. 잘 들어맞는 것도 있으나 맞지 않은 때는 그것이 어떤 신분인가 설명이 필요해진다. 이러한 궁리를 거치며 일본적인 신분 서열의 독자성을 드러내고 있는 것이다.

"천자"는 일본사의 경우 천황이 이에 해당한다. 또 "제후"란 원래 천자 또는 국왕과 직접적인 주종관계를 맺고 체제를 수호하는 '패자'들이다. 조켄은 여기에 다이묘를 넣었다. "경대부"에는 관위를 가진 우두머리역의 하타모토를, "사"에는 무관(無官)의 하타모토를 각기 비정했다. 즉, 도쿠가와 쇼군에 직속한 봉록 1만 석 미만에 쇼군 알현의 자격을 갖춘 하타모토들을 "사" 중에서도 특별한 위치로 본 것이다. 국가 형태 면에서 일본사의 독자적 존재인 쇼군은 천황 바로 다음 신분이므로 다른 다이묘와 병렬시키지 않고 다이묘들의 "주인"으로 간주했다. 그리고 쇼군의 직신(直臣, 직속 가신)들은 무관이라 해도 "6위" 관위에 준하는 존재로 보았다. 다만 조켄은 공가, 사사에 대해선 아무런 언급도 하지 않았다.

다이묘의 가신들, 즉 "가중"은 "모두 배신(陪臣)"이다. 쇼군의 직신이 아닌, 가신의 가신이란 뜻이다. 다이묘의 가신들도 휘하에 무사로서 격식이 허용된 '용인(用人)', '가사(家士)' 등을 고용하고 있다. 하지만 이들은 "배신"에도 포함되지 않는다. 조켄은 이들을 "그들(=배신) 아래의 사무라이"라 칭했다. 배신 및 배신 가문에 속한 "그들 아래의 사무라이"들은 모두 "서인"이었다. 그 밖에 일반 사무라이들도 조켄은 서민으로 인식했다.

단, 다이묘의 가중 가운데 최고위직인 "가로(家老)"만큼은 쇼군의 직신과 동일하게 6위에 준하는 지위로 인정했다. 사견을 덧붙이자면, 가로는 단순히 상급 가신이어서가 아니라 정책 결정에 참여하고 주군인 다이묘의 정사(政事)를 직접적으로 떠받치는 입장이므로 '치자(治者)'에 속하는 존재라 할 수 있다. 일반 무사는 정치를 위한 업무에 종사하고 관리로서 때로 독자적인 판단을 내려야 할 영역도 있겠지만 정책 방침이나 정치의 큰 방향을 지시할 수는 없다. 상급자의 정책 수행을 돕는 봉공(奉公) ─근무─ 하는 입장에 지나지 않는 것이다.

니시카와 조켄은 위와 같이 무사를 포함한 서민을 "사민(四民)"이라 칭하며 사농공상에 대해 설명을 이어갔다. "농"은 경작자로서, 호칭이 "백성"이다. "공"은 수공업에 종사하는 "직인"이고, "상"은 "장사치"를 가리킨다. 서민을 일가의 생업 또는 책무인 가직(家職)을 중심으로 크게 구분한 것이다. 다만 "사"의 경우, 조켄은 쇼군 직신 중 무관의 하타모토를 이에 비정했으므로 필자의 이해와는 그 범주가 일치하지 않는다. 그러나 조켄이 "서인"에 포함시킨 번사층(藩士層, 각 번 소속 무사들)이 근세적인 사농공상의 "사"에 해당하는 것은 분명하다. 다시 말해서 당시 사회적으로 사농공상의 "사"에 대해 논할 때는 무사 일반으로서 논하는 것이며, 일부 '무가(武家)'를 제외하면 무사 신분을 내부적으로 구별하지 않았다.[2]

일본사에서 가직의 차이를 중심으로 사농공상을 구분하는 언설은 광범위하게 존재한다. 그중 "사"의 가직은 일차적으로 다이묘, 가로 밑에서 지배의 실무에 종사하는 일이다. 따라서 이 경우는 중국 고전에 보이는 "사"와 실태 면에서 별반 다르지 않다. 다만 사농공상 각각에 대해 "농(農)"은 가래와 낫, 초닌(町人) 가운데 "공(工)"은 여러 도구, "상(商)"은 저울과 주산, "사(士)"는 창·장도(長刀)·칼·갑옷·마구 등으로 가직을 상징한 일본 근세의 사민론(四民論)에서는 무사에게 '무(武)'의 성격이 강하다(『百姓傳記』 卷四). 전국시대의 유풍(遺風)인 '무'에 중점을 둔 가직으로써 무사를 인식하는 논의와 재무 및 제업무에 비중을 둔 논의 사이에는 아무래도 거리가 있다.

이러한 복합적 성격을 지닌 무사는 "사민" 가운데 수좌(首座)·상좌(上座)의 지위를 독점한 서민이었다. "사민" 중 하나이면서도 관리, 이료(吏僚)로서 정치적 업무의 말단을 맡아 집행하고 사회의 무사(無事)를 지켜내야 하는 공민(公民)이었기에 그들의 비호를 받는 농·공·상 등 하좌(下座)의 서민보다 상위에 자리매김된 것이다. 그러므로 무사는 "사민"의 규범 신분으로서 생활 전반에 걸쳐 과오가 없도록 스스로를 늘 규율해야만 했다. 또한 치(治)-피치(被治) 사이를 불안정하게 오가며 스스로의 신분에 깊은 확신을 갖지 못했고 그런 모순적인 신분 감각으로부터 온전히 해방될 수 없었다.

---

2) '무가(武家)'는 지배 권력을 구성하는 쇼군과 다이묘 및 그 가로층(家老層)을 의미함.

3) 사농공상을 둘러싼 근세인의 언설

'사농공상'이란 말은 동아시아 고전고대의 춘추전국시대에 기원을 두며, 조선의 경우도 일본과 의미하는 바는 조금 다르지만 널리 사용되었다. 즉, 동아시아 세계에 보편화된 용어였던 것이다. 일본사의 근세 초두에 기독교 선교사들이 포교 활동을 위해 만든 『일포사서(日葡辭書)』(제4장에 소개)에는 아래와 같은 채록이 실려 있다.

사민(四民). 네 가지 민(民). 말하자면 사·농·공·상이니 사무라이·농민·공인· 상인을 가리킨다.

그리고 "사무라이"에 관해선 "신분 있는 무사와 병사"라고 설명한 다음에 "귀인(貴人)"이라는 주를 덧붙였다. 여기서 "귀인"이란 일반 무사가 아닌 상급의 무장을 지칭한 말이다. 그러므로 당시 선교사들은 무사를 상, 하 두 부류로 구분했음을 알 수 있다. 무사에 대한 이런 구분법은 복잡한 현실을 반영하면서도 본질 면에서 횡적인 사농공상의 기본 성격을 시사해주는 것으로 보인다.

17세기 전반의 저명한 검술가인 미야모토 무사시(宮本武藏, 1584~1645)가 저술한 『오륜서(五輪書)』의 일부를 인용해보자.

대저 인간 세상을 사는 데 사·농·공·상의 네 가지 도(道)가 있다. 첫째는 농(農)의 도이다. 농인(農人)은 여러 도구를 갖추고 사계절의 변천을 새기며 쉼 없이 봄, 가을을 보내니 이것이 농의 도이다. 둘째는 상(商)의 도이다. 술 담그는 자가 여러 도구를 갖추고 그 좋고 나쁜 이(利)를 구해서 세상을 사는 것도 상의 도이고, 각자가 자신의 벌이로 얻은 이득으로 세상을 사니 이것도 상의 도이다. 셋째는 사(士)의 도이다. 무사는 온갖 병구(兵具)를 마련하고 병구마다의 덕(德)을 터득하는 일이야말로 무사의 도로 삼아야 한다. (중략)넷째는 공(工)의 도이다. 목수의 도는 수많은 도구를 빠짐없이 구비하고 그 하나하나를 능히 사용하여 곡척(曲尺)으로 정확히 잰 후 쉼 없이 그 기술로써 세상을 살아간다.

위와 같이 기술한 후, 다시 항을 바꾸어 "사졸(士卒)은 목수처럼 손수 그 도구를 갈고……"라 하며 "사"에 제일 가까운 것을 "공"으로 보았다. 검객 무사시는 사농공상을 직능의 차이로 파악한 것이다.

또한 18세기 전반 석문심학(石門心學, 제2장에 소개)을 개창한 이시다 바이간(石田梅岩, 1685~1744)은 아래와 같이 동질론, 대등론을 표방했다.

사·농·공·상 그 각각의 직분이 다르지만 이치는 매 한 가지이다. 사(士)의 도는 농·공·상에 통하고 농·공·상의 도는 사에도 통한다.

그리고 그 직분에 따라서는 아래와 같이 말했다.

특히 사(士)는 정치를 돕는 농·공·상의 우두머리이므로 청결하고 정직해야 한다. 만일 사욕을 부린다면 그곳은 영원한 암흑천지이다. 또 농·공·상도 그 가주(家主)는 일가의 우두머리이므로 만약 사욕을 부리면 온 집안이 암흑천지가 된다(「齊家論」日本思想大系 42 『石門心學』).

"농·공·상의 우두머리"로서 무사의 책임과 함께 농·공·상의 가장이 져야 할 책임을 동시에 강조했다. 사농공상을 하나의 가족에 비유한다면 "사"를 가장에 해당하는 존재로 본 것이다. 이는 사농공상을 단순히 가직, 가업의 차이에 따른 수평적인 관계가 아니라 무사의 우월성을 인정한 위에서 각각의 위치를 비유적으로 표현한 것이 할 수 있다. 즉, 신분차라는 감각을 기본적으로 수반하면서도 다른 한편으로 각 신분의 횡렬성(橫列性)을 강조한 것이다.

이러한 신분 관념을 토대로 하여 19세기 전반 무렵엔 보다 평균 의식이 심화된 언설도 촌락사회에 나타난다. 가와고에번(川越藩)의 분령(分領)인 고즈케국(上野國, 군마현) 나와군(那波郡) 히가시젠요지촌(東善養寺村)의 나누시(名主, 촌장) 하야시 하치에몬(林八右衛門)은 백성잇키(百姓一揆)를 막기 위해 부심했으나 잇키 종료 후 그 주모자로 간주되어 번으로부터 "영뢰(永牢, 종신감금형)" 처분을 받았다. 성실한 근무를 자부해온 하치에몬으로선 납득할 수 없었고, 그로인해 정도(政道)를 급진적으로 비판하며 신분론에 관해서도 아래와 같은 평균 사상을 분출했다.

> 무릇 사람은 하늘(天) 아래의 영(靈)이라고 아마테라스오미카미(天照皇太神, 천황가의 시조신)도 말씀하셨다. 그렇다면 위로 한 분에서 아래로 만인에 이르기까지 사람은 사람일뿐 인(人)이란 말에 구별은 없어야 한다. 상하귀천의 차별이 있다고는 하나 이것은 정도(政道)의 도구로써 천하를 평온히 하기 위함이다. 사·농·공·상마다 각각의 가업이 있으니 그 업(業)을 중히 지켜나가야 한다 (「勸農敎訓錄」『日本庶民生活史料集成』第6券).

신분은 "정도의 도구"이며 애당초 "사람"에게 구별은 없고, 사·농·공·상이 각각의 가업을 표현한 것임을 주장한다. "아마테라스오미카미"라는 초월 관념은 문맥상 오히려 신, 군주 앞의 만인 평등이라는 평균론을 강조하는 효과를 거두고 있다.

2. 무사관료제 국가

1) 전사에서 역인으로

일본 근세국가와 사회의 출발은 전란 극복 다시 말해서 난세로부터 치세로의 급속한 전환을 기점으로 했다. 하극상, 군웅할거, 천하를 얻기 위한 내전, 종국에는 동아시아 세계의 '중화 황제'화 충동에 몸부림친 대륙 침략 등 군사적 비대화가 이미 극한에 달했다. 한편으로는 그런 와중에 증폭된 민백성의 태평 희구, 무장들과 군단의 피폐, 말단 병사에까지 침투한 염전(厭戰) 기운 등을 토대로 한 '천하통일'의 대의명분이 도리어 무사(無事)와 안민(安民)을 가져다주는 인정(仁政)의 약속으로 인식되기에 이르렀다. 이런 두 가지 모순적인 방향을 한꺼번에 담아낸 것이 도요토미 히데요시의 선언과 행동이다.[3]

근세 사람들은 '치세의 달성'을 히데요시 다음으로 천하인(天下人) 자리에 앉은 도쿠가와 이에야스의 공적으로 기록하고 이를 대를 이어서 기억했다. 그리고 이에야스를 신격화한 도쇼다이곤겐(東照大權現, 제5장에 소개)이 도쿠가와 쇼군가를 중심으로 한 공의(公儀) 신용의 원천으로서 역할을 담당했다. 무력한 쇼군도 공의의 폐정(弊政, 악정)도 "신군(神君)" 이에야스의 위력 덕분에 구제받았고, 막정(幕政) 개혁까지도 신군을 배경으로 삼아 실행할 수 있었다.

전쟁과 폭력을 봉쇄한 귀결점으로써 등장한 막번체제는 인사(人事) 면에서 세키가하라 내전의 승자, 패자의 군세에 의해 운영되었다. 비로소 태평 국가를 맞이한 군단은 이념을 가진 정치기구로의 급속한 전환을 요구받았다. 도쿠가와씨 아래의 다이묘 가문, 즉 무가 집단이 공의 또는 공의의 대리인으로서 번 권력을 구축해갔고 그 과정에서 종전까지 칼·창에만 의지하던

---

3) 제4장에서 소개한 총무사(總無事), 즉 사전금지령(私戰禁止令)을 가리키는 것으로 보임.

'전사(戰士)'들을 정무 집행을 위한 '역인(役人, 관리)'으로 변화시켜야 했다. 한마디 덧붙이자면 넓은 의미에서 조정, 사사의 최상층도 여기에 편입되었다.

초기, 후기, 말기에 따라 각기 그 수가 다르지만 평균적으로 근세의 다이묘가(大名家)는 대개 이백 수십 가문 정도였다. 이들은 세키가하라 내전 후 펼쳐진 논공행상의 결과 입신 내지 보신(保身)에 성공하여 무사 신분의 정상을 차지한 소위 '무가'들이었다. 초기엔 지위와 영지를 몰수당한 '개역(改易) 다이묘'도 많았다. 살아남은 다이묘들은 쇼군 교체기마다 「무가 제법도」의 통제 대상이 되었다. '무가'가 어떠한 존재이어야 하는지는 교령(敎令) 성격이 강한 법령을 통해 확정되었다. 다만 모든 원칙에 예외가 있듯이 다이묘가는 공가 ― 전국시대 이래 단절된 가문을 복구하여 약 100개 정도에 달함 ― 와 달리 흥망이 잦았던 까닭에 일가 존속을 위한 분가(分家) ― 지번(支藩) ― 를 허락받기도 했고, 후에는 무공이 아닌 공의의 고관으로서 "역공(役功, 행정적 공적)"에 의거한 다이묘가도 출현했다. 또 고산케(御三家, 제5장에 소개)에 대해서는 영지안도장(領知安堵狀)이 발급되지 않았으며,[4] 고유한 영지나 번사가 없는 다이묘가도 설정되었다. 심지어 다케다가(武田家), 이마가와가(今川家), 하타케야마가(畑山家) 등 명가(名家)의 후예로서 천하인이 되지 못한 가문은 무가 출신의 "고케(高家)"로 등용되어 조정·막부 간 교류의 의례를 담당했다.[5] 영지 규모 3000석 이상의 하타모토에게 다이묘격(大名格)을 인정한 "고타이요리아이가(交代寄合家)"도 있었다.

근세의 무가 세력이 천황과 공가, 사사를 제 뜻대로 지배했다고 보는 견해는 부정확하다. 거꾸로 무가야말로 가장 큰 자기개조를 강요당했다. 강렬한 하극상 욕구를 단념하고 안민과 무사를 보장하기 위한 '문치' 쪽으로 방향

---

4) 영지안도장(領知安堵狀): 본래의 영지에 대한 쇼군의 승인서.
5) 고케(高家): 조정 관계의 의식·전례를 담당한 무가의 직명, 관위는 다이묘에 준하고 28개 가문이 세습함.

을 틀어야만 했다. 그 전환 과정에서 무가 내부의 서열화, 가중(家中, 가신들)의 임무에 대한 가직화(家職化) 등이 불가피하게 추진되었다.

군단으로서 성격을 상실하거나 혹은 약체화된 무가 세력 각각의 정점에 선 인격체가 근세의 다이묘이다. 그들은 가로층(家老層)의 정책 결정, 정무 지휘에 의지하며 가중을 행정 실무자로 삼았다. 다이묘가의 재생산을 위해서는 영지 방어 등 군사 부문을 수행할 "반가타(番方, 군사 담당)"의 배치가 우선적으로 필요했고, 또 유사시 가신을 총동원할 수 있는 군역 체계도 정비되었다. 그러므로 번의 모든 인적 역량이 정무, 재무를 수행하는 "야쿠가타(役方, 행정 담당)"에 배치된 것은 아니었으나 그 비중은 불가역적으로 늘어갔다.

무사의 기본 소양으로서 청년기의 무예 수련은 전국시대보다 오히려 성행했다. 그러나 무사 본연의 전사성(戰士性)은 약해지고 관리로서 성격이 강화되었다. 검술 유파가 급증했지만 내용상으로는 갑옷, 투구를 착용한 실전적인 병법에서 심신 단련을 위한 직립 자세의 검술로 변모해갔다. 병기를 흉기로 보며, 검을 다루는 마음가짐에서도 '살인검'이 아닌 '활인검'이 존숭되었다.

이러한 변화는 무사의 용맹무쌍한 엄니를 제거하고 종순한 행정관으로 바꾸는 일이었기에 당연히 신질서에 대한 저항 세력이 나타났다. 그들은 세간에 "가부키모노(歌舞伎者)"라 불렸다. "가부키모노"는 진기구미(神祇組)의[6] 두목 미즈노 주로자에몬(水野十郎左衛門, ?~1664) 등을 중심으로 한 "하타모토 얏코(旗本奴)"와 반즈이인 초베이(幡隨院長兵衛, 1622?~1657, 미즈노와 결투하여 살해당함) 등이 중심이 된 "마치얏코(町奴)"로 대별되듯이 여러 계층을 망라했다.[7] 그들 가운데 무사 신분인 자들은 전장에서의 공명이나 병장기를 휘두르는 하극상적인 입신출세를 여전히 높이 샀다. 태평스레 붓과 주산을 놀리

---

6) 진기구미(神祇組): 에도시대 초기 하타모토 출신 협객들이 신에 맹약하고 조직한 집단.
7) 마치얏코(町奴): 일반 초닌(町人) 출신 협객들.

는 관료 생활과 순종적인 태도는 그들에게 비웃음의 대상이었다. 유사시에 '목숨을 내던지면 그만'이라는 각오는 용맹을 낳는다. 하지만 찰나적인 정신의 고양을 선호하고 반복되는 무료한 업무 수행을 기피함으로써 거리에서의 싸움질, 아무런 목적이 없는 "악식(惡食)" 경쟁 따위로 넘쳐나는 힘을 분출했다.[8] 쇼군의 직신 오쿠보 히코자에몬(大久保彦左衛門, 1560~1639)의 『미카와 모노가타리(三河物語)』(1626)처럼 문사(文事)를 수행하는 자에 대한 반감, 비난을 노골적으로 드러낸 서책도 있었으니 이것들이 모두 당대 정치 현실에 대한 비판을 담고 있었다. 막부·번은 가부키모노 제압에 안달했고, 그런 속에서 무사의 '전사'로부터 '역인'으로 변모가 파상적으로 진행되었다.

2) 무사는 국가적 신분인 동시에 공민 신분

근세 일본에서 '무가'와 '무사'는 같은 신분이 아니라 오히려 치자, 피치자로서 서로 맞서는 관계였다. 무가는 광의의 무사 중에 최상위를 점한 불과 300명에도 못 미치는 다이묘들을 가리킨다. 다이묘의 정책 결정에 참여하고 직접적으로 정무를 보좌한 가로층도 엄밀히 말하면 무가라고 볼 수 없다. 하지만 그 기능을 생각하면 '치자' 쪽이며 국가적 신분제 구성에서 최상위에 속한다. 또한 쇼군가, 다이묘가에 예외 없이 존재하는 가장 가까운 친족인 "일문(一門)"도 정책에 관여하진 않지만 때에 따라 쇼군, 다이묘의 지위를 엿볼 수 있고 신분질서 유지에 중요한 역할을 수행했다는 의미에서 '치자' 쪽이다.
국가적 신분제란 국가권력이 지배를 위해 신분집단을 서열화한 장치를 말한다. 그 최상위는 쇼군과 다이묘, 그리고 그들을 뒷받침하는 가로층이었다. 역인, 즉 이료층(吏僚層)에 속하는 일반 무사들도 국가적 신분의 일부였

---

8) 악식(惡食): 육식을 비롯하여 당시 상식에서 벗어난 별난 음식 먹기.

지만 '치자' 휘하에서 '치(治)'에 관련된 제 업무를 집행할 뿐이었다. 그래서 일반 무사는 「무가 제법도」가 아니라 「제사(諸士) 법도」의 적용을 받았다.9)

「무가 제법도」의 직접적인 적용 대상은 극소수에 지나지 않았다. 그러나 다이묘의 직위를 물려주고 은거한 전(前) 번주나 후계자로 인정된 세자 및 그 후보자는 다수에 달했고, 그들의 일족에다 가로층까지 포함하면 무가도 전체로써 상당한 규모의 사회집단을 형성했다. '무가'와 '무사'의 신분 차이를 낳은 결정적 요인은 세키가하라 내전, 오사카의 진 등을 중심으로 한 무공의 크고 작음이었다. 양쪽 모두 선조의 무공을 긍지로 삼았다. 그리고 일반 무사에 머무르게 된 자들은 다이묘가의 가중, 가신으로서 서서히 역인화(役人化)해갔다.

일본 근세의 국가적 신분제는 근세사회 내에서도 가장 복잡한 위계제(位階制)를 형성했다. 다이묘가 등이 처음 가신을 고용할 때 책정한 가록(家祿)은 번의 궁핍한 재정 사정 외에도 특정인의 입신(立身)에 대한 다른 가중의 심정을 배려하여 그 후 여하한 사정이 없는 한 쉽게 가증(加增)해줄 수 없었다. 그럼에도 당면한 필요성으로 인해 여러 직책이 새로 만들어지고 그것들이 다시금 분기해가는 현상은 막부·번이 동일했다. 역인은 그 직무에 따라 경제적으로 과중한 부담을 안았다. 대개의 경우 가록에 의존하여 피고용인을 포함한 제 경비를 조달해야 했기 때문이다. 또 언젠가는 직위를 물러나야 한다는 사실이 재임 기간 동안의 가록에 의존한 집무 수행을 당연한 것으로 받아들이게 했다.

그런데 가록에 기초한 세습제만으로는 시대상황에 따라 변화하는 직제 편성에 대응할 수 없었고 적재(適材)의 적소(適所) 배치도 불가능했다. 맨 처음 부여된 가록은 그 당사자에게 가장 적절한 수준이었겠지만 2대째 이후로

---

9) 「제사(諸士) 법도」: 1632 반포된 전체 23개 조의 법령.

는 능력과 상응하지 않게 된다. 어떻게든 인재 발탁이나 승격이 불가피해지면서 가록은 고정적인 채로 두고 현직 근무기간만으로 한정한 특별한 급미(給米) 조치가 고안되었다.10) 이 점이 근세 무사관료제의 중요한 특징이다(藤井讓治, 1999).

위와 같은 성격을 지닌 일반 무사는 사민의 우두머리로 농·공·상 위에 존재하는 신분이면서 동시에 정치의 말단을 담당한 공민이었다. 무사에는 정규 번사인 "배신(陪臣)" 외에 하타모토가, 번사가에 고용된 "그들(=배신) 아래의 사무라이" 다시 말해서 "가사(家士)", "용인(用人)", "가치(徒士)" 등도 포함되었다. 이들은 복장, 대도(帶刀) 면에서도 무사로서 외양을 취했고 농·공·상으로부터는 "무사님(お侍樣)", "무가님(お武家樣)"이라 불리며 존중받았다. 이 밖에도 "아시가루(足輕)"라 하여 촌락사회로부터 순환적으로 공급되거나,11) "추겐(中間) 이하"12) "와카토(若党, 무사의 종자)", "고모노(小者, 잡역부)" 등등, 소액의 급여를 받고 고용된 자들도 하급 무사에 포함되었다. 번에 따라 다양한 명칭으로 불린 "향사(鄕士)"층도 전국적으로 존재했으며,13) 이들 모두에게는 무사와 백성으로서 처우가 뒤섞여 나타나는 게 보통이었다. 무가와 구별되는 무사란 이러한 경계적인 자들까지 포함한 공민을 의미한다.

쇼군 중심의 질서에서 보면 이 같은 일반 무사는 분명히 배신(陪臣)이다. 하지만 무가의 사적인 가신은 아니었다. 다이묘의 자제를 보살피는 역할도 다이묘가의 재생산이 국가적 의미를 갖는 한 그것은 공적인 가직이었다. 그들은 무사 집안의 피고용인으로서 당주(堂主)와 주종관계를 유지하는 동시에 국가적 신분제의 하층부를 지탱했다.

---

10) 급미(給米): 에도시대 중하급 관리는 보통 현물 미곡을 급여로 받았음.

11) 아시가루(足輕): 농민 출신으로 평시에 잡역, 전시는 보졸(步卒)의 의무를 수행함.

12) 추겐(中間): 아시가루와 고모노의 중간에 위치함.

13) 향사(鄕士): 향사·무소쿠닌(無足人)·지사(地士)·재중 고케닌(在中御家人)·외성사(外城士) 등으로 호칭됨—지은이 주. 농촌의 촌락에 정주한 하급 무사.

3) 과거제를 결여한 근세 관료제

에도시대의 일반 무사를 관료로 인식하는 것은 그간의 연구사에 입각하여 현재로선 학계가 거의 암묵적으로 수용하고 있는 사항이다(高木昭作, 1990; 藤井讓治, 1999). 수준 높은 통사적 서술에서도 마찬가지 입장을 취하고 있다(山口啓二, 1993). 그리고 최근엔 앞서 논한 니시카와 조켄이 "서인(庶人)"인 배신과 구별하여 "6위"에 준하는 "사(士)"로 분류한 하타모토가 국가 관료라는 사실을 논증한 연구도 발표되었다(野本禎司, 2011). 이 연구는 "하타모토 배차금(拜借金, 쇼군으로부터 차용금)"을 소재로 하여 막부 관료직 수행과 하카모토가의 특권이 어떤 관계에 있는지 밝혀냈다. 쇼군 직신인 하타모토를 '국가 관료'로 인정한다면, 다이묘가의 가신들은 '지방 관료'로 이해할 수 있다.

근세 일본을 동아시아 법문명권 속에 위치지우고자 할 때 부딪히는 난문 중 하나가 관료 등용 시스템으로써 과거제를 결여한 점이다. '전후 역사학'은 무사를 봉건영주계급으로 간주했다. 즉, 관료제와는 어울리지 않는 존재로 본 것이다. 그러나 근년 들어서는 영주제의 발흥을 처음 제기했던 일본 중세사학계에서도 무사에 대한 재검토가 거론되며(高橋昌明, 1999), 재지영주 제론에 입각해서 무사단의 등장을 설명해온 기존 논리는 점차 상대화되고 있다.

학계에서는 근세 관료제의 출발을 상급 무사의 군사관료화에서 찾는 견해가 있다. 하지만 그것은 단순히 기점에 불과하다. 모순을 내포한 민간사회의 팽창과 함께 제기된 수많은 과제를 처리하기 위한 민정(民政) 분야의 자립, 그리고 업무를 수행하는 역인 수의 증가야말로 근세 관료제를 확대시킨 일차적 동인일 것이다. 만약 근세 관료제가 온갖 새로운 과제들에 제대로 대응할 수 있었다면 막번체제는 보다 장기간 연명했을 것이다. 그런데 왜 정체 상태에 빠져들어 결국 해체되고 말았을까? 이 점에 관해선 다음 항에서 논할 예정이다.

오래전부터 근세사 연구자들은 무사의 봉공을 반가타(番方), 야쿠가타(役方)로 구분하고 야쿠가타를 수행한 무사들을 "봉건이료(封建吏僚)"라 칭했다. 또한 일본 근세를 절대주의 시대로 이해하는 시각도 있어서 그 경우도 무사를 관료로 파악했다. 하지만 대세는 그러한 과정 자체를 영주제의 발전으로 인식했기에 '무사=관료'론이 표면화되지는 않았다. 일본근세사 전공자로서 무사관료제론을 계속 제기해온 사람은 후지이 조지(藤井讓治)이다(藤井讓治, 1980, 1985). 그가 주장한 관료제론의 근간은 "역료(役料, 직무에 대한 보수)" 지급 문제였다. 가록을 고정한 대신 근무기간 중의 공무에 상응하는 특별수당을 급여하는 방식은 막부·번 공히 보편적으로 나타난다. 후지이는 이 점에 착안하여 세습적 신분제와 관료제의 공존이라는 새로운 인식의 틀을 제시한 것이다.

근세 관료제의 성립 계기나 실태에 관해선 학계의 인식이 그다지 일치하지 않는다. 다만 필자는 '근세화'에 수반된 동아시아 법문명권의 정치문화 침투가 관료제화의 배경을 이룬 것으로 생각하고 있다. 초기에는 군단 편성 쪽이 우선이었다. 그 후로는 민간사회의 성장에 대응하기 위한 민정 과제의 급증이 막번(幕藩) 행정조직의 관료제화를 한층 촉진했다. 그러므로 근세국가는 관료제화가 부단히 진행된 국가였다고 할 수 있다.

이것은 근세 일본이 동아시아 관료제 국가의 일종이었으며, 따라서 이런 점에서도 동아시아 법문명권 내부에 굳건히 자리했음을 의미한다. 중국, 조선 같은 관료제 국가와 비교해서 일본의 무가정권은 영주제=봉건제 국가였고 그 점이 바로 근세 일본이 유럽과 닮은 증거라고 오랫동안 이해되어왔다. 이런 종래의 통념은 중국, 조선이 관료 등용을 위한 과거(科擧)의 응시 자격을 널리 천하에 개방한 데 비해 세습제, 신분제에 의거해온 일본은 관료 등용이 폐쇄적이었다는 인식 위에 서 있다. 그러나 근세 일본을 동아시아 관료제 국가의 일종으로 인식한다면 여타 동아시아 국가와의 차이점은 개성적인 부분(=분자)으로 이해해야 마땅하다.

동아시아에는 과거를 통해 "선거(選擧)" - 민간에서 인재를 뽑아 씀 - 하는 중국의 향신관료제(鄕紳官僚制)와 조선의 양반관료제, 그리고 세습 신분 내에서 추거(推擧)하는 무사관료제가 있었다고 폭을 넓혀 인식하면 동아시아 전체를 하나의 시야로 조망할 수 있게 된다. 과거제도를 이용한 관료 등용만이 아니라 관료를 공급하는 사회적 기반에 주목하여 향신관료제, 양반관료제, 무사관료제로 구분하는 편이 타당할 것이다. 류큐, 월남 등도 동아시아에 속한 왕조국가로서 관료제 국가를 세웠다. 과거제는 관료 선발을 위한 하나의 중요한 방법일 뿐이며, 관료 공급 및 충원 방법까지 모두가 다 같아야 할 필요는 없었다. 일본의 근세국가는 무사관료제를 기반으로 운영되는 지배 시스템이었다.

관료제라곤 하지만 근대 국민국가의 그것과는 물론 성격이 전혀 다르다. 동아시아적인 군주제하의 관료제는 군-신 혹은, 주-종 간의 '은고(恩顧)'와 '충성'을 불가결한 요소로 삼았고 그 인격적인 강약이 모든 국면에 영향을 미쳤다. 가록에 추가된 근무기간의 역료 지급이 근세 일본 무사의 관료로서 신분 증명인 것처럼 이해되고 있다. 그러나 중국의 관료제에는 봉록제도가 수반되지 않았고 그로 인해 뇌물수수 관행이 생겨났다고 한다. 중국, 조선에서는 그 출신 가문의 지주로서 부(富)가 큰 비중을 차지했기에 애초부터 급여를 염두에 둔 출사가 아니었다. 뇌물수수의 악폐는 관료로서 지내기 힘든 빈곤함 때문이 아니라 이익과 편의 제공을 매개로 한 상호의존 경향이 끊이지 않았던 탓이다. 이런 의미에서 역료 지급을 무사관료제의 증좌로 본 기존 주장은[14] 재고가 필요하다. 관료로서 권한을 배경으로 규정 이상의 뇌물성이

---

14) 본문 앞의 후지이(藤井) 설을 가리키는 것으로 보임.

강한 증답품 수수가 관행화한 점은 인격적 권력이 지닌 공통성일 것이다.

세습제, 신분제를 토대로 한 근세 일본도 이윽고 쇼헤이코(昌平黌)가15) 공인 학교로 되고 번교(藩校)가16) 전국적으로 성립하면서 "고시(考試)"라는 명목의 관리 등용 시험을 치르는 곳이 나타났다. 이런 시험제도가 없는 번의 경우도 번교에서의 학습태도, 성적 등이 점차 인사에 큰 힘을 발휘하게 되었다.

4) 촌 역인의 관료화 실패

관료제라 해서 반드시 합리성, 논리성 또는 조직적인 구심성이 뛰어나야 한다고 생각할 필요는 없다. 근세 일본에서는 국가적 신분제하에 역직(役職, 직무) 서열이 조직화되고 유교핵 정치문화에 기초한 정도론을 앞세우는 형태로 일상적인 지배가 이루어졌다. 그 덕분에 관료제화는 막번(幕藩) 공히 상당한 수준까지 진전되었다. 하지만 그러한 관료제가 어째서 근세 후기의 위기상황에 대응하지 못하고 결과적으로 체제의 종언을 피할 수 없었던 것일까? 막번체제의 붕괴가 내우와 외환 양면에 걸친 여러 요인에 의해 초래된 것이라는 점은 말할 필요도 없다. 그러나 근세 관료제 내부에도 무시할 수 없는 문제점이 도사리고 있었다.

앞서 논한 대로 근세 일본의 관료제는 막번 무사들의 역인화를 촉진했다. 그렇지만 또 다른 부문에 속한 역인의 관료화를 그냥 방치해버리고 말았다. 근세사회의 "역인(役人)"에는 막번 무사가 담당한 역인과 농민·초닌(町人)으로 구성된 역인, 이 두 가지 종류가 있었다. 그런데 막번 모두 무사의 관료화

---

15) 쇼헤이코(昌平黌): 하야시 라잔의 사숙에서 출발하여 1797년 막부 직영의 유학 교육시설로 확대됨. 후에 쇼헤이자카학문소(昌平坂学問所)로 개칭.

16) 번교(藩校): 주로 18세기 후반부터 다수 설립된 번립(藩立) 학교로, 유학과 실용 학문을 토대로 번정개혁의 인재를 양성함.

는 진전되었으나 '촌 역인(村役人)', '정(町, 도시지역) 역인'의 관료화가 전혀 진척되지 못한 것이다.

근세 후기, 말기에 이르러 각지의 촌 역인들은 촌락 유지와 재정비를 위해 고심을 거듭해야 했다. 지배-피지배를 잇는 사회적 중간층으로서 그들은 호수(戶數)·인수(人數)·마수(馬數)의 감소, 노동 가능한 촌민의 갑작스런 도망이나 가족 전체의 야반도주 같은 이촌(離村) 행위, 촌 역인에게 적의를 표출하는 '촌방소동(村方騷動)',[17] 촌락을 둘러싼 각종 소송의 장기화, 쉽게 폭력으로 치닫는 "호승심 강한 인심"(須田努, 2002), 빈곤으로 인한 영아 살해의 습속화, 촌락 외부로부터 로닌(浪人)·도적의 협박과 갈취 등등으로 심한 고민에 빠져들었다.

촌 역인층은 신분적으로 일반 촌민과 동일한 사민(四民)이었지만 그들 스스로는 사민 중에서도 상좌로서 무사 역인과 마찬가지로 관(官)의 위치에 서서 촌락을 지배, 관리하고 재정비를 위한 노력에 효과를 거두기를 희망했다. 그러나 막부도 번도 그런 방향으로는 움직여주지 않았다. 다만 촌민들에게 나누시(名主)·쇼야(庄屋)를 "아비"처럼 생각하고 그 지시에 복종하도록 명했을 뿐이다. 다시 말해서 촌장 클래스를 민백성인 채로 방치함으로써 이 계층을 실망시킨 것이다.

촌 역인층은 오하라 유가쿠(大原幽學),[18] 니노미야 손토쿠(二宮尊德)[19] 등의 촌락재생운동에 다소나마 희망을 걸었다. 그러나 대다수는 히라타국학(平田國學)을[20] 받아들여 일본사를 천황가 중심의 역사로 재인식하고 촌 역

---

17) 근세 후기의 촌방소동(村方騷動)은 주로 촌락 내 계층 간 분쟁을 의미함.
18) 오하라 유가쿠(大原幽學, 1797~1858): 촌정(村政) 개혁을 위한 합리적인 농업생산과 실천 윤리를 주장한 사상가 겸 농민 지도자.
19) 니노미야 손토쿠(二宮尊德, 1787~1856): 농업기술과 통속 도덕을 결합시킨 독창적인 농정가 겸 사상가로 막부에 등용되었다. 그의 근면·검약 사상은 근대의 수신(修身) 교육에도 깊은 영향을 미침.

인도 천황으로부터 정사를 위임받은 "관(官)" – 신료 – 이라는 설에 매료되었다. 이는 곤경에 빠진 촌 역인층이 스스로 자존감을 되찾는 일이기도 했다. 현실을 지배하는 무가정권의 공의가 이런 저간의 사정에 전혀 관심을 가져주지 않았기에 점점 더 공의를 경원시하는 풍조가 심화되었다. 개중에는 스스로 존왕운동의 지사(志士)로 나서거나 지사를 지원하는 '정치적 중간층'으로 변신하는 자들이 각지에 출현했다.

이렇게 모순적인 자기 인식에 젖어든 자들을 국가의 역인으로 포섭한 것은 명치 국가였다. 1872년에는 종전의 나누시·쇼야를 호칭만 호장(戶長)·부호장(副戶長)으로 바꾸어 민선 호장으로 계속 재직하게 했다. 차츰 대구소구제(大區小區制)를 확대하면서 소구에 호장·부호장을 두었으나 이때도 민선이었고 근세 이래의 입찰제가 그대로 답습되었다. 허나 산적한 문제들을 타개하기 위해선 그들을 '국가 역인'의 최말단에 편입시킬 필요가 있었다. 몇 차례 변화가 진행된 끝에 마침내 1884년 현(縣) 지사(知事)가 임명하는 관선 호장제 – 평균해서 5개 정촌(町村), 500호에 1명 – 가 전면 시행되었다.

5) 무위와 무사의 실력행사

무사를 '전사'에서 '역인'으로 변화시키는 일은 병농분리(兵農分離)에 이은 시대적 과제였다.[21] 민정 분야의 비대화가 그 방향을 견인했다. 그러나 근세 막번체제는 애초부터 군역 동원을 목적으로 한 전시 기구를 행정 기구로 그대로 전용한 체제였다. 무사는 유소년기부터 창칼로 무예의 소양을 키웠

---

20) 히라타국학(平田國學): 히라타 아쓰타네(平田篤胤, 1776~1843)에 의해 신도적 우주관이 접목된 종교화된 국학을 가리킴. 지방 호농층 및 신관(神官)을 중심으로 일대 학파를 형성하여 근세 말기 존왕운동(尊王運動)의 사상적 배경으로 작용함.

21) 병농분리(兵農分離): 전국시대 말기 이래 진행된 무사와 농민의 사회적, 신분적 분리를 총칭한 학술 용어. 도요토미 히데요시에 의해 제도화된 후 근세 막번체제의 국제(國制)로 계승됨.

으며 성인이 된 후도 일상적으로 양도(兩刀)를 허리에 차야 했다.[22] 칼은 차츰 전투용 무기에서 신분 표식으로 비중을 옮겨 갔다. 하지만 상황에 따라선 무사 신분으로서 체면 유지를 위해 무례한 자에게 칼을 빼들거나 복수하지 않을 수 없었고 드물게는 명예형(名譽刑)인 할복으로 스스로 생을 마감하지 않으면 안 될 경우도 있었다. 그러므로 늘 예리하게 칼날을 갈아둬야 했으니 전사적 성격은 여전히 남아 있었다. 그런 의미에서 역인화 경향의 심화에도 불구하고 근세 무사에게는 항시 비참한 죽음을 각오해야 하는 모순적인 자기 인식이 따라다녔다.

『하가쿠레(葉隱)』는 히젠국(肥前國) 사가번(佐賀藩, 사가현)에서 죽은 번주를 뒤좇아 자결하는 대신에 출가한 가신 야마모토 쓰네토모(山本常朝, 1659~1719)가 설파한 무사의 평소 마음가짐을 제자 다시로 쓰라모토(田代陣基)가 1710년 이후에 정리한 무사 수양서이다(『葉隱』). "무사도란 죽는 일이라고 깨달았다"라는 이 한 구절에 주군을 섬기는 무사로서 인생관이 응축되어 있다. 하기야 규슈에 위치한 도자마(外樣)[23] 사가번은 나가사키 방비라는 전시 군역을 계속적으로 담당했으니 혼슈(本州)의 번들과는 무비(武備)에 대한 인식이 크게 달랐다는 점을 고려하지 않으면 안 된다. 실제로 1808년 페튼호 사건이[24] 발생하자 나가사키 방비에 태만했다 하여 번주 나베시마 나리나오(鍋島齊直, 1780~1839)가 100일간 폐문형(閉門刑, 자택 감금형)을 받았다. 그러나 무사 본연의 귀속감, 사명감은 분명히 변질해갔다. 상무(尚武) 의식으로 일관된 『하가쿠레』는 상재진중(常在陣中, 항시적인 전시체제)의 제도를 취했던 사가번 내부에서조차 공개되지 않았다고 한다.

---

22) "양도(兩刀)"는 긴 칼=가타나(刀)와 짧은 칼=와키자시(脇差)를 의미함.

23) 도자마(外樣): 세키가하라 내전 후 도쿠가와씨에게 복속된 다이묘. 그 전부터 도쿠가와씨에게 신속(臣屬)한 후다이(譜代)와는 구분됨.

24) 페튼호 사건: 영국 군함 페튼호가 나가사키의 네덜란드 상관(商館)을 기습한 사건.

사가번 같이 구체적인 방비 책임을 지지 않은 경우도 비상시 군역 대비나 연중행사처럼 치러진 무구(武具) 점검, 실사(實射) 훈련 등이 완전히 소멸한 것은 아니었다. 막번체제는 어디까지나 문·무 중에서도 무를 중시했다. 대외 방비라는 주요 과제가 무비의 중요성을 재인식하게 해주었으나 이미 그 전부터 무비를 현실 속으로 끌어낸 것은 내우, 즉 백성잇키와 우치코와시(打毀し) 등 민중운동이었다.25) 격화하는 민중운동을 진압하기 위해 칼, 철포(=화승총) 등 무기 사용을 공인한 18세기 후반의 변화도 새삼 무사가 보유한 무기의 현실적 중요성을 일깨워주었다.

총인구에서 무사가 점한 비율은 별로 커지 않았다.26) 하지만 그들은 공가와 달리 외부로 노출된 곳에 있었다. 촌락에 거주한 향사든 병농분리로 도시 생활자가 된 일반 무사든 사람 눈에 띄는 곳에서 생활했다. 농민, 초닌에게 무사는 상위자이긴 했지만 결코 구름 위의 존재가 아니었다. 한 계단 위에 있으면서 계층 상승과 '무사화'의 욕구를 불러일으키는 대상이었던 것이다 (深谷克己, 2006). 이러한 환경 속에서 무사가 스스로 특단의 존재임을 주위에 두루 환기시키는 일은 쉽지 않았다. 무사의 행동 규율에는 농민, 초닌이 자신들을 존경하게 만들어야 한다는 의식도 배경으로 작용했다.

근세 일본에는 "가타키우치(敵討, 복수)", "부레이우치(無礼討)" 같이 무사의 정당한 실력 행사를 공적으로 인정하는 몇 가지 영역이 있었다. 그중 "부레이우치"는 농·공·상의 서민, 자가(自家) 고용인, 마부 등에게 모욕당한 무사가 직접 칼로 처분을 가함으로써 규범 신분으로서 존엄을 지키는 행위를 신분적 의무로 공인한 것이다. 단, 그 행위가 부레이우치인지 살인인지에 대해선 엄격한 조사가 이루어졌으니 이 또한 무사 신분이 존경받는 이유였다(谷口

---

25) 우치코와시(打毀し): 백성잇키의 주체가 농촌 지역의 농민인 데 대해 주로 도시 하층민을 주체로 한 폭력 소요를 가리킴.

26) 근세 전 시기를 통해 무사는 총인구의 대개 5% 전후.

眞子, 2005). 무사는 농·공·상과 가까운 존재인 만큼 서인의 수좌 겸 규범 신분으로서 스스로 존엄성을 지키고 행동, 규율이 금욕적이어야 했다. 그 대가로 "부레이우치", "묘자(苗字)·대도(帶刀)" 등과 같은 특권이 부여된 셈이다.[27]

3. 무사의 규범의식

1) '무사도'론

무사는 사민의 우두머리이지만 평상시에는 공민이라기보다 국가적 신분으로서 귀속감에 자기 인식의 기반을 두었다. 다만 근세 일본에서는 무사만 자기 인식을 심화해갔던 게 아니란 점에 유의해야 한다. 17세기 후반 이후는 농·공·상도 여성도 각기 자기 직분에 어울리는 삶의 방식을 찾게 되었고, 덕분에 서민 자제를 대상으로 한 아동 교육론이 필요해졌다. 이러한 사회수요에 부응하기 위한 서적들이 원록문화(元禄文化) 시기에 여러 종 출판된다.[28]

'무사도(=土道)'론이란 위와 같은 시대에 무사 신분에게 제시된 수기론(修己論)을 가리킨다. 광의의 수기론은 17세기 중, 후엽 이래 직분에 상응하는 삶의 방식을 탐구하여 스스로 주체 형성을 꿈꾼 근세인의 요구에 답하는 형태로 나타났다. 가이바라 에키켄(貝原益軒) 등의 교육론,[29] 수양 − 건강 − 론 등이 서적으로 간행되고 판매되었다.

앞서 소개한 『하가쿠레』처럼 '무사도'라는 용어를 통해 이미 무공과 인연

---

27) 묘자(苗字)·대도(帶刀): 성(姓)을 사용하고 칼을 차는 에도시대 무사들의 신분적 특권.

28) 원록문화(元禄文化): 17세기의 급속한 경제발전에 힘입어 동 세기 말~18세기 초 교토, 오사카 일원을 중심으로 융성한 도시문화.

29) 가이바라 에키켄(貝原益軒, 1630~1714): 에도시대 전기의 유학자, 본초학자.

이 엷어진 근세 무사에게 사명감 있는 자기 인식을 주입하려는 경향이 이 무렵부터 시작되었다. 상인의 이익추구 활동을 자신감을 가져 마땅한 행위로 제시한 것이 이하라 사이카쿠(井原西鶴)의[30] 우키요조시(浮世草子)이고,[31] 농업의 사회적 의의를 주장한 것이 미야자키 야스사다(宮崎安貞, 1623~1697)의 『농업전서(農業全書)』를 비롯한 농서류(農書類)였다.[32] 이에 대해 '무사도'론이란 무사에 대해 그 존재 이유를 되묻고 가르치려는 내용이었다.

『하가쿠레』는 일본적인 무사의 존재 형태를 강조했을 뿐이지 중국 및 조선의 사대부, 사(士)에 대한 일본 무사의 우위성을 논하지 않았다. 거기서 적대적으로 대비시킨 것은 오히려 "가미가타풍(上方風)"이나[33] "타방(他方, 다른 번)의 사무라이"였다. 이상적인 자세는 "국학"—번주 나베시마가의 역사—을 가슴 깊이 새기고 오로지 "나베시마의 사무라이"로서 외길을 꿋꿋이 걷는 삶이었다. 그것을 "무사도란 죽는 일이라고 깨달았다"라 하여 반어적으로 표현한 것이다. "모름지기 무사는 무도(武道)에 힘쓸 것"이라고 했을 때 "무도"란 무예가 아닌 무사도를 가리킨다. 경멸의 대상은 '무엇으로 충의를 내보일까', '세간이 어찌 평할까' 등을 일일이 감안하는 자세였다.

무사는 무가의 봉공인(奉公人, 피고용인)이므로 『하가쿠레』에서는 "봉공인"을 주어로 논리를 전개한 경우가 많았다. 또 난세와 치세를 구분하고, "치세에 용(勇)을 드러내는 것은 사(詞, 말)이다"라고 무사의 일언(一言)이 갖는 무게감을 강조했다. 가부키모노(歌舞伎者)와 같이 당대의 질서로부터 벗어난

---

30) 이하라 사이카쿠(井原西鶴, 1642~1693): 원록시대 도시민의 생활과 생업을 소재로 많은 작품을 남긴, 원록문화를 대표하는 대중 소설가.

31) 우키요조시(浮世草子): "우키요(浮世)"는 세속적인 삶을 의미함. 원록시대 오사카를 중심으로 민중생활의 다양한 주제를 다룬 소설류의 총칭.

32) 『농업전서(農業全書)』: 명의 『농정전서(農政全書)』를 일본 실정에 맞게 재구성하여 1697년 간행된 일본 최고(最古)의 농서.

33) 가미가타풍(上方風): 교토 공가(公家)의 귀족적 풍조.

자의 심정이 엿보이지만 그것은 무공을 기점으로 서열화된 근세 무사로서 벗어나기 힘든 속성이었을 것이다.

『하가쿠레』는 도처에서 "우지가미(氏神)"[34] "마모리보토케(守佛)"[35] "불신(佛神, 부처와 신)" 등 일본적인 종교관을 짙게 내비치는 어휘를 다용한다. 그러나 전체적으로 "천도(天道)"를 최고의 초월 관념으로 삼고 있는 점은 역시 동아시아적 세계관과 상통하는 것으로 보인다. "무용(武勇)", "무편(武編)" 등 무위(武威)를 강조한 부분은 여전한 전사성(戰士性)을 느끼게 하지만 "가직"의 완수를 강조한 부분에는 근세 무사로서의 의식이 농후하게 배어 있다고 이해해도 무방할 것이다.

다이묘 나베시마가와 류조지씨(龍造寺氏)의[36] 해묵은 관계 때문에 '찬탈'이라는 시각이 완전히 불식되지 않은 것도 이러한 무사 의식을 낳은 이유가 아니었을까? 필자는 『하가쿠레』가 논한 무사도가 보편성을 띤다고는 생각지 않는다. 일종의 비밀결사 같은 성격을 내포하며 주체화를 꾀한 것으로 파악하고 있다.

같은 시기 집필된 것으로 보이는 다이도지 유잔(大道寺右山, 1639~1730)의 『무도초심집(武道初心集)』(초간은 1834년)도 "무사도"라는 용어를 사용하고 "무사된 자"의 존재 방식에 대해 논했다. 여기서도 "무도"는 무사도와 같은 말이다. "주야로 늘 죽음을 염두에 두"는 점을 중시한 까닭에 『하가쿠레』와 공통성이 지적되기도 한다. 그러나 "나베시마의 사무라이"로서 삶의 자세를 전면에 내건 『하가쿠레』와 달리 『무도초심집』은 언제 어디서건 주군을 섬기는 무사라면 널리 통용될 마음가짐을 강조했다. 왜 늘 죽음을 염두에 두는가

---

34) 우지가미(氏神): 씨족의 조상신 또는 고장의 수호신.

35) 마모리보토케(守佛): 마모리혼존(守本尊). 수호신으로 모시는 부처.

36) "류조지씨(龍造寺氏)"는 나베시마씨의 원래 주가(主家)였으나 16세기 후반의 하극상 풍조하에서 나베시마씨에게 영지를 빼앗김.

하면 자신의 욕구나 스스로를 두둔하는 마음을 가지면 "충효"에 어긋나고 "과식(過食)·대주(大酒)·음욕(淫慾)"에 빠져 결국 "요절"하게 되기 때문이다.

또한 『무도초심집』에 의하면 무사는 "삼민(三民, 농·공·상) 위"에서 "일하는 직분"이고 "삼민을 안도시키기 위한 역인"이므로 "난세의 무사"처럼 "무학문맹(無學文盲)"이어선 안 되며, "치세의 무사"로서 "사서·오경·칠서(七書, 4서와 3경)"를 익히고 성장한 후는 무예를 수련할 것을 권한다. 이렇게 문무양도주의(兩道主義)의 입장을 취함으로써 "무사도는 필사의 각오"라고 단언한 『하가쿠레』와는 차이가 크다. 어떤 무사에게든 어울리는 보편타당한 생활지침서라고 할 수 있을 것이다. 『고요군칸(甲陽軍鑑)』,[37] 『노부나가기(信長記)』, 『다이코기(太閤記)』(제3장에 소개) 등도 무사로서 소양을 위해 읽기를 권했다. 그리고 권말에서는 "무사된 자에게 다타미 위에서 병사(病死)는 일생일대의 대사"라고 단정지었다. 전시가 아닌 평시의 무사도가 어떠해야 하는가를 한 마디로 압축한 것이다.

2) "무사한 세상의 충"과 『효의록』

무사는 충, 충의 의식으로 행동하도록 요구되었다. 단, 종전까지 학계의 충의론은 쇼군, 다이묘 중 어느 쪽에 대한 충인지 충의의 대상을 따져 묻는 경우가 많았다. 그러나 필자는, 무사에게 충의가 당연시되었다는 사실만이 아니라 근세사회의 무사상에 어울리는 충, 충의란 어떤 것이었는가라는 점의 규명이 더더욱 중요하다고 생각한다. 사견으로 보면 전시와 태평시대의 충의는 그 형태도 마음가짐도 달랐다.

"난세의 충"과 "무사(無事)한 세상의 충(忠)"이 같을 리 없다는 점을 강한

---

37) 『고요군칸(甲陽軍鑑)』: 1570년대에 성립한, 전국다이묘 다케다씨(武田氏)의 전략·전술·군법·형법 등을 담은 군학서.

어조로 제기한 것은 근세 초기의 명군(名君·明君)으로 회자되는 오카야마(岡山) 번주 이케다 미쓰마사(池田光政, 1609~1682)였다. 그에 따르면 "난세의 충"이란 전장에서 무공을 세우는 행위이며 주군의 말(馬) 앞을 죽음을 무릅쓰고 지켜내는 용감한 전사로서의 충이다. 그러나 이런 틀에 박힌 전사는 태평시대가 되면 약점을 드러낼 수밖에 없다. 비상시에 목숨을 내던질 각오가 있으나 평시에도 같은 자세로 스스로를 규율하는 데는 태만하기 쉬운 때문이다. 언제든 목숨을 버릴 각오가 되어 있는 자는 거꾸로 일상을 경시하고 대주(大酒)를 탐하며 한낮까지 드러누워 있거나 거친 유희를 즐긴다. 검약에 익숙치 못하여 처자에게 미려한 의복을 선물하는 등 낭비벽도 심하다. 요컨대 평상시 건실함과는 거리가 먼 생활을 하더라도 주군이 위급할 때 목숨을 버리면 그만이라는 찰나주의적인 각오에 빠지기 쉽다는 것이다. 다이묘 미쓰마사가 거듭 비난한 것은 이 같은 "난세의 충"이었다. 그의 지적이 타당했음은 후세에 오래도록 "명군"이란 평판을 남긴 사실을 통해서도 잘 알 수 있다.

"무사한 세상의 충"도 주군을 성심껏 섬기고 주군에게 부여된 책무의 일단을 대행해야 하는 것은 마찬가지였다. 그러나 이때의 주군은 이미 전장에서 군단을 통솔하지 않았다. 미쓰마사의 용어를 빌리자면 "예치(預治)", 즉 "하늘(天)"로부터 "농민(百姓)"을 맡아서 돌본 "웃어른(上樣, 상전)"이었으며, 그중에서 다이묘는 자기 영지의 농민을 맡아 다스렸다. 그리하여 영지 내 농민들에게 안민(安民)을 약속하고 무사를 보장하는 일, 즉 "백성 존립"이야말로 다이묘의 책무이고,[38] 이를 제대로 수행하지 못하면 쇼군에 대한 불충(不忠)이었다. 가로는 엄밀히 규정하자면 무가가 아닌 무사 신분이지만 다이묘의 정치적인 보좌역이므로 가신 가운데 별격이었다. 여타 가신들은 각기 군사 또는 민정 부문, 그 밖에 주가(主家)의 유지─왕가의 재생산─를 위한 여

---

38) "백성 존립"의 원문 표기는 "백성 성립(百姓成立)".

러 업무를 담당했다. 개중에 대다수를 차지한 농촌 관련 근무자들은 연공 및 제역(諸役)의 부과와 징수, 일상적인 촌락 및 산지 순회, 용수로 확보에 불가결한 하천의 유지 관리 등 매일같이 노심초사할 일이 많았다. 하지만 이것들은 말할 필요도 없이 유사시 목숨을 내던지는 일과는 성격이 전혀 다르다. 용맹을 자랑하거나 허세를 부릴 만한 기회도 없이 허구한 날 관할 지역을 순찰하고 장부를 기록하는 등, 관청에 소속한 역인으로서 일상 업무를 반복적으로 수행해야 했다. 그런 업무의 충직한 완수가 바로 무사(武士)의 충의였다. 이케다 미쓰마사는 위와 같은 자신의 뜻에 반발하는 가중을 마치 싸움이라도 걸듯이 지칠 줄 모르고 계속 설득했다(「岡山藩法例集」『藩法集 1』上). 번정(藩政) 체계를 확립한 번에서는 대체로 이와 유사한 사태가 진행되었다. 번사들에게 "무사한 세상의 충"을 체득시켜서 새로운 형태의 무사로 바꾸고자 한 것이다.

한 가지 간과해서 안 될 것은 근세 일본이 무사들에게만 충의를 요구한 게 아니었다는 점이다. 주종관계가 작동한 모든 장에서 – 사농공상과 심지어 천민 신분 각각에까지 – 충, 충의를 요구했다. 흔히 『효의록(孝義錄)』이라 약칭되는 『관핵효의록(官劾孝義錄)』은 과거 막부 명령에 의해 전국적으로 이루어진 인민에 대한 표창을 공의의 입장에서 재정리하여 1801년 간행한 책자이다. 전 50권에 표창을 받은 자의 총수가 8600여 명에 달했다. 그들 전부는 아니지만 대체로 열 명에 한 명 이상의 비율로 표창에 이르게 된 약전(略傳)이 수록되어 있다.

민간 선행에 대한 표창은 막번체제가 갓 출발한 17세기 초두부터 보이기 시작한다. 동 세기 말 유교적 문치주의에 입각한 5대 쇼군 도쿠가와 쓰나요시(德川綱吉, 재직 1680~1709)의 "천화(天和, 1681~1684)의 치(治)"를 거치며 막정(幕政)에서도 중시되었고 그 후 지속적으로 늘어났다. 사상적인 배경을 이룬 것은 유교핵 정치문화의 성선설적인 관점이었다. 민간 선행이 공의의 교유(敎諭) 지배에 답하는 인민의 자기수양 성과로 인정된 것이다. 그 결과 치자, 피치자가 공유한 사회적 기대감의 결실로서 "안민"을 보다 쉽게 확인할 수 있게 되었다. 공의는 막부 말기에도 『속편 효의록료(孝義錄料)』를 편찬했으나 간행은 하지 않았다.

『관핵효의록』에 열거된 선행의 덕목은 효행, 충의, 충효, 정절, 형제 화목, 가내 화목, 일족 화목, 좋은 풍속, 결백, 기특(奇特), 농업 분발 등 전부 11종으로 상당히 다양하다. 이 가운데 표창 횟수로는 "효행"이 최다에, "기특한 행위"가 그 다음이고, "충의"가 세 번째로 많다. 필자가 특히 주목하고 싶은 덕목은 "충의"다. 민간사회에서 충의란 "의복(義僕)"이 주인, 주가에 바치는 충성스러운 행위를 가리킨다. 충실한 하인, 즉 충복(忠僕)과 동일한 의미로 사용된 "의복"은 근세 일본에서 방대한 인력 집단을 이룬 민간 봉공인의 이상적 모델이었다. 대대로 주인집에 함께 기거하는 후다이(譜代) 봉공인보다 기간제 봉공인이 많아진 사회현실 때문에 주가의 존속을 함께 근심하는 의복이 각광받게 된 것이다.

의복은 위와 같이 주인, 주가에 충성을 다하는 민간 봉공인을 가리킨다. 그런데 현재까지 학계에 알려진 바로는 무사의 전유물로 여기기 쉬운 가타키우치(복수)도 시대가 바뀜에 따라 농민을 비롯한 서민의 사례 수가 점차 무사를 능가해간다. 가신, 의복이 주가에 바치는 충성과 같이 사와 농·공·상은 집안(家)의 유지라는 핵심 과제를 위해 의외로 아주 근접한 윤리 의식, 행동 세계를 공유했던 게 아닐까?

3) 무사화의 원망

농민 신분 내에서도 다수의 촌락을 관리한 오조야(大庄屋)[39] 가운데는 무사의 신분 표식이 허용되거나 개중에는 등성(登城, 등청)을 허가받은 자도 있었다. 또 '1인 1신분'이 근세적 신분제도의 근간이었으나 복수 신분을 보유한 자도 드물게 존재했다. 농민(百姓), 초닌에게 당대에 한해서 묘자(苗字)·대도(帶刀)를 허가한 조치 등이 여기에 해당한다. 근세 일본에는 이렇게 무라(村)나 마치(町)의 상층부 특히, 상층 농민들의 무사화 원망(願望)이 널리 존재했고 막부·번 측도 그러한 원망에 기대어 재정 수입을 거둔 경우가 있었다. 심지어는 매록제도(賣祿制度)를 시행한 번까지 나왔다(深谷克己, 2006).

근세인들 자신에게도, '현대 역사학'을 통해 지금 우리가 갖는 역사적 이미지로도 일본 '근세화'는 병농분리의 급속한 진행 과정이다. 물론 거기에 지역적 편차는 보이지만 에도막부는 (세키가하라 내전에)패배한 다이묘, 지역 무장의 가신들을 농·상 신분으로 하향시켰다. 소영주적인 반(半)무사, 반(半)농민 같은 존재로서 장차 입신의 가능성이 없지 않았던 중간층을 강력한 힘으로 억눌러 백성 신분으로 고착시킨 것이다. 그들은 거주지를 원근 각지로 이동해야 했고, 새로 촌락을 형성해서 유서 있는 농가가 되었다. 상가(商家)의 경우도 거의 마찬가지였다. 이리하여 병농분리 후 새로 형성된 농·상 신분의 상층부는 대개가 종전까지 무사이던 자들, 다시 말해서 자신이나 부조(父祖)가 주군을 섬긴 이력이 있고 그런 사실을 기록한 일가의 계보를 보유한 자들이 많았다. 하기야 그들 모두가 억지로 농·상 신분을 택한 것은 아니다. 자각적으로 상업자, 농업자의 길을 선택한 자도 분명 적지 않았다.

강제로 신분이 하향되긴 했지만 안정적인 기반을 다진 농·상의 상층부 특히, 상층 농민들 사이에는 무사화를 희구하는 자가 다수 나타났다. 그들 중 일부는 유서(由緖)를 위작하는 행위도 서슴치 않았다(山本英二, 2010). 무사가 특단의 지위여서라기보다 시대의 규범 신분으로서 우월성과 함께 사민의 수좌로 농·공·상과 근접한 곳에서 생활한 까닭에 멸시받기도 쉬웠지만 다른

---

39) 오조야(大庄屋): 지역에 따라 도무라(十村)·오키모이리(大肝煎)·데나가(手永) 등으로도 불림―지은이 주. 십수 개 내지 수십 개 촌락을 관할한 촌락 역인의 최상층.

한편으로 신분상승 욕구의 대상이 된 것이다. 그 때문에 공의는 지배 신분의 권위를 유지하기 위해 무사의 우월성을 드러낼 만한 각종 수단을 강구해야만 했다. 농·공·상 신분의 대도(帶刀)나 무사에 대한 무례한 행위 등이 재삼재사 법령으로 금지되었다.

근세 일본은 법제에 의거한 지배도 진척되었으나 앞서도 지적했듯이 공인된 실력행사의 영역이 여전히 존속했다. 그 가운데 가타키우치는 농·공·상에도 인정되었다. 하지만 부레이우치(無礼討)는 끝까지 무사만의 특권이었다. '특권'이란 '의무'와 짝을 이루는 까닭에 그것은 결국 무사에게 부과된 책무이기도 했다. 그런 부레이우치가 적지 않았던 것은 무사의 우월성을 나타낼 뿐만 아니라 실은 무사가 서민으로부터 모욕당하기 쉬운, 아주 가까이 있는 신분이었음을 의미한다.

인정의 정도론과 민본·교유에 기초한 지배

1. '백성 존립'을1) 명분으로 한 지배

1) "튼실한 농민"을 만든다

1657년 가나자와번(金澤藩)2) 번주 마에다 도시쓰네(前田利常, 1594~1658)는 엣추국(越中國, 도야마현) 이미즈군(射水郡)의 도무라(十村)에게3) 후에 「아오바(靑葉)의 고인모쓰(御印物)」라 불린 인판장(印判狀)을 보냈다.4) 당시 가나자와번은 동 세기 전반에 발생한 대규모 기근으로 인해 번 체제가 위기 상황에 처해 있었다. 이를 타개하기 위해 번 기구 ─ 다이묘·가신·백성의 관계 ─, 농촌제도 ─ 지배 구역과 촌락의 관계 ─ 등을 둘러싼 체계적인 농정개혁이 도시쓰네의 선도하에 계획되고 실행에 옮겨졌다. 1651~1656년 5년간에 걸친 가나자와번의 개혁 정책은 그 후 여타 번들의 농정에도 큰 영향을 미쳤다. 도시쓰

───────────────

1) '백성 존립'의 원문 표기는 '百姓 成立'. 농민으로서 존립을 의미함.
2) 가나자와번(金沢藩): 가가번(加賀藩)이라고도 함. 현재의 이시카와현(石川縣)과 도야마현(富山縣) 일원.
3) 도무라(十村): 타번(他藩)의 오조야(大庄屋)와 같음.
4) 인판장(印判狀): 수결 대신 인장을 찍은 무가 문서.

네는 3대 번주였지만 4대 미쓰타카(前田光高, 1616~1645)가 갑자기 요절하고 불과 3세밖에 안 된 적손(嫡孫) 쓰나노리(前田綱紀, 1643~1724)가 5대 번주에 취임하자 그 후견인으로 번정을 계속 주도하고 있었다.

「아오바의 고인모쓰」는 "개작법(改作法)"이 일정한 성공을 거둔 직후에 농정의 목표와 원칙을 새삼 환기시킨 내용이다(若林, 1970).[5] 전부 5개 조 가운데 가장 필자의 관심을 끈 조문은 제5조이다.

一. (연공을)완납만 하면 그걸로 됐다고 여기는 것은 좋지 않다. 완납하고, 그 위에서 참으로 농민이 튼실하게 존립(成立)하도록 힘써야 할 것이다. 항시 이런 마음을 잊어선 안 된다.

말미에 압인(押印)한 것은 번주의 후견인 도시쓰네였다. 도시쓰네는 이듬해에 66세를 일기로 사망한다. 이 「고인모쓰」는 최상위의 촌락 역인인 번내 도무라들을 대상으로 농민 지배의 수칙을 하달한 것이다. 조문이 의미하는 바는 다음과 같다. "자기 지배하의 농민이 연공만 완납하면 충분하다고 생각한다면 그것은 잘못됐다. 연공 완납은 물론이거니와 나아가서 농가 경영이 튼튼하고 강하게 지속되도록 조처하라는 것이 본래의 취지다. 이 점을 늘 염두에 두고 잊지 않도록 하라."

물론 그 후의 번정이 순조롭지만은 않았다. 하지만 "정치는 첫째가 가가(加賀, 가나자와), 둘째가 도사(土佐, 고치)"라는 평판을 얻게 된 것은 오로지 개작법을 단행한 덕분이었다. 개작법의 정책 목표는 한마디로 "튼실한 농민"을 만드는 데 있었다. 위에 인용하지 않은 나머지 조문도 간략히 소개해두자. 가족 중에 "여자·아이들"도 가능한 한 경작에 힘쓰도록 하라. 그러나 농

---

5) 개작법(改作法): 번주 마에다 도시쓰네가 선도한 농정개혁의 총칭.

민이 조금이라도 "거북해" 하지 않도록 "느긋하고 홍겹게", 또 방심하지 않고 노력하게 하라(제1조). 농민에게 필요한 경비를 대주되 모자라면 조사해서 더 주고, 키우던 말이 죽거나 예상치 못한 경비 때문에 힘들어 하면 경비를 내줘라(제2조). 어떻게 해도 "도움이 되지 않는" 농민은 빨리 교체하라(제3조). 밤이든 낮이든 곁에 있을 정도로 빈틈없이 몇 번이고 마을을 순찰하라(제4조).

제3조의 "도움이 되지 않는" 농민이란 영주에겐 연공을 미납하고 촌민에 대해서도 합의를 지키지 않는, 당시 표현으로 "무익한 농민(徒百姓)"을 가리킨다. '전후 역사학'은 이러한 조항을 여성·아동을 포함한 가족 전원의 근면을 강요하고 순종하지 않는 농민을 추방해버리는 봉건적 억압이며, 게다가 연공 완납을 전제로 한 농정 원칙이므로 '농민의 토지긴박(土地緊縛)'[6) '전(全) 잉여노동의 착취'에 지나지 않는다고 해석했다. 또한 단순 재생산밖에 보장하지 않는, 다시 말해서 농가의 확대 재생산을 인정하지 않는 영주계급의 자의성으로 보았다.

그러나 가족이 몰락하지 않고 어떻게든 생계를 이은 다음의 일은 아마 그즈음의 농민, 영주에게 상상조차 불가능했을 것이다. 따라서 '연공을 착취 내지 수탈하지 않았다면'이라는 반(反)봉건 논리도 내세울 수 있겠지만, '고대화' 이래 공민으로서 백성은 조용조(租庸調)를 의무적으로 상납해온 기나긴 전사(前史)를 무시해선 안 된다. 무연공(無年貢)은 영주도 농민도 감히 꿈꿀 수 없었을 것이다.

1970년대에 들어 "튼실한 농민"을 창출하려는 근세 영주층의 지배 이데올로기를 둘러싸고 '오스쿠이(御救, 구제)'론이 제기되었다(宮澤誠一, 1973). 여기서는 앞서 본 개작법의 경비 지원 같은 영주의 백성 구제를, 원활한 수탈을

---

6) 농민의 토지긴박(土地緊縛): 농민을 자신의 경작지, 즉 소속한 촌락에서 벗어나지 못하게 함.

위해 지배자가 생산자 구제에 나선 전도(顚倒)된 논리라고 파악했다. 현재도 학계는 큰 틀에서 이런 '인정(仁政) 이데올로기'론을 수용하고 있고, 거기에는 허위적이라는 인식이 늘 붙어 다닌다. 필자는 허위인지 아닌지에 대해 깊이 추구하고 싶지 않다. 다만, 백성 쪽에만 일방적으로 강요된 논리가 아니라는 점은 밝혀두고 싶다. 설령 허위성이 내재했다 해도 "느긋하고 흥겹게", "참으로 농민이 튼실하게 존립"하는 것을 치자 측이 일단 농정의 목표로 내건 이상은, 그 자체가 중대한 언질(言質)이 되어 몰락 위기에 처한 농민들이 같은 논리를 역이용해서 백성의 존립을 주장할 만한 정당성이 부여된 점에 주목해야 할 것이다. 영주-백성 쌍방이 동일한 논리를 각각의 ~~~~~~~~~ 중심으로 분유(分有)했다면 이것은 '백성 존립'에 대한 역사적 약정이라고도 이해할 수 있다. 동아시아 공통의 '안민(安民)'이라는 정치 원칙은 위와 같은 회로를 통해 일본열도에 유입된 것이다.

2) 농민이 "뜻"을 갖게 하라

가나자와번이 「아오바의 고인모쓰」를 발부한 1657년, 이세국(伊勢國, 미에현) 쓰번(津藩, 쓰시津市)에서도 5명의 가로가 연서한 3개 조 지시문이 이가(伊賀)·이세·야마토(大和)·야마시로(山城)에 분포한 영지의 부교(奉行)들에게 하달되었다.[7]

그중 제1조는 "전답에 관해"라는 제목하에 "도노사마(殿様, 번주)는 당분간의 국주(國主), 전답은 공의의 전답"이라는 선언적인 조문이다(『宗國史』). 여기서 "도노사마"는 2대 번주 도도 다카쓰구(藤堂高次, 1602~1676)를 가리킨다. 과거에는 이 조문이 쇼군의 전제적 지배력을 단적으로 증명해준다고 인식해

---

7) 부교(奉行): 에도시대 막부, 번에서 실무 집행부서의 장을 가리킴.

왔다. "공의"를 쇼군으로 이해한다면 조문은 다이묘에 대해 쇼군의 토지소유권이 강대함을 직설적으로 표현했기 때문이다. 그러나 이보다 앞선 시기에 쓰번의 초대 번주 도도 다카토라(藤堂高虎, 제5장에 소개)는 유훈 19개 조를 통해 위임받아 다스리는 다이묘 입장에서 져야 할 주체적인 책임을 후계자 다카쓰구에게 이미 남긴 바 있다. 위의 지시문 3개 조에서도 위임받아 다스리는 다이묘로서 주체성이 전면에 드러난다.

'동아시아화'를 비롯하여 지금까지 이 책을 통해 필자가 제기해온 정치적 제 가치들은 아무런 이유 없이 그냥 산 위에서 물이 흘러내리듯이 일본열도로 자연스럽게 유입된 게 아니다. 체제가 직면한 모종의 저항을 반드시 분쇄하고 극복할 필요가 있을 때 적극적으로 수용되었으며, 그 덕분에 유효성을 발휘해 민간에까지 침투할 수 있었다. 쓰번이 선언한 '공의의 전답, 당분간 국주'라는 원칙 또한 눈앞에 전개된 난문을 타개하기 위해 표명된 것이다.

이 무렵 쓰번이 직면한 문제는 "미즈초(水帳)"라고도 불린 검지장(檢地帳)을 촌락들이 은닉함으로써 야기된 민의 연공 상납 저항이었다.[8] "미즈초"가 아예 없다고 둘러대는 촌락들에 대해 번은 재(再)검지를 통해 은전(隱田)까지 적발해내겠다고 위협했고, 바로 이 장면에서 전답을 둘러싼 '공의=진정한 지배자', '다이묘=당면한 지배자' 관계를 천명하고 공의의 대리자로서 위광을 발휘하고자 한 것이다. 또한 3개 조 가운데 나중의 2개 조는 용수시설에 대한 소규모 수선은 촌락이 책임질 것, 저수지를 파는 등 대규모 토목 공사는 인부를 고용하되 1인당 하루 한 되(升)의 밥쌀을 번 측이 보조하고 용수 및 교량에 필요한 목재 따위는 번내 지역별로 조달할 것 등을 규정했다. 즉, 이때가 토지대장을 매개로 한 번-농민 관계를 포함해서 쓰번이 지배체계를 갖추는 기반 정비의 시기였음을 시사해주는 것이다.

---

8) 검지장(檢地帳): 검지 결과에 기초하여 촌락 단위로 전답의 면적·수확량·경작자 등을 통합 기재한 토지대장. 연공 및 제역(諸役) 부과의 기초 자료로 활용됨.

고대의 국사(國司)처럼 중앙으로부터 직접 파견된 관료는 아니지만 정치 문화 차원에서 '공의의 대리' – "당분간의 국주" – 는 국사와 유사한 존재로 볼 수 있다. 그러한 치자(治者) 의식에 기초하여 공법적(公法的) 존재로서 근세 농민을 '창출'하려[9] 한 것이다. 하지만 원칙이란 애당초 실태와 벗어나기 때문에 원칙이며 그리 간단히 실현되지 않는다. 또한 원칙 그 자체도 고심에 찬 영위의 결과로써 마련된다.

17세기 후반이 되면 쓰번 내부에서도 질지(質地) 관행이 만연하고 농민의 토지 소지에 상당한 유동성이 초래된다.[10] 이는 민간사회의 힘이 그만큼 강해졌음을 의미한다. 이런 질지 문제와 '격투'를 벌이면서 번정도 정치 관념, 법제화의 수준을 점차 세련시켜갔다. 특히 3대 번주 다카히사(藤堂高久, 1638~1703)는 2대 다카쓰구의 백일기(百日忌)가 지나자 바로 번정 쇄신에 착수했다(深谷克己, 2002). 이 사업은 번주 외에도 번정 집행에 참여한 면면들의 협의를 거쳐 진척되었다. 1677년 2월 공표된 아래 「각서(覺)」는 측근이 정리한 문안을 번주가 최종 승인하여 공인 인감을 누른 것이다. 그 요점을 소개해보자.

一. 번 역인이 "국민(國民, 농민)"으로부터 높은 연공을 취하면 "국민"이 도산하고 "무사들"도 힘들게 된다.

一. 연공을 낮추면 농민이 "뜻(志)을 갖고" 열심히 일할 것이므로 풍족해지고, (더불어)무사들의 가계도 좋아진다.

一. 번의 부교(奉行)는 "국민의 부모"이니 3할 이자를 1할반으로 억제해주면 번이 농민을 다시 일으키기 위한 "오스쿠이(御救)"에 드는 비용 1만 량을 1천 량으로 줄일 수 있다.

一. 농민이 곤궁하면 고리로 돈을 차용해서 (결국)쓰러지고 만다. 전답을 전당

---

9) 사료상으로는 "하고쿠미(育み, 육성)"라는 말이 사용됨―지은이 주.

10) 질지(質地): 금전 대차에서 담보로 잡힌 전답.

잡히는 일을 금하지 않으면 (후에) 연민의 조치를 취해도 소용없다.

一. "치국(治國)의 대본(大本)은 토민(土民, 농민)"이니, 농민으로부터 상납이 줄면 농민도 도산하고 무사들도 곤궁해진다.

一. "어국(御國, 번)"의 조치로 저축할 수 있으면 무사들도 농민도 "뜻(志)을 품게" 되며, 영민(領民)이 늘어나고 번의 위세도 커진다.

농민에게서 자주성을 이끌어내려는 시도는 근세 일본사회의 도처에서 눈에 띈다. 그런데 쓰번의 경우는 한 걸음 더 나아가서 농민이 "뜻(志, 희망)"을 품도록 번정을 쇄신하고자 한 점에서 참신성을 엿볼 수 있다.

3) '백성 존립'령

쓰번 사례에 대해 좀 더 논해보자. 1677년 2월 농민에게 뜻을 갖게 하자는 목표가 제시된 후 4개월이 지난 동년 6월, "향중(鄕中)에 명하는 3개 조"가 번주 직필(直筆)의 "오한모쓰(御判物)" 형태로 영내에 공표되었다(『宗國史』).[11] 공표에 앞서서 번주는 가로와 부교들에게 "평의(評議)"를 구하고 "이러해야 마땅하다는 점이 있으면 가필해서 올려라"는 지시를 내렸다. 즉, 서로 의견을 낸 후에 합의를 도출하는 정치 방식을 취한 것이다.

이때 평의를 위해 집결한 영내 부교들은 먼저 「서사(誓詞, 서약서)」를 제출했다. "내담(內談)"은 바깥에 누설하지 않겠다, "오직 주군(또는 주가)을 위해" 어떤 일이든 개의치 않고 발언하며 다른 누구의 의견이라도 도리에 맞지 않으면 비판하되 앙금을 남기지 않겠다, 다망하더라도 "주군(주가)을 위"하고 "국민"에게 덕이 되는 일이라면 계획을 입안하겠다, 등이 그 주요 내용이다.

---

11) 오한모쓰(御判物): 쇼군·다이묘가 직접 수결을 둔 문서.

3개 조 법령은 내용상 '백성 존립'령이라 불러도 좋을 만한 '안민'법이다. 거기서는 상찬할 만한 농민과 마땅히 처벌해야 할 농민의 차이를 분명하게 제시하고 있다. 우선 전자에 해당하는 부분만 인용해보기로 하자.

(제1조)

부모에게 효행이 두드러지는 자.

경작에 특별히 정성을 기울이고 연공 완납을 깊이 명심하는 자.

물건을 빌려주고도 고리(高利)를 원치 않으며 농민에게 도움이 되는 자.

새로운 개간과 조림을 계획하고 힘써 실행하는 자.

위와 같은 자가 있으면 반드시 상신해야 한다. 포상은 그 내용에 따를 것이다.

선행자에 대한 포상은 근세 일본의 각지에서 행해졌다. 하지만 대개는 효행, 헌신 등 윤리적인 선행이 그 대상이었다. 그런데 쓰번의 경우는 농업에 대한 정성, 연공 완납, 다른 농민에 대한 융통, 개발 열심 등 자신의 이에(家, 집안)와 촌락의 성장에 공헌하는 보다 넓은 범주를 포상의 대상으로 삼은 것이다. 또 그것을 당사자가 아닌 촌락 전체의 총의로써 촌락 역인이 추천하도록 장려했다.

그러면 반대로 처벌받아 마땅한 것은 어떤 농민일까?

(제2조)

부모에게 아주 불효한 자.

경작에 태만하고 (촌락의)연공 납부를 어렵게 만드는 자.

도박, 대주(大酒)를 탐닉하여 향중(鄕中)의 풍속을 어지럽히는 자.

향중에 물건을 빌려주고 배가 넘는 고리를 취해 공의의 농민을 쓰러뜨린 자.

위와 같은 자가 있으면 이 또한 반드시 상신해야 한다. 죄과는 그 내용에 따라 치르게 할 것이다.

이는 추거라기보다 고발을 장려한 법령이다. 부모에게 불효, 경작 태만 및 연공을 둘러싼 민폐, 고리대로 인한 농민 파산, 이 세 가지 악행이 앞의 포상 대상에 반하는 죄과로 간주된 위에 촌락의 풍기 윤리로서 도박과 대주가 추가되었다. "향중"이라는 생활 세계, "공의의 농민"이라 하여 앞서도 언급한 농민 존재의 공법성이 천명된 점 등에 유의해두자.

다음에 볼 제3조는 교유, 법령의 성격이 뒤섞인 3개 조 법령의 전체적인 의도를 전하는 내용이다. 이로써 짐작하건대 쓰번의 내부 상황이 20년 전 1657년의 3개 조 지시문 단계에 비해 전혀 개선되지 않았음을 엿볼 수 있다. 또한 그럴수록 이념을 더욱 지속적으로 심화시켜가는 과정에서 번령(藩領) 규모의 정치문화가 조성되고 유교적 민본주의가 보다 뚜렷이 형태를 드러내게 된 것으로 사료된다. (전답의 전당으로 인한)토지 겸병이 진행되는 사태를 막지는 못했다. 그러나 상대적으로 세가 불리한 농민 세계에 '백성 존립'의 정당성이란 의식이 축적되기에 이른 것은 거의 확실하다. 제3조의 조문을 요약하면 다음과 같다.

"나(我等)는 당분간의 국주(國主)"이고 "전답은 공의의 물건"이다. 그럼에도 "공전(公田)"을 당장의 소용 때문에 팔아넘기거나 전당잡히는 일은 "구세고토(曲事)" — 위법적인 처벌 대상 — 에 해당한다. 그러나 빈궁한 농민에게는 피치 못할 연유도 있을 터이므로 시비를 가늠하기 어렵다. (다만)부교나 대관(代官)의 허락 없이 사사로이 전답을 사들이거나 전당잡고 심지어 배 이상의 고리로 농민을 파산에 이르게 하는 자는 "공의를 가벼이 여기는 국민의 마해(魔害, 극심한 해악)"이다. 도적보다도 훨씬 무거운 대죄(大罪)이긴 하나 아랫것들 중에는 탐욕에 빠져 이치를 분별하지 못하는 일도 있을 터이니 우선은 그 죄과를 면해

주되 조사 후에 정도에 따라 죄를 묻겠다. 만일 (향후로도)이를 지키지 않으면 "반드시 처벌"하겠다.

이 "오한모쓰"에 덧붙여서 이가·이세·야마토·야마시로에 분포한 모든 쓰번 영내의 "향중"에 대해 가로, 부교가 연서한 「각서」가 발부되었다. 그 제1조는 "소백성(小百姓, 소농) 이하까지도 집안을 상속하고 나라(國)가 풍요로워지도록"이라는 "군주의 연민의 심정"이 담겨 있으므로 모든 농민은 "뜻(志)을 더욱 분발하여 경작에 힘쓰라"는 내용이다.

농민의 "뜻"이 무엇을 의미하는지 깊이 생각하면 어려운 문제이겠지만, 여하튼 1677년 쓰번이 소농층에까지 "뜻을 더욱 분발하여" 경영에 전념하도록 요구했던 것은 분명하다. 「각서」의 뒷부분에서는 오조야(大庄屋), 각 촌락의 쇼야(庄屋, 촌장)들이 "뜻을 모아"서 각자가 휘하의 "백성 존립을 위해", "늘상 깊이 마음써는 것이 첫 번째 일"이라 지시한다. 그리고 "백성 존립"의 구체적인 책임 주체를 촌락의 쇼야로 하여, 농민을 파산시킨 쇼야는 추방하고 그 전답은 촌락 내에 나눠주겠다고까지 언명했다.

필자는 이런 '백성 존립'이라는 농정 목표의 설정이 동아시아적 정치문화가 추구해온 안민, 태평, 평균이라는 지향점에 대한 근세 일본적인 수용방식으로 이해하고 있다.

2. 인정 이데올로기의 침투 방식

1) 쇼군 취임 벽두에 "민은 국가의 근본"임을 선언

1680년 윤8월 3일 공의(公儀)가 공표한 7개 조 교유서의 제1조는 다음과

같다.12)

　一. 민(民)은 국가의 근본이다. 대관들은 항상 민의 신고(辛苦)를 깊이 살펴서
기한(飢寒) 등의 근심이 없도록 하라(『御触書寛保集成』).

　전국 400만 석에 이르는 막부 직할령 - 그 외 하타모토 지배 영지가 300만 석
- 에는 다수의 대관이 임명되었는데 이 7개 조는 그들에게 민정에 임하는
기본적인 마음가짐을 일깨운 내용이다. 그 핵심이 바로 "민은 국가의 근본"
이라고 하는 민본사상이었다. 원래는 『서경(書經)』의13) "민유방본(民惟邦本)",
"본고방령(本固邦寧)"에서 유래한 말이다.14)

　쓰나요시는 영지 규모 25만 석인 다테바야시번(館林藩, 군마현 남동부)의 번
주였으나 이 해에 4대 쇼군이던 친형 이에쓰나(德川家綱, 재임 1651~1680)의
양자 겸 상속인이 되어 형의 뒤를 이어서 5대 쇼군에 취임했다. 7개 조 교유
서는 쇼군 취임 직후에 민정의 기본을 밝힌 선언문이라고 해도 좋을 것이다.
초기의 쓰나요시는 "텐나(天和, 1681~1684의 연호)의 치(治)"가 후대에 선정의
통칭으로 일컬어질 만큼 의욕적으로 정치에 임했다. 그중 제3조에서는 "민
은 위(上)와 멀리 있는 까닭에 의심을 가지며, 위 또한 이 때문에 아래를 의
심하는 일이 많다. 상·하가 서로 의심하지 않도록 만사를 정성껏 보살펴야
한다"라고 했다. 치자-피치자 사이에 피하기 어려운 시의(猜疑, 질시와 의심)
관계를 적시한 동시에, 병농분리로 인해 상·하 간 거리감이 배가된 막번체
제의 위험성까지도 인식했던 것으로 보인다. 초기의 쓰나요시는 단순히 교

---

12) 여기서 "공의(公儀)"는 5대 쇼군 도쿠가와 쓰나요시(德川綱吉, 재임 1680~1709)를 가리킨다.

13) 『서경(書經)』: 5경의 하나로 『상서(尙書)』라고도 함. 중국 최고의 역사서 겸 성왕(聖王)의 언
　　행집ㅡ지은이 주.

14) 민유방본(民惟邦本)은 '민(民)이 국가의 근본', 본고방령(本固邦寧)은 '근본인 민(民)이 굳건하
　　면 나라가 평안'하다는 의미.

유만으로 멈추지 않았다. 부정을 범한 대관을 실제로 과감히 처벌함으로써 결과적으로 대관의 관료화를 앞당겼다는 평가도 얻고 있다.

위에 소개한 쓰나요시 재임 초기의 7개 조 '민본 선언'은 문서의 형식상 발급자가 "빗추(備中)"로 되어 있다. 이는 당시 농정 및 재정을 전담 관리하던 로주(老中) 홋타 마사토시(堀田正俊)를 가리키는데,[15] 그는 이듬해 다이로(大老)로 승격했다.[16] 홋타 마사토시는 4대 쇼군 이에쓰나의 고쇼(小姓)로 출사한 후 소자반(奏者番), 와카토시요리(若年寄)를 거쳐 로주로 입신하고 다이로 직위에까지 올랐으나 에도성 내에서 척살(刺殺)당했다.[17] 여기선 쓰나요시의 초기 막정(幕政)을 뒷받침한 유능하고 교양 있는 농정가로서의 측면만을 다루기로 하자.

쓰나요시가 쇼군으로 재임하던 원록기(元祿期, 1688~1704)라고 하면 먼저 원록문화(제6장에 소개)의 융성이 떠오르고 신흥 초닌 세력의 경제력 상승과 근세국가의 상대적 안정기라는 이미지가 연상된다. 하지만 에도막부 초기나 말기와 같은 격동은 없었다 해도 매년 단위로 보면 흉흉한 사태가 적지 않았다. 이 무렵 에도 대화재에 이어서 에도성 성문이 손상을 입을 정도의 큰 지진이 발생했고, 간토(関東) 일원에서는 흉작과 기근으로 인한 아사자도 나왔다. 이런 상황에서 농정에 밝은 자에게 기대가 쏠린 것은 당연한 일이었다. 홋타 마사토시는 그런 기대감에 부응할 만큼 수완을 인정받고 있었다.

오가와 가즈나리(小川和也) 『목민의 사상: 에도의 치자의식(治者意識)』은 조선본 『목민충고(牧民忠告)』의 일본 유입, 린케(林家)에[18] 의한 『목민충고언해(牧民忠告諺解)』 저술, 마사토시와 하야시 가호(林鵞峰, 1618~1680, 라잔의 3남)의

---

15) 홋타 마사토시(堀田正俊, 1634~1684): 원래는 야스나카번(安中藩)의 번주—지은이 주.

16) 다이로(大老): 에도막부 비상시의 최고위직.

17) 고쇼(小姓)는 쇼군의 근위 시종, 소자반(奏者番)은 쇼군 비서역, 와카토시요리(若年寄)는 에도성 근무자를 통괄하는 고위 직책.

18) 린케(林家): 본문 제4장에 소개한, 하야시 라잔(林羅山)을 시조로 한 막부의 세습 유가.

교류 등을 소재로 하여 훗타 마사토시의 정도(政道) 사상 및 교양과 학문을 가능한 한 상세히 추적해서 그가 바람직한 쇼군상을 추구한 점을 밝혀낸 연구서이다(小川和也, 2008).

쇼군 취임 직후의 민정 교유서를 왜 로주 마사토시 명의로 발급하는 형태를 취했는지 이유는 확실치 않다. 다만 쓰나요시 자신도 유교핵 정치문화를 몸소 체현하고 주변에까지 강권한 쇼군이었다. 소위 문치 정치는 4대 이에쓰나 때부터 강화되어 전국시대의 유풍(遺風)이라 해도 좋을 순사(殉死), 다이묘의 증인 제출, 말기 양자(末期養子) 금지 등의 관습이 폐지되었다.[19] 쓰나요시는 한 걸음 더 나가서 스스로 유학자가 되어 공의의 정치를 추진할 사상 원리를 분명히 드러내고자 했다. 그러나 그 정도가 범인의 생각을 넘어섰기에 쓰나요시 정권기의 전체 이미지에 범상치 않은 색채가 감돌게 된 것이다.

쓰나요시 시기의 「무가 제법도」는 1683년에 발령되었다. 그 제1조는 "문무·충효를 장려하고 예의를 바르게 가질 것"이란 내용이다. 종전까지 「무가 제법도」 제1조의 서두는 "오로지 문무·궁마(弓馬)의 도를 익힐 것"으로 시작하는 게 통례였다. "궁마"를 "충효"로, "익히"는 게 아니라 "예의를 바르게"하는 쪽으로 바뀐 것이다. 이 "충효", "예의"는 쓰나요시의 유교 교양으로부터 나왔다.

쓰나요시는 특히 "효"에 민감했다. 여기에는 형 이에쓰나에게 종순하도록 효덕을 주입시킨 부친 이에미쓰(德川家光, 3대 쇼군)의 영향이 컸다는 설도 있다. 『도쿠가와실기(德川實紀)』(제5장에 소개)에 의하면 스루가국(駿河國, 시즈오카현 중부) 후지군(富士郡) 이마이즈미촌(今泉村)의 농민 고로에몬(五郎右衛門)이 부모에게 효성이 지극하고 자매와도 화목하며 흉년이 들면 모아둔 곡식을 주변 사람들과 나누어 기아를 구제했다는 사실을 공의순견사(公儀巡見使)

---

19) 말기 양자(末期養子): 무가의 호주가 생명이 위독한 때 급히 양자 상속을 출원하는 행위.

를20) 통해 접한 쓰나요시가 고로에몬의 연공 제 부담을 면제해주고 린케(林家)에 명하여 그 전기를 써서 간행토록 했다고 한다. 여러 번에서도 선행자에 대한 포상은 일찍부터 행해졌지만 공의 스스로 효자·절부(節婦), 역전(力田, 경작에 힘씀)·독행(篤行, 행동이 신실함)의 민백성을 포상한 것은 이때부터였다.

쓰나요시는 사서를 비롯한 여러 경서를 몸소 강의하기도 했다. 오경의 필두인『주역』에 관해서는 17세기 말의 8년간(=원록기) 많을 때는 월 6회씩 총 240회의 강의를 무사히 마쳤다 하여, "당국(唐國, 중국)"의 경우도 후대에 이런 일을 들은 바 없다고『실기』는 적고 있다. 또한 강의를 들은 근신들이 범상한 유자(儒者)가 감히 미치지 못하겠다라고 칭송하자 쓰나요시가 "너희는 유학을 뭐라고 여기는가. 옛적 요·순, 우·탕·문·무(禹湯文武) 같은 성인들은 모두 유자였다. 지금처럼 독서로서 업(業)을 삼는 자들만 유(儒)라 칭하는 것은 후세의 크게 잘못된 일이다. 이것은 오히려 성인의 도를 협애(狹隘)하게 만든다"라고 일깨웠다는 일화도 있다(「常憲院殿御實紀附錄」). 쓰나요시는 병중에도 '성경(聖經, 유교 경전)' 독송을 쉬지 않았는데 개중에『효경』,『대학』두 책을 특히 숙독했으며, 조상께 제사 올리는 전날 밤은 단 한숨도 눈을 붙이지 않고『효경』에 몰두했다고 한다.

1690년에는 린케의 하야시 노부아쓰(林信篤, 1645~1732)에게 우에노(上野) 시노부가오카(忍岡)에 위치한 린케의 공자묘(公子廟)가 규모도 작고 사적인 시설인데다 사찰과 가까이 있어서 성인을 모시기에 적합지 않다 하여 공의의 사업으로 간다다이(神田臺)로 이축할 것을 명했다. 이 공자묘가 바로 유시마성당(湯島聖堂)이다.21) 또 쓰나요시는 매달 3회 유자들을 모아 토론회를 가졌다고 한다.

---

20) 공의순견사(公儀巡見使): 공의가 전국 각지로 파견한 순찰사.
21) 유시마성당(湯島聖堂): 별칭은 쇼헤이자카대성전(昌平坂大成殿)―지은이 주.

2) "태평기요미"의 인정 이미지

1690년 출간되어 당시의 가직(家職)과 생업 500여 종을 삽화를 곁들여 소개한 『인륜훈몽도휘(人倫訓蒙圖彙)』(이하 『도휘』)에는 "태평기요미(太平記讀み)"라는 생업도 포함되어 있다. "근년부터 시작되었다. 태평기(太平記, 제3장에 소개)를 읽어주고 구걸한다. 불쌍하구나, 옛날엔 다타미 위에 살았으니 책묶음도 읽고 그저 지낼 만했을 터인데. 기온(祇園)의 시원한 그늘이나 다다스노모리(糺乃森) 아래에다 멍석을 깔고 강석(講釋)을 하는구나.22) 또 그것을 머리 숙여 듣는 자들도 있으니 생류(生類) - 인간 - 만큼 기품 있는 건 달리 없으리라."

『도휘』 속의 "태평기요미"는 이처럼 영락한 무사의 생업이며, 책을 읽어주고 적선을 구하는 걸인으로 소개되고 있다. 해당 삽화를 보면 "태평기요미"는 오른손에 『태평기』를 펼쳐들고 저자를 걷는데 낡아빠져 뒤틀린 모자에 덥수룩한 수염, 갈기갈기 찢어져 달랑한 옷차림에 짚신을 신은 아주 보잘것없는 차림이다. 그린 화공(繪師)이 이하라 사이카쿠(井原西鶴, 제6장에 소개)의 작품에도 삽화를 그린 동일 인물임을 감안하면 『도휘』에 묘사된 "태평기요미"가 전국시대를 살아남은 무사가 아닌, 17세기 들어 새로 형성된 로닌(浪人)층의 살림살이 가운데 하나였음을 알 수 있다.23) 위 자료에 따르면 들어줄 사람을 찾아서 저자거리를 어슬렁댔을 뿐만 아니라 신사, 사찰 앞의 광장이나 넓은 경내에도 자리를 편 것 같다.

"태평기요미"에 천착하여 일본 근세 정치사상의 형성 과정을 고찰한 연구자는 와카오 마사키(若尾政希)이다(若尾政希, 1999a). "태평기요미"라 해도 『태

---

22) 기온(祇園)은 교토 야사카신사(八坂神社) 일대를, 다다스노모리(糺乃森)는 교토 시모가모신사(下鴨神社)의 숲을 가리킴. 강석(講釋)은 책의 뜻을 풀이해서 들려준다는 의미.

23) 로닌(浪人): 주군을 잃고 봉록이 없는 떠돌이 무사.

평기』 본문을 낭독하는 것은 아니었다. 이미 이에야스 때부터 『태평기』 본문 속의 인물, 사건을 비평한 주석서 『태평기평판비전이진초(太平記評判秘傳理盡抄)』를 읽는 일이 유행했다. 이것도 상당히 두꺼운 책인데 17세기 중엽에는 세간에 간행되었다. 『이진초』는 "무략(武略)의 요체, 치국의 도"를 논한 내용이었기에 듣기에 적합하지 않은 자에게 "전수해선 안 되"고 치자로서 자격을 갖춘 자에게만 "비전(秘傳)"으로 전수되는 것이었다.

와카오가 밝혀낸 『이진초』의 전수는 원래 의지가지없이 생계가 막막한 로닌의 생업이 아니라 근세 초두 전문 강석사로 활약하던 불교계 지식인이 다이묘 앞에서 강석하는 형태였다. 와카오는 『이진초』 중의 구스노키 마사시게(楠木正成)가 무인인 동시에 인군(仁君)으로 묘사된 점에 특히 주목했다.[24]

『이진초』의 구스노키 마사시게는 새로 하사받은 셋쓰(攝津, 오사카부 일부), 가와치(河内, 오사카부 동부)의 영지를 다스림에 민간의 빈고(貧苦)를 구제하는 문제가 긴요하다 하여 연공을 종전에 비해 2할이나 감해주었다. 또 곳곳에 관개용수를 위한 저수지를 굴삭토록 하여 많은 논을 개간하고, 그곳에 농민이 정착할 수 있도록 볍씨를 대여해서 가을 상환 때는 약간의 이자를 덧붙일 뿐이었다. 그리고 개간한 이듬해부터 3년간은 수확의 1/30만 납부하면 그 밖에 부담을 면제했다. 이런 소문을 접한 타지의 농민들이 마사시게의 영지로 몰려든 덕분에 영내 인민 수가 5할이나 늘어났다. 산에는 나무를 많이 심게 했다. 생장이 빠른 버들은 산봉우리나 계곡에 심고, 또 여기저기 밤나무를 심게 했으며, 마을마다 뽕을 빈틈없이 심어서 "하민(下民)"에게 내주었다. 땅을 놀리는 일은 "정도(政道)"에 어긋난다 하여 농정의 매사에 지극정성을 기울였다. 『이진초』에 묘사된 이러한 마사시게의 업적은 후대에 이르러 근세 다이묘가 '백성 존립'을 위해 시도한 각종 산물육성책과 거의 유사하다.

---

24) 구스노키 마사시게(楠木正成, 1294?~1336): 남북조 내란기에 남조의 고다이고(後醍醐) 천황에게 충성을 다한 무장. 명치시대 왕정복고 이후 영웅시됨.

근세 초기의 강석사들은 "태평기요미"라는 형태를 빌어 이상적인 정치가, 위정자로서 마사시게라는 인물상을 여러 다이묘들에게 전수한 것이다.

와카오는 애당초 '치자에 대한 비전'의 전수이던 『이진초』가 일찍부터 인쇄물로 간행됨으로써 사회에 대한 공개성이 높아진 점도 지적한다. 여하튼 『이진초』에 그려진 마사시게상은 일개 무장에서 위정자로 탈바꿈하여 근세적인 정치사상을 다이묘 및 상급 무사층에 제공했고 현실 정치에 대한 영향력까지 발휘할 수 있었다. 와카오는 이런 사실을 근세 초기의 가나자와번, 오카야마번(岡山藩, 번주 이케다씨에 대해선 제6장에 소개)에 관한 번정 연구를 통해 논증했다.

『태평기』(1370년대 성립) 본문이든 『이진초』든 거기서부터 근세의 정치사상이 도출되었다고 하는 것은 바꿔 말하면 근세 정치사상의 한 갈래가 일본 중세사에 연원을 두며, 임진전쟁에서의 조선 주자학 유입과 같은 외부로부터 영향과는 다른 열도 내부적인 정치문화의 형성 회로가 존재했음을 의미한다. 그러나 『태평기』의 "태평"이라는 표제어만으로도 바로 동아시아 정치문화의 핵심 중 일부인 태평, 화평, 무사의 희구라는 이념을 연상하게 되는 것도 사실이다. 게다가 『이진초』뿐만 아니라 『태평기』 본문도 도처에서 중화 세계의 고사를 인용하고 있다. 또한 불교설화나 일본신화의 고사에다 남북조 내란 당시의 사건, 인물을 결부시켜서 마치 실록인 양 서술했다. 이러한 모든 것들을 총체적으로 견인한 것은 분명히 동아시아 고전고대의 정치사상이었다.

예컨대 『태평기』의 짤막한 「서(序)」는 "하늘의 덕(天之德)"을 "명군"이 자기 일신으로 체화하여 "국가를 유지하"는 이상에 대해 논하고 있다(日本古典文學大系 34). 그리고 이를 보필하는 힘이 "땅의 도(地之道)"이니 "좋은 신하(良臣)"가 사직을 지킨다고 했다. 이 도를 위배하여 나라를 멸망에 이르게 한 인물로써 하(夏) 걸왕(桀王), 은(殷) 주왕(紂王), 진(秦)의 조고(趙高), 당의 안록산

(安祿山)을 들었다. 그런 까닭에 주공(周公) ― 무왕(武王)의 동생. 예(禮) 중시 ―, 공자 ― 인(仁) 중시 ― 같은 "전성(前聖)"이 나타나서 정법(政法)을 정하고 후세를 위한 가르침으로 사서오경을 남긴 것이니 반드시 지켜야 한다는 것이 『태평기』 서문의 요체이다. 이처럼 『태평기』의 저변에는 유교적 정치관이 짙게 깔려 있다.

또한 『태평기』는 내용상 무가에 대한 대정위임(大政委任, 통치대권의 위임)이 아니라 천황 친정(親政)을 지향한 군기물(軍記物)이다. 중화왕조의 천자, 주변 왕조의 왕을 막론하고 "하늘에 해가 둘 없다(天無二日)"라는 동아시아 고전고대에 직결되는 정치사상과 모순을 일으키지 않는 정체론(政體論)인 것이다. 그리고 일본적인 개성은 『태평기』를 변용 각색한 『이진초』가 구스노키 마사시게라는 한 인물에 인군·인정(仁政)의 희망을 가탁한 점에서 오히려 뚜렷이 나타난다. 즉, 왕권으로부터 정권의 분기, 무가정권의 인군·인정 지향이라는 일본적인 정치관이 『태평기』 독법에 영향을 미친 결과 『이진초』의 마사시게상이 성립한 것이다.

『이진초』를 둘러싼 한 가지 의문은 그것이 '치자에 대한 비전'으로 전수된 것이라면 민중은 어떻게 접할 수 있었을까 하는 점이다. 여기에 관해서도 와카오는 "민은 국가의 근본"이라는 어구에 착안하여 가와치국 농민 가와치야 가쇼(河内屋可正, 1636~1713)의 사상으로부터 17세기 후반 무렵 민중 차원에까지 『이진초』가 수용되었음을 규명했다(『河内屋可正舊記』). 그렇다면 서두에 든 『도휘』의 "태평기요미"가 오른손에 펼쳐든 텍스트는 『태평기』가 아니라 인정 이미지를 알기 쉽게 풀어낸 『이진초』로 봐도 무방하다. 영락한 로닌의 생계수단으로서 책 읽어주기가 사람들에게 인정 이데올로기를 심어준 것이다.

3) '어백성 의식'과 정당성 감각

1744년 미노국(美濃國, 기후현 남부) 무시로다군(蓆田郡) 가모촌(加茂村)의 농민이 "송구하오나 문서로써 청원드립니다(乍恐以書付奉願候)"라는 제명으로 쇼야(庄屋, 촌장) 교체에 반대하는 소원(訴願)을 영주에게 제출했다(『編年百姓一揆史料集成』第三卷). 이것은 하타모토 영지에서 발생한 일이긴 하지만 상대가 다이묘든 막부 대관이든 또는 사사(寺社)든 직접적인 지배자와 피지배 농민 사이에 유사한 사태는 제법 많았다. "송구하오나"라는 서두는 일견 비굴한 신분의식의 표출로도 보인다. 그러나 이 말은 청원서, 소장(訴狀) 등에 상투적으로 사용되던 표제어이며 당대의 질서를 반영한 서찰례(書札禮, 문서 예법)에 가깝다. 개별 촌락이나 농민이 지배층에 뭔가 의사표시를 하려면 이런 격식을 갖출 수밖에 없었던 것이다.

중요한 것은 형식 속에 담긴 사안의 내용이다. 소장에는 "외람되지만 어백성(御百姓)을 잘 수행하면 자연히 도노사마(殿樣)를 위해서도 도움이 될 것입니다"라는 행(行)이 보인다. "도노사마"라는 호칭은 영내, 저택 내에서 다이묘 또는 하타모토에게 사용되는 말이다. 필자의 관심은 위 인용문 중에 보이는 "어백성" 쪽에 있다. '어백성 의식'이라 부를 만한 농민의식이 근세 일본의 촌락사회에 깊이 침투했다고 필자는 생각한다.

'어백성 의식'은 동아시아적인 민본사상이 근세 일본사회에 하강한 형태라고 할 수 있다. "어백성을 잘 수행" 운운하는 구절은 근세 농민이 영주에 대해 뭔가를 주장할 때 자주 사용하는 말이다. 일본 근세에는 소농 자립, 소농 중심의 촌락사회가 이전보다 한층 진전되었다. 이 점에 관해 패전 후의 근세사 연구는 정책기조와 토지관계 장부 등에 대한 분석을 기초로 많은 업적을 쌓았다. 그것들에 따르면 고대 이래 백성 신분으로부터 공가·무가를 지탱하는 무사와 이들 모두를 아래로부터 떠받치는 초닌 신분이 법제적으로 분기되었으며, 근세의 경우 소농은 백성과 거의 동의어였다.

그러나 '소농'이라는 경제, 계급 개념과 '백성'이라는 정치, 신분 개념은 원리적으로 다르다. 백성은 공민으로서 국가에 대해 어떤 공적인 일을 수행하는 존재이다. 이에 대해 소농은 소가족 생활을 영위하며 소규모 농업생산과 그 유통을 통해 생계를 도모하는 계층이다. 물론 말이란 항상 서로 교통하고 때로 뒤섞인다. 일본 근세는 백성이 소농의 형태에 가장 근접한 시대였기에 어느 쪽이든 구분 없이 혼용되었다. "대농", "중농", "소농"이라는 말은 각각 "대백성", "중백성", "소백성"이라는 말과 같이 쓰였다. 정치 개념, 경제 개념을 평소 생활 속에서 의식적으로 나눠 쓸 필요는 없었다. 그러나 앞서 본 대로 촌락 운영이나 촌락 정치 등 꼭 필요한 경우는 "어백성을 잘 수행" 운운이라는 말이 사용된 것이다.

"어백성"이라 하여 "어(御)"를 앞에 붙인 것은 백성 스스로를 높인 게 아니라 자신들을 지배하는 상대편을 높인 말이다. 그렇다고 해서 스스로를 치자의 소유물로 치부한 것은 아니다. "어백성"으로 당대의 질서체계에 편입됨으로써 그 공법성(公法性)을 높이고 사회 내의 위치를 전반적으로 상향시킨 것이다. "어백성"으로서 공적인 일을 차질 없이 수행함으로써 농민은 지배자에 대해 치자-피치자의 관계로 맞설 수 있었다. "도노사마를 위해서도 도움이 될 것"이라고 마치 억지를 부리듯이 주장한 것은 물론 일상 표현이 아니다. 대단히 겸양적인 어조를 취하면서도 전체 논조는 "도노사마를 위해서" 공무를 "수행"한다는 점을 부각시킴으로써 소장의 취지를 관철시키고자 한 것이다. 이런 소청이 받아들여질지 어떨지는 경우에 따라 달랐다. 만일 백성의 어떤 요구든 수용했다면 그것은 영주가 백성에 대해 '오스쿠이(御救, 구제)'를 행하고 '백성 존립'을 보장했다는 의미가 된다. 그러나 당연한 일이지만 백성들이 아무리 "어백성"으로서 정당성을 앞세우더라도 반드시 요구가 실현된다는 보장은 없었다. 위 소청의 경우, 영주 측은 "지당한 청원이긴 하지만"이라고 백성의 요구를 일면 인정하면서도 결국은 사정상 부득이하다 하여 수용을 거부했다.

1738년 9월 무쓰국(陸奧國)25) 다이라번(平藩)에서 연공 감면 등을 요구하는 강소(強訴), 우치고와시(打毀し)가 발생했다.26) 번내 전 지역 농민이 참가한 대규모 백성잇키로 그 경과 과정이나 내용 등에는 흥미로운 점이 많이 보인다. 필자는 그 가운데 "송구하오나 문서로써 청원드림"이란 제명의 19개조 소장에 나타난 '어백성 의식'에 특히 주목하고 싶다(『編年百姓一揆史料集成』第三卷). 그 제8조에서는 "(전략)백성들은 감사한 오스쿠이(御救)라고는 생각하지만 (평상시)연공 상납에도 고생이 심합니다. (이런)백성들에게 연공 외에 과역(過役, 과도한 부담)을 명하시면 백성은 더욱더 무력해지고 만민이 고통에 빠지고 말 겁니다"라고 호소했다. 소장의 취지는 직전에 다이묘가 명한 저곡령(貯穀令)에 대한 반대이다. 다이묘 측의 정책 의도를 일단은 백성 구제책으로 인정하면서도 그것은 결국 연공에 더해지는 "과역"에 지나지 않기에 백성들이 더욱 무력해질 수밖에 없다고 하며, "만민 고통"이라는 일종의 평등주의적인 어휘를 들먹임으로써 영주의 안민(安民) 책무를 지적한 것이다.

제10조의 "(전략)또 백성이 보고한 아시게(惡毛)대로 게미(檢見·毛見)하시어 상하 평균으로 (연공량을)정해주시도록 부탁드립니다"라는 부분은 번의 현지 수확량 조사방식에 대해 불만을 토로한 내용이다.27) 백성이 올해는 "아시게"라고 하면 그대로 믿어주고 작황의 평균을 취해서 불공평한 연공 부과가 없도록 해주기 바란다라고, 표현은 공손하지만 내용상으로는 번의 농정을 힐책하고 그 개선을 요구한 것이다. 여기서도 "평균"을 앞세운 백성 측의 평

---

25) 무쓰국(陸奧國): 현재의 아오모리현(青森縣) 전역과 이와테현(岩手縣) 일부.
26) 강소(強訴)는 농민들의 집단 시위, 우치코와시(打毀し)는 도시 하층민과 주변 농민들이 고리대 업자·호상·호농, 관할 관청 등을 습격한 폭력 소요.
27) "아시게(惡毛)"는 나쁜 작황을, "게미(檢見·毛見)"는 벼의 작황 조사를 의미한다.

등주의가 표출되고 있다.

소장은 아래와 같이 끝맺어서 "영내 총백성들(御領內惣百姓中)"의 명의로 관할 관청인 부교소(奉行所)에 제출되었다.

일찍부터 탄원을 올리고자 총백성(惣百姓)이 여러 번 회합을 갖고 의논했으나 백성인 까닭에 말씀드리기 어려워서 (지금껏)끌어온바, 또 이번에 부야쿠금(步役金·賦役金)을 하명하시니 부득불 청원을 하게 되었습니다. 지금까지는 받들기 어려운 말씀일지라도 추호도 위배됨 없이 상납해 왔습니다만, 근년은 백성들이 전에 없이 힘들어서 (가계를)이어가지도 못하고 고통을 겪고 있습니다. 송구하오나 부디 자비를 베푸셔서 저희가 바라는 대로 들어주시면 감사하겠습니다.

현실적으로 농민 사이에는 대·중·소의 백성이라는 상하의식이 존재했다. 그럼에도 "총백성" 명의로 소청한 것은 공민으로서 동질성에 기대고자 한 때문일 것이다. 또한 "백성인 까닭에 말씀드리기 어려워서"라고 피치자로서 스스로를 비하하면서도 동시에 그것을 늦게나마 소장을 제출하지 않을 수 없는 이유로 삼고 있다. 결론적으로 다이묘의 자비를 비는 형태를 취했지만 다이묘 또한 영내 농민이 몰락하여 이촌(離村), 도산(逃散)하는 감소 현상을 어떻게든 막아야 했다. 쌍방 모두 여유를 부릴 수 없는 중대한 고비를 맞은 것이다.

이 백성잇키의 결말도 농민의 승리는 아니었다. 잇키 세력은 다이묘의 성하(城下)를 일시적으로 점거한다. 하지만 번은 무사들을 소집하여 대포 등속의 병기를 갖추고 농성 준비에까지 돌입했으며, 일단 농민 측의 소원을 수용하는 모습을 보인 후에 방심을 틈타듯이 지도자들을 억류했다. 그 후 한 해 내내 문초가 이어진 끝에 촌락에 대한 감시체제가 강화되고 결국 번이 다시 우위에 서게 되었다. 불법행위 혐의로 "옥문(獄門, 효수형)", "사죄(死罪, 사형)" 등 처형을 당한 농민이 여러 명 나왔다. 에도의 공의가 다이묘에게 처분권을 위임한 점도 이런 보복적인 결말을 낳은 한 원인이었다. 다만, 번 쪽에서도 가로(家老) 이하에 대해 직위 몰수 등의 처분을 내려서 실정을 실제로는 인정했다.

개별 번의 경우는 위 사례처럼 보복적인 대응이 이루어졌다. 그러나 총체적인 면에서 보면 안민을 보장하지 못한 다이묘는 실정자(失政者)로 간주되었다. 백성잇키는 실제로 일어나지 않더라도 일어날지 모른다는 위구심만으로 영주의 학정을 제약하는 의미가 있었다. 필자는 이 책을 통해 백성잇키의 결과적인 승패가 아니라 근세 농민이 스스로를 정당화하는 논리를 포착하는 데 역점을 두고 있다. 처형당한 농민이 후대에 흔히 "의민(義民)"으로 현창된 사례는 번 세계의 의식을 반영한 일일 것이다. 또한 다이라번 다이묘 나이토가(內藤家)가 수년 후 휴가국(日向國, 규슈 미야자키현) 노베오카(延岡)로 전봉(轉封)된 것도 그러한 평가가 공의에까지 들어간 결과일 것이다.

위와 같은 대규모 백성잇키가 일단락된 후에는 실록적인 성격을 띤 소설이 만들어져 널리 읽히곤 했다. 앞서도 소개한 와카오 마사키(若尾政希)는 그런 소설류의 구조가 『태평기』와 유사하다는 점을 적시했다(若尾政希, 1999b). 실제로 『보영수부태평기(寶永水府太平記)』(『日本思想大系』 58), 『인파쿠민란태평기(因伯民亂太平記)』처럼 제명에 "태평기"가 사용된 예도 보인다.[28] 단, 전개 방식은 최후에 인군(仁君=공의=쇼군)의 힘으로 인정이 회복된다는 틀에 박힌 결말을 취한 경우가 대부분이다. 이 또한 인정을 희구하는 폭넓은 사회적 압력의 반영일 것이다.

---

28) 『보영수부태평기(寶永水府太平記)』는 1709년 발생한 미토번(水戶藩) 잇키를, 『인파쿠민란태평기(因伯民亂太平記)』는 1739년의 돗토리번(鳥取藩) 잇키를 각기 소재로 함.

3. 교유와 명군

1) 유가적 교령과 법가적인 법령

법제사 분야에서는 근세 일본의 막부법·번법(藩法)·촌락법 나아가서 가법 (家法)의 중층성이나 차이점 혹은, 성문법과 관습법의 관계 등에 관해 수많은 연구 성과가 있고 근세 법제를 둘러싼 사료편찬 사업도 대단히 왕성하다. 그러나 필자가 이 책에서 주목하는 동아시아 정치문화의 특징은 이러한 법의 분류 체계만으로 충분히 드러나지 않는다.

각종 일본사 교과서에 빠짐없이 수록되는 「경안오후레가키(慶安御触書)」는 전체 32개 조에 달하는 장문의 오후레가키(御触書)이다.[29] 근세사 연구자 야마모토 에이지(山本英二)는 이것이 종전 통념대로 1649년 에도의 공의가 반포한 게 아니라 그로부터 20년쯤 후에 성립된 것으로 보이는 농민 교유서 「백성 품행에 관해서(百姓身持之事)」나 1697년 고후(甲府, 야마나시현 중부)의 도쿠가와씨 영지에서 포고된 같은 성격의 교유서 「백성 품행 각서(百姓身持之覺書)」가 원형이고, 「경안오후레가키」라는 이름으로 민심 안정을 위해 전국적으로 배포되기 시작한 것은 1830년대 이후라고 논증했다(山本英二, 1999). 혼란이 일어난 배경에 대해서도 야마모토는 논하고 있다. 그중 이 책의 관점에서 중요한 것은 이것들이 '법령'이 아닌 '교령(教令)', '교서(教書)'라는 점이다.

양자의 구분은 법을 둘러싼 근세인의 인식을 통해서도 드러난다. 「오카야마번 법례집(岡山藩法例集)」을 보면 오카야마 번주 이케다 미쓰마사(池田光政, 제6장에 소개)의 직필, 직담(直談) 등이 「제신교령(諸臣教令)」으로 정리되어 있다(『藩法集 1』 上). 교령, 법령이 일목요연하게 구분되는 경우도 있으나 판

---

29) 오후레가키(御触書): 막부·번이 서면 또는 구두로 민간에까지 널리 포고한 법령.

별이 어렵거나 양자가 뒤섞인 경우도 있다. 그러나 '법'과는 성격을 달리하는 '교유(教諭)'의 체계가 있다고 전제하면 오히려 확연히 구별되는 것들이 적지 않다. '교유'는 "교유", "설유(說諭)", "가훈", "가키오키(書置き)", "오보에(覺)" 등 여러 가지 명칭으로 불리지만 요컨대 유(諭, 깨우침)를 통한 지배, 마음을 얻는 지배라고 할 수 있다. 양자가 뒤섞인 경우도 어떤 부분이 '법'이고 어떤 부분이 '유'인지 구분이 가능하다. 법령에는 기본적으로 벌칙이 부가된다. '유'에도 벌칙이 따라붙을 수 있지만 내용은 어디까지나 덕목이 중심이다.

필자가 이 책의 제명으로 쓴 "동아시아 법문명권"이란 개념어에서의 '법'은 본래적인 '법'과 '유'의 관계도 그 각각에 내포된 가치관까지도 애매하게 해석되는, 사람이 기준으로 삼고 따라야 할 내적인 규율을 가리키는 의미로써 '법(원문 표현은 'ノリ')'의 용법이다. 일본인의 일상 속에서 '법'은 덕의(德義)에 입각한 규준이나 천지에 일관된 원리와 동일한 의미로 쓰이는 예와,[30] '법에 저촉되다'와 같이 실제적인 법규를 가리키는 용례가 있다. 필자는 이 책 전체를 통해 일본어의 '법(ノリ)'에 가까운 의미로 '법문명'이란 용어를 쓰고 있다. 그리고 여기서는 처벌이 부가되는 규칙으로서 '법'을 '유'와 구분해서 사용한다.

이케다 미쓰마사는 에도시대 초기의 명군(明君·名君)으로 평판이 자자하다. 그는 전국시대의 유습대로 여전히 병장기를 휘두르는 "난세의 충(忠)"에만 빠져 있는 가신들을 배격하고, "우에사마(上樣, 쇼군)"로부터 책임을 맡아 민백성을 안심시켜야 하는 다이묘의 "주군(=쇼군)에 대한 봉공" 의무를 보좌할 만한 "무사(無事)의 충"을 요구하며 가신들에게 집요할 정도로 거듭해서 장문의 교유를 내렸다. 그것은 무사(武士)를 거의 환골탈태시키는 듯한 격렬한 내용을 담고 있었다. 실제로 미쓰마사는 평소 "무사(武士)"보다 "사(士)"라

---

30) 덕의(德義): 마땅히 지켜야 할 도덕적 의무.

는 말을 즐겨 사용했다. 반복적인 교유 가운데 「구두로써 명하는 각서(口上にて可申渡覺)」 총 11개 조 중 제9조에는 미쓰마사의 아래와 같은 언설이 보인다(『藩法集 1』 上).

> 최근에 자주 타이른 것들은 대체로 사중(士中, 가신들)에 대한 이견(異見)이다. 법도(法度)와 이견은 다르다. 이견은 자주 말하지 않으면 안 된다. 사중도 내게 이견을 들려주기 바란다. 이견을 법도로 아는 것은 큰 착각이다.

여기서 "이견"이란 교유와 온전히 같은 말이 아니다. 주군이 가신에게 이르면 '교유', 가신이 주군에게 사뢰면 '간언(諫言)'이 되는 이중적인 의미를 지닌다. 물론 어떤 경우든 위반하면 처벌이 따르는 "법도"와는 성격이 다르다. 그러므로 반복적인 "이견"이 중요하다고 강조하는 것이다. 위 인용문은 가신 통제를 위한 교유이지만 앞의 「경안오후레가키」와 같이 민백성에 대한 교유도 종종 포고되었다.

교유를 통한 가신 통제와 농민 지배의 근저에는 유교핵 정치문화의 특성이라 할 수 있는 인간에 대한 성선관(性善觀)이 자리하고 있다. 유교의 근원적인 약점 혹은, 유교적 정치를 뒤뚱거리게 만드는 돌부리는 악인·악당(惡黨)이 왜 생기는가,[31] 어찌하면 그런 현상을 해소할 수 있는가라는 난문에 답하지 못하는 점이다.

> 인정(人情)이[32] 정도(正道)인 것은 잘 아는 바이다. 허나 선인, 악인이 나오는 것은 (정도를 잘)이용하는가 못하는 가에 달렸다.

---

31) 악당(惡黨): 질서를 어지럽히는 무장 집단.
32) 인정(人情): 사람의 원래 성정.

18세기 후반 졸지에 권좌를 밀려난 전 로주(老中) 다누마 오키쓰구(田沼意次, 제3장에 소개)는 가문의 상속을 기대하던 아들 오키토모(田沼意知, 1749~1784)마저 에도 성중(城中)의 칼부림 사건으로 잃고 만다. 위 인용문은 일가의 존속을 의탁하기 위해 오키쓰구가 어린 손자 오키아키(田沼意明, 1773~1796)에게 남긴 7개 조「유훈(遺訓)」의 머리 문장이다(『相良町史』資料編近世 1). 다이묘가의 자손에 대한 훈계이긴 하지만 이런 식의 교유는 신분 상하를 막론하고 여러 형태로 행해졌다.

그래도 악인은 계속해서 나타난다. 그 결과 성선설에 기초한 유가의 논리가 한계에 내몰렸다. 과료(過料, 벌금), 관직·영지의 몰수, 추방 및 태형, 질책 등등의 징계 외에 유지(諭旨, 깨우쳐 알림) 수준의 형벌도 있었다. 그러나 근세 일본의 형벌 제도는 비교적 쉽게 사죄(死罪)를 언도했다. 사죄에도 여러 종류가 있었지만 특히 책형(磔刑),33) 옥문 등 본보기적인 혹독한 체형(體刑)이 많았다. 이런 현상은 긴 전국시대의 쟁란을 거친 일본 고유의 엄격한 형벌로 볼 수 있을 것이다.

다시 말해서 유교는 교유주의, 민본·덕치주의에 입각한 정치사상을 최고의 가치로 중시했고 그 덕분에 천하 만민의 민의를 포용할 수 있었다. 하지만 그것만으로 현실의 정치적인 지배를 관철할 수는 없었다. 뒷받침해줄 또 하나의 지지대가 불가결했던 것이다. 그게 바로 법가적인 성악관(性惡觀)에 기초한 형벌주의였다. 이는 전국시대의 난세가 잉태한 특수 일본사적인 보복주의라기보다, 동아시아 고전고대에 내재된 모순을 지양하기 위해 내부적 단련을 거친 방법론이었다. 그러므로 고대의 율령에 의한 지배도 유가적인 원칙을 전면에 내세우는 동시에 이면에 법가적인 것을 배치함으로써 양자를 조합하여 일체화시킨 정치형태라고 사료된다.

---

33) 책형(磔刑): 죄인을 기둥·판자에 결박하여 창으로 찔러 죽이는 형벌.

2) 명군과 환과고독

동아시아 정치문화는 이렇게 법가적인 엄벌주의에 기대면서 표면으로는 유가적인 성선설적 인간관을 부각시켜 그 가능성을 추구하고 교유를 반복함으로써 민백성에 이르기까지 수기(修己, 자기 수양)를 요구했다. 인격적인 덕(德)의 힘이 정치 운영에 차지하는 큰 비중을 인정한 것이다. 제일 먼저 율령제라는 법의 문화를 꽃피웠으면서도 후계 중화왕조의 정치가 '법치'가 아닌 '인치(人治)'로 평가되는 것은 그 유교적 정치문화 속의 인격적 영향 내지 인격 자체에 대한 의존도가 그만큼 높았기 때문이다.

명판관으로 성가를 높인 18세기 전반의 에도 마치부교(江戸町奉行)[34] 오오카 다다스케(大岡忠相, 1677~1751)의 이른바 "오오카 판결" 같은 사례는 대체로 그 자신의 균형 감각에 의존한 어림재기 재판이 세간의 지지를 얻었음을 의미한다. 앞서 인용한 다누마 오키쓰구의 「유훈」도 결국은 자기 사후의 다누마가를 추앙받는 다이묘 가문으로 존속시키는 데 목적이 있었다.[35] 위기에 직면하지 않은 일반 다이묘 경우도 후계자에게 교유를 남기는 것이 상례였다.

전부해서 이백 수십 개에 이르는 많은 번들 중에는 끊임없이 다이묘가의 상속이 이루어졌고 다이묘의 누계 총수는 거의 수천 명에 달한다. 그리고 대개의 번에서는 한 명 혹은, 두세 명의 "명군" 또는 "중흥의 영주(英主)", "현군(賢君)" 등으로 불린 다이묘가 출현했다. 번조(藩祖)는 명군이라기보다 일종의 창업자로서 존경받았다. 민백성의 민의(民意)를 업은 명군으로는 17세기경 농정 쇄신을 통해 번 체제를 구축한 계몽적인 군주가 몇 명 있다. 그리고

---

34) 에도 마치부교(江戸 町奉行): 에도의 행정·사법·경찰 업무를 담당한 막부 직책.

35) 하지만 후에 다누마가는 영지도 성도 모두 몰수당하고 손자 오키아키에게 동북지역의 새 영지 1만 석이 주어졌을 뿐이다—지은이 주.

18세기 중, 후반의 고심에 찬 번정개혁에서 성과를 거둔 다이묘들도 명군으로 칭송되었다. 하지만 이때는 "현재(賢宰)" – 명신(名臣) – 나 개혁의지를 공유하는 가신 집단의 도움을 받은 경우가 대부분이었다. 번주 친정(親政)처럼 보이더라도 유능한 가신 집단이 제안한 정책을 수행한 측면이 강하다. 또 번정개혁에 번교(藩校) 설립, 심학도화(心學道化, 마음 수양과 교화) 실시 등 가신 및 영민(領民)에 대한 교육정책을 수반하는 경우도 많았다.

명군의 언설을 한 가지 예만 들어보자. 아래는 굴지의 명군으로 알려진 요네자와번(米沢藩, 야마가타현 일부) 번주 우에스기 요잔(上杉鷹山, 1751~1822)이 후계 번주 하루히로(上杉治廣, 1764~1822)에게 가독을 넘길 때 남긴 3개 조이다.

　一. 국가(=번 국가)는 선조로부터 자손에게 전하는 국가이지 제 것처럼 멋대로 할 물건이 아니다.

　一. 인민은 국가에 속한 인민이지 제멋대로 할 것이 아니다.

　一. 국가, 인민을 위한 군주(=번주)이지 군주를 위한 국가, 인민이 아니다.

물론 요잔이 군주제 자체에 의문을 표한 것은 아니다. 여기에는 군주제라는 사회환경 속에서, 안민과 무사(無事)를 보장하는 일이야말로 군주의 책무이므로 늘 인민의 편의를 위해 부지런히 노력해야 한다는 메시지가 담겨 있다. 이는 요잔이란 개인이 출중해서라기보다 18세기 후반 다이묘들의 자기인식이 최전선에서는 이런 수준에까지 도달했다고 봐야 할 것이다. 또한 논리적으로는 한시적으로 맡아서 다스리는 "예치(預治)"의 정치론의 연장이기도 하다.

동아시아사에서 명군의 존재 방식을 둘러보면 특히 일본적인 개성이 두드러진다. 동아시아의 군주제 구조하에서 명군이란 원래 천자나 국왕 – 일본 고대라면 천황 - 에 의해 체현되었다. 또 왕권으로부터 정권이 분기한 무가정권임을 감안하면, 중세 이후 일본사에서는 민정의 최고 책임자인 쇼군이 명군으로서 오히려 적합하다. 그러나 8대 쇼군 도쿠가와 요시무네(德川吉宗, 1684~1751)처럼 명군으로 회자된 예외적인 사례도 있지만 대체로 쇼군은 명군의 이미지에 어울리지 않는다. 예컨대 초대 쇼군 이에야스의 치세를 둘러싼 공적은 그 후 도쿠가와 일족의 패권을 지속적으로 견인했다. 하지만 이에야스 자신은 사후에 명군이 아닌 도쇼다이곤겐(東照大権現, 제5장에 소개), 신군(神君)과 같은 초월적인 관념이 되어 에도시대를 관류하는 안정의 상징으로서 효과를 발휘했다.

명군은 영지, 영민에 대해 직접적인 지배를 담당한 "당분간의 국주(國主)", 즉 다이묘로부터 나왔다. 이런 의미에서 근세 일본의 군주제는 '복층(複層)군주제'라 칭할 만한 개성적인 구조였다. 각지에서 '다이묘 명군'이 기억되었다. 말할 필요도 없이 그와 대비되는 폭군, 암군(暗君) 또는 범군(凡君)도 기억되었다. 번 세계라는 다수의 공간이 번정의 난국 타개를 계기삼아 유교핵 정치문화를 숙성시키는 자양분으로서 역할을 수행했고 결과적으로 근세 정치문화의 수준을 끌어올렸다고 할 수 있다.

그런데 인정(仁政)의 대상은 생산·출산·육아 능력이 있는 인민이나 그 가족에만 국한되지 않았다. 영주와 무라(村) 및 마치(町) 공동체는 "불량자", "수상쩍은 자"를 공통적으로 배제했다. 하지만 무라, 마치는 무력한 자나 약자를 포용하여 그들과 공존하기를 거부하지 않았다. 고전고대 이래 동아시아 법문명권이 건상자(健常者), 병상자(病傷者)로 구분하기 어려운 사회적 약자들을 "환과고독(鰥寡孤獨, 제2장에 소개)"이라 칭하고 그들에 대한 구휼을 '어질 인(仁)'의 증좌로 삼아온 덕분이다. 1837년 발생한 오시오 헤이하치로(大塩平八郎, 1793~1837)의 난 때 「격문(檄文)」은 촌락의 빈농들에게까지 참여를 호소했는데,[36] 그 서두는 "환과고독에게 제일 먼저 자비를 베푸는 것이 인정의 기본"이란 문장으로 시작되었다(成正寺藏『大塩平八郎一件書置』). 그것은 이러한 사고가 일반 농민에도 널리 퍼져 있으므로 그들을 우군으로 만드는 데 효과가 있을 거라고 기대한 때문이다.

오규 소라이(荻生徂来, 제1장에 소개)는 『정담(政談)』에서37) 환과고독을 사회가 불가피하게 품어야 하는 궁민(窮民)이라 논하며 그 집안, 촌락, 마치가 구제해야 할 뿐 아니라 공의가 몸소 보시에 나설 것을 아래처럼 제언했다.

옛적의 걸인·히닌(非人)이란 필시 환과고독의 무리로 천하의 궁민이었다. 어떤 성인이 다스리는 세상에도 환과고독은 있었기에 문왕(文王)의 인정도 이들을 어여삐 여겨 구제하는 일을 그 첫째로 삼았다.38)

주나라 문왕이 "정치로써 인(仁)을 베푼" 고사는 『맹자』에도 보이며, 그 후 동아시아 정치문화의 요체로 인식되어왔다. 근세 일본의 경우 영주가 행한 보시는 흔히 "오스쿠이(御救)"로 기록되었다. 후쿠다 지즈루(福田千鶴)는 필자의 '오스쿠이'론이(深谷克己, 1993) "연공 상납"과 "농가 경영"이라는 양자의 균형에 기초한 "백성 존립"으로만 목적을 한정지었다고 비판하며, "막번제적 질서의 안정화"라는 측면에서 "오스쿠이"의 일차적 목적이 유민(流民), 빈민까지도 포괄한 "생명 유지"에 있었다고 주장했다(福田千鶴, 1999). 비단 일본사만이 아니라 유교적 인정의 핵심에 환과고독에 대한 구휼이 자리하고 있는 점을 감안하면 필자의 '백성 존립'론과 위 '환과고독'론의 연관성은 금후 반드시 규명되어야 할 주요 과제일 것이다. 이 둘을 접목시킬 수 있을 때

---

36) 오시오 헤이하치로(大塩平八郎, 1793~1837): 오사카 마치부교소(町奉行所)의 관리이자 양명학자로, 대기근에도 불구하고 오사카의 미곡이 에도로 대량 유출되는 데 분개하여 난을 일으킴.

37) 『정담(政談)』: 1726년경 소라이가 8대 쇼군 요시무네에게 제출한 정치 의견서.

38) 문왕(文王): 그 인물과 정치가 유가의 모범으로 칭송받는 주나라의 왕.

동아시아 법문명의 중요한 요소가 발견되리라는 예감이 든다.

3) 동요하는 양천 차별의 언설

불가피하게 생길 수밖에 없는 사회적 약자인 환과고독에게 베푸는 인정(仁政)의 자세와 양천(良賤) 관계를 둘러싼 선천론적(先天論的) 차별관, 평균주의에 기반을 둔 동아시아 정치문화는 이러한 대립적인 양자 사이에서 어떤식으로 평형을 도모할 수 있었을까? 이 밖에도 차별이 아닌 배제의 대상으로는 불량자, 수상쩍은 자, 기리시탄(=기독교인) 등 금제(禁制)된 이단, 악당 등이 있었다. 또한 무용한 인간으로 취급당하는 유민(遊民)도 있었고, 하층 고용노동력으로 근세 도시의 저변을 지탱하면서도 사회로부터 배제당한 무숙자(無宿者)도 점차 증가했다.[39]

사람의 선한 본성을 전제로 하는 동아시아의 유교핵 정치문화는 이런 유의 사회적 약자, 배제당한 인간들에 대해 마땅히 손쓸 방도가 없었다. 그뿐만 아니라 양천의 인간관계를 깊숙이 내재한 고래(古來)의 습속을 용인하고게다가 정치색까지 덧입혀서 그것을 법제화했다. 국가 간 서열화에 따른 화이 관계나 각 국가 내부의 양천 관계와 같이 '화이양천(華夷良賤)의 구조화'라는 기본 틀을 끌어안은 채로 시대는 변천을 거듭했다. 일본의 경우는 고대율령제가 양천 관계를 법제화했다. 종전의 천민사(賤民史) 연구는 근세의 피차별민을 근세사회 내부로부터 생성된 것으로 간주하여 고대로까지 연결 짓지 않았다. 다만 근년 들어 중세 기원설이 운위되고 있을 뿐이다. 그러나 '고대화'에 즈음한 양천의 법제화가 후대 일본인의 의식에 미친 영향은 결코 작지 않았다. 그 후 중세, 근세의 사회경제적 상황과 정치적인 대응 과정을 통

---

39) 무숙자(無宿者): 호적을 박탈당하거나 일정한 주소지가 없는 떠돌이를 의미함.

해 새로운 천민 신분이 생겨나기도 하고 천민에 대한 호칭이 변화한 것도 사실이다. 하지만 공민에 속하지 못한 비공민(非公民)의 존재를 양·천이란 얼개를 통해 파악하는 관계 의식은 고대로부터 파생되어 오랜 세월 짙은 음영을 드리웠다.

양천 신분제를 이해하는 데 한 가지 난점은 사농공상을 포괄한 양민이 국가의 공민 신분으로서 각각의 고유한 사회적 역할을 수행한 건 분명하지만, 천민 또한 비공민 신분임에도 불구하고 나름의 사회적 역할을 다했다는 점이다. 그러므로 천민은 앞서 본 것처럼 사회로부터 배제당한 불량자, 수상쩍은 자, 악당이나 이단, 무용한 유민 등과는 성격을 달리하는 존재였다. 오히려 일본 근세의 천민은 배제해야 할 자들을 색출하는 역할을 맡았고 때로는 그 배제를 위해 집단적으로 실력을 행사하기도 했다. 또 에도성에서 소용되는 무구(武具)·악기·전시용(戰時用) 복식 등의 피혁 제품은 에도 아사쿠사(浅草)에 소재한 에타가시라(穢多頭=長吏頭) 단자에몬(彈左衛門)의 저택 내 작업장이나 지배 권역의 집락에서 제조되었다.40) 민간의 경우도 진화용(鎭火用) 복식 등에는 피혁이 꼭 필요했으니 이것도 천민의 작업장을 통해 공급되었다. 평민(=공민) 사회는 천민에 의해 가공된 피혁 제품, 약품류, 등화용 심지 등에 대해 전혀 기피 감정을 갖지 않았다. 이따금 양자 간에 분란이 발생한 것은 오로지 그 제조 권한 때문이었다.

난점이라 한 것은, 평민 신분에 부여된 공민성(公民性)이 유용한 직분을 수행하는 데서 유래한 것이라면 천민 신분도 그 역할이 사회적으로 반드시 필요한 일임에도 불구하고 왜 유용한 직분으로 인정되지 않았는가는 점이다. 물론 이것은 양천 관계에만 국한된 일이 아니다. 음식물이 꼭 필요한데도 취

---

40) 에타(穢多)는 중세, 근세의 천민으로 우마(牛馬)의 사체 처리, 죄인 체포와 처형, 피혁업에 주로 종사함. "가시라(頭)"는 우두머리라는 의미이고, 단자에몬(彈左衛門)은 관동과 주변 지역을 지배한 에타가시라의 세습명이다.

사를 담당하는 피고용인은 하층민이었고 출산 및 육아가 사회의 유지를 위해 필수 불가결한데도 오늘날 여성의 사회적 지위가 그다지 높지 않은 것처럼, 필요성과 유용성의 상관관계에 대한 판단은 전통사회든 현대든 반드시 일치하진 않는다. 마찬가지 일로 제조된 물건에 대해 기피 감정이 없었다 해도 그 제조자를 상대로 한 관계 의식은 전혀 별개의 문제였다. 단적인 현상은 불(火)을 둘러싼 차별 의식을 통해 찾아볼 수 있다.

앞항의 인용문에서 본 대로 오규 소라이의 『정담』은 "걸인·히닌(非人)"이 환과고독에서 나온 궁민이며 문왕도 이들에 대한 구제를 인정의 첫 번째로 삼았다고 상찬했다. 다만 같은 『정담』에서는, "지금 (일본의)걸인·히닌"은 환과고독에서 나온 게 아니라 나쁜 풍속과 세상이 다한데서 생겨난 궁민이고 "위의 다스림"이 충분치 못한 데 원인이 있으니 마땅히 공의가 나서서 구할 방도를 마련해야 한다고도 논하고 있다.

한 걸음 더 나아가서 소라이는, "걸인·히닌" 상태의 궁민을 부교소(奉行所)가 아무런 대책 없이 아사쿠사의 히닌가시라(非人頭)[41] 구루마 젠시치(車善七)의 수하(手下), 즉 천민으로 편입시키고 마는 현실에 대해서도 비판을 가했다. "걸인·히닌"의 수가 엄청난데 그들을 모두 젠시치의 수하로 만드는 것은 "평민"과는 "별세계"에 속한 자들을 늘려서 마치 "이국인(異國人)"을 성하에 방치하는 것과 같고, 게다가 새로 편입된 수하들은 전부터의 "오래된 수하"들에게 무자비한 질책을 받게 된다, 공의가 이들에게 처형당한 자·행려병사자·익사자 등의 사체 처리를 맡기기 때문에 그 마음가짐이 더더욱 "불인(不仁)"해진다는 것이다. 또 소라이는 사람의 신분을 다룰 때 세심하게 주의하는 것이 치도(治道)라 지적하며, "오래 된 수하" 걸인들은 젠시치 쪽에서 닌베쓰초(人別帳)를[42] 만들어 관리하고 새 걸인들은 여기에(=천민 신분에) 포

---

41) 히닌가시라(非人頭)의 '히닌'은 소라이가 논한 극빈자로서 히닌이 아니라 에타와 같이 근세의 대표적인 천민 신분을 가리킴.

함하지 말도록 제안했다.

소라이는 구루마 젠시치 가문의 유래에 관한 전승을 사례로 들기도 했다. 그것은 전국다이묘 우에스기 겐신(上杉謙信, 1530~1578)의 양자로 요네자와번(米澤藩)의 초대 번주에 오른 가게카쓰(上杉景勝, 1556~1623)의 가신 구루마 단바(車丹波, ?~1602)가 이에야스의 목숨을 노려서 신발을 관리하는 측근으로 들어가 자신의 부하를 에도의 걸인 무리에 잠입시킨 사실이 발각되었을 때 "도쇼구(東照宮, 이에야스)가 광대하고 불가사의한 신려(神慮)"로 단바를 용서하고 "걸인의 우두머리"로 삼았다는 내용이다. 아마도 소라이는 궁민인 "걸인·히닌"의 우두머리와 천민 신분인 "히닌"의 우두머리가 전혀 성격이 다른데 어떻게 구루마 젠시치가 전자에서 후자로 변신했을까는 풀기 어려운 의문을 그 출신 유래를 통해 확인해보고 싶었을 것이다.

이러한 『정담』의 문맥을 통해 "걸인·히닌"이라는 천하의 궁민을 사농공상에서 제외하지 않은 소라이 나름의 평균주의를 엿볼 수 있다. 그러나 뒤집어서 생각하면 같은 논리는 평민으로서 "걸인·히닌"과 구루마 젠시치 지배하의 천민을 구분하는 양천 차별론에 빠져버리기도 한다. 예컨대 소라이는 신분에 따라 불을 나눠 쓰지 않는 "별화(別火)" 습속과 "종성(種姓, 가계 및 혈통)"에 관해 논하면서, "걸인·히닌", "나병인(癩病人, 문둥병자)"은 별화의 대상이 아니라고 주장했다. 걸인을 불법에 귀의한 불제자와 동일시하기도 하고, "나병인"으로서 공자의 제자 또는 귀인이 된 인물까지 들먹이며 일본이 고대 이래 히덴인(悲田院)을 "별화의 장"으로 삼은 점을 비판한 언설도 보인다.[43]

오규 소라이는 고문사학(古文辭學)의[44] 주창자이자 명률(明律, 명대의 형법)

---

42) 닌베쓰초(人別帳): 6년마다 작성되는 호적대장.

43) 히덴인(悲田院): 8세기 전반 처음으로 설치된 빈자·병자·고아 등에 대한 구제 시설. 에도시대는 천민인 비인(非人)의 집단 거주지를 가리킴.

44) 고문사학(古文辭學): 주자학의 고전 해석을 비판하고 공자의 원전으로 돌아가 바른 해석을 강조한 학문 사조.

연구자로서 여타 유학자들에 비해 동아시아 고전고대나 그 후의 후계 중화 왕조에 대해 상대적으로 해박했다. 그런 지식이 인간을 구별하는 데 신중을 기하게 한 반면에, "종별(種別)이 각별한 고로 천한 자"가 존재하는 현실에 대해서도 "화한(和漢, 일본과 중국), 고금을 막론하고 당연"한 일이라고 주저 없이 단정 짓게 했을 것이다. 종별이 각별한 예로는 "에타", "유녀(遊女)", "가와라모노(河原者)" 등을 들었고,45) "종성을 바로잡고", "종성을 근절시켜야" 한다는 표현을 서슴치 않았다. 그의 이 같은 현실 사상(事象)을 둘러싼 구체적인 언설, 의견의 심연에 동아시아 정치문화가 관류했음은 분명한 일이다.

다만 소라이가 동 시대의 신분을 둘러싼 사회 환경에 얼마나 정통했던가에 관해선 의문이 있다. 근세인으로서 보편적인 상식은 당연하겠지만, 대학자라고 해서 그 정치한 부분까지 속속들이 파악했던 것은 아닐 것이다. 예를 들어 소라이는 구루마 젠시치, "야로(野郎)",46) "게이세이(傾城, 유녀)"가 모두 같은 에타가시라 단자에몬의 수하인데 유독 "걸인·히닌"에게만 별화를 강요하는 것은 부당하다고 주장했다. 즉, 야쿠샤(役者), 유녀 등은 "평민"과 동화(同火)·동석(同席)이 가능한데 "걸인·히닌"만 별화인 현실을 이해할 수 없다는 것이다. 소라이가 『정담』을 완성한 것은 1725년 이후로 추정된다. 이 무렵은 천민 신분 내부의 상하 관계, 천민의 범위에 대해 법적, 사회적인 변화가 진행되고 있었다. 수많은 분쟁, 소송을 거친 끝에 구루마 젠시치를 필두로 한 히닌 신분을 단자에몬을 필두로 한 에타 신분의 하위로 규정한 공의의 판결이 내려진 것은 1722년이다. 다시 말해서 그 전까지 양자는 서로 우위를 다투는 관계였던 것이다. 또 가부키 야쿠샤들이 단자에몬의 지배를 벗어난 것은 그로부터 15년 전인 1708년의 일이었다. 앞서 소개한 소라이의 언설에는 이러한 그간의 경위가 전혀 반영되지 않았다.

---

45) 가와라모노(河原者): 부정한 것을 내다버리는 강가에 거주하는 비천한 자들을 지칭한 말.

46) 야로(野郎): 노(能)·가부키(歌舞伎)의 야쿠샤(役者, 배우)—지은이 주.

실태적인 면에서 근세 일본의 양천 관계는 이처럼 후대의 우리가 생각하는 이상으로 많은 변화를 겪었다. 그렇다면 '현대 역사학'에 부여된 과제는 좁은 근세사로만 시야를 한정짓지 말고, 동아시아 정치문화의 기저에 깔린 상호 모순적인 평균·평등주의와 서열·차별주의가 어떠한 위상으로 서로 맞물리며 공존했는가를 당해 사회의 저변으로부터 해명해가는 작업일 것이다.

제8장 ————————————

'천'을 우위에 두는 초월 관념의 배치

1. 초월 관념에 관하여

정치문화에는 단순히 법제·직제와 같은 정치적 질서만이 아니라 치(治)-
피치(被治)의 관계, 상·하 각 신분에 기대되는 인격상, 정사(正邪) 관념, 초월
관념 등 사회문화적 기반을 이루는 요소들도 포함시켜야 한다는 점은 앞서
도 지적한 바 있다. 동아시아 사회는 이러한 여러 요소들을 토대로 하여 약
간은 애매하지만 유사성을 띤 동질의 정치문화를 공유하면서 기술·경제의
단계별 차이, 당면한 우호 또는 적대 관계를 넘어서서 정치적 형질 면에서
상사성(相似性)을 유지해왔다고 생각한다. 그리고 이미 여러 차례 논한 대로
필자는 이 같은 정치문화의 공통성을 가진 권역을 동아시아 법문명권이라
지칭해왔다.

이 광지역 법문명권은 긴 세월에 걸친 언설의 축적을 통해 실체인지 의식
인지조차 분별하기 어려운 동아시아 고전고대적인 문명의 연원을 형성했다.
그리고 수용 혹은, 반발을 야기하면서 주변 각지로 깊이 스며들어 갔고, 그
과정에서 새로운 신화와 소지역 문화를 파생시키며 점차 형태를 갖추게 된
권역이라고 이해할 수 있다. 중심인 중화왕조를 시원적인 광원(光源)으로 삼

아 소(小)광원화한 주변 제 왕조의 연합체 같은 경관을 띠었다. 하지만 자연성이 강한 부족사회들도 각지에 여전히 지속되었으니 크게 보면 세 개의 층위로 구성되었다고 할 수 있다. 이 법문명권은 격심한 흥폐(興廢)를 경험했다. 난립과 통합을 반복한 중화왕조와 주변 왕조의 관계는 유동적이었고 그 엎치락뒤치락하는 몸싸움 과정에서 상·하 간에 화이·사대·기미(羈縻), 대등한 적례(敵禮)와 같은 국제관계가 만들어졌다.

일본이 이런 관계 구조의 어느 지점에 위치하는가가 필자에겐 중요한 문제이다. 또한 일본사회가 동아시아 법문명권 속에 존재한다고 주장하기 위해서는 동아시아 공통의 초월 관념을 일본도 받아들였다는 점을 논증하지 않으면 안 된다. 필자는 동아시아 세계가 '천(天)'을 우위에 둔 초월 관념을 공유했다고 생각한다. 그리고 '근세화'에서 '근대화'에 이르는 시대의 일본사회도 '천'을 초월 관념의 최상위에 두고 거기에 유·불·도의 신불(神佛) 및 여러 토속적인 신 관념이 융합되는 현상을 보인다고 이해하고 있다. 일본사에서 '천' 관념은 지배 권력에 정통성을 부여하는 동시에 사회의 길흉을 판정하는 힘으로도 기능했다.

초월 관념이란 초상(超常, 일상을 벗어남) 관념, 신 관념, 구제(救濟) 관념이라고 바꿔 표현해도 무방하다. 요컨대 종교·신앙의 존재 형태를 일컫는 용어다. 굳이 '초월'이니 '초상'이니 하는 말을 쓰는 이유는 물상(物象, 사물과 변화 현상)에 대해 통상적인 인지(人智)를 넘어선 사람들의 사고를 가능한 한 넓은 범위에서 포착하고 싶기 때문이다. 흔히 일본인의 종교관을 일신교 사회와 구별해서 논하곤 한다. 그것은 한편으로 분명히 맞는 말이다. 그렇기 때문에 법문명권의 차이를 논할 수 있다. 하지만 일신교 사회라 해서 완전히 단일한 색채, 한 덩이로 일체화된 신 관념이 영혼을 위무하는 것은 아니다. 기독교권, 이슬람권의 경우도 내부의 종파 간 대립은 아주 복잡한 형태로 당해 집단을 속박하며, 유일신이 아닌 여타의 초월적 존재에 대해 신앙이라기보다 일종의 영험을 기원하는 신심(信心) 습속을 도처에서 찾아볼 수 있다. 의식주, 신체 관리, 일상적인 행동거지 등을 둘러싼 제재초복(除災招福, 재액을 막고 복을 부름)의 금기는 민간사회가 안출한 자연스러운 집단적 보호 장치이다. 가족이나 본인에게만 유효한 — 그렇다고 믿는 약속 행위도 어떤 사회든 존재해왔다. 또한 교리·교단의 종교사 속에는 민간신앙으로도 전복할 수 없는 '성스럽고', '경건하며', '불가사의한' 능력이 다수 발견된다. 한 마디로 인간이 스스로 재량(裁量, 헤아려 처리함)할 수 없는 의지 혹은, 힘이라 여겨지는 것이 바로 초월·초상 관념이다.

일본 근세의 초월 관념에 대해서는 현세 이익 추구, 신불 절충(원문은 '習合'), 다신교, 왕법위본(王法爲本)과 같은 특징을 지적할 수 있다.[1] 그 후 명치유신기에는 다양한 민중 종교의 등장과 함께 신불분리(神佛分離),[2] 신도 국교화 등의 변천을 겪게 된다.

일본 근세를 불교 국가로 보는 견해도 있으나 법제적으로 선언된 사항은 아니다. 국가적 선언이 있었다고 한다면 앞서 언급한 기독교 배제 정도일 것이다(제4장). 그러나 근세 들어 불교가 쇠퇴했다고 보는 입장도 적절치 못하다. '장례식 불교'라는 말이 있긴 하지만 이는 오히려 불교적인 사고와 의례가 생활 속에 내면화된 증거이고 그런 의미에서 불교의 사회화가 크게 진전되었다고 하는 편이 타당하다. 불교 사회화의 배경에는 기독교 배제를 위한 「슈몬아라타메닌베쓰초(宗門改人別帳)」 작성,[3] 승려의 증언 등 국가적인 사단제도(寺檀制度)의 확산이 있었다.[4] 그런 의미에서 불교 국가로서 현상을

---

1) 왕법위본(王法爲本): 세속의 법이 종교적 계율에 우선함—지은이 주.

2) 신불분리(神佛分離): 신도를 불교로부터 독립시킴.

3) 「슈몬아라타메닌베쓰초(宗門改人別帳)」: 소속한 불교 종파와 사찰을 조사하여 기재한 호적 대장.

4) 사단제도(寺檀制度): 사청제도(寺請制度). 사찰이 소속 단가(檀家, 신도)가 기리시탄이 아님을 증명하고 출생·혼인·이주·사망 등 호적 변동 시에 보증서를 발행한 제도. 결과적으로 불교 사

지적할 수 있겠으나 불교만의 특권을 보호하는 정책은 없었다. 명치유신 이후는 본래적인 일본의 종교 환경과 어울리지 않게 국가권력에 의한 신사 편성이 강행되었다.[5] 그래도 절충적, 다신교적인 신앙 의식이 소멸한 건 아니었다.

　오랜 역사 과정을 통해 자연스럽게 "야오요로즈(八白萬)"의[6] 다종다양한 신불에게 인간 세상의 신분제와 유사한 서열이 매겨져서 신들의 위계질서, 즉 신계(神階)가 확립되어갔다. 원래 신계는 해당 제신(祭神)을 모시는 신사에 인정되었지만 분사(分祀)한 경우도 원사(元社)의 신격을 그대로 칭했다.[7] 그중에서도 "정1위(正一位) 이나리다이묘진(稲荷大明神)"은 가장 흔한 신격(神格)이었다. 이나리신의[8] 총본사인 교토 후시미(伏見) 이나리다이샤(稲荷大社)의 신격이 정1위였기에 그 분령(分靈)을 모시는 전국의 이나리신사가 모두 정1위를 칭했고 결국 "정1위"가 이나리신사의 별칭처럼 된 것이다. 이러한 혼란상은 고대 말기 율령제의 이완과 더불어 시작된 일이다. 근세의 경우는 도쿠가와 이에야스를 제사지내는 닛코(日光) 도쇼샤(東照社)가[9] 1645년 천황으로부터 궁호(宮號)를 받아 도쇼궁(東照宮)으로 승격된 후 각지의 도쇼샤도 도쇼궁이라 불리었고 이에 대한 이견은 전혀 제기되지 않았다.

　이나리신의 애매함은 '신'인지 '신의 사자(使者)'인지가 명확하지 않다는 점이다. 이나리신사의 본래 제신은 고대 신화에 기원을 둔 풍양신(豊穰神), 식물신(食物神)인 "우카노미타마(稲魂)"라고 한다. 그런데 여우(狐, 속칭으로 '이나

찰이 행정의 말단기구 역할을 수행함.

5) 명치 정부가 천황 절대화를 목적으로 1882~1890년 추진한 신도 국교화, 즉 국가신도(國家神道) 정책을 가리킴.

6) "야오요로즈(八白萬)"란 신도의 신이 이루 헤아릴 수 없이 많다는 의미.

7) 분사(分祀): 같은 제신(祭神)을 나누어 제사지냄.

8) 이나리신(稲荷神): 오곡을 관장하는 농경 신을 가리킴.

9) 도쇼샤(東照社): 이에야스를 신격화한 도쇼다이곤겐(東照大権現)을 모신 신사.

리'가 이나리신의 사자 겸 일족으로서 신사 입구의 수호 동물 역할을 하면서 '이나리(稲荷·狐)'라는 같은 어음(語音)으로 인해 신앙 대상인 이나리신 자체로도 인식된 것이다. 에도 시가지 내에는 이나리신을 수호신으로 모신 신사가 대단히 많았다.

이처럼 일본사의 초월 관념은 이나리신이라는 하나의 신격만을 예로 들더라도 바로 불확정성이 두드러진다. 여기서는 신불 절충, 다신교, 왕법과 불법(佛法)의 경중 등등 제신(諸神)·제불(諸佛) 세계의 조합 방식이 대단히 복잡하게 뒤얽힌 것이 일본사의 초월 관념이라는 점을 확인해두는 데 그치기로 하자. 필자가 이 장에서 논하고 싶은 것은 그러한 제신·제불의 초월성을 하나하나 부정하는 게 아니라, 최상위에서 그것들 모두를 총괄한 '천'이라는 초월 관념의 존재에 관해서이다. 이는 일신교적인 '천' 신앙이 아니다. 여타 신불 및 경건한 것들과 혼재하면서도 어떤 상태에서 최고의 위력으로 발동되는 힘이다.

말은 대개가 하나 이상의 의미를 갖는다. 그런데 일본어에서 '천(天)'은 특히 의미의 폭이 넓어서 그 자체가 일본적인 개성을 드러내주기도 한다. 일본사의 "천황"은 고대 이래 현존하는 천황에게 거의 사용되지 않았지만 역사 용어로서는 꽤 알려진 말이었다. 또 "천자(天子)"는 1615년 에도막부가 제정한 「금중·공가중 제법도(禁中幷公家中諸法度)」(제5장에 소개)를 통해 명문화되었다. 이렇게 주변 왕조의 국왕에게 '천'이란 호칭을 부치는 것은 동아시아 화이질서로 보자면 조선, 류큐 등지에서는 용납 못할 불손이었다. 또 불교의 신격인 불타의 수호신들에게도 "길상천(吉祥天)", "대자재천(大自在天)", "비사문천(毘沙門天)" 등등, '불(佛)'보다 '천(天)' 쪽이 많이 사용되었다. 일상생활에서도 '천' 관념은 "하늘의 도(天道), 사람을 해치지 않는다", "하늘(天)에 입(口) 없다" 등의 속담, "천도님(天道樣, 천신·태양)", "천도님, 천도님, 수건을 빌려주세요"와 같은 주문(呪文)을 통해 민간에 공유되었다. '천'은 제신·제불보다 우위의 초월 관념이었으니 이 또한 일본이 동아시아 법문명권에 속하는 유력한 증좌라 할 수 있다.

2. 「배기리시탄문」의 '천'과 제 신불

생활을 통해 '천(天)' 관념이 자연스럽게 스며든 면도 있고 특정한 목적을 위해 포고된 선언적인 언설에 명시됨으로써 기억의 효과를 높인 경우도 있다. 물론 그런 선언이 처음부터 전국적인 파급을 의도한 것이었다 해도 바로 방방곡곡의 민백성에까지 침투되지는 않았다. 애초엔 마치 멀리서 울리는 뇌성소리 같았을 것이다. 하지만 이윽고 '국시(國是)'로서 위치를 점한 경우는 누구든 그 영향력으로부터 벗어나기 어려웠다.

1587년 도요토미 히데요시가 규슈 정벌 직후 단행한 기독교 배제 정책 — 선교사의 국외 추방 등 포교금지령 — 은 그 후 4반세기를 지난 시점에 에도막부의 공의에 의해 열도 전역을 망라한 기독교금지령으로 강화되었다. 그로부터 이 종교 정책은 비단 막번체제뿐만 아니라 체제붕괴를 지향한 존왕양이 운동, 나아가서 명치 신정부까지도 구속했다. 이 책 제4장에서 소개한 바 있는, 1613년 2대 쇼군 히데타다(德川秀忠)의 명의로 "일본국의 모든 사람"을 향해 포고된 「바테렌 추방문(伴天連追放之文)」은 기독교 배제라는 국시의 출발점이었다. 이는 당대부터 흔히 「배기리시탄문(排吉利支丹文)」이라 불렸다. 이 선언에 보이는 초월 관념에 관련된 문구는 다음과 같다.

"일본은 원래부터 신국(神國)이다." "음양을 가늠할 수 없으니 이름 하여 이를 신(神)이라 부른다." "성스럽고 신령하기 그지없다." "5체와 6진, 기거(起居)와 동정(動靜)이 잠시도 신에게서 벗어나지 않는다. 신은 바깥에서 구할 게 아니라 이미 내게 충만하고 스스로 원성(圓成)해야 하는 것이니 바로 내가 신의 몸이다."[10] "또 불국(佛國)이라 칭한다." "신명이 스스로 찾아든 나라이니 여기가 대일(大日, 태양)의 본국(本國)이다." "법화경에 이르기를, 모든 불세(佛世)를 구하는 것은 대신통(大神通)이시니 중생에 기쁨을 주기 위해 무한한 신력(神力)을 보이신다. 이것이 바로 석존의 말씀이다. 신(神)과 불(佛)이 이름은 다르나 그 뜻은 하나이다." "치소(緇素)가[11] 모두 신의 도움을 입고 (중략)불가의 법, 인도(仁道)의 가르침을 구한다." "불법의 창성(昌盛)", "불법이 동점(東漸)한다." "정종(正宗)을 어지럽힌다." "일본은 신국, 불국(佛國)이니 신과 불을 경배하고 오로지 인의의 도 – 유교 – 를 모신다." "죄 지은 의심이 있으면 신의 이름으로 서약한다." "불신(佛神), 삼보(三寶, 불·법·승), 인천(人天, 인간계와 천상계)의 대중이 버린 것", "사후 지옥 염라대왕의 질책, 삼세(三世, 전세·현세·후세)의 여러 부처", "신도(神道)를 의심하고 정법(正法=불법)을 비방한다." "신적(神敵)과 불적(佛敵)", "가장 큰 장교(藏敎)에 귀의한다."[12] "경(經)에 이르기를, 현세가 안온하고 후생(後生)이 선처(善處, 정토·극락)에 이른다." "공부자(孔夫子) 가라사대 신체발부(身體髮膚)는 부모로부터 받은 것이니 감히 훼상(毁傷)치 않음이 효의 근본이다. 그 몸을 잘 보전하는 것이 바로 신을 경배하는 일이다." "정법이 창성하다." "신도·불법을 더욱 융성하게 하는 것이 선정(善政)이다."

불교, 유교, 신도 등 동아시아의 모든 초월 관념을 총동원하여 기독교 내습에 대항하려 했음은 이미 제4장에서 논한 대로이다. 필자가 위와 같이 많은 예를 든 이유는, 이처럼 존귀한 신불을 범하는 기독교를 쫓아내는 과업이 신벌(神罰)·불벌(佛罰)을 모면하기 위한 '천명(天命)'으로 인식되었다는 점을 지적하고 싶어서이다.

---

10) 이상, 인용 사료의 보다 자세한 이해는 제4장을 참조하기 바람.
11) 치소(緇素): 승속(僧俗) – 지은이 주. 혹의(緇)의 승려와 백의(素)의 속인이란 의미.
12) 장교(藏敎): 석존(釋尊)의 가르침 – 지은이 주.

이것(=기독교)을 막지 못하면 반드시 천견(天譴, 하늘의 꾸지람)이 미친다. 수족(手足)을 쉬지 말고 일본국의 한 치 토지에서도 속히 떨쳐버리자.

그 사명을 게을리하면 "천견"을 받을 것이라고 스스로 각오를 다지는 내용이다. 즉, 국가적 선언의 차원에서도 '천'을 상위에 둔 초월 관념의 배치를 확인할 수 있는 것이다.

「배기리시탄문」에 내포된 '천' 관념의 원천이 동아시아 고전고대로까지 소급되는 점은 사서 가운데 『논어』를 통해서도 쉽게 추론할 수 있다. 어휘 빈도로만 볼 때 『논어』의 중심은 "인(仁)"이고 다음이 "민(民)"이다. 그러나 '천(天)'도 현실 세계를 가리키는 "천하"만이 아니라 "천", "천도", "천명" 등과 같이 초월 관념으로 표출되어 그 후 긴 세월에 걸쳐 동아시아 역사를 규정하게 된다. 이러한 '천' 관념은 의미와 무게감의 변천을 거치며 논지의 중심으로 사용되기도 하고 때로는 장식어, 상투어로도 널리 쓰이면서 점차 일본적인 신·불 절충의 상위를 점유해갔다. 근세 일본의 법언(法諺, 법 격언) 중에 "비리법권천(非理法權天)"이라는 말이 있다.13) 이 말은 보통 '일그러진 일본', 즉 '도리를 억압하는 법 지배'라는 관점에서 인용되곤 한다. '법'과 '리'의 관계는 제9장에서 논하기로 하고 여기서는 현세적인 모든 힘보다 하늘의 힘이 우월하다는 '천' 관념이 이 법언의 핵심임을 지적해두자.

---

13) 비리법권천(非理法權天): 비(非)는 리(理)를, 리(理)는 법(法)을, 법(法)은 권(權)을, 권(權)은 천(天)을 못 이기므로 사람의 일이란 결국 하늘의 뜻대로 움직인다는 말.

3. 17세기의 다양한 '천' 관념

1) 오제 호안의 『다이코기』

오제 호안(小瀨甫庵, 제5장에 소개)이 저술한 『다이코기(太閤記)』(1625)(제3장)는 '천'을 포함한 유교의 정도론(政道論)을 정면으로 다루고 있다. 먼저 하나하나의 사항에 대해 추이를 기술한 다음 말미에서 호안은 나름의 정치 이념을 정리했다. 그중 한 절인 「정요(政要)」에는 「一. 천하국가지길흉의정선악(天下國家之吉凶依政善惡), 무정체지론(無定體之論)」이라는 소제목이 보인다. "천하 국가의 길흉은 정치의 선악에 따라 변하므로 처음부터 정해진 것이 아니다"라는 의미이다. 그 내용은 아래와 같다.

> 애공(哀公)이 공자에게 묻기를,[14] 국가의 존망과 화복(禍福)은 참으로 천명이니 사람이 어찌 할 수 없는 일이 아닌가? 공자 답하기를, 존망과 화복은 모두 자신(=군주)에게 달렸을 뿐이니 천재지요(天災地妖)에 의한 게 아니다, (중략) 만약 정도(政道)에 사심이 있다면 하늘(天)이 재난을 내려서 화를 입겠지만 스스로 뉘우쳐서 과오를 바로잡으면 화가 복으로 바뀐다. 천재지요는 군주를 가르치기 위한 것이므로 재요(災妖)가 선정(善政)을 이기지 못한다.

위 인용문에는 "천명", 즉 천견(天譴)과 인위(人爲) 중 어느 쪽이 주체인가에 대한 공자의 견해가 아주 적절히 묘사되고 있다. 물론 『다이코기』는 유교적인 정도의 학습을 목적으로 한 서책이 아니다. 호안은 전국(戰國)의 난세로부터 치세로의 전환을 소리 높여 주장한 역사가이자 지식인이었다. 다만

---

14) 애공(哀公, ?~기원전 467년): 노(魯)나라 27대 군주.

여기서 필자가 주목하고 싶은 것은, 사심을 배제하고 선정을 실현하기 위해 먼저 초월 관념인 "하늘"의 의향을 아는 게 중요하다는 사고방식이 존재했다는 점이다. 『다이코기』는 위와 같이 천(天)·인(人) 상관의 '천' 관념을 깊이 내포하고 있다.

2) 야규 무네노리의 『병법가전서』

야규 무네노리(柳生宗矩)는 "에도 야규(江戶柳生)"라는 검술 유파의 시조로서 지금도 널리 알려진 인물이다.[15] 그는 자기 유파의 사상과 검법을 『병법가전서(兵法家傳書)』(1632)로 정리했다. 그 상권 「살인도(殺人刀)」의 서두에서 무네노리는 사람을 죽이는 일과 살리는 일의 관계에 대해 아래와 같이 논하고 있다.

> 옛적부터 전하는 말이니, "병(兵, 병장기)은 상서롭지 못한 물건이다. 천도(天道)가 이를 미워하므로 부득이할 때만 사용해야 한다. 이것이 천도이다." 어떤 뜻인가 하면, 궁시(弓矢)·태도(太刀)·장도(長刀) 등을 병(兵)이라 부르는데 이것들이 불길(不吉)·불상(不祥)의 물건이라는 것이다. 원래 천도란 만물을 살리는 도인데 오히려 죽이는 것은 실로 상서롭지 못한 까닭이다. (중략)그러하지만 부득불 병(兵)을 써서 사람을 죽이는 일 또한 천도라고 한다. 그 마음가짐이 어떠하냐에 따라서 춘풍에는 꽃이 피고 푸르름을 더하지만 가을 서리에는 잎이 지고 나무도 시들어버린다. 이것이 바로 천도의 성패(成敗)이다. (후략)

무기 사용의 가부와 화초의 수명을 같은 논법으로 설명하는 것이 타당할

---

15) 야규 무네노리(柳生宗矩, 1571~1646): 도쿠가와 쇼군가의 검술 사범. 야마토(大和) 야규번(柳生藩)의 초대 번주.

지 의문이지만, 무기 사용의 정당성을 "천도"를 통해 주장하려는 의도만큼은 분명하다. 그런데 위 인용문 중 전반부는 대체로 같은 고서로부터 따온 문장이다. 원전은 유교도 불교도 아닌『노자(老子)』다. 그러므로 일본 근세의 '천' 관념을 유교의 영향만으로 보기는 어렵다. 동아시아 고전고대의 보다 넓은 '천'에 대한 이미지가 계승되어온 것이다.

3) 미야모토 무사시의『오륜서』

여기서는 앞의 제6장에서도 소개한 바 있는 검술가 미야모토 무사시(宮本武藏)의 '천' 관념에 대해 간단히 살펴보자. 다음 문장은 그가 저술한『오륜서(五輪書)』전 5권 중 제1권인「지권(地の卷)」에서 인용했다.

만사에 걸쳐 내게 스승은 없다. 이제 이 책을 짓는다 해도 불법(佛法), 유도(儒道)의 고어를 빌리지 않고 오래된 군기(軍記), 군법(軍法)을 이용하지 않는다. 오로지 나 자신의 생각으로 진실한 마음을 드러내고자 함이니 천도(天道)와 관세음을 거울삼아 10월 10일 밤 인시(寅時, 오전 4시경) 조금 지나서부터 붓을 들어 쓰기 시작하노라.

미야모토 자신의 발문에 의하면『오륜서』가 집필된 시기는 1645년이다. 여기서도 "천도와 관세음을 거울"로 삼을 것, 불교나 유교의 잘 알려진 옛말은 쓰지 않을 것, 이 두 가지를 스스로에게 다짐하고 있다. 관세음보살은 말할 필요도 없이 불교의 신격이다. 그런데 무사시에게는 "천도"와 어깨를 나란히 해, 불교·유교 경전의 가르침과는 분리되는 특별한 숭경의 대상이었다.

4) 마쓰나가 세키고의 '천'

후지와라 세이카의 문하생 가운데 출사(出仕)하지 않고 교토에서 사숙(私塾)을 연 마쓰나가 세키고(松永尺五, 1592~1657)라는 유학자가 있다. 정주학파(程朱學派, 주자학자)로 일단 분류되지만 그 학문은 널리 유·불·도를 포괄하는 것이었다. 그는 자신이 저술한 「이륜초(彝倫抄)」(1640년경)에서 천도(天道)를 아래와 같이 서술했다. 17세기 전반 일본 유학자가 가졌던 '천(天)'에 대한 이해의 한 사례라고 할 수 있겠다.

성(誠)은 진실무망(眞實無妄, 참되고 거짓이 없음)이라 해석한다. 천지자연의 이치로부터 나오는 것을 성(誠)이라고 한다. 성(誠) 한 글자를 알리고자 충(忠)이란 자도 가르치셨다. 충은 사람의 생각 속에 성심이 있음을 말한다. 천지(天地)의 성(誠)은 여름은 덥고 겨울은 추우니 이것이 천도(天道)의 성심이다. 이 사계(四季)의 성심이 달라지지 않기에 만물이 태어나고(生) 죽는(滅) 것이다. 성심이 없다면 만물도 나고 죽지 못하므로 천지가 없어진다.

무릇 유도(儒道)는 천도와 동일한 이치를 가르치는 것이다. 천(天)에 명(命)이 있듯이 사람에게는 성(性)이 있다. (중략)사람에게는 인·의·예·지·신이라는 오상(五常)이 있다. 천(天)의 오상은 원(元)·형(亨)·이(利)·정(貞)이다. 사계로 나누자면 봄은 인(仁)이다. 여름은 예(禮)다. 가을은 의(義)다. 겨울은 지(智)다. 신(信)은, 즉 토용(土用)이다.[16] 모두 천지를 바탕으로 행하는 도(道)이기에 천즉아(天卽我), 아즉천(我卽天)이니 이것을 천인합일(天人合一)의 학문(學文)이라 한다.

---

16) 토용(土用): 역법에서 입하·입추·입동·입춘 직전의 18일간을 의미함.

"천즉아, 아즉천"은 심한 논리의 비약이므로 바로 납득하기 어렵다. 다만 "천인합일"이란, 천지자연의 작용과 인간 집단의 관계에서 비롯된 현상들이 서로 연속된다고 보는 자연·인간 일체관으로 이해할 수 있다. 여기서 "천도"는 자연의 섭리를 발현시키는 원천적인 힘이며, 초월 관념인 '천'은 유교적인 인식을 세우기 위한 기점으로서 위치를 점한다.

5) 초기 다이묘의 예치론과 '천'

오카야마 번주 이케다 미쓰마사(池田光政, 제6장에 소개)는 근세 초기의 명군이자 계몽군주형 다이묘로 알려져 있다. 또 필자의 관점으로는 17세기 중엽부터 동 세기 후엽에 걸쳐 현실 정치의 장에서 유교핵 정치문화를 구현한 대표적인 영주이기도 하다.

미쓰마사에게 '천(天)'은 자신의 책무로 연결되는 것이었다. 「미쓰마사공의 자필 각서 필사(光政公被仰出覺御直筆之寫)」 서두에 나오는 「각서(申出覺)」는 원본이 1652~1653년경 작성된 것으로 추정된다(「岡山藩法例集」 『藩法集 1』上). 그 제1조는 다음과 같다.

> 웃어른(上樣, 쇼군)은 일본국의 모든 인민을 하늘(天)로부터 맡으셨다. 국주(國主, 다이묘)는 일국의 인민을 웃어른으로부터 맡았다. 가로(家老)와 사(士)는 국주를 도와서 그 백성(民)이 편안하도록 힘써야 할 자들이다. 일국의 백성이 편안한지 그렇지 못한지는 일국의 주인에게 달린 일이지만 천하의 백성 중 단 한 사람이라도 편치 못하면 웃어른 한 분에게 책망이 돌아간다. 그리하여 국민(=영민)을 곤궁에 빠뜨리는 것은 웃어른의 은총을 감하는 일이니 이보다 더한 불충(不忠)이 없다. 위로는 불충이고 백성에게는 불인(不仁)이므로 국주의 죄를 죽음으로도 갚지 못한다.

위 문장은 후에 미쓰마사의 명군록(明君錄)에도 수록되었다. 쇼군은 "하늘"로부터 전체 "인민"을 맡았고, 그 가운데 자신의 영지에 거주하는 "인민"을 "국주"가 맡아서 안민(安民)의 임무를 수행한다. 가신들은 주군인 다이묘의 임무를 보좌한다. 이러한 예치론(預治論, 맡아서 다스림)이라 부를 만한 정치 책무론이 전국적으로 퍼져서 하나의 정치문화로 정착되어간 것이다. 초월관념으로서 '천'은 이 예치론에서 필수 불가결한 위치를 점했다.

6) 이하라 사이카쿠의 『일본에이타이구라』

그러면 17세기 서민의 세계에 '천'은 어떤 식으로 받아들여졌을까? 이하라 사이카쿠(井原西鶴, 제7장에 소개)는 1688년 간행된 『일본에이타이구라(日本永代藏)』의 첫머리를 아래 문장으로 시작했다(日本古典文学大系 48).

천도(天道)는 아무런 말씀이 없으나 국토에 깊은 은혜를 내리신다. 사람은 성실하지만 거짓도 많다. 그 마음이 원래 공허해서 접하는 사물에 따라 변하기 때문이다. 그리하여 선과 악 사이에 있는 이 세상에서 부유한 삶을 누리는 것은 참으로 범상한 사람이 아니다. 사람에게 일생일대의 중대사는 세상을 살아가는 직업이다. 사농공상은 말할 나위 없고 출가(出家, 승려), 신직(神職, 신관)까지도 겸약다이묘진(始末大明神)의 계시에 따라서 금·은을 저축해야 한다. 낳아준 부모 외에 금·은이야말로 목숨을 살리는 부모다. 인간 수명이 길다 해도 내일 아침을 모르고 짧다 하면 오늘 밤이라도 끝난다. 그러므로 천지는 만물이 잠시 묵는 집이요, 광음(光陰, 세월)은 백대(百代)의 과객(過客)이며, 부질없는 한 평생을 꿈이라 하는 것이다. 사람이 죽어서 잠시 피어오르는 연기가 되면 금·은도 쓰레기만 못하다. 황천에서는 아무 소용이 없다. 그러나 남겨두면 자손에게 큰 보탬이 된다. 곰곰이 생각건대 세상의 모든 소원 중에 돈으로 못

이룰 일이 천하에 다섯 가지 있을 뿐이다. 그 외에는 없다. 이보다 더 나은 보물이 있겠는가? 도깨비(鬼)의 가쿠레가사(隠れ笠), 가쿠레미노(隠れ蓑)도 퍼붓는 소나기에는 쓸모가 없다.[17] 허황된 소원을 버리고 가까이 있는 각자의 가직(家職)에 힘써야 한다. 복덕(福德)은 그 몸가짐이 군건할 때 오는 것이니 조석으로 방심하지 말라. 오로지 세상의 인의(仁義)를 근본으로 삼고 신불(神佛)을 잘 모셔야 한다. 이것이 바로 화국(和國, 일본)의 풍속이다.

"화국"의 풍속으로 "신불"을 모시지만, 서두에 있는 대로 "천도는 아무런 말씀이 없으나 국토에 깊은 은혜를 내리신다." 그 모든 것들보다 높은, 존재의 근본적인 차원에서 '천혜(天惠, 하늘의 은혜)'를 의식하고 있는 것이다.

7) 미야자키 야스사다의『농업전서』

미야자키 야스사다(宮崎安貞, 제6장에 소개)가 명 말기의『농정전서(農政全書)』에 촉발되어 일본의 실정을 오랜 기간 조사하고 실험을 거듭한 끝에『농업전서(農業全書)』를 펴낸 때는 1696년이다(『日本農業全集』一二). 이 책의 자필 서문에는 다음과 같은 문장이 보인다.

당신(吾子)의 힘을 빌려 내(予)가 공을 들였다. 혹 하늘(天)의 운이 따라서 이책이 세상에 널리 읽히고 농사에 이익이 된다면 (당신을)곁에서 도운 것이 만의 하나라도 세상에 보탬이 될지 아직은 모를 일이다. 이는 내가 바라는 바이지만 당신의 뜻도 그러하지 않을까 한다.

---

17) "가쿠레가사(隠れ笠)"는 쓰면 모습이 보이지 않는 삿갓, "가쿠레미노(隠れ蓑)"의 미노(蓑)는 비를 막는 도롱이를 의미함.

"당신"은 유학자 가이바라 라쿠켄(貝原樂軒, 1625~1702)이고, "나"는 야스사다 자신을 가리킨다. 라쿠켄은 저명한 유학자 겸 본초학자인 가이바라 에키켄(貝原益軒, 제6장에 소개)의 친형이다. 위 문장의 요지는 『농업전서』 집필에 라쿠켄으로부터 큰 도움을 받았다는 내용이다.[18] 단, 여기서도 사람으로서 노력할 바를 다했지만 종국에는 "하늘의 운"에 맡길 수밖에 없었다.

매우 작은 공으로 하늘(天)을 섬기고자 하지만 사람을 이롭게 할 방도가 없다. 다만 토민(土民, 농민)을 벗 삼아 농사를 배운지 오래 되었다. (중략)그 실마리를 구하고 또 기회가 닿아 깨달음을 얻었으며 혹은, 견문을 쌓아서 깊이 알고자 했다.

같은 책 맨 앞의 「범례(凡例, 일러두기)」에서도 위와 같이 말함으로써, 스스로 행한 온갖 궁리와 노력을 드러내면서도 그것이 "하늘"의 뜻에 따른 사명이었음을 기술하고 있다.

4. 18세기의 '천'

1) 이시다 바이간의 심학

18세기 중엽 이후 민중을 상대로 사상적 회로를 자각적으로 개척하려고 한 사회운동에 석문심학(石門心學, 제2장에 소개)이 있다. 그 창시자 이시다 바이간(石田梅岩, 1685~1744)은 「막망상(莫妄想)」이란 글을 통해 이렇게 논했다

---

18) 실제로 전 11권 중 부록인 제11권을 라쿠켄이 집필함.

(日本思想大系 42 『石門心學』).[19]

答: 아니, 그렇지 않다. 하늘(天)의 유행(流行)은 쉬지 않는다.[20] 하늘의 도(道)
도 쉼이 없다. 성인의 마음도 쉬지 않는다. 이것을 인(仁) ─ 본심 ─ 이라 한
다. 천도(天道)는 봄에 꽃 피고 가을이 되면 시든다. 인도(人道)는 자식이 부모
를 그리워하고 부모는 자식을 근심하여 쉬지 않는다.

間: 그 쉼이 없는 것은 하늘과 사람이 모두 같은가, 다른가?

答: 다 같다.

間: (그렇다면)하늘에는 번민이 없다. 왜 사람은 병들어 번민하는가?

答: 하늘에도 우락(憂樂, 근심과 즐거움)이 있다. 봄은 즐거움이고 가을은 근심
이다. 그러나 즐거움도 즐거워하지 않는다. 근심도 근심하지 않는다. 즐거움도
구하지 않고 근심도 피하지 않으니, 우락을 예삿일로 넘긴다. 사람은 근심을
멀리하고 즐거움을 구한다. 그래서 번민한다.

"하늘의 유행", "하늘의 도", "하늘과 사람", "하늘에 번민", "하늘에도 우
락" 등, 천인합일관(天人合一觀)에 입각하여 천도와 인도의 동일성을 강조한
다. 다만, 하늘이 스스로 "우락"을 느끼지 않는 점을 특징이라고 보고 있다.

2) 나카자와 도니의 심학도화

나카자와 도니(中澤道二, 1725~1803)는 18세기 후반에 활약한 심학자이다.
그는 저서 『도화(道話)』에서 아래와 같이 주장했다(『道二翁道話』).[21]

---

19) "막망상(莫妄想)"이란 잡념에 사로잡히지 말라는 의미.

20) 유행(流行): 유전(流轉). 끝없이 일어나는 변화.

21) "도화(道話)"란 일상적인 사례를 통해 인륜을 풀어서 설명한 심학(心學)의 훈화를 의미함.

특별히 무가(武家)는 선조 대대로 주군으로부터 영지를 받으므로 봉공(奉公)을 게을리해서는 안 된다. 상가(町家)와 농민도 그러하다고 하면 아니, 내겐 주인이 없다고 답할 것이다. (그러나)매일의 가업, 농업이 바로 하늘(天)에 대한 봉공이고 그런 까닭에 하늘이 급여를 내리신다. 농민은 사계절 매사에 도움을 받으니 한 톨의 쌀알을 만 배로 만들어주신다. 또한 상가에는 이윤(利分)이라는 녹을 내려서 처자 권속을 부양하게 하신다. 그것을 잊고 가업에 태만한 것은 천명(天命)을 배신하는 일이기에 불행해질 수밖에 없다.

무사의 봉공과 농민, 상인의 봉공이 성격상 다른 점을 '천' 관념을 들어서 설명하고 있다. "매일의 가업, 농업이 바로 하늘에 대한 봉공이고 그런 까닭에 하늘이 급여를 내리신다." 이는 처자·자손으로 이어지는 가업의 소중함을 설파해온 기존의 많은 언설보다도 한 차원 진전된, 가업과 이윤을 보편적인 사명으로 받아들인 사고라고 할 수 있다. 그 요체를 점한 것이 바로 "천명"이다.

5. 19세기의 '천'

1) 시바타 구오의 도화

시바타 구오(柴田鳩翁)는[22] 45세에 시력을 완전히 잃은 후로도 심학도화(心學道話)의 강석(講釋)을 통해 생계를 연명했다. 그 강석 내용을 모은 『구오도화(鳩翁道話)』에는 1838년 정월의 기록이 실려 있다.

---

22) 시바타 구오(柴田鳩翁, 1783~1839): 하층 상인 출신의 심학자.

하늘(天)의 명(命), 이를 성(性)이라 한다. 성을 따르는 일, 이를 도(道)라 한다. 도를 닦는 일, 이를 교(敎)라 한다. 이 세 구절은 『중용』의 수장(首章, 제일 앞장)에 보이는 말씀입니다. 대성(大聖) 공자의 손자이신 자사(子思)께서 처음으로 발명(發明)하셨으니 실로 천년의 진리이옵니다. 그러므로 현금에 이르러 여전히 도학이 전해지고 우리 같은 자들까지 성리(性理)의 한 조각을 들여다볼 수 있는 것은 오로지 자사님 덕분이십니다. 그런데 하늘의 명이란 하늘이 내리신 명령이니, 하늘은 푸른 구름 검은 구름이라고 생각하기 쉽지만 그렇지 않습니다. 하늘은 소리도 없고 향기도 없으며 단지 만물을 낳는 이치가 있을 뿐입니다. 이를 가리켜 하늘(天)이라 합니다. 형태를 말하는 게 아닙니다. 그러면 형태도 없는 하늘이 무엇을 명하느냐고 의심하겠지만 분명히 내리신 명령이 있습니다. 즉, 하늘의 명령은 원형이정(元亨利貞)입니다. 원(元)은 시작된다, 형(亨)은 통한다, 이(利)는 성취한다, 정(貞)은 이룬다는 뜻이고, 이런 하늘(天)의 4덕(四德)이 바로 하늘의 명령이십니다. 하지만 이렇게만 말하면 아이들은 잘 모를 터이니 좀 더 확실하게 말씀드리자면 춘하추동이 원형이정의 덕이고 사람 눈에도 잘 보이는 하늘의 명령이십니다. 하늘은 아무 말씀이 없으시지만 봄이면 매화·벚꽃·복숭아·버드나무가 누가 재촉하지 않아도 꽃을 피우고 싹을 내미니 이를 원(元)이라 합니다. 여름이 되면 가지와 잎이 무성해지고 초목의 모습이 아름다워지니 이를 형(亨)이라 합니다. 또 가을이 되면 밤나무엔 밤이, 감나무엔 감이 열리고 풀도 나무도 모두 열매를 맺으니 이를 이(利)라 합니다. 또한 겨울이면 낙엽이 지고 열매는 익어서 씨앗이 되니 이를 정(貞)이라 합니다. 이것들을 가리켜서 하늘은 아무 말씀이 없으나 사계절을 운행하여 만물을 이루신다고 공부자(孔夫子)께서도 말씀하셨습니다. 『중용』에서 하늘의 명이라 함은 바로 이러한 일들입니다(후략).

『중용』은 유교의 사서 가운데 한 책이다. 또 '중용' 자체는 유교의 중심 개념 중 하나로써, 공자가 『논어』에서 "중용의 덕이야말로 극치로다"라고 찬탄한 고도의 덕목이기도 하다. 사마천(司馬遷)의 『사기(史記)』는 『중용』을 자사(子思)의 글이라고 했다. 자사는 공자의 손자이지만 조부로부터 직접 배울 기회가 없었던 유가(儒家)이다.

시바타 구오는 "가업에 쫓겨 여유가 없는 농민, 초닌(町人)들", "여성, 아이들의 귀에"까지 잘 씹어서 넣어주듯이 심학도화를 알기 쉽게 설명하고자 했다. 위 인용문에 보이는 일상적인 생활자의 시선을 통한 "천(天)", "천명(天命)"에 대한 설명도 그러한 도화의 일부분이다. 그는 "천명"을 "하늘의 명령"이라고 풀어서 말하며, 그것을 가시(可視)·가청(可聽)·가후(可嗅) 같은 오감적인 존재가 아니라 "만물을 낳는" 힘이라고 보았다. 그래서 계절의 변화에 따른 자연현상을 "하늘의 명령"이 말없이 드러내 보인 생성력의 표현으로 해석한 것이다.

2) 니노미야 손토쿠의 '천'

요나오시(世直し)와 같이 19세기의 사회 부흥을 지향한 사람들에게도 '천(天)'은 여러 초월 관념의 최상위로 인식되었다.23) 호토쿠시호(報德仕法)를24) 제창한 니노미야 손토쿠(二宮尊德, 1787~1856, 제6장에 소개)는 '천' 개념을 자유롭게 구사하며 '인도(人道)'로서 노동이 지닌 의미를 모색하고자 했다. 1837년 시모쓰케(下野, 도치기현)에 위치한 하타모토 우즈 한노스케(宇津釼之助)의25) 영지 4000석에 대한 개혁에 착수할 무렵, 손토쿠가 3개 촌락의 촌

---

23) 요나오시(世直し): 빈부 격차의 해소 등을 지향한 사회개혁 풍조.
24) 호토쿠시호(報德仕法): 영주의 연공을 제한, 생산조건 정비, 농민의 근검절약 등을 중심 내용으로 한 니노미야 손토쿠의 농촌부흥책.
25) 우즈 한노스케(宇津釼之助): 오다와라(小田原) 번주 오쿠보가(大久保家)의 분가—지은이 주.

역인(村役人)들에게 보낸 명령 서한에는 다음과 같은 내용이 보인다(日本思想 大系 52『二宮尊德 大原幽學』).

> 황송하게도 우리나라는 신대(神代)의 그 옛날부터 도요아시하라(豊葦原)라고 전해 내려왔다.[26] 신조(神祖)로부터 신손(神孫) 대대로 인군(仁君)들이 정성을 다해 전답, 산림을 개간하고 가재도구, 의류 등을 무엇 하나 부족함 없이 낱낱 이 구비하여 모든 포구와 섬에까지 다 미치도록 다스리셨다. 이국에서 미곡, 금전을 들여 온 적이 없었으니 오직 토지와 민력(民力)과 인정(仁政)만으로 충분했다. 만국(萬國)이 다 같은 이치여서, 천도(天道)에 따르고 정사(政事)가 밝으면 민력이 왕성하여 전답을 새로 열고 미곡을 생산한다. 천도를 등지고 정사가 옳지 못하면 민력은 쇠하여 국가가 망하고 전답은 황무지로 변한다. 고어(古語)에 사해(四海, 천하 만민)를 곤궁에 빠뜨리면 천록(天祿, 하늘이 내린 복록)이 영원히 끊인다고 했다. 지금 영지(知行所)의 형편이 좋지 않더라도 신국(神國, 일본) 전체로 보면 중(中) 정도이니 옛 도리를 따르면 흥하고 등지면 망할 것이다.

"우리나라는 신대의… 신손 대대로"라는 부분은 일본 왕조의 고유한 전통에 대한 인식이다. "신손 대대"가 도쿠가와 쇼군가가 아닌 천황가를 가리킨다는 사실은 촌 역인만이 아니라 일반 농민들도 모두 잘 알고 있었을 것이다. 이것과 "인군들이 정성을 다해… 낱낱이 구비하여"라는 부분의 실제 정치를 행한 도쿠가와가의 치적과는 주체가 일치하지 않지만 여기서는 그러한 문맥상 모호함을 문제 삼지 않겠다. 주목할 점은 "오직 토지와 민력과 인정"이라는 3요소이다. 또한 그 "인정"의 표현인 "정사"가 "천도"에 부응하는지

---

26) 도요아시하라(豊葦原): 신화에 나오는 일본의 미칭(美稱)으로, 원래 의미는 '갈대가 무성한 풍요로운 들판'.

아닌지를 가장 긴요한 문제로 인식하고 있는 점이다.

그런데 손토쿠가 인용한 "사해를 곤궁에… 영원히 끊인다"는 "고어"는
『논어』권10의 「요왈편(堯曰篇)」에 보이는 문장이다. 그런데 위 서한에는 바
로 이어서 "신국"이란 말이 나온다. 신들의 나라 일본을 계도해주는 "천도",
"천록"을 최상위의 관념으로 인정하는 것은 손토쿠에게 전혀 모순적인 사고
가 아니었다.

3) 「오시오 격문」에 나타난 '천' 관념과 제 신불

니노미야 손토쿠가 인용한 "사해를 곤궁에… 영원히 끊인다"라는 『논어』
의 문장은 마치 격언처럼 인구(人口)에 널리 회자된 것으로 보인다. 오시오
헤이하치로(제7장에 소개)가 「격문」을 뿌리고 거사를 도모한 해는 앞서 본
손토쿠의 서한과 같은 1837년이었다. "격문"은 사건 후에 부쳐진 말이며 오
시오 자신은 "가키쓰케(書付, 문서)"라 불렀다. 이 「격문」에는 일본적인 초월
관념인 "신불(神佛)"이 자주 등장한다. 동시에 "신불"을 통괄하는 위치에 '천'
관념이 자리한 점도 명확히 드러나고 있다. 이는 「격문」이 배포된 셋쓰(攝津,
오사카부와 효고현 일부)·가와치(河内, 오사카부 동부)·이즈미(和泉, 오사카부 남
부)·하리마(播磨, 효고현 남서부) 지역의 농민들이 일상을 통해 이해했던 다신
(多神) 세계의 신계(神階) 배치를 보여주는 것이라 판단해도 좋다.

그러면 「오시오 격문(大塩檄文)」 가운데 초월 관념에 관한 부분을 발췌해
보자. 겉봉의 표서(表書)에서 내용에 이르기까지 "천(天)"이란 말이 넘쳐나도
록 사용된 점을 쉽게 확인할 수 있을 것이다.

a. 하늘(天)이 내려주신 글을 마을의 빈농(小前)에까지 전하노라(겉봉 표서 ―
지은이).

b. 사해(四海)를 곤궁에 빠뜨리면 천록(天禄)이 영원히 끊인다. 소인(小人)으로 하여금 국가를 다스리게 하면 재해가 이어진다고 옛 성인께서도 천하 후세의 인군(人君), 인신(人臣)들을 깊이 훈계하셨기에(중략)

c. 하민(下民)이 원한을 어디엔가 호소하고 싶어도 하소연할 곳이 없을 지경으로 어지러우니 사람들의 원기(怨氣)가 하늘(天)에 통하여 매년 지진, 화재에 산이 무너지고 강이 넘치며 온갖 천재(天災)가 유행한 끝에 종국에는 오곡에 기근이 들고 말았다. 이는 모두가 하늘의 깊은 훈계이고 고마운 경고이지만 윗사람들은 도무지 마음 쓰지 않음으로(중략)

d. 모든 일에 인(仁)을 망각하고 제멋대로 정도(政道)를 행하여 에도(江戶)로만 쌀을 회송하고 천자(天子, 천황)가 계신 교토에는 전혀 회송하지 않을 뿐더러 다섯 되, 한 말 정도의 쌀을 사기 위해 길 나선 자들을 잡아들이니(중략)

e. 근자의 천재·천벌을 보면서도 두려워하지 않으며, 아사지경에 빠진 빈자, 걸인들을 도무지 구제하지 않고 자신은 고량(膏粱)으로 지은 맛난 음식을 먹고 첩의 집에 들어앉거나 아게야(揚屋), 챠야(茶屋)로 다이묘의 가신(家来)들을 끌어들이고(중략)[27]

f. 진실로 녹도(祿盜, 녹봉 도적)이어서 결코 천도(天道)와 성인의 어심(御心)에 부합하지 않으니 용서할 수 없는 일이다. 칩거 중인 이 몸도 더 이상 인내할 수 없기로 탕무(湯武, 탕왕과 무왕)의 기세, 공맹(孔孟)의 덕은 없으나 천하를 위해 나설 수밖에 없어서 혈족(血族)의 화(禍)를 무릅쓰나니(중략)

g. 사해 만민이 언제까지고 천은(天恩)에 감사하고 부모와 처자를 부양하며 이 생지옥으로부터 구하여 사후의 극락 성불(成佛)을 눈앞에 보여줘서, 요순(堯舜)과 아마테라스오미카미(天照皇太神)의 시대로 되돌아가기는 어렵더라도 중흥(中興)의 기상을 회복하고자 함이다.(중략)[28]

---

27) "고량(膏粱)"은 기름진 고기와 좋은 곡식을, "이게야(揚屋)"는 유녀를 불러서 노는 가게, "챠야(茶屋)"는 음식과 유흥을 즐기는 가게를 의미함.

h. 천하지보(天下之寶)를 잃게 될 터이므로 후에 이 몸을 원망하여 보물을 내다 버린 무도한 자라고 몰래 험담하는 일이 없도록 해야 할 것이다.[29] 이를 위해 일동에게 알리노라. 지금껏 지토(地頭, 영주)에게 바친 연공 등에 관련된 여러 기록, 장부는 모두 찢어서 태워 없애야 한다. 이것은 전부터 깊이 사려한 일로써(중략)

i. 탕무, 한 고조, 명 태조가 백성의 죽음을 깊이 애도하여 임금을 주살하고 천토(天討, 하늘의 벌)를 집행한 성심(誠心)과 같을 뿐이니 만약 의심스럽다면 나의 소행이 끝을 어찌 맺는지 너희는 두 눈을 부릅뜨고 지켜보라(중략)

j. 천명을 받들어 천토를 내리노라. (후략)

(成正寺藏・『大塩平八郎一件書留』)

「오시오 격문」이 "백성과 빈농들"에까지 거사에의 참여를 독려할 수 있었던 것은 당시 일본에 사람들을 결집시키는 초월 관념으로서 '천'이 큰 비중을 점하고 있었던 덕분이다. 유교핵 정치문화가 '천'이라는 초월 관념을 예외 없이 수반하는 점을 감안하면 위와 같은 사실은 근세 일본이 동아시아 세계 내부에 존재했다는 중요한 증좌일 것이다. 또한 동시에 '천' 외에도 일본적인 제신(諸神)·제불(諸佛)의 힘이 대단히 컸다는 점도 인정하지 않을 수 없다. 근세 일본은 동아시아 법문명권 속에 자리한 왕조국가 중 하나이지만 그 표출 방식은 상당히 개성적이었던 것이다.

사견으로는 이 1837년의 「오시오 격문」을 막말(幕末) 단계에 나타난 일본적인 '종말의 서(書)'라고 불러도 좋을 것 같다. 인용문 가운데 겉봉 표서(a)에서는 이하 자신의 문장을 "하늘이 내려주신 글"로 자리매김함으로써 천인

---

28) 아마테라스오미카미(天照皇太神): 일본 천황가의 시조신.
29) 천하지보(天下之寶): 「격문」의 맥락으로 보면 '부자의 쌀과 금전'을 지칭하는 것으로 보이지만 확실치 않음.

합일에 기초한 최고의 신용을 얻고자 했다. 또 본문은 '천'의 권능을 몇 가지로 구별해서 배치하고 있다.

b. 사해를 곤궁에 빠뜨리면 천록이 영원히 끊인다. — 천록(天祿)

c. 매년 지진, 화재에 산이 무너지고 강이 넘치며 온갖 천재가 유행한 끝에 — 천재(天災)

c. 모두가 하늘의 깊은 훈계이고 고마운 경고이지만 윗사람들은 도무지 마음 쓰지 않음으로 — 천계(天戒)

e. 근자의 천재·천벌을 보면서도 두려워하지 않으며 — 천벌(天罰)

f. 결코 천도와 성인의 어심에 부합하지 않으니 용서할 수 없는 일이다. — 천도(天道)

g. 천은에 감사하고 부모와 처자를 부양하며 이 생지옥으로부터 구하여 — 천은(天恩)

i. 천토를 집행한 성심과 같을 뿐이니 — 천토(天討)

j. 천명을 받들어 천토를 내리노라. — 천명(天命)

오시오 자신은 '세심당(洗心堂)'이라는 사숙(私塾)을 열 정도의 양명학자로서 당연히 많은 학식을 쌓은 인물이었다. 그러나 「격문」의 목적이 제자들과 전문 지식을 논하자는 것은 아니었다. 겉봉 표서(a)에 적은 대로 "마을의 빈농"을 비롯한 하층민에까지 거사 참가를 독려하고, 본문 끝에서도 "셋쓰·가와치·이즈미·하리마의 여러 마을 쇼야(庄屋)·도시요리(年寄)·백성과 빈농들에게"라고 대상을 열거함으로써 역내 촌락의 전 계층에 호소하는 것이 목적이었다. 또한 "빈농들"이 글을 읽지 못할 터이니 인근 "사찰의 승려(道場坊主)"나 "의원(醫者)"이 대신 읽어주도록 요구하기도 했다. 승려, 의원이 먼저 읽고 설명을 덧붙여서 누구든 납득할 만한 내용이 아니면 「격문」으로서 의미가 없었던 것이다.

그렇다면 '천' 관념은 "셋쓰·가와치·이즈미·하리마"의 네 개 구니(國)에 걸쳐 이미 하층민까지도 이해 가능하고 행동으로 나설 동기부여가 될 수 있는 관념이었음이 분명하다. 물론 이 「격문」으로 인해 봉기가 실제로 유발되었다고 생각하기는 어렵고, 거기에는 촌락사회 내부의 상하 관계나 상호 간의 역학적인 요인이 크게 작용했을 것이다.

「오시오 격문」에 나오진 않지만 일본 근세에는 "천고(天鼓, 하늘의 경고)", "천견(天譴, 하늘의 질책)", "천주(天誅, 천벌)" 등등, '천'과 합성되어 대체로 징계나 경고의 뜻을 담은 많은 어휘가 학식의 유무와 상관없이 정치, 생활의 장에서 흔히 사용되었다. 우선 경천(敬天)이 있고 천벌, 천은(天恩) 등이 그 아래 배치된 것으로 보면 모순 없이 이해할 수 있다. 하지만 '천'이 사회의 초월 관념을 독점했던 것은 아니다. 그러한 비(非)배타적인 성격도 근세 민중에게 '천' 관념이 널리 수용되고 오히려 권위를 높이는 데 일조했을 것이다. 「오시오 격문」을 통해서도 초월 관념이 중층적으로 존재했음을 잘 알 수 있다. 「격문」 속에는 "천" 외에도 "도쇼신군(東照神君)", "아마테라스오미카미", "진무제(神武帝, 신화상 초대 천황)", 심지어는 "일월성진지신감(日月星辰之神鑑)"과 신격화된 성인 등 수많은 신격이 등장한다. 이런 다신교적인 종교 환경은 그 자체로써 대단히 민중적이며, 그러한 다신(多神)·다불(多佛)을 통괄한 것이 '천' 관념이었다고 할 수 있다.

"천토(天討)", "천주(天誅)"는 인간계에서 혁명 내지 저항의 형태로 표출되었다. 막말(幕末) 민중운동은 앞서도 언급한 요나오시로 대표되는데, 거기에는 "요나오시다이묘진(世直し大明神)"을 대행하여 엄벌을 가한다는 우치코와시(打毀し)의 논리가 내포되어 있다. 신도적인 신의 호칭을 앞세우긴 했으나 크게 보면 요나오시도 동아시아적인 천견관, 천벌관에 입각한 것임이 분명하다.

"천주"라는 용어는 막말 존왕양이파(尊王攘夷派)의 거병 사건에서도 볼 수 있고, 현대 일본의 우익적 정치행동에서도 자주 이용된다. 원래는 '천토'와 같은 의미로 '천' 관념에 뿌리를 둔 말이다. 존왕양이파의 거병이란, 1863년 8월 17일 요시무라 도라타로(吉村寅太郎)를[30] 비롯한 로시(浪士, 로닌) 단체 덴추구미(天誅組)가 공경(公卿) 나카야마 다다미쓰(中山忠光, 1845~1864)를 주장(主將)으로 세워 야마토(大和)에서 궐기했다가 막부 군에게 바로 궤멸당한 사건이다. "덴추(天誅)"를 동음인 "덴추(天忠)"로 표기하기도 했는데, 본래는 '이(夷)를 처단(誅)한다'는 뜻으로 쓴 말이다. 이러한 명칭을 사용한 것은 내부의 동지적 결합뿐 아니라 사회를 향해 스스로를 과시하는 데도 '천' 관념이 대단히 유효했던 때문일 것이다.

6. 근대화 과정의 '천'

1) 후쿠자와 유키치의 '천'

유신 변혁이라 일컬어지던 시기에 문명개화와 '천(天)'은 어떤 관계를 맺었을까? 후쿠자와 유키치(福澤諭吉)의[31] 『학문의 권장(學問のすすめ)』은 1872년 초편(初編)이 나온 이래 1876년 제17편으로 끝을 맺었다. 그 수년 후 합본(合本)으로 간행되었을 때 후쿠자와는 책의 서문에다 당시 인구가 3500만인데 "국민 160명 중 한 명"이 이 책을 읽은 셈이라고 적고 있다. 저술한 취지는 "학문을 익혀서 사물의 이치를 잘 아는 자가 귀인, 부자가 되고 무학(無學)인 자는 빈자, 하인이 된다"라고 경고하며 학문의 중요성을 주지시키는 데

---

30) 요시무라 도라타로(吉村寅太郎, 1837~1863): 토사번(土佐藩) 출신의 막말 지사.
31) 후쿠자와 유키치(福澤諭吉, 1835~1901): 명치기의 대표적인 계몽사상가.

있었다. 잘 알려진 대로 그 제일 서두에 나오는 말이 '천'이다.

하늘(天)은 사람 위에 사람을 두지 않고 사람 아래 사람을 두지 않았다고 한다. 그렇다면 하늘이 사람을 만들 때 만인은 모두 같아서 태어나면서부터 귀천상하의 차별이 없으니, 만물의 영(靈, 실체)인 몸과 마음을 움직여서 천지 사이에 있는 온갖 물질을 취해 의식주를 마련하며 자유자재로 서로 남을 방해하지 않고 각자가 안락하게 이 세상을 사는 게 (하늘의)뜻이다.

후쿠자와는 미합중국의 독립선언문을 번역해서 저서 『서양사정(西洋事情)』 (1866)에 실었는데, 선언문 맨 앞의 취지문을 『학문의 권장』 첫머리에도 이용한 것이다. 초판에 한해서는 오바타 도쿠지로(小幡篤次郎)와 공저의 체재를 취했다.[32] '천'에 해당하는 독립선언문의 영문 표기는 "nature, God"이었다. 이를 '신(神)'이 아닌 '천'이라고 옮긴 것은 후쿠자와가 목전의 일본사회를 의식하며 '천'을 보다 설득력 있는 초월 관념으로 판단한 때문일 것이다.

계몽사상가로서 후쿠자와는 다른 곳에서도 자신의 주장을 펼치기 위해 "천", "천도"를 자주 활용했다. 예컨대 『후쿠오백화(福翁百話)』(1897)에는 아래와 같은 글이 보인다(『福澤諭吉全集』 第6卷).

천도는 사람이 (실천)할 수 있는 일이다. 그것을 하지 않는 것은 바로 인간의 죄이고 부덕(不德), 무지의 소치이다. 인간의 진보, 개량은 하늘(天)의 약속으로 정해진 일이니 개벽 이래의 사실들을 통해 증명되었다. 또한 인간 세계에 전에 없던 일을 도모하는 것은 공상에 지나지 않지만 이미 견문한 바를 구할 때는 (가타부타)다투어선 안 된다. 위와 같은 도리를 터득하여 여기서 사람에

---

32) 오바타 도쿠지로(小幡篤次郎, 1842~1905): 명치시대의 정치가 겸 교육자, 사상가.

관해 말하건대, 공자는 도덕의 성인이고 뉴턴은 물리(物理)의 성인이다. 공자가 칠십이 되어 (마음 내키는 대로 해도)도리를 벗어나지 않는다고 한 것은 덕심(德心)의 극치이지만 본래 물리에 대한 사상 없이 단지 도덕만을 중시한 인물이므로 만일 뉴턴의 물리 사상과 견준다면 (뉴턴 쪽이)지덕을 겸비했다고 하지 않을 수 없다. (중략)천도의 약속이 이미 진실로 드러났으니 모든 만물의 작용에 원인, 결과가 올바른 것도 의심할 여지가 없다.

후쿠자와는 뉴턴으로 대변되는 서양 문명을 거울삼아 공자를 상대화했다. 그러나 공자로 대변되는 유교적인 가치에 대한 존경심을 폐기하지 않았고, 나아가서 공자라는 인격체를 상대화하더라도 "천도"에 대한 신뢰까지 잃은 것은 아니었다. 후쿠자와가 인사(人事), 인위(人爲)의 영역을 확대하고 (모든 것은 하늘의 뜻이라는 식의)단순히 체념적인 천도론을 배격한 것은 분명하다. 이렇게 "천", "천도" 등을 앞세운 이유는 하늘에 대해 외복(畏服, 두려움과 복종)의 감정을 공유하며 '천'을 정점으로 한 일상을 영위하는 세간 사람들에게 자신의 주장을 펼치고자 했던 때문일 것이다.

2) 사이고 다카모리의 '천'

사이고 다카모리(西鄕隆盛, 1828~1877)는 '유신 3걸', '유신 10걸'로 회자되는 신정부 수립의 핵심적인 정치 지도자 중 한 사람이다. 그에게도 초월 관념은 '천'이었다. 특히 세간의 신·불 절충 의식에 비추어보면 상당히 일신적인 성향이 강한 경천(敬天) 의식의 소유자였다. 사이고의 말을 직접 듣고 기록, 정리한 「유훈(遺訓)」(1870)에는 그러한 사이고의 초월 관념이 잘 나타나 있다(『西鄕南洲遺訓』).

1. 묘당(廟堂, 조정)에 서서 대정(大政)을 행함은 곧 천도(天道)를 행하는 일이므로 추호도 사(私)를 품어서는 안 된다. 참으로 마음을 공평히 가져서 정도(正道)를 지키며 널리 현인(賢人)을 선거하고 능히 그 직(職)을 맡을 수 있는 사람을 천거하여 정무를 집행토록 하는 것이 바로 천의(天意)이다. (중략)

9. 충효·인애(仁愛)·교화(敎化)의 도는 정사(政事)의 대본(大本)이니, 만세에 걸치고 우주를 통해서도 변치 않는 요도(要道)이다. 도는 천지자연에서 나온 것이므로 서양이라 해도 결코 다르지 않다. (중략)

12. 서양의 형법은 오직 징계를 주로 하며 가혹한 형벌을 경계하고 사람을 선량하게 이끌기 위해 깊이 주의한다(중략).[33] (이에 대해 동양은)성인의 형법을 갖추어 충효·인애의 마음으로 환과고독(鰥寡孤獨)을 어여삐 여기고 사람이 죄에 빠지는 일을 깊이 근심하지만 실제로 그 힘이 (효과를)미친 지금의 서양과 같았는지 서적을 통해 알 수 없으니 (서양의 형법을)참된 문명(文明)이라고 감탄하는 것이다.

21. 도는 천지자연의 도이므로 강학(講學)의 도는 경천애인(敬天愛人)을 목적으로 삼고 심신을 수련함에 극기(克己)로써 시종(始終)하라.

24. 도는 천지자연의 것이고 사람은 이를 행하여 하늘(天)을 공경하는 것을 목적으로 삼는다. 하늘은 남도 나도 동일하게 사랑하시니 나를 사랑하는 마음으로 남을 사랑해야 한다.

25. 사람을 상대로 삼지 말고 하늘(天)을 상대로 삼아라. 하늘을 상대로 하여 스스로 할 바를 다하되 남을 책망하지 말고 내 성심이 부족한 것을 나무래야 한다.

"대정을 행함은 곧 천도를 행하는 일", "강학의 도는 경천애인을 목적으로

---

33) 본문 인용문의 중략 부분은, 서양 형법이 교정을 위한 독서 장려와 면회를 허용하고 있다는 내용임.

삼고", "하늘을 공경하는 것을 목적으로 한다. 하늘은 남도 나도 동일하게 사랑하시니", "사람을 상대로 삼지 말고 하늘을 상대로 삼아라" 등등, 사이고 다카모리에게 '천'의 비중이 얼마나 컸는지는 의심할 여지가 없다. 이 밖에도 「유훈」에는 요순, 공부자, 주자 등을 들어서 "성현"을 지향하는 일의 중요성을 강조하거나 『논어』를 거의 그대로 인용한 부분 등, 동아시아적인 문화 전통에 뿌리를 둔 사이고의 교양과 사고가 넘쳐난다. 명치유신은 이러한 인물을 선도자로 하여 진행된 것이다.

3) 나쓰메 소세키의 "칙천거사"

"칙천거사(則天去私)"는[34] 나쓰메 소세키(夏目漱石)[35] 자신의 조어(造語)다. 특정한 작품의 핵심 개념으로 사용한 말이 아니라 만년의 지극히 사적인 심경을 묵적(墨跡)으로 남겼을 뿐이다. 이 말에 내포된 "천(天)"과 "나(私)"의 대치 관계에는 사이고의 「유훈」과도 유사한 느낌을 받는다. 여하튼 일본사회에 깊숙이 배어든 초월 관념 '천'이 근대화 시대에 들어서서도 개개인의 언설이란 형태를 빌려 무시로 나타나고 있는 점에 주목하고 싶다. 그리고 이러한 점을 통해서도 일본이 동아시아 법문명권 내부에 위치한 하나의 사회였음을 재확인할 수 있다고 필자는 생각한다.

---

34) 칙천거사(天去私): 천지자연의 도리에 따르며 사심을 버림. 만년의 소세키가 이상으로 삼은 경지.
35) 나쓰메 소세키(夏目漱石, 1867~1916): 일본 근대의 대표적인 소설가, 문예비평가.

제9장

요시무네 정권과 법·윤리의 동아시아화

1. 비대화하는 민간사회와 헌의의 시대

1) "야옹"의 고발

다나카 규구(田中休愚, 1662~1729)는 시골 나누시(名主) 가문 출신으로 비단 행상인, 가와사키슈쿠(川崎宿, '슈'은 역참)의 나누시 등을 거친 후에 농정가, 경세가로서 막부 대관에까지 발탁된 인물이다. 그를 역사의 전면으로 밀어올린 힘의 원천은 18세기에 들어설 무렵 일본사회가 안고 있던 모순의 마그마였다. 당시의 원록문화(元禄文化, 제6장에 소개)는 이미 군단의 말발굽으로도 짓밟을 수 없을 정도로 두터워진 민간사회의 강한 민세(民勢)가 그대로 표면화된 듯한 문화 현상이었다. 분명히 사회의 외관은 활력이 넘쳤지만 그렇다고 모두가 풍족하고 살림살이가 나아진 것은 아니었다. 신분과 빈부의 구분없이 생활수준, 생활양식이 전반적으로 향상되었으나 오히려 그로 인해 가계수지 면에서 힘들어진 사람들도 나타났다. 민간사회의 민부(民富) 분배는 어떤 시대든 불균등했기에 상대적으로 손실을 입은 사람들이 다수 생겨난 것이다.

앞으로 전개할 본문의 논지에는 무사 가계도 포함시키지 않으면 안 된다. 다이묘가(大名家)의 일반 가중(家中)은 사민(四民) 가운데 하나이고 농·공·상 삼민(三民)의 수좌로 이해해야 마땅하다는 점은 앞에서 이미 논한 바 있다(제 6장 참조). 하지만 규범 신분으로서 항시 군역 등에 대비하고 있어야 한다는 사회적 체면과 외장(外裝)을 중시하는 허식은 무사 가계를 점점 더 궁핍으로 내몰았다. 18세기 전반의 향보(享保, 1716~1736) 연간에는 무사 개개인의 가 계 빈궁이 한층 심화되었다. 오규 소라이(荻生徂徠, 제1장에 소개)가 『정담(政 談)』(제7장에 소개)을 통해 지적한 대로 병농분리에 따른 무사의 도시 거주, 즉 모든 생필품을 금전으로 구매해야 하는 생활양식이 소비 규모를 더욱 팽 창시켰다. 에도의 쇼군 직신(直臣)이라면 거의 실업 상태에 가까운 무역(無役) 이나 고부신구미(小普請組)의 생활을,[1] 각 번의 번사(藩士)라면 번 재정을 위 해 가록·봉록을 차용당하는 생활을 견뎌내야만 했다.

1721년 다나카 규구는 직접 저술한 민정(民政) 의견서 『민간성요(民間省要)』 전 3편 15권을 자신이 사사하던 나루시마 도치쿠(成島道筑)를[2] 통해 8대 쇼 군 도쿠가와 요시무네(재직 1716~1745)에게 바쳤다고 한다(『新訂民間省要』). 은거 중인 하층 농민이 최고 권력자인 쇼군에게 의견을 개진하는 일은 직소 (直訴)에 가까운 행위였다. 그런데 같은 해에 이미 쇼군 요시무네는 효조소 (評定所, 막부의 최고재판소) 문전에 메야스바코(目安箱)를[3] 설치하고 막부 정 책, 관리의 부정, 소송 지연 이 세 가지 사안에 대한 직소를 권장하고 있었 다. 그러므로 요시무네에게는 규구의 대저(大著)도 막부 정책에 대한 의견서 로 받아들여졌을 것이다.

---

1) 무역(無役)은 공직이 없는 무사이고, 고부신구미(小普請組)는 소규모 가록(家祿)에 무역(無役) 상태의 하타모토·고케닌.

2) 나루시마 도치쿠(成島道筑, 1689~1760): 요시무네(吉宗)의 시강(侍講)으로 조선통신사, 공가의 응접 등에 참여함ㅡ지은이 주.

3) 메야스바코(目安箱): 서민의 불만, 요구를 수렴하기 위한 투서함.

무릇 군주에 대한 간언(諫言)은 동아시아적인 정치문화의 중요한 일부이며, 직소나 지키메야스(直目安)도 간언의 한 형태였다.[4] 이 해에 요시무네는 유지금지령(流地禁止令)을[5] 반포했으나 그로 인해 이듬해 질지소동(質地騒動)이 유발되었다.[6] 결과적으로 금령은 철회되고 "질지"를 경작하던 원 소유자의 소작료 납부를 공인함으로써 (자영 소농민 보호라는)토지 지배의 기본원칙이 후퇴하고 토지 집적, 질지 소작의 확산에 박차가 가해지게 되었다. 이렇듯 막번체제의 정치적, 경제적 중흥을 위해 요시무네가 단행한 향보개혁(享保改革)은 여러 면에서 간언을 필요로 했다.[7]

무단에서 문치로 변해간 근세 정치의 흐름 속에서 향보개혁기는 이미 문치가 당연시되었고, 더 나아가서 새로운 변화의 조짐도 나타나고 있었다. 품목별로 수급(需給)을 유도하는 유통정책을 펴지 않으면 상품 가격을 제어할 수 없는 시대로 들어선 까닭에 정치 쪽이 민간 전문가의 양안(良案) 제출을 갈구하게 된 것이다. 이 단계에 이르러 근세 정치는 권력 내적으로 주군에게 시정을 간하는 간언에서 널리 하층민도 정치적 의견을 상신할 수 있는 '헌의(獻議)의 시대'로 중심이 이동했다. 훗날 근대화 과정에서 뜨겁게 타오른 '건백(建白)의 시대'에 선행하는 움직임이 시작된 것으로 볼 수 있다. 필자는 이러한 '헌의'에 보이는 동아시아성과 일본성(日本性)이 서로 교차하는 점에 주목하고자 한다.

다나카 규구는 『민간성요』를 통해 막부 "관인"과 돈벌이에 몰두하는 악덕상인, 즉 "현상(衒商)"을 농민 생활과 연관하여 공격 대상으로 삼고 심지어 막부의 각료회의에 농민, 초닌을 배석시키도록 제안했다. 하지만 여기서는 필

---

4) 지키메야스(直目安): 정식 수속을 밟지 않고 바로 상급 관청에 제출하는 소장을 의미함.
5) "유지금지령(流地禁止令)"의 유지(流地)는 차용금을 기한 내 변제하지 못해 담보 토지의 소유권이 전주에게 넘어가는 사태를 의미함.
6) 질지소동(質地騒動): 질지(質地, 담보 토지)를 되돌려달라는 원 소유자들의 집단 소동.
7) 향보개혁(享保改革): 에도막부 3대 개혁정치의 시초로, 8대 요시무네 시기에 단행됨.

자의 관심에 직결되는 극히 일부만을 소개해두자.

야옹(野翁, 촌로)이 이 책을 마친 후 정관정요(貞觀政要)를 살펴보니 '정요(政要)'와 '성요(省要)'가 말은 다르되 음이 같다.[8] 대종(大宗) 황제 치세 때 오로지 민간에 대해 하문(下問)하시고 높은 자리에서도 한결같이 간(諫, 간언)을 구하시어 강해(江海)의 작은 시냇물(細流)까지도 소중히 여기신 어심(御心)의 존귀한 뜻을 담으셨다.

위는 『민간성요』의 발문 가운데 한 부분이며, "야옹"은 규구 자신을 가리킨다. 제5장에서 논한 대로 『정관정요』는 「금중·공가중 제법도」 제1조의 "천자(天子)"가 배워야 할 것 중 첫 번째로 제시된 고전이다. 또한 『도쿠가와실기(德川實紀)』(제5장에 소개)에 수록된 요시무네의 많은 일화 가운데는 요시무네가 유관(儒官) 무로 규소(室鳩巢, 1658~1734)에게 『정관정요』의 시강을 명했다는 기록도 있다. 천황, 쇼군이 모두 『정관정요』를 통해 치자로서 정치의 요체를 학습한 것이다.

이렇게 격조 높은 경세제민의 고전서를 피치자이자 농민 신분인 규구가 읽었으며, 게다가 "민간 비천(卑賤)의 신고(辛苦)"를 기술하겠다는 애초의 집필 목적을 망각하지 않고 저술의 제호를 정하는 데도 『정관정요』를 참고하여 어의는 다르지만 발음이 같은 "성요"를 제목으로 취했다. 또한 "대종 황제"가[9] "민간"의 생활에 대해 두루 듣고 "간(諫)"을 구한 "어심의 존귀한 뜻을 담"은 서책으로서 『정관정요』에 대해 깊은 경의심을 드러낸다. 규구는 중국 고전고대의 성왕(聖王)이나 당 태종의 치세를 근세 정치가 지향해야 할 목표로 생각했다. 후에 막부의 농정 관료로 등용되어 사가미(相模, 가나가와현)의

---

8) '정요(政要)'와 '세요(省要)' 둘 다 일본어 발음은 '세이요'.

9) 당나라 2대 황제 태종 이세민(李世民). 규구는 '태(太)'를 '대(大)'로 씀─지은이 주.

사카와천(酒勾川) 제방공사를 지휘할 때, 치수(治水)로 천자의 자리에 오른 하(夏) 우왕(禹王)을 모시는 사당을 제방 위에 세우고 "문명(文命)"이라 명명한데서도 이런 점을 알 수 있다.10)

2) 일본적인 왕도에 대한 갈망

그러나 규구의 언설을 통해 필자가 근세 일본의 동아시아화만을 강조하려는 것은 아니다. 그는 한편으로 일본인으로서 정체성도 유난히 강하게 의식한 인물이어서 중국 고대의 정치, 인물에 대한 흠모가 깊어질수록 더한층 일본적인 왕도(王道)를 고심했다. 중화 성왕들의 정치에 대한 기록이나 전승에 감복할 때마다 규구는 "왜국(倭國)"에 대해서도 인식을 새로이 하고 자부심을 북돋웠다. "관인", "현상"의 비행을 끈질기게 고발했지만 그것도 일본사회를 개선하기 위한 헌의의 한 부분이었다.

전항에 인용한 발문에서 규구는 "간(諫)"이라는 말을 사용했다. "간", "간언"은 동아시아 세계에서 군주에 대해 이견을 상신할 때 보편적으로 쓰는 표현이다. 근세 정치는 17세기 중엽부터 공개적으로 이견 상신을 구하기 시작했고 오카야마번(岡山藩), 쓰번(津藩)의 경우처럼 이를 의무화한 번도 있다. 일반적으로 간언은 자신의 주군이 '명군'이기를 바라며 하는 행위이다. 체계를 갖춘 방대한 현상분석과 다방면에 걸쳐 정치의 시정을 제안한 규구의『민간성요』는 단순히 하나의 간언이라기보다 헌의서(獻議書)라고 불러도 좋을 것이다. 사견으로는 이와 같은 '헌의의 시대'가 명치 초기의 폭발적인 '건백의 시대'를 이끌어낸 것으로 생각한다.

규구는 중화왕조를 예찬하는 동시에 "화국(和國, 일본)"의 문제점으로 "동

---

10) "문명(文命)"은 우왕(禹王)의 이름―지은이 주.

신군(東神君)"이 "만세의 기업(基業)"을 쌓았으나 "민간의 정사(政事)"에까지 미치지 못한 점을 지적하며,[11] 스스로 자신의 저술을 통해 그러한 "하사(下事)"를 밝히고자 했다. 그는 가와사키숙의 나누시를 은퇴한 후 에도에 유학(遊學=留學)한 호사였지만 분명히 학자는 아니었다. 그러나 행상인, 나누시로서 경험에 기초한 규구의 시야는 대단히 넓었고 여기에 학문이 더해져서 경세제민의 법으로까지 견식이 확대되었다.

규구는 유교의 은혜에 감사하는 자세를 취했으나 그렇다고 모든 유학, 유자를 긍정한 것은 아니었다. 그의 이상은 고전고대적인 유교의 성왕 혹은, 스스로 "명군"이라 평한 당 태종의 치세와 같은 정치 형태였다. 하지만 근세 일본의 유학, 유자는 격렬히 비판했고 불교 승려에 대해서도 마찬가지였다. 『민간성요』「곤지부(坤之部) 권지일(卷之一)」 중에는 아래와 같은 소제목과 문장이 보인다.

유학자에 방종한 자 많고, 승려에 욕심 깊은 자 있다.

부(附), 승속(僧俗)의 교만에 대해

一. 무릇 사람들이 아직 도덕, 인의를 모르던 옛적부터 성군(聖君)은 일월(日月)과 함께 사해를 비추시고 현신(賢臣)은 성신(星辰, 많은 별)과 같이 국가를 밝히시니 유학이 일어나고 그 문자언구(文字言句)가 세상에 퍼져서 이로부터 문장이 아름답게 꽃피어 유학자라는 이름이 시작되었다. 그 문질(文質, 문장의 꾸밈과 실질)이 조화를 이루던 옛날은 군자가 많았다. (그러나)문질이 한쪽으로 치우친 후로는 유문(儒門)에 거짓된 자, 광란(狂亂)하는 자가 많아졌다. 왜국(倭國)의 왕도는 처음부터 신도(神道)이며 그 속에 저절로 성경(聖經)·현전(賢傳)·유도(儒道)를 갖추어서 상대(上代) 이래 세세(世世)로 임금이 장수하고

---

11) 동신군(東神君): 도쇼신군(東照神君). 도쿠가와 이에야스—지은이 주.

왕도가 성하여 국가가 안온했다. (그러나)어느덧 왕도가 쇠하고 오로지 석문(釋門, 불가)의 법으로 왕도, 신도를 도와 국가의 정무를 돌보게 된 후로는 석문의 무리에 뛰어난 자가 많이 나와서 제각기 종지(宗旨, 종파의 교의)를 세우니 그 파가 여럿이었다. 또 대를 이어 각기 학업을 일으키고 그 조상(=개조開祖)의 이름을 앞세워서 종풍(宗風, 종파의 풍속)을 빛내었다. 종국에는 천자(天子, 천황)의 사범이 되어 종묘 제례, 대보(大寶) 천조(踐祚, 천황 즉위)의 축식(祝式)에 이르기까지 오직 석문의 여경(餘慶)으로 국법을 삼았다. 그로부터 왕자(王者)의 사해(四海) 치란(治亂)을 (불법에)맡김으로써 신손(神孫)이 무궁하고, 황위가 안전하며, 무위(武威)가 왕성하고, 국가가 장구해졌다. 무릇 천지의 이치는 만물에 둘이 함께 주어지지 않는 법이어서 뿔이 있으면 엄니가 없고, 날개가 있으면 네 발이 없다. 까마귀는 털이 검지만 살은 희다. 백로는 살은 검지만 털이 희다. (마찬가지로)무(武)는 겉으로 용맹하나 속에 인애(仁愛)가 있어야 한다.

명군이 세상을 다스리심에 왜국의 정밀(靜謐, 고요하고 편안함)이 화한(和漢, 일본과 대륙) 만고에 두드러진다. 그럼에도 중고(中古) 이래 외국의 외도(外道, 바르지 않은 도)와 아조(我朝)를 엿보는 요술(妖術)이 끊이지 않고 종문(宗門)의 쇠퇴를 노려 걸핏하면 온갖 사법(邪法)이 건너와서 국토를 경복(傾覆, 뒤집어엎음)하려 하니, 사민(四民)은 종문의 법도(=기리시탄 금제)를 국법의 제일로 삼고 세상이 이를 중히 여긴다. (그러나)모름지기 유도(儒道)는 왕도이다. 아조는 애초부터 신국(神國)이고 국가가 신도로부터 시작되었지만 문자언구로써 글을 지어 일(=정치)을 행함에 이르러서는 그 형용(形容)이 중화의 규구(規矩, 모범)를 따르지 않을 수 없었다. 하물며 치국평천하(治國平天下)의 법도는 필경 원래 있던 한 가지(=유학) 외에 달리 법을 구할 곳이 없었다. 석문의 가르침이 오시(五時), 사교(四敎)로 나뉘어 경론(經論)도 서로 다르지만 의식주를 벗어나지 못함은 모두 한 가지이다.[12] 그럼에도 근년의 유학은 왕도를 벗어나서 저만 홀로 서는 듯 하고, 세상에 유자라고 불리지만 어느새 문자를 팔아먹는 장사꾼처럼 되어 그저 식록(食祿)을 구하기 위한 업(業)으로 삼는 일이 많다.

규구는 "성군"의 사적(事績)에 힘입어 "유학"에 대한 평가가 높아졌다고 이해한다. 하지만 문장을 꾸미게 된 후로는 "군자"가 줄고 "유문에 거짓된 자"가 늘어났다. 또한 애초에 "왜국의 왕도"는 "신도"라는 것이 규구의 일본 인식이었다. 그러나 "신도"로 완결된 사회라고는 생각하지 않는다. "성경·현전·유도"와 같은 유교에 기반을 두어 "왕도가 성하고 국가가 안온"했지만, "왕도"가 쇠하자 "석문", 즉 불교로써 "왕도·신도"를 지탱하게 되었다. 그 덕택에 "석문의 무리" 중에 뛰어난 인물이 많이 나와서 불승(佛僧)이 "천자의 사범"이 되어 "종묘 제례", "축식"을 관장하는 것이 국법이 되었다. 이리하여 "명군"이 "왜국"을 다스리며 평온을 유지한 것은 "화한 만고"에 유례가 없던 일이다. 그렇지만 "외국의 외도"가 "국토"를 뒤엎고자 했기에 "종문의 법도", 즉 기리시탄 금제가 "국법의 제일"이 되었다. 그러나 "유도는 왕도"이다. 일본은 "신국"이고 "국가가 신도로부터 시작"되었으나 "문자언구"로써 문서를 만들고 정사를 행하기 위해서는 "중화의 규구"를 벗어날 수 없다. "치국평천하의 법도"도 "유학"이 세운 이치다. 하지만 "왕도"를 이탈한 "유자"들이 나타나서 유학이 단지 "식록"을 위한 생업으로 전락해버렸다.

위 규구의 문장에는 당대의 어떤 신분에도 통할 법한, 동아시아성과 일본성 사이에서 갈등하는 근세 일본인의 내면이 짙게 배어 있다. 규구가 사료하건대 일본 왕도의 핵심은 신도이지만 불교나 유교에 의지하지 않고는 자립이 불가능하다. 또한 일본 왕도의 쇠퇴 요인으로 기독교 침투를 든 것은 비

---

12) 석가 일생의 설법을 연차별로 5기로 나눈 것이 "오시(五時)", 형식과 내용 면에서 각각 네 종류로 나눈 것이 "사교(四教)". 둘 다 천태종의 교리이다.

록 사념(思念)에 지나지 않지만 규구도 필자가 제4장에서 논한 이베리아 임팩트로부터 자유롭지 않았음을 의미한다. 그런 만큼 유자의 유학이 "식록"화함으로써 경세제민의 학문이 목전의 위기에 대응하지 못하는 현실을 깊이 우려한 것이다.

2. '비리법권천'의 법 격언과 법제

1) 천명의 절대성

제8장에서 논한 대로 '비리법권천(非理法權天)'이란 근세 일본의 법 관념을 요약한 격언이라고 할 수 있다(瀧川政次郎, 1964). 그 핵심 취지는 천하의 어떤 법이나 권력에 대해서도 천명(天命)은 절대적인 우위에 있다는 것이며, 당연히 초월적인 '천(天)' 관념을 전제로 한다.

그런 의미에서 '비리법권천'은 원래 유교적인 법 격언이었다. 그러나 일본사에서는 '천'이 천황, 천자라는 육신을 가진 인격체로 혼동되는 경우가 많았다. 예를 들어 남북조 내란 때 남조에 가담해서 싸운 구스노키 마사시게(楠木正成, 제7장에 소개)의 진중기(陣中旗)에 '비리법권천'이 사용되었다는 존왕(尊王) 전승이 근세 들어 생겨났고, 또 제2차 세계대전 때 일본군 가운데 실제로 이 문구를 기치로 내건 사례가 있었다. 현재도 칠생보국(七生報國) 의식을 권장하는 애국론의 상징으로 '비리법권천'을 내세우는 흐름이 이어지고 있다.[13]

한편, 역사학에서는 이 법 격언을 둘러싼 해석이 '일그러진 근대'론으로 연결되었다. 여기서는 비·리·법·권의 상호 관계 그 가운데서도 '리'와 '법'의

---

13) 칠생보국(七生報國): 다시 태어나도 영원히 국가=천황에 충성을 다하겠다는 의미, 구스노키 마사시게의 유언에서 유래함.

관계에 주목한 반면에 '천'의 의미는 전혀 고려되지 않았다. 예컨대 일본 중세와 비교하여 근세 막번체제의 강고한 권력적 지배를 강조하거나, 자연스럽게 전개되어야 할 근대로의 이행을 방해한 봉건제적 질서의 태동 과정을 논증할 때 '리'와 '법'의 관계를 중시했다. '근대'란 곧 유럽적인 근대를 지칭했기에 유럽에 비해 일본이 얼마나 무위(武威) 지배, 강권 지배가 심했던가를 강조하려 한 것이다.

이런 학계의 논의에 일조한 것은 에도시대 중기 무렵 가학(家學)인 고사전례(故事典禮) 연구를 통해 공의(=쇼군)를 보필한 이세 사다타케(伊勢貞丈, 1717~1784)의 『사다타케가훈(貞丈家訓)』(1763년 성립)에 실린 '비리법권천'에 대한 설명이었다. 사다타케는 "무리(無理, 非)"는 "도리(道理, 理)"를, "도리"는 "법식(法式, 法)"을, "법식"은 "권위(權威, 權)"를, "권위"는 "천도(天道, 天)"를 이길 수 없다고 설파함으로써 요컨대 그 어느 것도 '천'을 당해내지 못한다는 논리를 적절히 구사했다.

종전의 역사학은 위와 같은 배경하에서 '법'이 '리'를 강력히 억눌렀다는 근세적인 권력 지배의 비합리성을 도출해냈다. 이 점을 논증하기 위한 안성맞춤의 법령이 1615년 7월 최초로 반포된 「무가 제법도」였다(제5장에 소개). 전체 13개 조로 구성된 이 법령의 제3조는 아래와 같은 내용이다(『御触書寛保集成』).

一. 법도를 어긴 자들을 숨겨주지 말 것. 법은 곧 예절(禮節)의 근본이다. 법으로써 리를 깨뜨리되(法を以て理を破り), 리로써 법을 깨뜨리지 말라(理を以て法を破らざれ). 법을 어긴 무리는 그 죄가 가볍지 않다.[14]

---

14) "법도를 어긴 자들을…예절의 근본이다."가 3조 본문, 이하가 부문(附文)임.

1629년 재차 반포된 「무가 제법도」 11개 조 중 제3조도 위와 동문(同文)이다. 다만 1635년 전체 19개 조로 체재가 정형화된 후부터는 같은 조문이 자취를 감추었다. 「무가 제법도」에는 유가적 사고보다 법가적인 사고가 보다 강하게 반영된 것으로 보인다. 하지만 애초에 유교적 정치사상은 법가의 사상을 내포하고 있다. 앞서 논했듯이 유가적인 성선설만으로는 목전의 악에 대처할 수 없었기 때문이다.

'리'보다 '법'을 우선시킨 위 조문이 학계에 근세 강권주의의 유력한 증거로 받아들여진 것은 비단 '일그러진 근대'로 귀결된 봉건적 억압의 근세라는 이미지뿐만 아니라, 다른 한편으로 일본 중세의 법 관념이 근세와는 달랐다고 이해된 때문이었다. 이런 견해에 따르면, 중세 일본에서 가장 중시된 법 관념은 '도리'였고 중세의 '법'은 그 '도리'를 반영한 것이었다. 그러므로 권력자가 '법'을 제정하지만 그것은 '도리'에 구속되었다. 다시 말해서 중세의 '법'은 권력자가 임의로 제정할 수 있는 성격이 아니었다고 본 것이다.

이러한 중세사에 대한 이해를 기반으로 하여, '비리법권천'의 법 격언은 이미 우월한 위치를 차지한 권력자의 의지로 인해 '리'와 '법'의 우열 관계가 역전된 근세적인 법 관념을 분명하게 드러내주는 것으로 간주되었다. 1615년, 1629년 「무가 제법도」의 "법으로써 리를 깨뜨리되, 리로써 법을 깨뜨리지 말라"는 조문은 이와 같은 관계의 변화를 생생히 보여주는 것이었다.

2) 리와 법

필자는 「무가 제법도」의 법 관념을 보다 정확히 이해하기 위해선 이에 선행하여 도쿠가와 이에야스가 1611년 발령한 「조조(條條)」부터 재검토하지 않으면 안 된다고 생각한다. 이미 앞서도 살펴본 조문이지만(제5장 참조) 다시 그 제1조, 제2조를 인용해보자(『御當家令條』).

一. 우대장가[15] 이후 대대로 전해온 구보(公方, 쇼군)의 법식을 받들어 모실 것. 손익을 생각하여 에도에서 목록을 내게 하면 반드시 그 뜻을 지킬 것.

一. 혹은 법도를 어기거나, 혹은 상의(上意)를 위반하는 무리가 있으면 숨겨주지 말 것. (중략)

위 조조(條條)를 만약 어길 때는 꼭 규명해서 신속히 엄중한 처벌을 내릴 것이다.

이 시기 이에야스는 쇼군 은퇴 후에도 오고쇼(大御所)로서 권력을 유지하며 오사카성의 도요토미 씨를 가신으로 신복(臣服)시키기 위해 여러 모로 궁리를 거듭했다. 그 결과 같은 해 3월에는 도요토미 히데요시의 적자 히데요리(豊臣秀賴, 1593~1615)를 교토의 니조성(二条城)으로 초대하는 데 성공한다. 그 전날은 자신이 천거한 고미즈노오(後水尾) 천황이 즉위했다. 이리하여 이미 위세가 도요토미 씨를 압도한 것으로 판단한 이에야스는 천황 즉위를 빌미삼아 교토로 불러들인 서일본의 여러 다이묘들에게 위 「조조」를 신불에 바치는 서약문으로 한 서사(誓詞)를 제출토록 명하고 이듬해는 동일본의 다이묘들로부터도 같은 형식의 서사를 거둬들였다. 그리고 오사카의 진(陣)을 통해 도요토미 씨를 멸망시킨 1615년 7월에는 「무가 제법도」를 비롯하여 「금중·공가중 제법도」, 「제종·제본산 법도」를 일제히 반포함으로써 무가, 공가, 사사(寺社)의 모든 권문들에 대한 통제 원칙을 천명하기에 이른다.

이 가운데 「무가 제법도」의 제3조에 나오는 것이 바로 앞항에 인용한 '법(法)'과 '리(理)'의 관계를 둘러싼 에도막부의 공식 견해이다. 학계의 통념에 따르면 일본 '근세화'란 위와 같이 강권적인 '법' 아래 기존의 중세적인 '도리'를 부정하고 굴복시킨 과정이다. 이것이 반(反)봉건적 시각에 기초하여 '전

---

15) "우대장가"는 미나모토 요리토모(源賴朝)를 가리킴.

후 역사학'이 본 에도시대상의 한 단면이었다.

시계열적으로 관찰해보면 정치사회화한 후의 인류 역사는 법문명권에 따라 차이가 나긴 하지만 법제화의 진행 과정이라고 파악해도 무방하다. 이때 법제화는 국가적 지배의 다방면에 걸친 영역 확대를 수반하며, 점차 실력행사의 영역은 부정되어간다(谷口眞子, 2005). 일본 중세로 말하자면 "자검단(自檢斷)"16), 즉 자력구제(自力救濟)나 자치적 운영 영역의 제한 내지 부정이다. 근세 막번체제하에서는 법 이외에도 지배구조 전체를 통해 기구화, 법제화가 진척되었다.

물론 '근세화' 과정에서 처음으로 법제화의 힘이 작용한 것은 아니다. '고대화' 다시 말해서 정치사회화하는 과정을 통해 국가와 국가의 백성(=공민) 사이의 공적인 관계가 만들어졌고 폭력적인 정복, 압제가 아닌 법적인 규제가 시작되었다. 법적 규제란 폭력에 대신하여 민(民)의 납득을 구하는 방법이었던 것이다. 이렇게 정치문화는 실력행사를 배제하는 동기를 내재하고 있으며, '고대화' 이후의 국가적인 실력행사와 법적 규제의 관계 변화는 시기에 따른 비중의 차이라고 볼 수 있다.

'근세화'는 '법에 의한 구속'이라는 결과를 초래했다. 하지만 그것은 동시에 '법에 의한 보호'라는 측면을 내포하며, 무엇보다도 (전국시대 내내)불안정한 삶을 영위할 수밖에 없었던 사람들을 공법적 존재로 끌어올렸다. 백성(=농민)이란 존재를 "토지에 대한 긴박(緊縛)"이나 "전(全) 잉여농산물 착취"의 대상으로만 파악하고 속박의 이미지를 부여한 것이 '전후 역사학'이었다. 그러나 대장(臺帳) 등재라는 동일한 사안이라 해도 종전처럼 이를 권력에 의한 장악이 아니라 공법적 존재로서 인정받는 과정으로 이해하고, 영주의 사적 자의적인 지배하에서 감내할 수밖에 없었던 불안정한 생존으로부터 보다 보

---

16) 자검단(自檢斷): 치안 유지·재판 등을 촌락 농민이 자치적 권리로서 행사함.

편적인 — 이를테면 모든 인명을 부지하게 해줄 (농민으로서)사명을 띤 — 존재로 격상되었다는 설명도 가능하다. 필자가 이 책을 통해 주장하는 '근세화'와 더불어 크게 진전된 '동아시아화'란 위와 같은 이해에 입각한 것이다.

'리(理)'란 과연 무엇인가? 「무가 제법도」는 정말 중세의 '도리'를 부정한 것인가? 도쿠가와 이에야스가 1611년, 1612년 전국의 다이묘들로부터 징구한 앞의 「조조」 제1조는 "우대장가 이후 대대로 전해온 구보의 법식"을 준수하도록 엄명하고 있다. "구보(公方)"는 쇼군을 일컫는 정치적 공식 칭호다. 이렇게 「무가 제법도」에 선행하는 이에야스의 「조조」는 중세와의 차별성이 아니라 오히려 연속성을 강조했다. 물론 그것은 도쿠가와씨가 장악한 패권이 찬탈이 아니라 무가정권의 정통성을 계승한 것이란 점을 선양하기 위해서였다.

중세적인 '도리'는 고케닌(御家人)들 사이에 자주 발생한 토지 문제, 상속 분쟁 등을 둘러싸고 오랜 기간 축적되어 이미 관행으로 굳어진 해결 방식을 의미하는 경우가 많다. 이에야스가 쇼군에 취임한 후 처음으로 공표한 1603년 3월 27일자 「각서(覺)」 7개 조는 과히 '안민(安民) 선언'이라 불러도 좋을 만한 법령이었다. 거기서는 막부 대관(代官), 영주들의 "비분(非分, 도리에 어긋난 행위)", "비도(非道)", "무도(無道)"를 막기 위해 "백성"들에게 절차를 거친 소송을 권장하는 동시에 "향리를 떠날" 각오로 결행하는 "지키메야스(直目安)"까지도 인정했다. 다만 법령이라곤 해도 근대 국민국가의 경우처럼 국민 모두에게 적용되는 법이 아니고 신분 한정적인 법령이었다(深谷克己, 1999). 「무가 제법도」에 나오는 '리(理)'도 어떤 특정한 신분 계층 속에서 통용되는 '리'를 가리킨다.

「무가 제법도」에 규정된 '법'이 공의가 다이묘들에게 가한 통제령이란 점은 두말할 필요도 없다. 그러면 어떤 행위나 사고가 「무가 제법도」에 의해 통제되었을까? 또 어떤 성격의 '리'와 마찰을 우려한 것일까? 1615년령 「무

가 제법도」의 제1조는 "궁마(弓馬)는 바로 무가의 요추(要樞, 요체)"라 하면서
도 병장기를 "흉기"로 규정했다. 이는 앞장에 소개한 야규 무네노리의 『병법
가전서』에서 보았듯이 『노자』로부터 나온 말이다. 직전까지 전개된 오사카
의 진에서 가명(家名), 가운(家運)을 걸고 격렬한 전투를 벌였던 다이묘들을
향해 갑작스레 병장기=흉기 관념을 요구한 점도 무가 입장에서는 자신들의
'리'를 억압당하는 일이었을 것이다.

1615년 「무가 제법도」가 반포된 때는 그 전 달에 일국일성령(一國一城令)
이 발령되어 파성(破城) 공사가 막 시작된 시점이었다.[17] 이러한 상황에서
1615년령에 포함된 다이묘 간 교제와 혼인 수속, 성곽 보수 등등에 대한 엄
격한 규제 조항은 다이묘 측에서 보자면 극히 부당한 일이며, 가마쿠라막부
이래 무가정권의 연속성과 통치권력으로서 정통성을 패권자 도쿠가와씨가
스스로에게 임의로 부여한 '법'이었을 것이다. 또한 전술적 판단에 의거한
영주 간 동맹이나 하극상의 위험도 내포하지만 다른 한편으로 정서적인 충
성을 기대할 수 있는 가중(家中) 통제 등, 다이묘의 입장에서는 충분히 '리'를
갖춘 이전까지의 '자유'를 박탈당하는 지극히 불합리한 법도였을 것이다.

그럼에도 불구하고 역사학계가 일본 중세의 '리'가 살아 움직이는 법 환경
이나 서양의 '리'를 궁구한 법 환경과는 다르게 일본 근세는 권력자의 자의
(恣意)가 버젓이 통하는 법 세계였다는 식으로 시대상까지 논란해온 것은 타
당성을 결한 자세로 사료된다. 설령 도쿠가와씨가 아니더라도 기나긴 난세
로부터 막 탈출하여 안정적인 정치체제를 구축하기 위해서는 무가, 공가, 사
사가(寺社家) 같은 중세 이래의 권문세가에게 강력한 재갈을 물렸음에 틀림
없다. 그리고 아마도 기존의 '리' ― 여러 관례 ― 를 억압할 수밖에 없었을 것
이다. 다만 그 억압하는 힘을 직접적인 무력이 아니라 '법'으로 치장하기 시

---

17) 일국일성령(一國一城令): 하나의 영국(領國)에 하나의 성만을 허용한 법령. 특히 천황가와 도
요토미 씨의 세력이 강한 서일본 지역을 중심으로 강제됨.

작한 점이 실은 일본의 '근세화'인 것이다.

끝으로 '법'과 '리'의 관계에 대해 두 가지 정도 더 언급해두고 싶은 사항이 있다. 첫째는 백성잇키에서 가령 '리'가 인정되더라도 '법'을 어긴 탓에 주모 자를 추급(追及)하여 사형에 처한다는 영주 측의 판결이 실린 잇키 기록이 잔 존하는 점이다. 예컨대 잇키 세력의 요구 조항 십여 개 조 가운데 3개 조는 받아들이지만 다른 것은 거부할 경우에도 주모자는 포박해서 처형해버린다. 즉, 생계 영위 차원에서 농민의 요구를 근거 있는 주장으로 용인하면서도, 강소(强訴, 집단 소요)의 전단계로서 도당(徒黨)을 지은 행위 자체가 불법이라 는 명분으로 처벌을 가한 것이다. 이러한 '법'과 '리'의 괴리 현상은 무사들이 일으킨 아코 사건(赤穗事件)의 경우도 마찬가지이다.[18] 오규 소라이(荻生徂来) 는 세간의 조명론(助命論)에 맞서서 "법은 천하의 규구(規矩)"라는 이유로 할 복 자결을 주장했다. 이런 '법'과 '리'의 갈등은 근세사회의 도처에서 찾아볼 수 있다. 또한 양자의 간극을 적당히 조절하는 인격적 요소도 작용했다.

둘째는 유교핵 정치문화에서 '법'이 차지하는 위상에 관해서이다. 앞서도 언급했듯이 성선설에 입각한 유가의 인정론(仁政論)은 자체 논리만으로 현실 사회의 정치적 지배를 완결 짓지 못한다. 유가의 교유 지배를 뒷받침하는 법 가의 힘이 반드시 필요한 까닭에 유가적인 영(令), 법가적인 율(律)이 합쳐짐 으로써 비로소 율령의 체계가 완성되는 것이다. 아마도 이러한 점이 '법'과 '리'의 모순된 관계에도 반영된 것으로 생각된다.

---

18) 아코 사건(赤穗事件): 1703년 구 아코(赤穗) 번사(藩士) 47명이 주군의 복수를 결행하고 막부 에 의해 할복 처분을 받은 사건.

3. 법제화의 두 가지 방향

1) 늘어나는 민간 소송

법제화의 진행이란 그것을 필요로 하는 사회적 모순의 심화를 반영하며, 동시에 역사의 시계열적인 진전을 의미한다. 일본근세사에서는 민간사회의 성장과 더불어 온갖 종류의 사회 문제가 제기되었고 그것들이 당사자 간 분쟁을 거쳐 이윽고 막부·번에 대한 소송 활동으로 나타났다. 이런 시각에서 보면 18세기 전반 8대 쇼군 요시무네가 주도한 향보개혁은 근세 전체를 통해서도 큰 전환점이었다. 개혁의 중심은 당연히 재정안정책이었다. 그러나 한편으로 당시 사회가 직면한 제반 문제에 맞서기 위해 경세가, 개혁적인 막부 가신, 명군의 반열에 오를 만한 쇼군 등의 인재들이 전면에 나섬으로써 그 후 막정(幕政), 번정(藩政)의 노선을 결정하는 데 선구적인 영향을 미쳤다.

에도성 내부는 기슈(紀州)[19] 번주 출신인 쇼군 요시무네를 필두로 하여 기슈 계열의 정치 지배자들이 막정과 심지어 첩보 기구까지 주도했으며, 이 장 서두에 소개한 다나카 규구의 사례와 같이 농민으로부터도 관료를 발탁했다. 막부는 계속 늘어가는 민간으로부터 소송에 어떤 식으로 대응할지 대책을 강구하지 않을 수 없었다. 그리하여 엄형(嚴刑), 연좌(連坐)를 앞세운 진압에서 관형주의(寬刑主義)로 이행하여 잔혹한 형벌을 외견상이나마 감형하는 쪽으로 방침을 바꾼 것이 향보개혁기였다.

향보개혁을 결코 성공한 개혁이라고 평할 수는 없다. 하지만 실패한 정책도 나중에 새로운 전개를 보이는 경우가 있다. 목전의 사회 문제를 그대로 방치해둘 수는 없기 때문이다. 잘 알려진 대로 메야스바코의 설치는 직소를

---

19) 기슈(紀州): 기이국(紀伊國). 현재의 와카야마현(和歌山縣) 일원.

장려하기 위한 것이었다. 그런데 정권의 중추가 에도 시가지 한복판에 위치한 니혼바시(日本橋)에 고찰(高札)을 세워서 직소를 몸소 장려했다는 것은 보통 문제가 아니다.[20] 투함된 지키메야스는 측근이 요시무네가 보는 앞에서 자물쇠를 따고 봉한 채로 넘기는 방식이었다. 이미 기슈 번주 시절에도 요시무네는 거성(居城)이던 와카야마성 문전에 헌의를 구하는 투서함을 설치했었다. 그것이 에도성의 메야스바코를 착상하는 출발점이 된 셈이다. 법제화란 그저 법제도를 정비하는 것만이 아니다. 향보개혁기의 공의는 법제 면에서도 지배 방식을 크게 보완하라는 사회적 요구에 직면해 있었다. 그것이 두 가지 방향, 성격을 띠고 진행된 점에 주의할 필요가 있다.

2) 직소와 소송

첫 번째 방향은 직소, 지키메야스이다. 직소는 '고대화' 이래 군주제가 성립하면서 시기와 지역에 따라 여러 형태로 나타났다. 일본 근세의 경우는 주소지, 씨명을 기재한 문서가 아니면 원칙적으로 인정되지 않았다. 하지만 그것은 당해 시기의 식자(識字) 수준 또는 개인을 관리하는 방식에 대한 시대적 차이일 뿐 부수적인 조건에 불과했다. 직소, 지키메야스의 원초적인 형태는 군주에게 신종(臣從)한 자가 할 수 있는 간언이었다. 그 변형으로써 최고 권력자에 대한 민(民)의 직접적인 호소가 다양한 형태 – 소리, 행위 등 – 로 나타나게 된 것이다. 두 번째는 민의 실력행사와 국가권력의 대응이 서로 밀고 당기며 점차 형식을 갖추게 된, 소송사회(訴訟社會)로의 시계열적 – 발전사적 – 인 흐름이다. 이는 절차를 밟아서 상급 기관에 소송을 제기하는 방식이라 할 수 있다.

---

20) 고찰(高札): 금령·법령·중죄인의 죄상 등을 적어 행인 왕래가 많은 곳에 높이 설치한 방판(榜板).

향보개혁은 이런 두 가지 방향을 모두 촉진시켰다. '직소'와 '소송'은 원래 성격이 다르지만 현실의 군주제하에서는 병존이 가능했다. 절차에 입각한 소송 제도의 한계를 쇼군, 다이묘에 대한 직소를 통해 일거에 뛰어넘거나 판결을 재촉하는 등 양자를 조합하는 효과를 기대할 수 있었기 때문이다. 위 두 가지 방향은 앞서 논한 1603년 이에야스의 '안민 선언'에도 보인다. 요시무네는 5대 쓰나요시처럼 학자 쇼군은 아니었으나 학자, 전문가의 활용을 적극적으로 모색한 쇼군이었다. 그 위정자로서 지향점에는 자신이 존숭한 초대 이에야스의 오고쇼 시대가 참고가 되었을 것이다.

어느 날 오의(奧醫)21) 다치바나 류안(橘隆庵)이 시로오쓰기(白御次, 에도성 내의 한 구역)에서 근신들과 담소하며, 당 태종과 도요토미 다이코(太閤)는 참 닮았다, 싸움을 좋아한 나머지 다이코는 조선을 친 연후에 천하를 치안(治安)하지 못한 채 병을 얻어 돌아가셨고 태종은 화살을 맞아서 붕어하셨다, 라고 말했다. (쇼군 요시무네가)그 말을 전해 들으시고는 히데요시와 태종을 함께 논해서는 안 된다, 정관(貞觀)의 태평을 여는 공을 이루신 태종은 비견할 바 없는 영주(英主)이시니 히데요시가 감히 미치지 못한다, 그러나 싸움을 즐긴 점은 네가 평하는 것과 다르지 않다, 라고 말씀하셨다. 이것은 무로 신스케 다다키요(室新助直清)가 정관정요를 진강(進講, 군주 앞에서 강론)할 무렵의 일이라고 한다(「有德院殿御實紀附錄」 卷二十).

요시무네는 『도쿠가와실기(德川實紀)』에 이에야스 다음으로 많은 일화를 남긴 쇼군이고 위 일화도 그중 한 토막이다. 무로 신스케 다다키요는 앞서도 나온 무로 규소(室鳩巢)의 본명이다. 규소는 무사시(武藏, 도쿄도·사이타마현)

---

21) 오의(奧醫): 쇼군과 그 처자, 여관(女官)에 대한 진료를 전담한 의관(醫官).

출신이며, 가나자와번(金澤藩)에22) 출사한 연후에 번주 마에다 쓰나노리(前田綱紀, 1643~1724)의 명을 받고 기노시타 준안(木下順庵) 문하에 입문했다.23) 그리고 6대 쇼군 이에노부(德川家宣)의 시강으로서 당시 막정에 큰 영향을 미치던 동문 아라이 하쿠세키(新井白石, 1657~1725)의 추거를 받아 공의의 유관으로 발탁된 후 7대 이에쓰나(德川家繼), 8대 요시무네의 삼대에 걸쳐 시정에 대한 헌의, 서적 찬진(撰進, 글을 지어 바침) 등의 역할을 담당했다.

요시무네는 측근 유학자들의 도움을 받아 유교 고전, 역사를 학습했다. 앞서 언급한 대로 『실기』에 의하면 무로 규소에게도 『정관정요』 강론을 들었다고 한다. 주지하다시피 『정관정요』는 당 태종의 언행록으로, 천자의 지위에 있는 자가 모름지기 마음에 새겨야 할 정치의 요체를 논한 고전서이다. 「금중·공가중 제법도」 제1조에 "천자"가 학습해야 할 첫 번째로 든 것이 바로 이 책이다. 여기서도 '이왕(二王)'으로서 천황, 쇼군이 수면하에서 대립하는 일면을 엿볼 수 있다.

"오의(奧醫)" 등이 나눈 사적인 담소가 쇼군 요시무네의 귀에까지 들어간 것은 어쩌면 요시무네의 정보수집망이 작동한 결과일지도 모른다. 여하튼 히데요시와 당 태종 둘 다 호전적인 면이 닮았다는 인물평에 대해, 요시무네는 도요토미 왕조를 세우지 못한 히데요시를 당 태종과 비교할 수 없다고 일축했다. 여기에는 도요토미 씨에 대한 도쿠가와 일족의 부정적인 감정이 작용했을 수 있다. 그러나 국가의 공의로서 나날이 쌓이는 치정(治政) 업무를 일상적으로 수행해야 하는 요시무네에게, 같은 통일 권력자라 해도 이세민(李世民)과 히데요시가 질적으로 전혀 다르게 비친 것은 아마 그의 진심이었을 것이다.

『정관정요』는 이 장 서두에서 논한 대로 은거 농민인 다나카 규구도 읽었

---

22) 가나자와번(金澤藩): 가가번(加賀藩). 현재의 이시카와현(石川縣)과 도야마현(富山縣) 일대.
23) 기노시타 준안(木下順庵, 1621~1699): 유학자. 5대 쇼군 쓰나요시의 시강(侍講).

을 정도이므로 쇼군 요시무네가 이를 학습한 것은 아주 자연스러운 일이라 할 수 있다. 그러나 같은 서책이어도 현직 쇼군이 공의의 유관을 통해 정도서(政道書)로서 받아들인 것과 일개 농민이 읽은 것은 당연히 엄청난 거리감이 있다. 요시무네의 입장에서 보면 비록 천자는 아니지만 실질적인 왕자(王者)로서의 학습 과정이며, 그러한 치자로서 마음가짐이 메야스바코를 에도성에 설치하는 결단으로까지 이어졌을 것이다.

4. 「명률」 연구: 형법의 동아시아화

1) 형법 연구의 심화

도쿠가와 요시무네는 유학자 오규 소라이를 신뢰하여 한적(漢籍)에 일본어 훈독을 달게 하고 사회문제에 대해서도 자문을 구했다. 존숭하던 신군(神君) 이에야스의 영향 덕분인지 각 분야의 전문가를 다수 활용했는데, 소라이에게는 중국 역대의 법제 연구를 의뢰했다. 조선 인삼을 비롯한 약재의 국산화 정책에서 보듯이 요시무네는 물질적 차원에서 동아시아의 여러 산물을 적극적으로 받아들였고, 그에 못지않게 법문화 수용에도 집착을 보인 것이다. 그리하여 향보개혁기의 일본은 동아시아화가 가일층 진전되었다.

이 책은 유교핵 정치문화를 통해 동아시아 제 왕조의 근사성을 확인하는 입장에 서 있다. 유교핵 정치문화와 소농을 기반으로 한 사회라는 동아시아사의 공통성이 이 책의 성립 요건이다. 그러나 제 왕조 사이에는 정치사적 측면에서 본 국가 형태, 소농이 주체가 된 촌락공동체의 존재방식, 상인 신분을 공민으로 인정하는지 여부 등등, 커다란 차이점이 내재한 점도 당연히 숙지하고 있다. 하지만 이러한 차이점들을 공통분모 위에 존재하는 고유한 분자, 즉 일본사적인 개성으로 간주함으로써 일본 왕조가 동아시아 법문명권 내부에 존재해왔다는 인식이 성립 가능하다고 필자는 생각한다.

역대 중국 왕조는 마치 정통 중화왕조의 후계자임을 시위하듯이 율령 편찬 및 개정 사업을 거듭 추진했다. 하지만 고대 견당사가 폐지된(894년) 이래 중국의 율령은 더 이상 일본에 수입되지 않았다. 그런데 요시무네 시대는 중국의 법제 중에서도 특히 형법인 '율(律)'에 대한 이해가 한층 심화되고, 그것이 향보개혁의 일환으로 현실 정치에도 적용된 것으로 보인다. 요시무네의 의뢰를 받은 소라이는 명률(明律)을 연구해서 일본어로 번역, 해석한 『명률국자해(明律國字解)』(전 16권)를 완성시켰다.

'율'에 대한 연구가 절실했던 것은 당시 사회가 그것을 광범위하게 요구한 때문이다. 18세기에 들어설 무렵은 원록문화(제6장에 소개)에서 드러난 대로 태평무사한 시대 상황하에서 민간사회의 활성화와 더불어 종전까지 없던 사회문제가 다발했고, 그것들이 민간 차원만이 아니라 무가, 무사의 일상에까지도 영향을 미쳤다. 그러므로 새로 법령 편찬에 착수하게 된 것은 명군의 솔선수범이 아니라 불가피한 시대적 요청 덕분이었다. 「오사다메백개조(御定百箇條)」라 불리는 판례집은 이런 시대 상황에 부응해서 편찬된 것이다. 『구지가타오사다메가키(公事方御定書)』는 상, 하 두 권으로 된 공의의 법전을 지칭하는데 요시무네의 지시로 정리되었다. 완성 연도는 1742년이며, 상권에 법령 81개 조 하권에 제반 판례와 규정 103개 조를 수록하고 있다. 이 가운데 하권의 조문 수가 100여 개에 달하므로 「오사다메백개조」라 통칭한 것이다. 일반에는 비공개 방침이었으나 금방 필사본이 유포되었다. 이렇게 비공개 문서나 정보가 짧은 시간에 확산되고 영향력을 키운 점도 근세 정치의 한 특징이다.

에도시대의 가혹한 형벌은 일차적으로 유가적인 정치를 뒷받침하는 법가의 영향이었다. 또 한 가지 실질적인 요인으로는 전국시대로부터 계승된 보복적인 처형 관행을 들 수 있다. 『구지가타오사다메가키』의 완성과 거의 때를 같이하여 에도막부가 오후레가키집성(御触書集成)의 편찬 사업에 착수한 이유는 형법뿐만 아니라 법체계 전반을 정비함으로써 질서 유지에 대한 공의의 권능을 드높이기 위해서였다. 1742년 막부는 근세의 공의가 성립한 이래의 오후레가키(御触書, 제7장에 소개)를 전량 필사하여 대심원에 해당하는 효조쇼(評定所) 내의 담당 부서로 제출하라는 지시를 내렸다. 그리하여 1615~1743년의 약 130년간에 걸쳐 포고된 조목(條目, 조항별로 작성된 법령), 고찰(高札), 오후레가키 가운데 3550통을 주제별로 분류 정리한 법령집을 1744년 완성시켰다(『관보집성(寬保集成)』). 그 후 후계 쇼군의 취임에 즈음하여 1760년(『보력집성(宝曆集成)』), 1787년(『천명집성(天明集成)』), 1841년(『천보집성(天保集成)』) 편찬 사업이 이어졌다.

이러한 요시무네 시기의 명률 연구, 법 환경의 정비와 더불어 근세 일본의 동아시아화가 더욱 심화되었다. 그러면 왜 동 시대의 '청률(清律)'이 아닌 '명률'이었을까? 그것은 청률이 명률을 그저 답습한 것으로 인식되었고, 또 명의 법률 문헌이 일찍부터 일본에 들어와 있었기 때문이다. 명률에 대한 관심은 에도막부만으로 그치지 않았다. 쇼군 요시무네의 친부인 기슈번(紀州藩) 2대 번주 도쿠가와 미쓰사다(德川光貞, 1627~1705, 이에야스의 손자)도 명률을 학습하여 형법 개정의 기초를 세웠다고 한다. 쇼군에 오르기 전의 요시무네는 기슈번 5대 번주였으므로 부친의 행적을 통해 명률에 대한 관심을 환기했을 것이다. 또한 앞서도 등장한 가나자와 번주 마에다 쓰나노리도 명률을 받아들였다(若林喜三郎, 1961; 大庭脩, 1984).

물론 사회 현실이 아무리 법 환경의 개선을 요구했다 해도 그것을 발상하고 실행에 옮기기 위해선 주체적인 계기가 갖추어져야만 했다. 능력 있는 유학자가 늘어난 점은 그 필요조건의 하나였다. 요시무네가 공의(=중앙 정권)를 견인하여 지배-피지배의 대응관계 정비에 발 벗고 나섰을 때 그 목적 달성을 위해 동원한 방책이 메야스바코 설치, 「오사다메백개조」 제정, 오후레가키집성의 편찬, 그리고 명률 연구였다. 바로 이 시기 뛰어난 유학자들이 있었고 그들의 학문이 권력자의 정치와 결합한 것이다.

2) 소라이와 홋케이, 형제의 협업

명률 연구에 대해 조금 더 들어가 보자(高塩博, 1997). 먼저 거론할 인물은 기슈번 의사이자 주자학자 다카세 다다아쓰(高瀨忠敦, 1668~1749)이다. 그는 에도에서 주자학을 공부했고 기슈번주 시절의 요시무네에게 중용되었다. 요시무네가 기슈번을 떠난 후로도 다음 번주에게 유자로 대우받았다. 공의의 유관으로 발탁되지는 못했으나 오규 소라이, 에도 마치부교(町奉行) 오오카 다다스케(大岡忠相, 제7장에 소개)와도 교분을 나눴다. 다카세는 명률뿐 아니라 당률 연구에도 몰두하여 『대명률예역의(大明律例譯義)』, 『당률해(唐律解)』, 『당률언해(唐律諺解)』, 『명률결의(明律訣義)』, 『명률상해(明律詳解)』 등 중국 법제에 관한 다수의 저작을 남겼다.

또 저명한 형의 그늘에 가려진 감이 있으나 소라이의 친동생 오규 홋케이(荻生北溪, 1673~1754)도 중국 법제를 깊이 연구한 학자였다. 처음엔 부친의 뒤를 이어 의사로서 요시무네에게 출사했으나 바로 자문에 응하는 학자로 중용되었고, 쇼군의 정무와 교양을 위해 에도성 내에 설치된 도서관 모미지야마문고(紅葉山文庫)에도 출입을 허락받았다. 그는 문고에 소장된 『당율소의(唐律疏義)』 등에 대해 교정을 담당하는 한편, 다카세 다다아쓰의 『대명률예역의』가 원문을 싣지 않은 점에 불만을 느끼고 명률 원문을 교정해서 일본식 구두점을 덧붙였다. 생전에 간행된 저술은 『관준간행명률(官准刊行明律)』 밖에 없지만 이것은 후에 청으로 역수출되어 현지에서 간행되었다.[24] 이런 홋케이의 연구는 요시무네의 법제도 개혁에 반영되었다.

오규 소라이가 완성시킨『명률국자해』도 아우 홋케이로부터 영향을 받은 결과물이었다. 에도막부는 이 같은 연구 성과들을 받아들여 잔혹한 형벌을 줄이는 대신 "과료(過料, 벌금)", "고(敲)"25) "입묵(入墨, 문신)" 등 새로운 형벌을 도입했고, 그 결과 총체적인 관형화(寬刑化)가 촉진되었다.

일개 번이면서 막부 이상으로 명률을 살려 형법을 관형화한 곳이 규슈의 구마모토번(熊本藩, 구마모토현과 오이타현 일부)이다. 명군으로 회자되는 번주 호소카와 시게카타(細川重賢, 1721~1785)가 이 일을 추진했다. 구마모토번의 도형(徒刑, 징역) 제도, 제묵(除墨, 문신을 지움) 제도 등은 명률을 참고한 바가 크다고 한다. 또한 사형 집행일을 매년 일정한 기간으로 한정하고, 그 당일은 영내에서 사형수가 나오게 한 것이 수치라는 뜻으로 번주 이하 주요 가신들이 근신하는 "사형일신(死刑日愼)"이라는 관례를 정했다.

구마모토번을 본받아서 명률을 토대로 사법 개혁에 나서는 번들이 속속 나타났다. 이와 같은 동아시아화는 근대화 과정에도 여전히 지속되었다. 1870년부터 10여 년간 명치 신정부가 사용한 「신율강령(新律綱領)」도 명률을 계승한 청률을 모델로 삼은 것이었다. 또한 오규 소라이의『명률국자해』는 명치기 사법관들의 필독서로 추천, 장려되기도 했다.

소라이의 명률 연구는 아우 홋케이와 다카세 다다아쓰를 비롯한 기슈번 학자들의 선행 연구를 충분히 의식한 위에 이루어졌다. 따라서 이미 그들이 해석에 어려움을 겪은 부분이나 그 이유를 비교적 소상히 파악하고 있었다(内田智雄·日原利國 校訂, 1966). 일본 학자들이 중국의 속어, 관청 용어 등에 익숙하지 못했기에 왕왕 오독을 피할 수 없었던 것이다. 소라이도 무척 시달렸으나 수입된 다른 서적들을 폭넓게 섭렵함으로써 명조(明朝)의 관청 용어에 숙달되고 보다 정확히 명률을 이해할 수 있었다. 그러한 자부심은 저서『명

---

24)『관준간행명률(官准刊行明律)』은『훈점본명률(訓點本明律)』이라고도 함―지은이 주.

25) 고(敲): 성인 남자에게 채찍으로 가하는 체형―지은이 주.

률국자해』에도 그대로 드러난다. 다만 이 책이 형제간 협동 작업의 결과물이라는 점은 홋케이가 쓴 발문을 통해 짐작할 수 있다.

이러한 근세 일본에서의 당률, 명률, 청률 연구와 그 사회적인 적용은 필자의 사견으로는 일본 '근세화'와 '근대화' 과정에 수반된 동아시아화의 중요한 한 측면이라고 판단해도 무방하다. 또한 그 과정에 '일본화'가 거의 동시적으로 병진했다는 사실은 소라이의 '국자화', 즉 일본어 해석 작업을 통해서도 쉽게 알 수 있다. 아래 인용문은 『명률국자해』의 첫머리로, "대명률(大明律)"이라는 원서의 제명을 "명률"로 바꾼 이유에 관한 소라이 자신의 주석이다.

명률 제1권

명률. 형법의 서(書)를 율(律)이라 한다. 이것은 명대의 형서(刑書)인 까닭에 명률이라 이름 붙였다. 본래의 책은 대명률이라 했다. 무릇 대(大) 자를 붙임은 당대를 존중하는 언사이다. 가령 말하자면 한대(漢代)에는 대한(大漢)이라 했으나 후세부터는 그저 한(漢)이라 부른다. 당대(唐代)도 당시는 대당(大唐)이라 했으나 후세부터 그저 당(唐)이라고 부른다. 일본에 대해서도 우리 쪽은 대일본국(大日本國)이라 하지만 이국(異國)에서는 그저 일본국이라 부를 뿐이지 대 자를 붙인 전례가 없다. 지금의 일본은 명조에 복종하는 국가가 아니다. 특히 이국도 지금은 시대가 청대(淸代)로 바뀌어서 당대를 대청(大淸)이라 칭하거니와 명조를 대명(大明)이라고 부르지 않는다. 하물며 일본에서 대명이라 불러야 할 이유가 없으므로 이번에 간행하는 책자에는 대 자를 빼게 되었다. 이런 이치는 형서의 경우 특별히 잘 음미해야 한다. 말미에 나오는 십악(十惡)의 세 번째 모반(謀叛)이라 함은 본국을 등지고 이국에 종순함을 가리킨다. 이를 십악 대죄로 정한 것이 형서의 원칙이니 여기서도 대 자를 빼야 마땅하다.

원서의 제명이 "대명률"이면 일본어 주석도 그대로 따라주는 것이 관례로써 자연스러울 것이다. 다카세 다다아쓰도 저서를 『대명률예역의』라 해서 "대명"이란 말을 그대로 사용했다. 그러나 "중화 취미"라 일컬어진 소라이는 이 점에도 집착을 보였다.[26] 그는 상대방이 "대일본국"이 아니라 "일본국"이라고 부르는데 일본이 굳이 "대명"이라 불러줄 이유가 없다고 주장한다. 인용문 끝에 "모반이라 함은 본국을 등지고 이국에 종순함을 가리킨다. 이를 십악대죄로 정한 것이 형서의 원칙"이라고 지적한 부분은 자칫 불길할 수도 있으니 "대명"보다 차라리 "명"이 낫다는 의미로 이해된다. 하지만 어느 쪽이든 "대명"이라 칭하고 싶지 않은 속내를 에둘러 변명한데 지나지 않을 것이다. 중국의 법제를 상세히 검토하면서도 소라이의 본심은 어디까지나 일본의 입장을 중심에 두고 있었다. 그러므로 여기서도 '동아시아화'의 확대와 '일본화'의 심화가 동시 병진하는 양면성을 발견할 수 있다.

5. 류큐를 통해 전래된 「육유연의」의 일역과 그 보급 방책

1) 흠정된 성유

교유 지배는 중국, 조선, 일본 등 동아시아 제 왕조 사이에서 인물 또는 문물의 교류와 전파를 통해 침투한 정치문화의 한 양태를 의미한다. 지금도 일본에서 '교유(教諭)'는 초등·중등학교 정교사에 대한 공식 호칭이며, '유지(諭旨)', '징계'가 법적 처분의 공식 용어로 사용되고 있다.

유교핵 정치문화는 뒷배를 법가에 의지한 유가적 지배를 근간으로 한다. 거기서는 이면에 가혹한 법가적 신체형을 내포하면서도 표면으로는 유가적

---

26) 본문의 "중화 취미"는 중국에 대해 아주 밝다는 의미로 사료됨.

성선설을 전제로 한 교유가 성행했다. 하지만 교유만으로는 좀처럼 실효를 거두기 어려웠기에 몇 번이고 반복해야 했고 장황한 설법이 되는 경우가 많았다. 그런데 개중에는 결연한 단문으로 핵심만을 드러내는 교유도 있었으니 그 대표적인 예가 "육유(六諭)"이다. "육유"를 통해 우리는 동아시아 내 교유 지배의 확대를 보다 쉽게 이해할 수 있다.

　"육유"는 명 태조 홍무제(洪武帝, 주원장)가 민중 교화를 위해 1398년 - 1397년 설도 있음 - 3월 선포한 여섯 가지 훈계를 가리킨다. 원래는『교민방문(教民榜文)』이라는 고시문 41개 조 가운데 제19조였다. 여섯 가지 훈계란 ① 효순부모(孝順父母), ② 존경장상(尊敬長上), ③ 화목향리(和睦鄉里), ④ 교훈자손(教訓子孫), ⑤ 각안생리(各安生理),[27] ⑥ 무위비위(毋爲非違)이다.[28] 이 간명한 여섯 가지 유(諭)를 "육유"라 통칭했고, 예로부터 "성유육언(聖諭六言)"이라 칭하기도 했다. 명대 말부터 향약(鄉約)·가훈 등에 포함되어 확산되었으며, 이윽고 각종 연의서(衍義書, 해설서)가 등장했는데 특히 16세기 후반 범횡(范鋐)이 쓴『육유연의(六諭衍義)』는 "선서(善書)"로써 유포되었다. 이갑(里甲)에서는 매월 6회 마을의 장로가 소리높이 외치며 순회했다고 한다.[29]

　청대에 들어서서는 천자의 이름으로 흠정(欽定)됨으로써 한층 널리 퍼져 나갔다.[30] 3대 세조 순치제(順治帝, 재위 1643~1661)는 1652년 민중교화를 목적으로 "육유"를 흠정, 반포했다. 물론 동아시아 인정·덕치사상의 기원은 "육유"보다 한참 이르다. 하지만 종전까지의 유(諭)가 관료 - 사대부 - 를 대상으로 하던 단계에서 흠정된 "성유(聖諭)"가 민백성 - 사농공상 - 까지 직접 포괄하는 시대로 비로소 이행한 것이다. 필자는 중국사에서 유의 형태를 취

---

27) 각안생리(各安生理): 각자의 생리(=직업)에 만족하라—지은이 주.

28) 무위비위(毋爲非違): 비위를 저지르지 말라—지은이 주.

29) 이갑(里甲): 명대의 통치 단위인 향촌을 가리킴.

30) 흠정(欽定): 오로지 황명에 의해 제정되었다는 의미.

한 법문명의 수직적 하향과 확산의 전환점으로 "육유"를 들 수 있을 것이라고 생각한다. 물론 이는 단순히 지적 수준의 향상이 아니라 인민 차원에서도 유가 필요할 정도로 사회적 모순이 심화되었음을 보여주는 반증일 것이다.

2) 류큐가 매개한 "육유"

"육유"는 동아시아 세계로 확산되었다. 1683년 중국 복주(福州)에 유학한 류큐의 정순칙(程順則, 1663~1735)은 현지의 유자에게 사사했다. 1689년엔 통사로서 재차 입당(入唐)했고, 3년 후 귀국할 때 많은 서책들과 함께 『육유연의』를 지참해서 귀국했다. 후에 나고마기리(名護間切)의[31] 소지토(總地頭) 겸 우에가타(親方)가[32] 된 정순칙은 "육유"를 담은 류가(琉歌)를[33] 만들어 민간에 전파하고 『육유연의』를 공간했다. 1718년 나고 구닌다(久米村)에 "명륜당(明倫堂)"이란 학교를 건설해서 후세에 "나고 성인(聖人)"으로 칭송되었다.[34] 그가 죽은 후 나고마기리 반쇼(番所, 지역 관청)에서는 매년 설이 되면 "육유"를 예배하는 "미지우간(御字拝み)"이란 행사가 정례화했다.

이렇게 17세기 말 청에서 류큐로 건너온 "육유"는 18세기 초 일본으로 전래된다. 1710년 경하사(慶賀使)의 일원으로 에도를 방문한 정순칙은 1713년 쇼군 시강 아라이 하쿠세키(新井白石)와 회견하고,[35] 류큐에서 간행된 『육유연의』를 가고시마 번주 시마즈 요시타카(島津吉貴, 1675~1747)에게 헌상했다.

---

31) "마기리(間切)"는 류큐국의 행정 구역. "나고마기리(名護間切)"는 현재의 오키나와현(沖繩縣) 나고시(名護市).

32) 우에가타(親方): 류큐국 사족(士族)의 최고위층에 부여된 칭호.

33) 류가(琉歌): 류큐(琉球) 일대에 전승된 47자의 단가(短歌)―지은이 주.

34) 구닌다(久米村): 홍무제의 명으로 복주에서 류큐로 이주한 사람들이 세운 촌락. 정순칙의 출신지.

35) 아라이 하쿠세키(慶賀使): 에도시대 쇼군 교체에 즈음하여 류큐국이 에도에 파견한 경축 사절.

그리고 요시타카는 1719년 이 책자를 8대 쇼군 요시무네에게 다시 헌상한 것이다.

쇼군 요시무네는 무로 규소에게 명하여 『육유연의』에 한자와 히라가나를 섞은 와게(和解)를 작성하게 했다(中山久四郎, 1929). '와게'란 축자적인 번역을 의미하는 '와야쿠(和譯, 일역)'에 머무르지 않고 그 대강을 간추린 위에 일본의 사회현실에 비추어 이해하기 쉽도록 평이한 해설을 덧붙이는 작업이다. 무로 규소의 와게서(和解書)는 『육유연의대의(六諭衍義大意)』라는 제호로 1721년 출간되었다. 그 후 민간에서도 불과 십년 후인 1731년 유학자 나카무라 산킨시(中村三近子, 1671~1741)에 의해 『육유연의소의(六諭衍義小意)』가 간행된 것을 보면 "육유"는 근세사회에 신속히 수용된 것으로 보인다. 한 마디 덧붙이자면 근세 후기에는 "육유"를 활용한 『교훈도시루베(教訓道しるべ)』("시루베"는 길잡이) 등 교훈서도 여러 종 등장했다.

요시무네의 명을 받은 에도 마치부교 오오카 다다스케는 에도 시중에 산재하는 데라코야(寺子屋)36) 가운데 저명한 훈장들을 부교쇼(奉行所)로 소집하여 『육유연의대의』를 배포하고 교재로 사용하도록 지시했다. 또 1830년대 이후는 실적이 좋은 훈장들에게 공의의 포상으로 같은 서책을 하사하기도 했다. 오사카 마치부교도 역내 데라코야의 훈장들에게 『육유연의대의』를 배포한 사례가 보인다. 그 밖에 지역들도 공의를 모방하여 1830~1850년대에 걸쳐 아키타번(秋田藩), 가케가와번(掛川藩, 시즈오카현 서부), 나고야번(名古屋藩), 이와무라번(岩村藩, 기후현 일부), 후쿠야마번(福山藩, 히로시마현 남동부) 등과 심지어는 고오리(桑折, 후쿠시마현 일부), 후시미(伏見) 등 막부 직할령에서 "육유"가 반포되었다.

『육유연의대의』의 유포는 근대 초입까지도 이어졌다. 그러나 제2차 세계

---

36) 데라코야(寺子屋): 읽기·쓰기·주산 등 실용 교과를 중심으로 한 에도시대의 사설 서민교육기관.

대전 이전의 일본에서 "육의"는 이에(家)·향리에 대한 애정은 깊지만 충군·애국이 결여된 교유로 인식되는 것이 보통이었다. 급진적인 '충' 중심의 사회에 나타난 '효' 관념의 상대적 저평가라고 할 수 있겠다.

제10장

웨스턴 임팩트와 '복고적 근대화'

1. '이왕' 문제의 아포리아

1) 결합 왕권론, 조막 화용론의 난제: 왕권과 정권에 대해

학계의 종전 통념으로는 무가 세력이 천황, 공가의 힘을 약화시킨 위에 무가정권을 세웠으며 그 가장 완성된 형태가 근세의 조막 관계라고 이해해 왔다. '조정을 깔본 에도막부'라고 하는 명치 천황제 이래의 이미지가 현재 까지도 지속된 것이다. 실제로 에도시대 조정-막부 간에 발생한 크고 작은 확집(確執, 자기 입장을 강요함) 사건의 경우 대체로 종국에는 무가 측 의견이 관철된 듯한 인상을 받는 경우가 많다. 이런 식으로 조막 관계를 보는 시각 을 '공무대립사관(公武對立史觀)'이라 부르기도 한다.

일본의 '전후 역사학'은 황국사관의 만세일계론(萬世一系論)을 논박할 수 있는 근거로 근세의 조막 관계를 중시했다.[1] 거기서는 천황이 오직 학문에 만 전념해야 하는 입장으로 내몰려서 무력한 천황, 명목뿐인 천황으로 전락

---

[1] 만세일계론(萬世一系論): 천황가가 신대(神代)부터 단일한 계통으로 일본을 지배해왔다는, 신국 사관에 입각한 보수적 왕권론.

했다는 점이 강조되었다. 특히 군역과 영지 지배, 소농과 촌락 등 사회경제적인 관점을 중시한 기왕의 막번체제론에서는 천황, 조정을 막번체제의 정규 구성요소로 인정하지 않았고 체제로부터 배제당한 존재로 가볍게 다룰 뿐이었다.

그러나 근년 들어 학계의 주된 관심은 공가, 무가, 사사(寺社)를 일체화된 하나의 권력체계로 간주하고 각 시기별로 전국적인 지배 권력의 존재형태를 검토하는 쪽으로 이동했다. '공무 결합 왕권'론 또는 그와 유사한 내용의 '통일왕권'론이 주로 중세사 및 오다·도요토미 정권기 연구자들 사이에 여러 형태로 제기되었다(堀新, 2011). 근세사의 경우도 이미 1980년대부터 '조막 화융(朝幕和融)'론이 제기되었고 현재로선 거의 당연시되고 있다(深谷克己, 1991). 이런 선행연구를 토대로 하여 필자는 근세의 천황, 조정이 공의의 '금관(金冠)' 부분에 해당하며 막번제 국가에 필수 불가결한 내부적 존재였다고 생각한다.

현시점에서 학계의 공통 인식은 근세의 조정과 막부를 상호의존적인 관계로 보고 있다. 그러나 실은 여기서부터가 난해한 문제다. 결합, 화융을 위해 양자가 계약문서를 주고받은 것은 물론 아니며, '결합 왕권', '조막 화융'이라는 현재의 이해는 역사학이 근세 권력체계의 성격을 구조적, 횡단적으로 관찰한 끝에 가장 중요한 특징으로 도출해낸 결론에 지나지 않는다. 당연히 부차적인 측면들이 있을 것이고, 또 역사의 실태는 늘 유동적이며 불안정하다. 결합, 화융이 권력체계의 표면을 장식했다 해도 그 저변을 복류(伏流)하는 또 다른 흐름이나 거기에 반발하는 힘이 잠재했음은 말할 필요도 없다. 조정과 막부 각각의 내부에도 다양한 사고방식, 세력, 인맥 그룹이 있었고 그것들이 때로 정치적 의사를 드러내거나 서로 충돌을 벌였다.

'왕권'에 대해선 광의의 해석, 협의의 해석이 있을 수 있다. 그렇지만 시기에 따라 '왕권'과 '정권'이 아무리 부드러운 관계를 맺는다 해도 전혀 파란이 일지 않을 수는 없다. '왕권' 내부에서는 '정권' 탈환을 향한 욕구가, '정권' 쪽에서는 '왕권'으로의 상승 원망이 자연스럽게 생기하고 그러한 피치 못할 양자 사이의 갈등이 왕자(王者), 패자(覇者)라는 개인적 차원을 넘어서 점차 심화된다. 그리하여 서로 다른 지향성을 내재한 복수의 신분집단이 과거사에 대한 관점의 차이, 목전의 이해나 체면을 둘러싼 마찰 등을 통해 서서히 당파를 형성하게 되는 것이다.

'왕권'과 그로부터 분기된 '정권', 다시 말해서 근세의 공가와 무가가 결합, 화융하기 위해서는 정치적 기구 및 그 배치 방식에 대한 많은 궁리가 필요했다. 교토쇼시다이(京都所司代), 니조성(二條城), 조정 내의 부케덴소(武家傳奏), 에도의 부케덴소 저택(傳奏屋敷) 등이 양자의 접촉을 위해 설치된 장치들이었다.[2] 이 밖에도 양측을 내왕하는 사자, 각종 의식을 둘러싼 교섭, 닛코레이헤이시(日光例幣使) 등 온갖 장치가 연중 가동되었다.[3]

대국적인 견지에서는 무가정권이 '공무 결합 왕권'에 편입된 것으로 보더라도 '근세화' 단계에는 양자의 고유한 결합 방식을 모색하는 과정에서 여러 일들이 벌어졌다. 근세 초기에 발생한 자의 사건(紫衣事件) 등은 막번체제에 적합한 결합, 화융을 도모한 막부의 조정 개혁책이었다.[4] 그러나 애당초 '왕권'에서 갈라져 나온 '정권'인 이상 막부가 천황, 조정 규제에 만전을 기하고 독자화를 위한 노력을 강화하면 할수록 동시에 분절화가 진행되는 사태도 피할 수 없었다. '왕권' 측이 막부의 일탈을 지적해서 확집 상태에 빠진 경우

---

2) 교토쇼시다이(京都所司代)는 교토 시정과 사사(寺社) 관계를 전담한 막부의 직명, 니조성(二條城)은 교토에 건설된 막부의 성곽이며, 부케덴소(武家傳奏)는 막부의 주청을 천황·조정에 중계한 공가의 직명을 의미한다.

3) 닛코레이헤이시(日光例幣使): 닛코(日光) 도쇼궁(東照宮, 본문 제5장에 소개)의 4월 제례에 파견된 천황의 사자.

4) 자의 사건(紫衣事件): 덕이 높은 승니(僧尼)에게 조정이 자의(紫衣) 착용을 칙허해온 종전 관례를 1627~1629년 막부가 「금중·공가중 제법도」를 빌미삼아 불허함으로써 천황 칙령과 막부법이 서로 우위를 다툰 확집 사건.

도 있고, '정권' 측이 독자화 노력을 강행한 적도 있다. 또 (근세 중기 이후) '정권'에 대한 불신감이 심화되자 '왕권', 즉 천황 측근의 상급 공가에 접근하려는 무가들의 움직임이 간헐적이나마 보이게 되고, 그것들에 대한 막부의 위구심이 새로운 긴장을 낳기도 했다. 유학자, 국학자들이 '왕권'을 중핵으로 한 일본역사의 일관성을 주장하고 미래 방향까지 전망하는 현상도 나타났다.

한편, 결합·화융의 조막 관계하에 근세국가의 일각에서는 '이왕(二王)'화를 추동하는 힘 혹은, '이왕'화를 향한 원망이나 그러한 언설 및 사상(事象)이 지속적으로 표출되었다. 고대 왕권시대의 공(公)과 무(武)는 중세 무가정권기에 그 성격이 이미 크게 변질했다. 고대적인 '무'는 순수하게 "정이(征夷)"를 목적으로 파견된 최고위 장군, 즉 "막부(幕府)"의 수장을 가리켰다.5) 그러나 가마쿠라막부 이래 '무'는 스스로 독자적인 정권을 추구한 권력체이며, 이때부터 쇼군의 정치적 공식 칭호는 "구보(公方)"였다. 하지만 조막 관계는 '공대 공'이 아니었고 쌍방 모두 '공', '무'의 구별을 받아들였다.

'근세화' 시기에는 쇼군을 국왕으로 내세우려는 욕구가 비단 특정 인물 차원만이 아니라 온갖 물상(物象)에 가탁하는 형태로 나타나게 된다. 도쿠가와 쇼군가의 위치를 어떻게든 상향시키고자 하는 바람은 그 내부에도 존재했다. 이에야스의 경우는 '왕'을 노렸다기보다 귀종화(貴種化)에 대한 원망이 강렬했다. 그 결과 스스로를 신격화하고 천황가와는 외척으로서 혈연관계를 맺는 데 의욕을 보였다. 하지만 이에야스를 받드는 세력 가운데는 도쿠가와 쇼군이 '왕'이 되기를 진심으로 바라는 자도 있었다. 반드시 권력욕 때문만은 아니었다. 천하에 평안을 도모하기 위한 국가 구상의 일환으로써 그 일이 중요하다고 생각한 것이다.

1598년 히데요시가 사망한 직후부터 이에야스는 천황가와 인척을 맺기

---

5) 막부(幕府): 유영(柳營). 원래 의미는 전장의 지휘소.

위한 공작에 착수하는 등 세력 확대를 위해 왕성한 움직임을 보였다. 먼저 도요토미가에는 자신의 손녀 센히메(千姬, 2대 쇼군 히데타다의 장녀)를 도요토미 히데요리와 혼인시켰다. 천황가에 대해서도 1612년 히데타다의 7녀 마사코(和子)를 고미즈노오(後水尾) 천황의 뇨고(女御, 황후가 되기 전의 후궁)로 들일 것을 제안했다. 조정은 이에야스 생전에 조의(朝議) 일치로 합의해주었으나 마사코의 입궐이 실현된 것은 이에야스 사후였다. 다이묘 도도 다카토라(藤堂高虎, 제5장에 소개)가 쇼군 히데타다에게 공-무 간 혼인을 촉구하고 스스로 조정 중신인 고노에가(近衛家)를 통해 열심히 주선한 결과 1620년 비로소 혼례가 거행된 것이다.

그 후 앞서 본 자의 사건으로 인해 고미즈노오 천황이 갑작스레 퇴위하자 마사코와 사이에 태어난 딸 오키코(興子) 내친왕(内親王, 황녀)이 즉위하여 메이쇼 천황(明正, 재위 1629~1643)이 되었다. 이런 혈연 때문인지 히데타다가 사망했을 때 외손녀 메이쇼 천황으로부터 "태상천황"의 시호를 추서하겠다는 제안이 있었다고 전한다.[6] 여기서 주목할 것은 도쿠가와가, 다이묘가 중에 쇼군-천황의 인척 관계를 염원하는 자들이 있었고 그러한 인연으로 히데타다의 경우 사후에 "태상천황"이란 시호를 추서하려는 움직임까지 표출되었다는 점이다. 쇼군 또는 오고쇼(大御所) 개인이 그런 일을 원했는지는 알 수 없다. 다만 결합·화융이라 해도 처음부터 그다지 안정적인 형태가 아니었음은 분명하다. 그런 연유로 '정권'의 '왕권'화 원망이 배태되었다고 생각한다.

위와 같은 추이를 전해주는 사료 속에는 근거가 불확실한 전문(傳聞) 정보도 포함되어 있다. 그 내용을 당시 정황과 대조해보면 상당한 진실성을 띠는 경우도 많다. 일본사에는 무가 세력이 사실상 왕권을 장악한 역사가 몇 번이

---

6) 실제는 "다이토쿠인도노(台德院殿) 정1위(正一位)"라는 칙호(勅號, 천황이 내린 칭호)로 결정됨 —지은이 주.

고 존재한다. 다만, '방벌(放伐)'에 의해 왕조를 바꿔야 한다는 발상은 거의 나타나지 않았다.[7] 그러나 1615년 오사카의 진을 통해 도요토미 일족의 씨를 말리고 도쿠가와 쇼군가의 힘이 최강에 달했을 때 천황위(天皇位)를 도쿠가와씨로 교체하자는 진언(進言)이 있었다는 아래와 같은 전문이 남아 있다. 앞서도 논한 바 있는 '천하인' 의식을 반영하는 사례로 소개해두자.

막말(幕末)의 유학자 시오노야 세이코(塩谷世弘, 1809~1867)는 어느 날 자신이 모시던 당시의 사사부교(寺社奉行)[8] 미즈노 다다키요(水野忠精)에게[9] 문교(文教)에 관해 건의하면서 다음과 같은 옛 일화를 소개했다고 한다(『津市史』一). 오사카의 진 직후에 이에야스 면전에서 도도 다카토라와 승려 덴카이(天海, 제5장에 소개)가 언쟁을 벌였다. 먼저 덴카이가 "금리(禁裏, 천황) 및 공경(公卿, 공가)들"을 이세로 옮겨 "대신궁(大神宮, 이세신궁)의 신주(神主)"로 삼으면 수백 년간에 걸친 대란을 평정한 도쿠가와 쇼군가가 "천자처럼(天子同樣)" 될 것이라고 논했다. 이에 대해 다카토라가 만일 그리하면 여러 다이묘들에게 봉기할 명분을 줘서 다시 천하대란이 도래할 것이라고 반박하고, "천조(天朝, 천황의 조정)를 우익(羽翼, 보좌)하셔야만 뭇 다이묘들이 굴복하고 만민도 우러러 받들 것입니다"라고 주장을 펼쳤다. 두 사람의 언쟁에 대해 이에야스는 다카토라의 의견을 취하며 덴카이를 꾸짖었다는 것이다.[10] 겐나엔부(元和偃武)의 도래를 환호하는 가운데 도쿠가와씨의 "천자"화를 몽상하는 세력이 일부에 생겨났음을 보여주는 한편으로,[11] 다카토라의 언설과 같이 공·무 화융이라는 현실적 판단이 우세했고 결국 그렇게 낙착되었음을 상징

---

7) 방벌(放伐): 덕을 잃은 군주를 쫓아내는 역성혁명을 의미함.

8) 사사부교(寺社奉行): 무가정권의 종교 행정을 총괄한 직명.

9) 미즈노 다다키요(水野忠精, 1833~1884): 후에 로주(老中)로 승진함―지은이 주.

10) 이상, 본문과 같은 일화가 제5장에도 소개되었음.

11) 겐나엔부(元和偃武): 1615년 오사카의 진을 끝으로 오랜 전란이 종료되고 '태평' 시대가 도래했다는 의미의 역사 용어.

해주는 일화라 할 수 있겠다.

2) 에도 왕도화 욕구

에도의 시바(芝)에 위치한 증상사(增上寺)는 중세부터 내려온 정토종 사찰인데 만년의 이에야스가 귀의하고 그 장례를 여기서 치룬 후부터 도쿠가와 쇼군가의 보리사(菩提寺)가 되었다.[12] 천태종 사찰 관영사(寬永寺, 우에노공원 내 위치)도 도쿠가와 일족의 보리사였다. 이곳은 3대 쇼군 이에미쓰(家光)가 경비를 부담해서 창건했고 앞의 덴카이가 개산조사(開山祖師)로 취임했다.

덴카이는 이에야스, 히데타다, 이에미쓰에 이르는 도쿠가와 3대의 귀의를 받은 승려인데 에도 내에 천태종의 거점을 만들기를 원했다. 2대 쇼군 히데타다가 1622년 우에노(上野)의 시노부가오카(忍岡)에 있던 다이묘 3명의 시모야시키(下屋敷, 별저)를 내놓게 해서 그 토지를 덴카이에게 주었다. 본당 창건은 1625년 이에미쓰의 쇼군 재임기였으나 히데타다는 오고쇼로서 힘을 아직 온존하고 있었다. 본당의 사호(寺號)는 당시 연호를 따서 "관영사"로 정했다. 연호를 사호로 쓰는 것은 전례가 드문 일이었다. 그리고 산호(山號, 사호 앞에 붙이는 경칭)를 교토의 귀문(鬼門)을 지키는 히에이산(比叡山)에 빗대어 동쪽의 히에이산이란 의미에서 "히가시에이산(東叡山)"이라 칭했다.[13] 따라서 "관영사"라는 사호가 히에이산 전역을 경내로 하는 연력사(延曆寺, "연력" 도 창건 당시 연호)에 대치시킨 호칭이란 점은 의심할 여지가 없다. 사찰의 소재지가 에도의 귀문 방향임을 함께 감안하면 교토 천황가에의 대항의식이 노골적으로 표출되었음을 짐작할 수 있다. 또한 시바의 증상사도 "뒷 귀문(裏鬼門)"을 지키게 한다는 자의식의 표현이었다.

---

12) 보리사(菩提寺): 조상 대대의 위패를 안치하는 사찰.
13) 귀문(鬼門): 음양설에서 귀신이 드나든다는 간방(艮方), 즉 동북방을 가리킴.

관영사는 당초 도쿠가와 쇼군가의 기도를 위한 사찰로 창건된 후 이에미쓰의 장례식을 거행하고 4대 이에쓰나, 5대 쓰나요시의 영묘(靈廟, 위패를 안치한 사당)를 모심으로써 정식으로 도쿠가와가의 보리사가 되었다. 덴카이의 제자가 2대 관수(貫首)를[14] 맡았으나 3대부터는 조정에서 파견된 친왕(親王)이나 법친왕(法親王)이 관수에 취임했다.[15] 막부가 관영사의 사격(寺格) 상승을 꾀한 것이다.

지위 상승을 기대하는 에도인(江戸人)들의 바람은 무사 세계, 초닌 세계 가리지 않고 자연스레 표출되었다. 세간에선 점차 에도를 "동도(東都)", "강도(江都)"라 불렀다. 또 "삼도(三都)"라는 말이 차츰 보편화되었는데,[16] 여기에도 에도를 도읍으로 삼고 싶은 원망이 담긴 것으로 보인다.

고산케(御三家)의[17] 하나로 에도에 정주한 미토번(水戸藩)의 2대 번주 도쿠가와 미쓰쿠니(德川光圀)는[18] 초대 번주 때 조성한 정원을 개축한 후 명나라 유학자 주순수(朱舜水)에 의뢰하여 이를 "고라쿠엔(後樂園)"으로 명명했다.[19] 중국 고전 『악양루기(岳陽樓記)』에서 따온 말로,[20] "천하의 근심을 먼저 근심하고 천하의 즐거움은 나중에 즐긴다"는 뜻이다. 오카야마번(岡山藩)에서도 2대 번주 이케다 쓰나마사(池田綱政, 1638~1714)가 같은 이름의 정원을 꾸몄다.[21]

미토번의 고라쿠엔은 옛적부터 수많은 중국 문인들이 시문으로 읊은 서

---

14) 관수(貫首): 천태종 각 본산·대사(大寺) 주지에 대한 경칭.

15) 친왕(親王)은 율령제하 천황의 형제·자식 등에 대한 공식 칭호이고, 법친왕(法親王)은 출가한 친왕을 가리킨다.

16) 삼도(三都): 에도시대 가장 중요한 도시인 교토·오사카·에도의 총칭.

17) 고산케(御三家): 이에야스의 친자 세 명을 각각의 가조(家祖)로 한 오와리(尾張)·기이(紀伊)·미토(水戸) 세 개의 번. 쇼군 계승의 안정화를 노린 정치적 장치라고 할 수 있음.

18) 도쿠가와 미쓰쿠니(德川光圀, 1628~1701): 드라마, 영화의 소재가 된 미토코몬(水戸黃門)으로 유명함.

19) 주순수(朱舜水, 1600~1682): 명 부흥운동을 위해 내일(來日)함.

20) 『악양루기(岳陽樓記)』: 송대 범중엄(范仲淹)의 천하 경영을 논한 저술—지은이 주.

21) 오카야마의 고라쿠엔(後樂園)은 현재도 일본 3대 명원(名園)의 하나로 꼽히고 있음.

호(西湖)·여산(廬山)의 경관을 가미하고, 백이(伯夷)와 숙제(叔齊)를 기념했으며, 교토 문화의 정취도 느낄 수 있게 조성되었다. 중국의 산수와 유교, 그리고 교토 문화에 접근하려고 하는 에도 무가의 욕구가 반영된 것이다. 거기에는 에도의 문화교양 수준을 높이려는 의욕도 느껴진다. 미쓰쿠니는 백이·숙제의 고사를 현실에서도 깊이 받아들여 다카마쓰(高松, 가가와현 북부) 번주 마쓰다이라가(松平家)와 후계자를 교환함으로써 형제의 상하 질서를 확립하고자 했다.[22]

도쿠가와 쇼군이 '왕'이 되는 것까지는 바라지 않았다 해도 무가사회 전체에 공가에 대한 동경심이 존재한 것은 사실이다.[23] 무가도 율령제의 관위를 교토로부터 서임받긴 했으나 제한적이었고, 공·무·사사의 권문세가가 표면상 병렬하는 듯해도 공가를 상위로 보는 감각은 여전했다. 그런 동경심이 홀(笏)을 손에 쥔 의관속대(衣冠束帶) 좌상(坐像)과 같이 공가를 흉내 낸 무가의 초상화로 남게 된 것이 아닐까.[24]

'올라간다(상행)', '내려간다(하행)'라고 하는 이동 방향을 둘러싼 가치 표현은 현대사회에도 잔존한다. 근세적인 신분 코드가 산, 길, 지역에까지 예외 없이 적용되어 현재도 영향을 미치고 있는 것이다. 이미 교토라는 도읍지가 존재하던 근세 일본에서 신개척지 에도는 '내려가는' 곳이었다. 교토-에도 사이에 영지를 둔 다이묘들의 산킨코타이(參勤交代)는 에도행이 내려가는 것이며 영지로의 귀환이 올라가는 것이었다.[25] 교토 중심의 상·하 관념이 작

---

22) 다카마쓰(高松藩)의 마쓰다이라가(松平家)는 미토번 초대 도쿠가와 요리후사(德川賴房)의 장남 마쓰다이라 요리시게(松平賴重)를 가조(家祖)로 한 가문이다.

23) 다이묘가는 대체로 이백 수십여 가문, 공가는 약 100개 가문이었음—지은이 주.

24) 홀(笏): 벼슬아치가 왕을 만날 때 예복을 갖추어 손에 드는 패.

25) 산킨코타이(參勤交代): 에도에 처자와 가신단을 정주시키고 다이묘 본인은 에도, 영지에 1년씩 거주하게 만든 일종의 인질제도. 에도의 발전, 다이묘의 재정력 약화, 전국적인 인물·문화의 교류 등에 막대한 영향을 미침.

용한 때문이다. 에도 이동(以東)의 다이묘들이 에도로 향할 때도 올라가는 것이었지만 이는 교토 방향으로 간다는 의미이었다.

막부가 에도 시가지에 "고후나이(御府内)"라는 명칭을 붙인 것은 그런 연유에서였다. "부(府)"는 원래 배도(陪都, 副都) 기능을 가진 도시를 일컫는 말이다. 1818년 막부 효조쇼(評定所)는 변두리 지역의 도시화를 인정하여 에도의 범위를 지도상 붉은 선(朱引線)으로 표기하고 그 내부를 "고후나이"로 최종 결정했다. 일례로 나가사키의 네덜란드 상관장(商館長)은 막말 이전까지 원칙적으로 매년 쇼군을 알현하기 위해 에도를 방문했는데, 막말에는 "참부(參府)"라는 용어를 사용하여 에도행에 '상행'이라는 의미를 새로 부여했다. 이러한 사례를 통해서도 에도의 '왕도(王都)'화 지향을 읽을 수 있다. 또한 '왕도'화라고는 하기 어렵더라도 에도 일원에는 교토에 대한 동경심 혹은, 열등감이 폭넓게 존재했다. "악소(惡所)"로 불리던 에도의 유곽 요시와라(吉原) 일각에 "교마치(京町)"라는 지명이 붙은 것도 그런 이유에서일 것이다.

3) 근세 후기, 쇼군의 국왕화 노력

초대 쇼군 이에야스에게 부여된 '신군(神君)', '도쇼다이곤겐(東照大權現, 제5장에 소개)' 등 신격(神格)으로서 이미지는 근세의 유교핵 정치문화를 아래로부터 떠받치는 큰 힘이었다. 3대 쇼군 이에미쓰, 쇼군 시강의 신분으로 정책 입안에 깊이 관여한 아라이 하쿠세키, 8대 쇼군 요시무네 등은 특히 도쇼신군(東照神君)의 위력을 적극적으로 활용했다. 또한 민간에서도 에도 근교 무사시(武藏)의 다마(多摩, 도쿄도 서남부)와 같이 막부의 영향력이 강했던 지역에서는 당대의 공의에 대한 불신감이 깊은 경우도 도쇼다이곤겐을 향한 존경 감정은 오래도록 지속되었다.

근세 후기에 들어서자 각종 사회문제를 둘러싼 공의의 해결 능력이 저하되고 그로 인해 정치적 권위도 현저히 약해졌다. 물론 막부가 그런 상태를 방치한 것은 아니었다. 군주제하의 정치는 군주의 인격적 감화력에 의해 최종적으로 담보된다. 때문에 공의의 권위가 약화된 후로는 정책적인 능력뿐만 아니라 쇼군으로서 권위를 회복하려는 시도가 오히려 강화되었다.

닛코(日光) 도쇼궁(東照宮, 제8장 참조) 참배도 그런 시도 가운데 하나였다. 1843년 12대 쇼군 도쿠가와 이에요시(德川家慶, 1793~1853)가 닛코를 참배한다. 이는 결과적으로 근세 쇼군으로선 마지막 닛코 참배였다. '공무 결합', '조막 화융'이라 평가되는 바와 같이 근세의 정치형태는 애초부터 고대적인 공·무 관계에서 일탈한 형태로 출발했다. 다만 공과 무가 분업적으로 존재하는 가운데도 서로 간에 차이를 두려는 정치적인 영위는 이어졌다. 그런데 정체상태에 빠진 도쿠가와 쇼군 측이 통상적인 범위를 벗어나서 농민, 초닌에 대해 '왕'으로서 이미지를 강화하고자 했으니, 그 구체적인 레퍼토리로 선택된 것이 1843년의 닛코 참배였다. 이때 쇼군 이에요시는 마치 '국왕'처럼 거동하며 조막 관계의 '공 대 공'화, 다시 말해서 '이왕(二王)'화에 비중을 둔 연출을 거듭했다.

쇼군의 닛코 참배는 17세기 전반 2대 히데타다, 3대 이에미쓰 시기에 여러 차례 있었다. 하지만 18세기 이후는 아주 드물게 행해졌을 뿐이다. 17세기에는 아직 도쿠가와 가문의 의례라는 성격이 강해서 일부 다이묘도 참례했으나 교토 상락(上洛) 때처럼 쇼군의 위용을 과시하기 위한 대규모 행사는 아니었다. 쇼군의 닛코 참배가 국가 행사로 격상된 것은 18세기 전반 8대 요시무네부터였다. 그러나 그 후 쇼군의 닛코 참배가 거행된 것은 단 2회에 지나지 않는다. 1776년 10대 이에하루(德川家治, 1737~1786) 때와, 앞에서 논한 1843년 이에요시 때이다. 특히 10대 이에하루의 참배는 닛코에서 에도까지 행렬이 줄을 지었다고 소문이 날 정도였으니 공의 및 참가한 다이묘들이 들인 경비, 부역을 위해 다수의 농민을 징발당한 도중 촌락들의 부담이 모두 엄청난 금액에 달했다.

　그래도 18세기 후반 무렵은 아직 대외 방비를 위한 비용까지 근심할 필요가 없었다. 하지만 1843년 경우는 대외적 위기감이 한층 고조되어 그에 대비한 지출이 막부·번 모두에게 큰 부담으로 작용하는 가운데 단행된, 그다지 긴급을 요하지 않지만 방대한 재정 지출이 불가피한 사업이었다. 이 시기에는 아편전쟁의 충격으로 무니넨우치하라이령(無二念打払令)이 1842년 폐지되었다.26) 국내적으로도 1836년 고슈소동(甲州騷動),27) 같은 해의 가모잇키(加茂一揆),28) 1837년 오시오 헤이하치로의 난(제7장, 제8장에 소개), 1840년 쇼나이번(庄内藩, 야마가타현 북서부)의 삼포료치가에(三方領地替) 반대 백성잇키 등이 잇달아 발생했다.29) 천보개혁(天保改革)의 대형 정책들도 연이어 좌절을 겪었다.30) 그런 와중에 거액의 재정 지출이 필요한 반면에 상응하는 결과를 점치기 어려운 닛코 참배가 단행되고, 그 과정에 '자애로운 왕'으로서 이미지가 반복적으로 연출된 것이다. 이 점에 관해서는 쓰바키다 유키코(椿田有希子)가 흥미로운 사실들을 소개하고 있으나 여기선 생략한다(椿田有希子, 2012).

　유신 변혁의 과정에서 많은 자들이 "공무합체(公武合體)"를 주장했다. 그럼에도 불구하고 현실이 "왕정복고(王政復古)"라는 형태로 귀결된 것은 일차적으로 변혁을 주도한 하급 무사층의 주체적인 활동 결과라고 이해할 수 있다.31) 하지만 배경을 살펴보면 이미 예전과 같은 '공무 결합', '조막 화융'으

---

26) 무니넨우치하라이령(無二念打払令): 서양 선박은 발견 즉시 포격, 격퇴하라는 1825년의 막부 명령.

27) 고슈소동(甲州騷動): 현재의 야마나시현(山梨縣)에서 발생한 대규모 백성잇키.

28) 가모잇키(加茂一揆): 흉작·미가 등귀를 이유로 미카와(三河) 고로모번(拳母藩)에서 일어난 백성잇키로, 인접 지역에까지 파생됨.

29) 삼포료치가에(三方領地替): 다이묘 3인의 영지를 차례로 맞교환하게 한 에도막부의 전봉(轉封) 수법.

30) 천보개혁(天保改革): 에도막부 3대 개혁정치의 마지막으로 1841~1843년에 시행됨.

로 되돌리기 어려운 상황이었다. 만약 예전과 같은 형태가 유지되면 당연히 패자(覇者)인 쇼군 측이 정이대장군의 지위를 유지하려고 했을 것이다. 게다가 막번체제하에서는 '공과 무'의 조막 관계를 '공 대 공'의 관계로 전환하려는 욕구가 항시적으로 작용했다. 왜냐하면 애당초 '왕권'에서 분기한 '정권'으로서 대내, 대외 공히 스스로 '왕'처럼 행세하는 것이 쇼군가의 직분처럼 되어버린 때문이다. 유신 변혁을 주도한 세력이 막부의 이런 애매한 '이왕'화 욕구를 명시적으로 거부하기 위해서는 "도막(倒幕)", "토막(討幕)"이라는 단호한 슬로건을 선택할 수밖에 없었을 것이다.

근세 쇼군은 이미 출발 단계부터 고대적인 공·무 관계로의 회귀가 불가능했다. 근세 후기에 접어들어 각종 사회문제에 대한 해결능력 약화, 그에 따른 무가 및 민간사회의 은뢰감(恩賴感, 깊은 은혜를 입었다는 감정) 저하는 공의로 하여금 오히려 '공 대 공' 관계의 강화를 기도하게 만들었고, 결과적으로 막말 정국은 '정령이도(政令二途)'의 상황에 빠져들고 말았다.[32] 비(非)전시의 동아시아 법문명권하에서는 이런 이원적 정치 형태도 상호 무간섭이라는 타협점을 찾을 수 있었다. 그러나 '정령일도(政令一途, 통치의 일원화)'에 기초한 서양 법문명권의 주권국가들에까지 그 실효성을 주장할 수는 없었다. 막말 서양 제국과의 사이에 여러 사건들이 발생하고 배상금 문제가 쟁점이 되었을 때 이 문제는 그대로 노정되었다. 이와 같이 위기에 처한 '공 대 공'의 상태가 '토막'론을 이끌어낸 배경적 요인으로 작용한 것이다.

---

31) 왕정복고(王政復古): 1867년 12월 이후 무력으로 에도막부를 폐하고 천황을 정치의 전면에 내세운 정변.

32) 정령이도(政令二途): 조정, 막부가 각기 정치적 명령을 내림으로서 통치 주체가 이원화된 현상을 가리킴.

2. '왕토'론에 의거한 막부령 몰수와 도쿄 수도화

1) 공의의 영지 계승권과 '왕토'론의 대립

명치 신정부는 '대정봉환(大政奉還)'을 행한 15대 쇼군 도쿠가와 요시노부(德川慶喜, 1837~1913)로부터 구 막부령(幕府領)의 대부분을 몰수했다.[33] 원래 요시노부 측은 대정봉환을 결행하더라도 도쿠가와 종가(宗家)의 영지 400만 석과 직신(直臣)인 하타모토의 영지 300만 석은 대대로 이어온 도쿠가와가의 오랜 가산이었기에 몰수당하리라고 생각지 못했다. 신정부의 몰수 논리에 관해서는 오쿠다 하루키(奧田晴樹)의 연구가 있다(奧田晴樹, 2010).

구 막부령 "수공(收公, 공권력이 회수함)"이라는 이 하나의 사건만으로도 "진무 창업의 초기(神武創業の始)"로 되돌아가서 "왕정복고"에 착수하지 않으면 '근대화'가 요원하다는 신정부의 입장을 쉽게 엿볼 수 있다.[34] 일본의 근대화, 즉 국민국가로의 전환을 위해서는 천년 이상 과거로 회귀한 '일왕(一王)' 시대의 힘과 논리가 반드시 필요했다. 그런 만큼 근세적인 공의를 해체하고 그 중핵인 도쿠가와 쇼군가로부터 모든 권능을 박탈하는 과감한 첫걸음이 절실했던 것이다. '일왕(一王)'의 연원이 장구하다는 점을 특별히 강조한 것도 웨스턴 임팩트에 대응하는 이상으로, 열도 내부적인 종전 질서의 근본적인 부정과 변혁을 위해서였다.

이에야스 이래 도쿠가와 쇼군가가 대물림해온 막부령의[35] 처리 문제를 둘러싼 요시노부 측과 신정부 측의 견해차는 1867년 12월 "왕정복고의 대호

---

33) 대정봉환(大政奉還): 1867년 10월 쇼군이 조정에 국가 통치권을 반납한 정치사적 일대 사건.

34) "진무(神武)"는 신화상의 초대 천황.

35) 막부령이 사료상 "천령(天領)", "고료(御料)", "고료쇼(御料所)"로 칭해진 점에서도 도쿠가와 쇼군='왕'이라는 인식을 엿볼 수 있다—지은이 주.

령(大號令)"이 반포된 직후에 표면화되었다. 요시노부는 천황에게 반환을 결의한 대정(大政) 권능인 외교, 군사, 다이묘에 대한 영지 하사, 화폐 주조 등과 같은 국가 통치권과는 달리 구 막부령은 모두가 부조(父祖)로부터 상속한 "가산"이고 대정 권능에 포함되지 않는다는 입장에서 그 존치를 주장했다.

그러나 신정부 측은 "천손강림"이라는 역사적 "사실"과 고대 율령제시대의 공지공민제(公地公民制)가 현재도 법적으로 유효하다는 입장을 취하며,36) 구 막부령을 위시한 전 국토의 지배권이 여전히 천황에게 귀속한다는 '왕토(王土)'론을 명분으로 내세웠다. 물론 역사로부터 이끌어낸 억지 논리를 관철하기 위해서는 명분을 뒷받침할 만한 실력이 있어야만 했다. 그 조정-막부 간의 역전된 실력을 배경으로 신정부는 구 막부령의 태반을 무조건적으로 "수공"한 것이다. 오쿠다 하루키에 의하면, 논쟁 자체는 결착을 보지 못한 채 끝났으나 '무진전쟁(戊辰戰爭)'이 종료되자 명치 신정부는 1869년 '왕토'론을 공식 논거로 삼아 영지와 영민(領民)에 대한 권한을 천황에게 전부 반납하는 판적봉환(版籍奉還)을 다이묘들에게 강요했다.37) 여기서는 '복고'를 명분으로 내건 외에, 영지 몰수를 정당화하는 근대화 논리는 제시되지 않았다고 한다.

오쿠다에 의하면 신정부의 '왕토'론은 토지소유권인가, 국가 통치권인가에 관한 법적인 이해가 결여된 상태였다. 이러한 법리상의 근본 문제를 방치한 채로 당면한 현실에 대응하기 위해 신정부는 1873년 지조개정(地租改正)이라는 조세 및 재정제도 개혁 쪽으로 치달았다. 근세사회 내에서 광범위하게 전개된 토지매매, 지주제를 그대로 인정하는 지권(地券)을 교부함으로써 민간의 토지에 대한 사적 소유권을 현실적으로 보호한 것이다. 돌이켜보면 역사 속의 허다한 사안들이 애매하게 처리되고 어떤 연결성도 없는 다른 논리로 비약하여 당면한 현실에 대처해가는 경위를 밟는다. 일본 근대화 과정

---

36) 공지공민제(公地公民制): 모든 토지·인민을 국가=왕(천황)의 소유로 한 율령국가의 기본 제도.
37) 무진전쟁(戊辰戰爭): 1868년 1월~1869년 5월, 신정부군과 구 막부군 사이에 벌어진 내전.

에 나타난 토지소유권 처분도 그러한 사례 가운데 하나일 것이다.

세습 쇼군가의 지위에서 내려온 도쿠가와 종가의 16대는 이에사토(德川家達, 1863~1940)가 계승했고, 1869년에는 이에야스 이래의 연고지인 슨푸(駿府)에 새로 설정한 시즈오카번(静岡藩) 70만 석의 번주 자리가 그에게 주어졌다. 시즈오카의 원래 지명은 후추(府中)였으나 천황에 대한 "후추(不忠)"와 독음이 같다는 이유로 지명이 변경되었다. 시즈오카번은 불과 2년 후인 1871년 폐번치현(廃藩置県)으로 소멸한다.[38] 구 막부령의 몰수가 그만큼 신속했던 것이다.

그러면 최후의 쇼군 요시노부가 주장한 대로 구 막부령을 도쿠가와가의 가산이라 주장할 만한 근거는 확실했을까?

검지를 거친 근세의 토지 ― 농경지와 택지 ― 는 도쿠가와 쇼군 명의로 무가, 공가, 사사(寺社)에 "안도(安堵)"되었다.[39] 그런데 "안도"한쪽은 쇼군이지만 그것이 정말 쇼군의 토지였던가는 명확하지 않다. 막부령에 속한 촌락들은 문서 상 "대관지배소(代官支配所)"로 명시되므로 다이묘·사사·하타모토의 영지와 혼동될 우려가 없었다. 그러나 다이묘령, 사사령 등에 대해 쇼군이 발급한 안도장(安堵状)은 소유를 인정하는 영유권 증서가 아니었다.

전국적으로 여러 종류의 영지에 대해 일정한 서식을 갖춘 '안도 문서'의 형태가 정비된 것은 4대 쇼군 이에쓰나(德川家綱) 때였다. 그 전까지는 개별 영주에 대해 "료치한모쓰(領知判物)", "슈인조(朱印状)" 등 영지의 급부를 의미하는 문서가 다양한 형태로 발급되었다.[40] 그런데 1664년 3월 7일 쇼군 이에쓰나는 전국의 다이묘들에게 이전까지 발급된 안도장을 일단 모두 반납하

---

38) 폐번치현(廃藩置県): 전국의 번을 폐하고 부현제(府県制)로 통일한 명치 신정부의 정치제도 개혁. 일본 역사학계는 대체로 이 시점을 근세의 종말로 본다.

39) 안도(安堵): 영지에 대한 종전대로의 권리를 승인, 보증함.

40) 료치한모쓰(領知判物)는 주군이 화압(畵押, 수결)을 둔 안도장을, 슈인조(朱印状)는 주군의 주인(朱印)을 찍은 안도장을 의미함.

라는 명령을 내렸고, 동년 4월 5일엔 자신의 명의로 된 단일 서식의 료치한모쓰·슈인조·료치목록(領知目錄)을 새로 교부했다. 219명의 다이묘에게는 일제 교부, 센다이번(仙台藩)을 비롯한 소수의 다이묘에게는 후일 교부되었으며,[41] 고산케(御三家)에는 그 후로도 교부되지 않았다. 또한 이듬해 1665년에는 97개 공가, 27개 몬제키사원(門跡寺院)과 12개 인케(院家),[42] 27개 비구니 사원(尼寺), 그 외 1076개의 사찰과 365개의 신사에 대해서도 단일 서식의 동종 문서가 교부되었다. 이 가운데 료치목록에는 쇼군이 영지로 인정한 국(國)·군(郡)·촌(村)의 명칭과 석고(石高, 토지생산량)가 명시됨으로써 영지의 범위가 비로소 확정되었다. 쇼군이 발급하는 료치한모쓰·슈인조·료치목록의 형태가 정형화된 것은 바로 이때의 일이다.

이런 일련의 정책들은 후에 당시의 연호를 따서 "간분인치(寬文印知)"로 통칭되었으며, 관련 문서들은 『간분인치집(寬文印知集)』, 『간분슈인도메(寬文朱印留)』 등의 명칭을 붙인 기록집으로 정리되어 에도막부의 전국 통치를 위한 기본 자료로 활용되었다. 현재도 근세 다이묘의 배치도(配置圖) 작성은 이 자료에 의거하는 것이 일반적이다.

쇼군의 영지 안도는 "간분인치" 한 번으로 끝나지 않았다. 5대 쇼군에 취임한 쓰나요시는 "간분인치"의 대상에 들지 않았던 소규모 사사까지도 포함하여 슈인조 등을 재교부했다. 이를 "쓰기메안도(継目安堵)"라 불렀는데 교부된 문서는 총 4878통에 달했다. 6대, 7대 쇼군 때는 준비 기간이 여의치 않아 그대로 지나갔지만 8대 요시무네 이후는 쇼군 교체 때마다 "쓰기메안도"가 이루어졌다. 이러한 절차가 반복되면서 다이묘 세계에 영지는 쇼군으로

---

41) 센다이번(仙台藩): 현재의 후쿠시마현(福島縣) 북부, 미야기현(宮城縣) 전역, 이와테현(岩手縣) 남부 일원을 점유한 대번(大藩).

42) 몬제키사원(門跡寺院)은 황족 또는 공가가 주지를 맡은 특정 사찰을, 인케(院家)는 몬제키사원 다음으로 격식이 높은 사찰을 가리킴.

부터 안도받은 것이라는 어은(御恩)-봉공(奉公)의 주종 관념이 강고히 스며들었을 것이다.

하지만 필자는 근세 다이묘의 정치사상을 쇼군과의 어은-봉공이라는 폐쇄적인 주종관계로서만 보지 않는다. 다이묘 세계에 보편화된 정치사상은 쇼군에게서 영지를 하사받은 그 개인적 어은에 대해 신명을 바쳐 군역을 완수한다는 것이 아니었다. 동아시아 법문명권의 정치문화는 근세 다이묘들에게 깊이 침투했고, 오히려 가장 이른 시기에 체득한 신분층이라고 봐도 좋을 것이다. 제8장에서 논한 대로 다이묘들은 쇼군이 '하늘(天)'로부터 위임받은 민백성 가운데 자신에게 맡겨진 영민들의 안민(安民)과 무사(無事)를 보장하는 일이야말로 쇼군에 대한 충의라고 인식하는 "예치(預治, 맡아서 다스림)"의 정치사상을 공유했다. 이러한 사고는 대체로 근세 초두부터 퍼져나가기 시작했다(若尾政希, 1999a). 물론 군역에 의한 충의를 도외시한 것은 아니지만 점차 군역, 충의를 공용성(公用性)의 관점에서 파악하기에 이르렀다. 또한 다이묘들은 선조가 세운 무공 덕분에 영지를 안도받았으나 그렇다고 자신의 영지를 사물(私物)로 보는 가산관(家産觀)에 함몰되지 않았다. 자령(自領) 의식에 예치론을 짝지어서 영지 안도를 인식하게 된 것이다.

영지에 대한 이 같은 지배층의 원칙론하에 민간사회 내부에서는 토지를 사적인 자산=가산으로 간주하여 토지 겸병, 즉 토지의 집적이 진행되었고, 근세 중기 이후는 몰락한 농민과 대지주 사이에 질지 소작(質地小作)이 광범위하게 나타났다.[43] 대다수 촌락에서 중소 규모의 지주층이 형성되고 소작권 옹호를 둘러싼 촌락 내 분쟁이 다발했다.

명치 신정부가 위와 같은 전국의 토지 상황을 일거에 극복하기 위해서는 초역사적인 논리를 제기하고 무력, 무위로써 저항 세력을 제압하는 방법밖

---

43) 질지 소작(質地小作): 금전·미곡 등을 차용하고 담보로 맡긴 토지를 해당 농민 또는 제삼자가 소작하는 현상.

에 없었다. 그 귀를 의심할 수밖에 없는 초역사적인 논리가 바로 "천손강림" 신화를 "사실"이라고 강변한 극단적인 일본화이며, 그것과 쌍을 이룬 '왕토' 론이었다.

2) 전도로 태어난 수도 도쿄

에도=도쿄(東京)를 수도로 정한 것은 결코 사전에 예정된 코스가 아니었다. 왕정복고의 원훈(元勳), 영걸로 지목된 자들 중에 어느 누구도 에도를 새 수도로 생각한 이는 없었다. 여기서도 '이왕(二王)' 문제와 연동된 '이도(二都)' 문제의 어려움이 드러났고, 모순을 애써 외면하는 방식으로 '일왕(一王)'화의 형식을 가다듬은 추이를 엿볼 수 있다. 그 모순을 내포한 선택의 결과는 실은 현재까지도 이어진다.

왕정복고를 추동한 인사들은 일원화된 정령(政令)을 발하는 장으로서 일본의 수도를 새로 확정지어야만 했다. 신정부를 지휘하는 입장이던 오쿠보 도시미치(大久保利通)는 당초 나니와(浪華, 오사카) 천도를 생각했다.[44] 그 밖에 동·서 2경(京) 안을 비롯하여 몇 가지 주장이 있었으나 에도 천도론은 아무도 발상한 적이 없었다. 에도는 성곽과 시가지를 몽땅 태워 없애서라도 항복을 받아내야 할 적지(敵地)였으며, 직전인 1868년 4월 겨우 에도성 무혈개성(無血開城)을 달성했을 뿐이었다.

그런데 양학자로서 구 막부에 등용되었고 신정부하에서는 영국 공사 해리 파크스(Harry Smith Parkes, 1828~1885)의 통역관을 지내던 마에지마 히소카(前島密)가 오쿠보의 나니와 안에 대해 에도 수도화를 주장하는 건언서를 제출했다.[45] 외교관 파크스는 에도성 무혈개성 때도 신정부군의 지휘자 사

---

44) 오쿠보 도시미치(大久保利通, 1830~1878): 사이고 다카모리(西鄕隆盛)·기도 다카요시(木戸孝允)와 함께 '유신 3걸'의 한 명이며, 명치 초기의 개혁정치를 실질적으로 주도함.

이고 다카모리에게 압력을 가해서 총공격을 중지시킨 인물이다. 아마 마에지마도 통역관으로서 파크스와 의견을 나눌 기회가 많았을 것이다. 그런 과정에서 오쿠보가 에도 수도화에 대해 시사점을 얻었던 것으로 보인다. 이 시기는 '건백(建白)의 시대'라 불러도 좋을 만큼 정책 건의가 활발했다.

마에지마 히소카가 주장한 에도 천도론의 골자는 아래와 같다(『千代田區史』中).

1. 에조지(蝦夷地, 나중의 북해도) 개척이 급무이며, 에조지까지 시야에 넣으면 에도는 제국의 중앙에 해당한다.

2. 간토(関東), 오우(奧羽, 혼슈 동북지역)의 여러 번을 조정으로 끌어들일 필요가 있다.

3. 에도만(江戸湾, 도쿄만)에 안전한 항구를 확보할 수 있다. 오다이바(御台場)를[46] 이용할 수 있고 요코스카(横須賀)에는 선박 수리 공장이 있다.[47]

4. 에도는 지세가 강하고 왕성하므로 대제도(大帝都) 건설에 적합한 곳이다.

5. 신축하지 않더라도 에도성을 황거(皇居)로 삼을 수 있으며 관아, 학교, 제후들의 번저(藩邸) 및 관리들의 저택도 그대로 활용이 가능하다.

6. 나니와(浪華, 오사카)보다 시가지가 크다.

7. 나니와는 쇠퇴할 염려가 없지만 에도는 방치하면 시민이 모두 이산하여 적막한 한촌(寒村)이 되어버린다.

---

45) 마에지마 히소카(前島密, 1835~1919): 후에 근대 우편제도의 창시자로 활약함. "우편", "엽서" 등은 그가 창안한 용어이다.

46) 오다이바(御台場): 에도막부 말기 서양 함선의 해상 공격에 대비하여 급히 축조한 연안 포대. 여기서는 특히 에도 시나가와(品川)의 다이바(台場)를 지칭함.

47) 요코스카(横須賀): 가나가와현(神奈川縣) 동남부 미우라반도(三浦半島)의 일부. 원래는 에도막부가 프랑스의 원조를 받아 건설한 제철소 시설로, 1871년 명치 신정부에 의해 준공된 후 "요코스카조선소"로 개칭됨. 제국의 해군 공창(工廠)을 거쳐 현재도 미 해군 및 해상자위대의 기지로 활용되고 있음.

서구 열강의 관심은 일본의 국토가 아니라 무역 이익 쪽에 있었다. 그 점에서 본다면 관동에서 동북지역 남부까지에 걸친 양잠 지대에 대해 기존 유통로를 유지하는 편이 바람직했다. 게다가 구 막부는 에조지의 산물 개발권을 담보로 프랑스로부터 차관을 끌어들였다. 따라서 열강은 서로의 이익이 대립하는 와중에도 에도 수도화를 기대했다. 결국 오쿠보는 나니와 안을 포기하고 에도 안으로 기울었다.

1868년 7월, 천황은 "동행(東幸)" 조서를 반포한다.[48] 이때 에도는 교토를 배려하여 "도쿄(東京)"로 개칭되었고 "동서동시(東西同視)"가 특별히 강조되었다.[49] 동년 9월 8일 "명치(明治)"로 연호를 바꾼 후, 9월 20일에 드디어 천황의 동행이 시작되었다. 그러나 천도 선언은 없었다. 10월 12일 행렬은 에도 입구 시나가와(品川)에 도착했으며, 그다음 날 도쿠가와가의 보리 사찰인 시바(芝) 증상사(增上寺)를 출발하여 에도성 입성을 위한 시가지 퍼레이드를 펼쳤다. 행렬은 오로지 비무장을 관철함으로써 "무위의 엄중함에 복종하는" 시민에서 "의관(衣冠)의 존귀함에 복종하는" 시민으로 시중의 분위기 전환을 꾀했다. '이왕' 가운데 '정권의 왕'이던 구 쇼군으로부터 에도를 분리시키기 위해 고심한 연출이었을 것이다.

하지만 천황의 동행에 대한 불안 심리가 교토를 중심으로 고조되어 점차 반대운동의 조짐을 띠게 되었다. 그러자 신정부 측은 도읍을 옮긴다는 의미의 '천도(遷都)'가 아니라 교토와 나란히 또 하나의 새로운 도읍을 건설한다는 '전도(奠都)'의 논리를 내세워 기내 지역의 민심을 잠재우려 했다. 그리고 "도쿄" 시민에게는 마치(町)의 규모에 따라 통술(樽酒)을 하사하고 이틀간 가업을 쉬도록 명했다. 시민들은 이 술을 "천배초다이(天杯頂戴)"라 칭송하며

---

48) 동행(東幸): 임금이 궁궐을 나와 동쪽, 즉 에도로 행차함.
49) "동서동시(東西同視)"는 동쪽의 에도=도쿄와 서쪽의 교토를 "동시(同視, 똑같이 대우)"한다는 의미.

크게 기뻐했다고 한다.[50]

동년 12월 8일 천황은 교토로 "환행(還幸)"했다. 즉, 환궁한 것이다. 그리고 이듬해 1869년 3월 28일에는 다시 도쿄로 "행행(行幸)"했다. 이 무렵 구 에도 성은 "도쿄성(東京城)"을 거쳐 이미 "황성(皇城)"으로 개칭되었으나 교토 인근에는 천황이 곧 "환어(還御, 환궁)"하실 것이라 선전하여 상하의 불안을 달랬다. 이후 천황의 '동행 상태'가 지속됨으로써 사실상-관습상으로-도쿄가 수도가 되었지만 현재까지도 수도로서 교토를 부정한 적은 없다. '이왕', '이도' 문제의 아포리아(aporia, 難問)는 근대 이후까지 길게 이어진 것이다.

3. 극단적인 일본화와 교차하는 극단적인 동아시아화

1) '웨스턴'의 동향과 일본

1840~1850년대 서양 법문명권에서는 국가 간, 국내 세력 간이라는 두 종류의 충돌과 재편 과정을 거치며 새로운 국가, 사회가 형성되어갔다.

우선 프랑스는 18세기 말의 혁명 이후에 군주제로 회귀했다. 혁명의 공로자 나폴레옹이 1804년 황제에 즉위함으로써 이른바 제1제정(帝政, 1804~1814)이 시작된 것이다. 단, 쿠데타로부터 출발하긴 했으나 국민투표를 통해 황제에 취임한 점이 종전의 혈통에 의거한 세습 군주제와는 달랐다. 일본사의 막말유신기(幕末維新期)는 시기적으로 프랑스 제2제정기(1852~1870)에 해당한다. 후술하는 '2월 혁명' 후 또다시 쿠데타로 의회를 해산하고 신헌법을 제정한 루이 나폴레옹-나폴레옹 보나파르트의 조카-이 이 시기 황제의 지위를

---

50) "천배초다이(天杯頂戴)"의 초다이(頂戴)는 하사받는다는 의미의 일본식 한자어.

차지했다. 제2제정은 분명히 반(反)의회주의적인 체제였지만 국민투표로 지도자를 선출했고 그 지지 기반을 민중에 둠으로써 민주적인 성격도 일부 있었던 것으로 평가된다.

그 사이 1848년 발발한 프랑스 '2월 혁명'은 러시아를 제외한 유럽 전역으로 급속히 파급되었다. 각지에서 자유주의, 민족주의, 사회주의 운동이 촉발되었고 전 유럽에 걸쳐 '1848년 혁명'이라 불리는 상황이 도래했다. 프랑스 내에서도 격렬한 분쟁 후에 보통선거법이 제도화함으로써 공화정으로의 이행이 결정되었다. 각국에서 거의 동 시기에 나타난 이 같은 민중의식, 민중운동은 그들이 동일한 서양 법문명권 내에 속했음을 여실히 증명해준다.

독일의 경우, 1848년 베를린에서 일어난 '3월 혁명'의 결과 프로이센 왕이 헌법 심의를 위한 국민회의 설치를 약속했다. 이 국민회의는 오스트리아를 받드는 '대(大)독일파'와 프로이센을 지지하는 '소(小)독일파'로 분열되었으나 후자가 승리함으로써 입헌군주제 및 연방제 헌법을 채택할 수 있었다. 이 시기 유럽 각지에서 발생한 혁명운동 자체는 대개 패배로 끝났다. 하지만 "빈(Wien) 체제"라 불리던 프랑스, 러시아, 오스트리아, 프로이센을 주축으로 한 보수적인 국제질서를 붕괴시키는 결실을 거두었다.[51]

영국은 '1848년 혁명'의 영향은 별로 받지 않고 빅토리아 시대의 번영을 구가했다. 이때까지는 아직 빈부 차가 컸으나 점차 2대 정당제에 기초한 의회정치로 노동조합의 보호가 제도화되었고, 일본에서 대정봉환이 있었던 1867년부터 선거법 개정에 돌입함으로써 선거권이 확대되었다. 노동조합법, 초등 과정 의무교육화, 내각의 군 통수권 장악 등이 진척된 것은 일본에서 명치 신정부가 막 활동을 개시하던 무렵이었다.

웨스턴의 여러 국가들은 위와 같은 내적인 모순을 겪으면서도 적극적으

---

51) 빈(Wien) 체제: 나폴레옹 전쟁 종료 후 1814~1815년 빈 회의에서 형성된, 프랑스혁명 이전의 주권자를 정통으로 인정한 반(反)혁명적 국제질서.

로 해외 진출을 감행했다. 서양의 본국뿐만 아니라 그들에 의한 식민지 신설, 식민국가화까지 포함하여 세계는 급격히 재편되어갔다. 그 과정에서 약 3세기 전 이베리아 국가들이 취했던 전략과는 이질적인, 정치 개입을 수반한 압력을 외부 세계에 가했다. 일본의 명치유신도 그러한 서양 법문명권의 압력을 받으며 급진전을 보였다. 많은 일본의 역사서들은 자본주의의 세계화 과정에서 동, 서의 간극을 메운 마지막 틈새가 일본이었고 그 일본이 개항함으로써 세계의 상품시장이 비로소 연결되었다고 지적한다. 일본이 산업혁명에까지 도달한 자본주의발달사를 경험했으며 20세기 들어 열강 대열에도 낀 덕분에 이런 설명 방식은 강한 설득력을 띠었다.

근세의 동아시아 세계가 오랜 기간 비전(非戰) 상태를 지속했던 것과는 대조적으로 웨스턴은 같은 기간을 전쟁과 강화교섭으로 지새웠다. 죽고 죽이는 격전의 와중에도 외부 세계에 대해서는 비상시 서로 연합할 수 있었던 점도 서양 법문명권의 실재성을 확인할 수 있게 해준다. 웨스턴은 무력 투쟁, 합병, 독립이라는 자기 분열의 역사를 하나하나 현실적으로 극복함으로써 마침내 주권국가로 탈피하게 된 국가군(國家群)이다. 동아시아에 비해 같은 군주제이긴 해도 이미 '왕조국가'가 아니라 '주권국가'로서의 왕정이었던 것이다. 이 세계는 자신들이 공유하던 약육강식의 논리를 외부로까지 강화했고, 결국 비전 상태의 동아시아 법문명권이 보지해온 화이와 사대의 의식을 완전히 불식시켜버렸다. 그 세력 확장의 방식은 인접한 지역을 공략하는 동아시아적인 발상과는 전혀 달라서 원격지에서의 식민지 건설을 도무지 개의치 않았다.

'열강'이라는 자의식은 1804년 나폴레옹에 의해 프랑스 제1제정이 출범하고 동맹국을 이끈 프랑스와 그에 대항하는 "대불대동맹(對佛大同盟)"이 1815년까지 소위 나폴레옹 전쟁을 치른 후,52) "신성동맹(神聖同盟)"을 구축한 오스트리아 제국, 러시아 제국, 프로이센 왕국 그리고 영국과 프랑스가 5대국으로 간주된 무렵부터 나타나기 시작했다.53) 1866년의 프로이센-오스트리아전쟁에서 승리를 거둔 프로이센은 오스트리아를 제외한 독일 연방의 국가들을 흡수하여 독일 제국을 이루었으며,54) 패배한 오스트리아는 지배지 헝가리의 자치권을 인정하여 오스트리아-헝가리 제국이 되었다.

서양에서는 이렇게 민족 독립 내지 민중의 정치 참여를 요구하는 운동이 광범위하게 일어난 한편으로 국가 간 전쟁이 다발해 결과적으로 특정 국가의 열강화가 진전되었다. 근세도 후반에 접어든 18세기 말의 일본에 최초로 외적인 압력을 가한 국가는 러시아였다. 러시아의 니콜라이 1세(재위 1825~1855)는 그리스 정교도 보호라는 종교적 명분으로 오스만 제국과 개전했는데, 바로 이 크리미아(크림)전쟁이 발발한 해가 미국의 페리 제독이 처음 일본을 방문한 1853년이었다. 오스만 제국 측에는 러시아의 남하를 경계하던 영국과 프랑스, 그리고 이태리 통일을 지향하던 지중해의 섬나라 사르데니아 왕국이 가담했다. 결국 러시아는 1856년 패배하고 흑해 및 발칸반도에서의 지위를 잃음으로써 남하를 저지당했다.

위 전쟁이 한창이던 1854년, 근세 일본은 일미화친조약을 시작으로 영국, 러시아, 네덜란드, 프랑스와 차례로 화친조약을 맺고 개국했다. '웨스턴'이한 덩어리가 되어 일본열도에 임팩트를 가한 것이다. 그러나 일본에 대한 접근을 강화하면서 일본 면전에서 서로 국가 이익을 다투는 모습을 보이기도 했다. 1861년 부동항 건설을 위해 영구 조차지 획득을 노린 러시아 군함 포

---

52) 대불대동맹(對佛大同盟, coalitions): 나폴레옹의 제정에 대항하여 1805년 영국, 러시아, 오스트리아, 스웨덴 등이 결성한 군사 동맹.

53) 신성동맹(神聖同盟, Holy Alliance): 나폴레옹 전쟁이 종료된 후의 빈 체제하에서 1815년 9월 러시아 황제 주도하에 오스트리아 황제, 프로이센 왕이 중심이 되어 자유주의, 민족주의 운동을 억압하기 위해 맺은 동맹. 후에 영국 왕, 로마 교황, 오스만 군주를 제외한 유럽의 모든 군주들이 가입했으나 실제 정치적, 외교적 구속력은 없었다.

54) 프로이센-오스트리아전쟁: 보오전쟁(普奧戰爭). 1866년 프로이센 왕국과 오스트리아 제국이 독일 연방 통일의 주도권을 둘러싸고 벌인 전쟁.

사드니크호가 쓰시마(対馬)의 이모자키(芋崎)에 내항해서 도민들과 충돌을 벌이며 반년 이상 체류했다. 당연히 쓰시마번과 막부가 퇴각을 위해 교섭에 나섰으나 효과를 발휘한 것은 영국 군함의 출동이었다.

앞서도 논한 대로 나폴레옹 지배하의 프랑스는 유럽 각국과 전쟁을 벌였다. 그것은 영·불 간 제2차 백년전쟁 - 제1차는 14세기 전반부터, 제2차는 17세기 말부터 - 의 대미를 장식한 전쟁이었다. 또한 네덜란드는 16세기 중엽 스페인과 독립전쟁을 벌였고, 동 세기 말 네덜란드 연방공화국을 건설한 후 번영을 구가하며 세계 경제의 중심에 올라섰다. 그러나 17세기 후반 영국과의 수차례 전쟁에서 패배한 후 프랑스의 침공을 받아 더욱 약체화했다. 나폴레옹 시대에는 결국 프랑스에 점령당하여 영국의 교전 상대가 되었으니, 페튼호 사건은 이런 배경에서 일어났다.[55] 또한 영국, 즉 당시의 영국·아일랜드 연합왕국은 나마무기(生麦) 사건에 대한 보복으로 사쓰마번을 공격했으나 - 사쓰에이(薩英)전쟁 -,[56] 사후 교섭과정을 통해 오히려 사쓰마번에 접근했고 그 후 신정부군을 지원하게 되었다. 영국과 대립하던 프랑스는 도쿠가와 막부를 지원함으로써 영·불 대립이 결국 일본의 근대화 과정에까지 영향을 미치게 되었다.

한편, 미국은 1775년 영국에 대한 독립전쟁에서 승리하여 주권국가로 발돋움할 수 있었다. 1776년에는 평등주의에 입각하여 생명·자유·행복 추구의 기본권을 강조한 독립선언문을 공표함으로써 민주정치의 원리적인 시좌를 세계에 제공하며 서양 법문명권의 신참 멤버로 등장했다. 다만 영토 문제

---

55) 페튼호 사건:1808년 8월, 영국 군함 페튼(Phaeton)호가 나폴레옹 지배하에 있던 네덜란드의 선박을 나포할 목적으로 나가사키항을 침략한 사건.

56) 나마무기 사건: 1862년 8월 21일 에도 근교 나마무기(生麦, 현재의 요코하마시 쓰루미구)의 초입에서 사쓰마(薩摩) 번주 시마즈 히사미쓰(島津久光)의 행렬 앞을 기마한 채 통과하던 영국인 4명이 사쓰마 번사들에게 살상당한 사건. 사쓰에이(薩英)전쟁의 발단이 되었으며, 막부는 배상금 10만 파운드를 영국에 지불했다.

에는 탐욕적이어서 멕시코와 전쟁을 치르며 대륙 서부로 국토를 확장했다. 그 후 노예제의 존폐를 둘러싼 내부 대립을 거치며 1861년 제도 존속을 주장하던 남부의 주들이 아메리카연합을 결성해서 연방으로부터 이탈을 꾀했고, 이를 대통령 링컨이 불허하여 남북전쟁이 발발했다. 1861~1865년에 걸친 전쟁 기간 중 1863년에 링컨은 이른바 "노예해방선언"을 발표하고 노예제를 폐지한다.

이리하여 미국은 쇄국 일본의 빗장을 처음 열어젖혔으나 남북전쟁의 혼란으로 인해 영국이 대신 일본의 주요 무역 상대국이 되었다. 1864년 8월 서양 선박에 대한 포격을 빌미로 영국, 프랑스, 미국, 네덜란드 4개국 연합함대가 초슈번(長州藩, 야마구치현)의 시모노세키(下関) 포대를 포격했을 때, 미국 군함 와이오밍호는 때마침 남군의 군함 앨라배마호를 추적하여 요코하마에 입항했다가 미국 공사의 요청을 받고 공격 대열에 합류했다.

2) 존왕에서 존황으로

'왕권'에서 '정권'이 분기되고 수백 년이 흐르도록 '정권'의 수장인 패자(覇者)가 공식적으로 자신도 '왕'이라는 선언을 한 적은 없다. 그러나 왕위에 대한 잠재적인 충동을 내재한 채로 일본적인 '이왕' 체제의 국가 형태가 지속되었다. 그 애매함은 동아시아 법문명권 내에서 일본이 점한 위치의 애매함과도 연동되어 그것으로부터 이탈하지는 않았으나 사대 관계에 포섭되는 일도 모면할 수 있었다. 그 사이 일본 왕권이 동아시아 법문명권의 일정한 틀 속으로 순화될 계기가 있었다고 한다면 아마도 '중화 황제'화의 야망을 향해 질주한 임진전쟁이었을 것이다. 그러나 이는 7년간의 조선 침략 끝에 일본군이 퇴각함으로써 어떤 결실도 거두지 못했다. 그 후 일본은 내전을 거쳐 도요토미 정권이 종말을 고하고 도쿠가와 이에야스가 공무 결합의 형태로 정이대장군에 취임했으며, 1630년대에는 조막 화융의 관계가 구축되었다.

한편으로 서양 법문명권의 압박에 대응하여 동아시아 법문명권 내의 '중화 황제'화 욕구를 심화하고 이를 행동으로 옮기고자 하는 강박 의식은 근세를 통해 일본사회의 저변을 관류했다. "삼한정벌" 전승(제3장 참조)이나 각 번이 막부에 제출한 선조 기록 가운데 보이는 "고려진(高麗陣, 임진전쟁)" 관련 기록 등도 영향을 미친 것으로 보인다. 이러한 '중화 황제'화를 향한 강박 의식이 근대화 과정에서 하나의 언설을 형성했고, 열강으로의 진입을 도모한 '제국 일본'의 시대에 결국 팽창했다. 그 또 하나의 원인은 같은 동아시아 법문명권이지만 역내로부터 원군을 기대할 수 없었던 비입공(非入貢)·비적례(非敵禮)라는 일본의 고립된 입장에서 찾을 수 있다.[57] 일본은 종주국에 대한 사대 의식에서 자유로웠다. 하지만 근대화 과정에 맞닥뜨린 국가 존립의 위기감은 그러한 자유로움이 거꾸로 자신이 속한 법문명권의 중화적 위치를 노리는 침략 욕구로 축적되는 결과를 낳았다.

그리고 같은 위기감이 국내 정치의 세계에서는 '이왕' 상황의 근본적인 해체를 원하는 강렬한 욕구로 나타났다. 서양 법문명권의 주권국가군과 맞서는 가운데 결단을 더 이상 회피할 수 없게 된 것이다. 하지만 '이왕' 상황을 돌파하기 위해서는 조정의 자기 운동이나 다이묘, 지식인층의 운동만이 아니라 민간 차원에서도 '궁민(窮民)'─반(半)프롤레타리아─이 아닌 정치적 중간층으로부터 일종의 요나오시(世直し)적인 압력이 필요했다.[58] 여기서 중간층이란 하급 무사, 로닌(浪人), 향사(鄕士), 신도 관계자, 의사, 무술인, 유학자, 국학자, 호농·호상(豪商)의 자제 등을 가리킨다. 종전의 '사회적 중간층'이 정국에 대한 강한 불만을 배경으로 백가쟁명식의 주장을 쏟아내는 '정치

---

57) 비입공(非入貢)·비적례(非敵禮)에 대해서는 본문 제4장 참조.

58) 요나오시(世直し): 구제, 해방의 새로운 세상을 희구한 사회의식. 요나오시 운동은 1866~1868년 최고조에 달함.

적 중간층'으로 변모했고, 그들은 스스로를 "초망(草莽, 초야)의 신(臣)"이라 규정하며 크고 작은 사회집단을 형성했다. 개중에는 원 거주지를 이탈하여 정치활동가로 변신한 자도 다수 나왔다. 온갖 정치 논의가 난무하는 와중에 유교의 '민무이왕(民無二王)'론, 국학의 '제정일치(祭政一致)'론 등 '일왕(一王)'론 적 성격을 띤 '존왕(尊王)'론이 횡행했고, 특히 민속적인 타계관(他界觀)을 주창한 히라타국학(平田國學)의 영향력이 커졌다.59) 이런 속에서 정치적 중간층은 생계유지를 슬로건으로 한 궁민층의 요나오시 운동에 대항하면서 "어일신(御一新)" 운동에 가담해갔다.60)

또한 막말 시기의 일본인들은 지배층, 어일신 운동에 가담한 정치적 중간층, 요나오시 운동의 궁민층 구분 없이 거의 모든 계층이 "양이(攘夷)" 감정에 빠져들었다. 특히 어일신 운동은 양이를 핵심 슬로건으로 삼았다. 이렇게 양이를 전면에 내걸고 서양 제국에 대항하는 것 자체가 일본사회에 동아시아적 정치문화가 농후했음을 보여준다. 왜냐하면 당시의 양이란 일본이라는 국가의 존재를 명징하는 특정 인격을 지키기 위한, 동아시아적인 존왕사상을 기반으로 한 개념이었기 때문이다.

한 치 앞을 점치기 어려운 혼돈 속에다 몸을 내던진 막말 지사(志士)들은 흔히 "존왕"과 "양이"를 붙여서 사용했다. 그리고 종국에는 그 가운데 최선두에 선 일부 활동가들에 의해 "존왕양이"가 "토막(討幕)"으로 변했다.

이윽고 "존왕"은 일본화한 "존황(尊皇)"으로 중심을 옮겨 간다. "존왕양이"는 원래 고대 춘추시대의 주(周) 왕조에서 남방 이민족인 초(楚)의 침입에 대응하여 왕자(王者)를 지키던 패자(霸者)가 주창한 표어이다. 물론 이때의 패

---

59) 히라타국학(平田國學): 에도시대 후기 히라타 아쓰타네(平田篤胤, 1776~1843)에 의해 창시된 국학의 한 유파. 국학적인 천지개벽론에 사후의 영혼 구제라는 신도적인 종교성을 부가한 그의 학설은 민간에 널리 수용되어 막말에 일대 학파를 형성했고, 존왕 운동과 왕정복고의 사상적 배경으로 작용했다.

60) "어일신(御一新)"은 왕정복고, 폐번치현 등을 총칭한 당대의 역사 용어.

자란 무력에 의존했지만 반란자가 아니라 왕자를 호위하는 제후에 대한 미칭(美稱)이었고, 그들이 내세운 존왕양이의 배경에는 중화사상이 자리하고 있었다. 마찬가지로 막말의 일본에 존왕양이가 왕성하게 거론되었을 때 그것을 뒷받침한 정신적인 배경은 일본화한 중화사상이었으며, 그 상대편에는 "묵이(墨夷, 미국)", "영이(英夷, 영국)" 등이 있었다. 또한 이런 일본의 존왕양이에는 단순히 소중화 의식에 머무르지 않고 장차 '중화 황제'화의 욕구로 비대화할 수도 있는 성향이 잠재되어 있었다.

중국사의 경우, 송대 주자학자들도 주 왕조의 천자를 이상형으로 한 "존왕"을 주장했다. 막말 일본에서 "존왕양이"라는 어휘는 미토(水戸) 번주 도쿠가와 나리아키(德川齊昭)가 신군 이에야스를 기리는 문맥 속에 사용한 예가 가장 이르다고 한다.[61] 하지만 이때의 "존왕"은 어디까지나 동아시아사의 일반 용어로 쓰였을 뿐이다. 그런데 웨스턴 임팩트에 대항하여 일본의 국위(國威)를 강조하는 여론이 고조되면서 일찍이 국학자 모토오리 노리나가(本居宣長)가 쓴 "황국(皇國)"이란 말이 점차 널리 사용되었다.[62] 또한 동아시아 고래의 '왕'에 대한 존경심에다 일본 고유의 요소를 더하여 "존황"이라 표현하는 자들도 늘어났다. 대내외의 위기감이 고조될수록 국가 표현으로서 "황국"이 신분의 상·하를 넘어 확산되었으며 공식 문서에까지 활용되었다. 이리하여 어일신 운동에 가담한 초야의 정치적 중간층이나 막말 지사들이 '왕'에서 '황'으로 의식의 변화를 겪게 된 것이다.

"존황양이(尊皇攘夷)"는 동아시아 고전고대의 존왕양이에 근원을 둔 명분론이다. 그리고 막말 단계의 일본에서 "존왕"이 "존황"으로 의식적으로 개변

---

61) 도쿠가와 나리아키(德川齊昭, 1800~1860): 에도막부 15대 쇼군 도쿠가와 요시노부(德川慶喜)의 친부.

62) 모토오리 노리나가(本居宣長, 1730~1801): 『고사기(古事記)』, 『일본서기(日本書紀)』 등을 통해 대륙과는 다른 일본 문화의 정수를 탐구하고 "황국(皇國)" 일본이 "만국의 근원"임을 주장한 국학자.

(改變)되었을 때, 지금까지 다른 많은 사상(事象)들을 통해 확인해온 동아시아화와 일본화의 병진 현상이 여기서도 순식간에 표면화했고, 마치 "존황"이 예전부터 일본열도에 자생한 개념인 양 깊이 침투해갔다.

이런 시각에서 보면 명치유신을 일본이 동아시아로부터 점점 멀어져서 결국 이탈해버린 정치문화적 변혁으로 간주하는 기존 통설에 동조하기 어렵다. 일본화가 가장 강력히 추진된 것처럼 보이는 왕정복고와 '일왕(一王)' 체제의 성립은, 실은 국가 형태 면에서 가장 동아시아화에 근접한 국면이었다고 할 수 있다. '일왕'화는 분명히 서양 법문명권의 압력에 대항하는 가운데 도출된 동아시아적인 국가 형태이다. 그렇지만 '일왕' 체제로 변모 내지 회귀했다고 해서 동아시아 법문명권 고유의 입공·적례 관계에 참입할 수 있었던 것은 아니다. 어디까지나 정치문화적 측면에서 가일층 동아시아화로 치달았을 뿐, 실태는 여전히 역내로부터 원군을 기대할 수 없는 비입공·비적례의 위치에 머물렀다. 따라서 웨스턴 임팩트의 위기 상황하에서 그 국가 존립을 둘러싼 불안감은 전혀 불식되지 않았고, '중화 황제'화의 길 외에는 지속적인 생존을 도모할 방도가 없다는 절박감을 오히려 증대시키는 방향으로 극단적인 동아시아화, 극단적인 일본화가 동시에 진행된 것이다.

여기서 또 한 가지 유념해둘 사항은 막말의 일본이 일본화라는 갑옷으로 무장한 때도 동아시아적인 사고 회로를 발판으로 삼았다는 점이다. 앞서 든 18세기 후반의 모토오리 노리나가나 막말의 요시다 쇼인(吉田松陰) 등은 유교 고전을 숙독하고 깊이 음미한 끝에, 스스로 납득하지 못한 점들에 대해 도대체 일본이 어디에 입각해야 하는가는 사색에 빠져들었다.[63]

---

63) 요시다 쇼인(吉田松陰, 1830~1859): 초슈번(長州藩) 출신의 존왕사상가 겸 토막(討幕)론자. 1854년 페리 제독 내항 때 미국으로 밀항을 도모했으나 실패한 후 유폐지 하기(萩)에 쇼카손주쿠(松下村塾)를 열고 다카스기 신사쿠(高杉晋作), 이토 히로부미(伊藤博文), 야마가타 아리토모(山県有朋), 이노우에 가오루(井上馨) 등 유신 변혁의 주역들을 배출함으로써 명치유신의 대표적인 이데올로그로 일컬어짐.

그들의 사색은 공자보다 맹자를 향하는 경우가 많았다. 예컨대『맹자』에서는 "바야흐로 신하가 간해도 행하지 않고 말해도 듣지 않음으로 고택(膏澤, 은덕)이 백성에까지 미치지 않"는 상태이기에 신하가 곁을 떠나려 하자 이를 포박하는 등, 신하를 괴롭히는 군주를 "구수(寇讐, 원수)"라 칭하여 배척했다. 이에 대해 쇼인은 "군주가 군주답지 못하더라도 신하는 신하로서 본분을 다 해야 한다"라고 절대 충성의 논리를 내세워 논박했다. 또 노리나가는 "맹자의 대악(大惡)은 (중략)신하된 자를 가르치기 위한 말이라곤 하나 너무 나오는 대로 내뱉은 악언(惡言)이다"라고 혹평했다(『玉勝間』). 정도론(政道論)이라기보다 주종제에 기초한 '신도(臣道)'론, '사도(士道)'론 쪽으로 깊이 경도된 것이 이들 일본론자들의 공통점이다. 하지만 그러한 논의 속에서도 사서오경과 같은 동아시아의 고전을 모루로 삼아서 일본적 고유성에 관한 각자의 인식을 단련해간 것이다.

안정대옥(安政大獄)으로 참수형을 당하기 3년 전인 1856년,[64] 요시다 쇼인은 자신의 저술서『강맹여화(講孟餘話)』를 통해 유교와 공맹(孔孟)에 대해 다음과 같이 논했다.

경서를 읽음에 첫째는 성현에게 아부하지 않는 자세가 중요하다. 만일 조금이라도 아부하는 바가 있다면 도를 밝힐 수 없으니 배워도 득은 없고 해만 있을 뿐이다. 공맹이 태어난 나라를 떠나서 타국을 섬긴 것은 잘못된 일이다. 대저 임금과 아비는 매 한 가지이다. 내 임금이 어리석고 미련하다 하여 태어난 나라를 떠나 다른 나라로 가서 새 임금을 구하는 것은 내 아비가 고집 세고 어리석다 해서 집을 나와 이웃집 늙은이를 아비로 섬기는 것과 같다. 공맹이 이런

---

64) 안정대옥(安政大獄): 심각한 대내외적 위기 상황하에서 막부 수뇌부가 1858~1859년 교토의 존왕양이 세력과 공가들을 대거 투옥시키고 하시모토 사나이(橋本左內), 요시다 쇼인(吉田松陰) 등을 참수형에 처한 사건.

의(義)를 저버린 것은 달리 변명할 여지가 없다.

어떤 이가 말하기를, 공맹은 그 품은 도(道)가 커서 진작부터 천하를 바로잡고자 원했는데 왜 자국에만 얽매여야 하겠는가, 또한 명군(明君)·현주(賢主)를 찾아서 자신의 도를 펼치면 천하가 함께 그 은택을 누릴 터이니 원래 태어난 나라도 그 속에 있지 않은가, 라고 했다. 그래서 나도 말하노라. 천하를 바로잡겠다고 하면서 태어난 나라를 떠나는 것은 나라를 다스리겠다면서 스스로를 닦지 않는 것과 같다. 수신·제가·치국·평천하는 대학(大學)의 첫머리에 나오는 말이니 결코 어지럽혀선 안 된다. (후략)

쇼인은 공맹을 비판함으로써 일본 독자적인 인간으로서 도리를 추구했다. 그리고 "우리나라는 위로 천조(天朝)로부터 아래로 열번(列藩)에 이르기까지 천만세세(千萬世世)를 이어와서 끊이지 않았으니 과히 한토(漢土) 등과 비할 바가 아니다"라고 일본의 우월성을 강조했다. 하지만 이때도 논거로 삼은 것은 동아시아의 성전 중 하나인 『대학』이었다.

나오며

문명의 충돌이 낳은 하이브리드 정치문화

일본사는 외부로부터 네 차례 커다란 문명적 임팩트를 경험하며 현재에
이르렀다. '고대화'에 즈음한 차이나 임팩트, '근세화'에 즈음한 이베리아 임
팩트, '근대화'에 즈음한 웨스턴 임팩트, 그리고 이 책의 범위 밖에 있는 '현
대화'에 즈음한 아메리카 임팩트이다.

그중 차이나 임팩트는 한시적인 범주를 초월하여 일본사에 통시대적으로
심원한 영향을 미쳤기에 필자는 그 전체를 아울러서 '동아시아화'라고 명명
했다. 그저 고대화에만 영향을 끼쳤을 뿐이라면 여러 임팩트 가운데 하나라
해도 무방할 것이다. 그러나 '일본국'이 성립하기 훨씬 전, 다수의 사회 집단
이 명운을 걸고 서로 경쟁을 펼친 기원 전후 이래의 백여 국, 소국, 연합국
시대부터 차이나 임팩트는 열도 내 수많은 집단에 대해 정치의 문명화를 자
극했다. 또한 그 후로도 광의의 "가라모노(唐物)", 즉 대륙 문물의 도래는 끊
이지 않았다. 특히 고대 일본국의 유생기(幼生期)에는 동아시아 고전고대를
계승한 후계 중화왕조의 정치문화를 적극적으로 흡입함으로써, 단순한 외래
문화가 아니라 거의 '체질'에 가까운 영역까지 깊숙이 받아들였다. 차이나
임팩트를 통해 최초로 흡수한 후 2차적인 궁리를 더하여 일본풍으로 바뀐
사물은 이루 헤아릴 수 없으며, 개중에는 완전히 체질화해서 원래 대륙으로

부터 유입된 사실조차 잊힌 경우도 많다. 이미 일본적 정치문화의 기층을 구성하는 주요 요소가 된 것이다.

나중에 도래한 이베리아, 웨스턴, 아메리카 임팩트 등은 심한 반발을 불러일으켰다. 물론 일본을 감화시키는 힘을 발휘하기도 했으나 이미 동아시아 정치문화가 일본의 원(原)체질적인 기반으로 굳어진 뒤였기에 어디까지나 '임팩트'에 머물렀고, 일본인들의 의식이나 문물에 표피적인 타격을 가하여 뒤흔든 정도에 불과했다.

그러나 표피적이라고는 해도 기독교, 난학, 양학 등이 파급됨으로써 재래적인 것과는 다른 방향으로 기울거나 변화된 국면도 나타났다. 근대화, 현대화에 즈음해서도 유사한 변질을 겪었다. 그러한 변질을 어떻게 이해할 것인가? 명치기의 문명개화는 분명히 대부분의 구관(舊慣)을 구폐(舊弊)로 인식하게 만들었다. 하지만 그 결과 종전까지의 율령법에 기반을 둔 세계가 서양법의 세계로 완전히 전환된 것은 아니며 혼성 상태의 신종(新種) 정치문화가 출현했다. 다시 말해서 일본 근대화의 기저를 이룬 것은 여전히 동아시아화와 일본화가 혼합된 유교핵 정치문화였고, 새로운 서양의 여러 요소가 표층(表層)을 뒤덮은 경우도 기저가 전혀 바뀌지 않은 하이브리드(hybrid, 혼성) 상태였던 것이다. 그것은 일본이라는 도가니 속에서 동아시아 법문명과 서양 법문명이 '충돌'하여 생겨난 신종의 하이브리드 정치문화에 지나지 않았다.

'복고적 근대화'라 할 수 있는 명치유신에서는 그전까지 오랜 시간에 걸쳐 일본사회가 내면화해온 온갖 것들이 그대로 생명력을 유지했다. "천조(天朝, 천황과 조정)" 측도, 거기에 저항하는 세력들도, 이미 체내에 깊숙이 배인 전통적인 가치의 선양을 대의명분으로 삼았다. "신정후덕(新政厚德)"이란 기치를 내건 것은 '유신 3걸' 가운데 사이고 다카모리(西鄕隆盛)를 맹주로 하여 1877년 규슈 가고시마(鹿兒島)에서 발발한 사족반란, 즉 서남전쟁(西南戰爭)이었다. 1884년 발생한 지치부(秩父, 사이타마현 서부) 농민들의 부채변제소동

(負債返辨騒擾)에서도 같은 문구를 새긴 항거의 깃발이 사용되었다.[1] 덕치를 요구하는 동아시아적인 정치문화는 사족반란, 농민투쟁 가릴 것 없이 정당성 획득을 위한 중요한 근거였던 것이다.

다른 한편에서 동아시아적인 정치문화는 일종의 구속으로도 작용했다. 명치 신정부는 대사면(大赦免)을 통해 다수의 죄인을 석방했는데 기리시탄만은 용서하지 않았다. 1868년 3월 14일 아직 교토에 머무르던 신정부는 「5개 조 서문(御誓文)」을 반포했고,[2] 그다음 날 전국의 고찰(高札, 제9장에 소개)을 "5방(五榜)"으로 교체하게 했다. 일찍이 1661년 이래 전국 각지의 고찰장(高札場)에는 다섯 장 한 조로 된 고찰이 게시되었다. 1711년부터는 문치적인 교유의 성격을 강화하여 부자·형제 관계, 독약 및 위조 화폐, 기리시탄, 방화 고발과 화재 진압, 짐삯 등에 관한 금령을 명시한 다섯 장의 방(榜)으로 보수했고 이후 막말까지 이어졌다. 또한 이것들을 기본으로 하여 장소, 시기에 따라 특별한 고찰이 세워지기도 했다.

부자·형제에 대한 방은 말할 필요도 없이 유교적 도덕률을 장려하는 내용이었다. 그런데 1868년의 "5방" 중 제1방도 유교 도덕의 기본인 "오륜(五倫)의 도"를 존중할 것과 환과고독(鰥寡孤獨, 제2장에 설명) 및 불치 병자에 대한 연민을 구하고 살인·방화·절도 등의 악업을 금지한 내용이었다. 1711년 고찰의 정신을 그대로 계승한 것이다. 제2방은 도당(徒黨)·집단 봉기(強訴)·도산(逃散)에 대한 금지로, 이는 1770년의 백성잇키에 대한 금령을 계승한 내용이다. 제3방은 기독교에 대한 금령으로, "기리시탄(切支丹) 사종문(邪宗門)은

---

1) 부채변제소동(負債返辨騒擾): 통칭은 지치부 사건(秩父事件). 경제 불황하에서 은행 등의 고리대 부채에 시달린 지치부(秩父) 일대의 농민들이 1883~1885년 곤민당(困民黨), 차금당(借金黨) 등을 결성하여 변제조건 완화를 요구한 격화 사건.

2) 「5개 조 서문(御誓文)」: 명치 천황이 백관을 이끌고 천지신명에게 맹서하는 형태로 발표한 유신정권의 기본 방침. 공의여론(公議輿論)에 입각한 개명적인 정치를 강조함으로써 구 막부 세력을 억압하고 열강의 지지를 얻고자 했다.

구(舊)에 따라 이를 엄금한다"고 했다. "구에 따라"라는 막연한 근거만으로도 충분한 설득력이 부여된 것이다. 그리고 이어서 위 제1~3방에 대해 "영세(永世)의 정법(定法)" 또는 "정3찰(定三札)"이라는 단서가 부가되었다.

새로운 왕권 – 왕은 바뀌지 않고 왕권의 구조만 일왕형(一王型)으로 변함 – 이 정통성을 주장하기 위해서는 민의(民意)의 총체를 대표할 수 있어야 했다. 부자·형제의 충효 윤리를 맨 앞에 내세운 것은 당시 일본사회 전체가 이 같은 사고방식에 의해 규정되고 또한 그것을 기대했기 때문이다.

국가의 안위를 둘러싼 강박 의식과 패권 욕구

명치 국가가 근세로부터 물려받은 유산은 정치문화의 질적인 부분에만 머무르지 않았다. 근세화의 초입에 이베리아 임팩트를 경험하면서 전국시대를 최종적으로 수습한 천하인(天下人)의 외세에 대한 대항심이 '중화 황제'화를 향한 야망으로 전환되었고 이후 7년간에 걸쳐 임진전쟁, 즉 조선 침략전쟁을 일으킨 사실에 대해선 이미 본론에서 논한 바 있다. 그리고 이베리아 양국과 동아시아라는 두 방향으로부터의 힘을 함께 수용한 결과 일본의 '근세화'는 기독교 배제, 비입공·비적례, 유교핵 정치문화라는 편향성을 띤 형태로 정착되었다.

그로부터 2세기 반 이상이 지난 시점에 일본은 또다시 서양 법문명의 후계자들에 의한 웨스턴 임팩트의 거센 불길 앞에 내던져졌고, 그 불안감에 타들어가는 염열(炎熱)을 '대륙 패권'이라고 하는 마치 과거의 역사를 그대로 재현한 듯한 자세와 행위로 해소하고자 했다. 임진전쟁의 시대로부터 기나긴 세월을 지나오면서 그 정치적, 군사적인 기술 양식이 진화를 거듭한 만큼 재앙의 폭과 깊이도 심대할 수밖에 없었다.

막번체제가 직면한 웨스턴 임팩트는 "화친", "통상"을 전면에 내세운 현세적 압력이었다. 하지만 거기에는 초월 관념의 해방에 대한 불가역적인 요구가 따라붙었다. 즉, 근세 일본의 기독교 배제 국법을 중단시키려 한 것이다. 돌이켜보면 열도에 기독교가 최초로 전파된 16세기 중엽부터 약 1세기 동안 일본은 로마 가톨릭교회가 큰 희망을 품은 이교도 사회였다. 19세기 중엽 무렵 법왕청은 일본의 개국을 예측하고 선교사 파견 계획을 세웠다.[3] 류큐(琉球)에서는 1853년 전반 미국의 페리 제독이 내항한 후부터 사실상 포교 활동이 시작되고 있었다. 그 후 1858년 서양 각국과 맺은 수호통상조약으로 인해 선교사의 일본 입국이 용이해졌다. 1862년에는 개항장 요코하마(橫浜)에 가톨릭교회가 건립되고 1865년에는 나가사키에도 오우라천주당(大浦天主堂)이 세워졌다. 그리하여 방심한 "가쿠레기리시탄(隱れ切支丹)"들이 자신들의 신앙을 밝히고 나서서 선교사로부터 신앙 지도를 받기도 했으나 1867년 에도의 공의는 그들을 포박했다.[4] 그리고 같은 해 대정봉환(大政奉還, 제10장에 소개)이 있기 불과 수개월 전에 공의가 체포한 기리시탄들을 명치 신정부는 그대로 죄인으로 인계받아서 각지로 유배 보냈다(「浦上四番崩れ」).

'근세화' 과정의 일본은 이베리아 임팩트에 대응하여 국가적 안전을 둘러싼 강박감을 대륙 침략을 통해 극복하고자 했고, 그 결과 동아시아의 위험 국가로 전락했다. 또한 '근대화'에 즈음해서도 웨스턴 임팩트에 대응하여 정치문화적으로 하이브리드화하면서도 '중화 황제'화를 지향했다. 이렇게 일본은 동아시아 법문명권에 속한 하나의 주변 왕조였으나 바다 건너라고 하는 입지조건 덕분에 후계 중화왕조에 대해 사대주의에 빠지지 않고 비입공·비적례 관계를 유지할 수 있었으며, 또 같은 요인으로 인해 국가 안위를 둘러싼 강박 관념이 대륙을 향한 팽창 욕구로 전환되기 쉬웠다. 막말유신기 식자

---

3) 법왕청: 로마 교황청의 일본식 호칭.
4) 가쿠레기리시탄(隱れ切支丹): 에도시대 기독교 금제령하에서 잠복하여 신앙을 지속한 기독교인(집단).

층의 언설에서 드러난 팽창 욕구의 범위는 한반도에서 만주에 걸친, 요컨대 열도에 가까운 바다 건너편 지역이었다. 예를 들어 앞서 언급한 서남전쟁 당시에 "신정후덕"을 기치로 내건 사이고 다카모리의 군세는 한편으로 "정한(征韓)" 욕구를 품었고, 지치부 사건 때의 곤민당 지도자 중에도 사이고에 대한 존경심과 더불어 "정한" 감정을 토로한 자가 있었다. 이러한 팽창에 대한 충동은 집단 심성으로 내면화하여 제2차 세계대전 후의 경제대국화와, 나아가서는 국가적 지위가 동아시아 내에서 상대적으로 하강한 현재도 계속 작동하고 있는 것으로 사료된다.

지나온 역사와 당면한 현실을 위와 같이 인식했을 때, 다가오는 미래를 위해 우리는 과연 어떤 '희망의 씨앗'을 논할 수 있을까? 거듭 강조하거니와 일본사는 동아시아 고전고대로부터의 정치문화적인 문명화 압력을 때로는 자주적으로 또 때로는 대항적으로 수용함으로써 동아시아 법문명권의 한 구성원으로 굳건히 자리 잡았다. 그 결과 동아시아화와 일본화의 갈등이 빚어낸 최초의 하이브리드종(種)이라고 해도 좋을 유교핵 정치문화가 일본사에 깊숙이 배어들었다. 그리하여 시간이 경과함에 따라 켜켜이 때가 묻고 그을음도 쌓였으나 동아시아적인 정치문화는 결코 사라지지 않고 일본사회의 저변을 관류해왔다. 따라서 미래사회에 자양분을 공급할 만한 '희망의 씨앗' 또한 그런 저변의 흐름으로부터 건져 올릴 수밖에 달리 방도가 없을 것이다.

단순히 기존의 유교를 재평가하자는 게 아니다. 사상 체계로서의 유교가 아니라 유교핵 정치문화를 통해 긴 시간 숙성시켜온 정도론(政道論)의 하나하나 개별적인 요소가 중요하다. 그것들 가운데 지금 우리의 사고와 사물에 대한 태도에 재활용 가능한 것이 없을까? 데모크라시는 서양 고전고대로부터 발원했고 당대의 아리스토크라시(aristocracy, 귀족정치)와 짝을 이뤘다. 그렇다고 고대 희랍사상 전부를 긍정해야만 데모크라시에 관해 말할 수 있는 것은 아니다. 고대의 데모크라시가 무수한 변천을 겪은 끝에 비로소 근대 이

후의 민주주의 정치론으로 연마된 때문이다.

그럼 도대체 어떤 요소가 동아시아 내부로부터 배태된 '희망의 씨앗'이 될 수 있을까? 이 점은 향후 고심을 거듭해야 할 대단히 중요한 과제이고, 현재로선 그저 표층을 더듬어볼 따름이다. 예컨대 본래는 군주제적 민본주의의 구성 요소이던 "민본", "평균", "태평", "덕치", "교유" 등을 그 모태로부터 떼어내서 연마 가공하여 재활용할 방법을 찾을 수는 없을까? 또한 일본사 내부에서 파생된 "백성 존립"(제7장에 소개), "오스쿠이(御救, 제7장)", "와단(和談, 대화를 통한 분쟁 해결)", "지유(自由)" 등 일본사적인 성격이 가미된 개념어들도 일일이 재검토할 필요가 있다.[5] 이것들을 하나하나 정교하게 훑어가는 과정에서 "민본"과 "민주"의 차이점을 보다 깊이 이해하게 될 것이며, 또한 그 혼합 방식을 자연스럽게 궁리함으로써 새로운 하이브리드종의 발명에 도달할 수도 있을 것이다.

개인적인 호불호와 상관없이 우리의 삶이 동아시아적인 것에 깊이 규정되고 있음을 깨달아야 한다. 지금도 일본 도처에서 "학습"이란 말을 거의 일상적으로 사용한다. 이것은 말할 필요도 없이 『논어』 서두의 "학이시습지(學而時習知)"에서 나온 말이다. 물론 그러니까 모두가 『논어』를 계통적으로 배워야 한다는 게 아니다. 일상 속에 녹아든 "학습"이란 말이 애초에 『논어』로부터 나왔다는 사실을 아는 것이 일본사회의 위치를 이해하는 데 대단히 중요하다.

---

5) 본문의 "지유(自由)"에 대해 지은이에게 문의한 결과, 사용 의도는 다음과 같음. "서양의 'free-dom', 'liberty'가 아니라 '제멋대로', '마음대로'(즉, 외부로러터 속박이나 장해 없이 원하는 대로 행동할 수 있는 상태—옮긴이의 이해)라는 의미에 가까움. 부정적인 이미지가 내포된 이러한 재래의 어휘, 개념을 새롭게 연마하고 재해석함으로써 우리의 '힘'으로 활용할 수는 없을까?"(2016.6.28. 전자메일)

인용 및 참고 문헌(일본어 발음순으로 정리)

アーモンド·ヴァーバ. 1974. 『現代市民の政治文化―五カ国における政治的態度と民主主義―』. 石川一雄 外 譯. 勁草書房.

阿部吉雄. 1965. 『日本朱子学と朝鮮』. 東京大学出版会.

荒野泰典. 1988. 『近世日本と東アジア』. 東京大学出版会.

家永三郎. 1948. 『外来文化摂取史論―近代西洋文化摂取の思想史的考察』. 岩崎書店(青史社 復刻板, 1974).

池田温. 1997. 「中国と日本の元号制」. 池田温·劉俊文 編 『日中文化交流史叢書2 法律制度』. 大修館書店.

石母田正. 1946. 『中世的世界の形成』. 伊藤書店(岩波文庫, 1985).

井上智勝. 2011. 10. 「「蛮夷」たちの「中華」―近世期日本·朝鮮·ベトナムの小中華意識と国家祭祀―」. 『新しい歴史学のために』第279號.

内田智雄·日原利國 校訂. 1966. 『律例対照 定本明律国字解』. 創文社.

大塚久雄. 1955. 『共同体の基礎理論―経済史総論講義案』. 岩波書店(岩波現代文庫, 2000).

大庭脩. 1984. 『江戸時代における中国文化の受容の研究』. 同朋社出版.

大橋幸泰. 2001. 『キリシタン民衆史の研究』. 東京堂出版.

大橋幸泰·深谷克己 編. 2011. 『〔江戸〕の人と身分6 身分論を広げる』. 吉川弘文館.

小川和也. 2008. 『牧民の思想―江戸の治者意識』. 平凡社.

奥田晴樹. 2010. 「所有を制約するもの―日本の近代的土地所有に見る―」, 山田奨治 編. 『コモンズと文化―文化は誰のものか―』. 東京堂出版.

上垣外憲一. 1994. 『「鎖国」の比較文明論―東アジアからの視点』. 講談社.

紙屋敦之. 1990a. 「江戸上り」. 『新琉球史近世編 下』. 琉球新報社.

_____. 1990b. 『幕藩制国家の琉球支配』. 校倉書房.

菊池勇夫. 1991. 『北方史のなかの近世日本』. 校倉書房.

北島正元. 1939. 『日本近世史』. 三笠書房.

_____. 1958. 『江戸時代』. 岩波新書.

_____. 1963. 『徳川家康―組織者の肖像』. 中公新書.

北島万次. 1990. 『豊臣政権の対外認識と朝鮮侵略』. 校倉書房.

久保貴子. 1998. 『近世の朝廷運営―朝幕関係の展開』. 岩田書院.

児玉幸多. 1948. 『江戸時代の農民生活』. 大八洲出版(のち『近世農民生活史―江戸時代の農民生活』, 吉川弘文館, 1952).

清水有子. 2012. 『近世日本とルソン―「鎖国」形成史再考』. 東京堂出版.

白川部達夫. 1999. 『近世の百姓世界』. 吉川弘文館.

須田努. 2002. 『「悪党」の一九世紀―民衆運動の変質と"近代移行期"』. 青木書店.

高木昭作. 1990. 『日本近世国家史の研究』. 岩波書店.

高塩博. 1997. 「江戸時代享保期の明律研究とその影響」. 池田温・劉俊文 編. 『日中文化交流史叢書2 法律制度』. 大修館書店.

高瀬弘一郎. 1977. 『キリシタン時代の研究』. 岩波書店.

高野信治. 2002. 『藩国と藩輔の構造』. 名著出版.

高橋昌明. 1999. 『武士の成立―武士像の創出』. 東京大学出版会.

瀧川政次郎. 1964. 『非理法権天 法諺の研究』. 青蛙房.

谷口眞子. 2005. 『近世社会と法規範―名誉・身分・実力行使』. 吉川弘文館.

趙景達. 2011. 「朝鮮の民本主義と民衆運動―近世日本との比較」. 趙景達・須田努 編. 『比較史的にみた近世日本―「東アジア化」をめぐって―』. 東京堂出版.

_____. 2012.1. 「グローバル・ヒストリー雑感」. 『歴史評論』741號.

ツエルナー, R・E. 2009. 『東アジアの歴史―その構築』. 植原久美子 譯. 小倉欽一・李成市 監修. 明石書店.

椿田有希子. 2012.8. 「日光社参を見る眼―天保期における将軍権威の変質と民衆」. 『日本歴史』771號.

遠山茂樹. 1968. 『戦後の歴史学と歴史意識』. 岩波書店.

中川学. 2009. 『近世の死と政治文化―鳴物停止令と穢』. 吉川弘文館.

中野等. 2006. 『秀吉の軍令と大陸侵攻』. 吉川弘文館.

中林隆之. 2011.10. 「東アジア〈政治―宗教〉世界の形成と日本古代国家」. 『歴史学研究』885號.

中山久四郎. 1929. 「六諭衍義に関する研究」. 大塚史学会 編. 『三宅博士古稀祝賀記念論文集』. 岡書院.

西嶋定生. 1983. 『中国古代国家と東アジア世界』. 東京大学出版会.

_____. 2000. 『古代東アジア世界と日本』. 李成市 編. 岩波書店.

野本禎司. 2011. 「江戸時代における国家官僚＝旗本家をめぐる特権構造」. 荒武賢一郎 編. 『近世史研究と現代社会』. 清文堂出版.

羽仁五郎. 1929. 『転形期の歴史学』. 鉄塔書院.

平川新. 2010a. 「前近代の外交と国家―国家の役割を考える―」. 『近世史サマーフォーラム二〇〇九の記録』. 近世史サマーフォーラム二〇〇九実行委員会.

_____. 2010b. 「スペインの対日戦略と家康・政宗の外交」. 『国史談話会雑誌』50號. 東北大学文学研究科日本史研究室.

深谷克己. 1988. 『大系日本歴史9 士農工商の世』. 小学館.

_____. 1991.『近世の国家・社会と天皇』. 校倉書房.

_____. 1993.『百姓成立』. 塙書房.

_____. 1999.「近世政治と百姓目安」. 岩田浩太郎 編.『民衆運動史2 社会意識と世界像』. 青木書店.

_____. 2002.『津藩』. 吉川弘文館.

_____. 2005a.「近世日本における政治習俗と信仰習俗」.『アジア地域文化エンハンシング研究 センター報告集III 二〇〇四年度』.

_____. 2005b.「近世国家における藩権力の位置」.『九州史学』141號.

_____. 2005c.「東アジアにおける近代移行期の君主・神観念一救済と平等への待望シンボルについ て」.『アジア歴史文化研究所シンポジウム報告集 近代移行期の東アジア一政治文化の変容と 形成』.

_____. 2006.『江戸時代の身分願望一身上りと上下無し』. 吉川弘文館.

_____. 2010.「近世日本と東アジア一「東アジア法文明圏」の視界一」.『思想』1029號(『特集「韓国併合」 一〇〇年を問う一『思想』特集・関係資料』. 岩波書店.

_____. 2011.「イベリア・インパクトと壬申戦争」.『「韓国併合」一〇〇年を問う一二〇一〇年国際シンポ ジウム』. 岩波書店.

_____. 2012.「「日本国」の王権と政道一東アジア法文明圏の視界から」,『近世の天皇・朝廷研究』4號.

_____ 編. 2009.『東アジアの政治文化と近代』. 有志舎.

福田千鶴. 1999.『幕藩制的秩序と御家騒動』. 校倉書房.

藤井讓治. 1980.「家綱政権論」. 松本四郎・山田忠雄 編.『講座日本近世史4 元禄・享保期の政治と社会』. 有斐閣.

藤田覚. 1999.『近世政治史と天皇』. 吉川弘文館.

_____. 2005.『近世後期政治史と対外関係』. 東京大学出版会.

堀新. 2011.『織豊期王権論』. 校倉書房.

_____. 2012.6.「織豊期王権の成立と東アジア」.『歴史評論』746號.

本多隆成. 2010.『定本徳川家康』. 吉川弘文館.

丸山眞男. 1952.『日本政治思想史研究』. 東京大学出版会.

宮崎市定. 1973.『アジア史概説』. 学生社(舊版 1947, 1948).

宮澤誠一. 1973.1.「幕藩制イデオロギーの成立と構造一初期藩政改革との関連を中心に」,『歴史学 研究』別冊特集.

宮嶋博史. 2006.11.「東アジア世界における日本の「近世化」一日本史研究批判」.『歴史学研究』821號.

宮地正人. 2012.『幕末維新変革史 上・下』. 岩波書店.

関徳基. 1994.『前近代東アジアのなかの韓日関係』. 早稲田大学出版部

村井早苗. 1987.『幕藩制成立とキリシタン禁制』. 文献出版.

安丸良夫. 1974.『日本の近代化と民衆思想』. 青木書店(平凡社ライブラリー, 1999).

山口啓二. 1993. 『鎖国と開国』. 岩波書店.

山本英二. 1999. 『慶安御触書成立試論』. 日本エデイタースクール出版部.

_____. 2010. 「創り出される由緒の家筋」, 白川部達夫・山本英二 編『〔江戸〕人と身分2村の身分と由緒』. 吉川弘文館.

頼祺一 編. 1993. 『日本の近世13 儒学・国学・洋学』. 中央公論社.

李成市. 2000. 『東アジア文化圏の形成』. 山川出版社.

若尾政希. 1999a. 『「太平記読み」の時代―近世政治思想史の構想』. 平凡社.

_____. 1999b. 「百姓一揆物語と「太平記読み」」. 岩田浩太郎 編, 『民衆運動史2 社会意識と世界像』. 青木書店.

若林喜三郎. 1961. 『前田綱紀』. 吉川弘文館(新装版, 1986).

_____. 1970. 『加賀藩農政史の研究 上巻』. 吉川弘文館(下巻, 1972).

후기

    스스로 일본근세사 전공자라고 생각하고 주위로부터도 그렇게 대접받아 온 필자가 이 책에서는 주제넘게도 일본고대사와 중세사, 그리고 세계사로까지 논의의 폭을 넓히게 되었다. 각 분야의 전문가들이 보면 당연히 여기저기 미숙한 부분이 많을 것이다. 또한 일본근세사를 넘어선 넓은 범주에서 나름의 역사상을 구축하고자 의도한 까닭에 근세사의 기존 통념에서 보더라도 당돌한 견해를 다수 제기했다. 이 책의 주장 가운데는 이미 확신에 가까운 것도 있지만 필자 자신이 아직 제대로 해결하지 못한 설익은 문제 제기도 더러 있다. 이것들에 관해서는 고령이긴 하지만 여생을 숙제 해결에 바칠 것을 다짐하며, 여기서는 이 책을 구상하기까지 개인적인 연구 궤적에 대해 간추려서 말씀드리고 싶다.

    필자는 1960년대에 일본 근세 농촌사를 공부하기 시작했다. 농촌사에도 여러 방향이 있었으나 필자가 집착한 것은 백성잇키를 중심으로 한 농민운동사 쪽이었다. 그 후 다행이도 일본사 전담 교원으로 대학 강단에 설 기회를 얻어서 70세 정년에 이르기까지 계속 근무할 수 있었다. 오랜 시간을 연구·교육 업무에 종사하면서 연구 대상은 차츰 넓어졌지만 40대 전반까지 일본사의 외부로 눈을 돌린 적은 없었다. 물론 일본근세사에도 대외관계사라는 분야가 있고 그 연구 사조가 어떤 방향으로 심화되는지는 알고 있었다. 그러나 자신의 일본근세사 인식에 외적인 요소를 결부시켜보지는 않았다.

마침 1985년 북미에 체류할 기회가 주어져서 미국과 캐나다의 대학·도서관·박물관을 두루 자유롭게 찾아다니며 일본사 문헌의 배치, 일본사 관련 교과목의 개설 양상 등을 '해외'의 관점에서 들여다볼 수 있었다. 또 'Asian Studies'라는 큰 테두리 안에서 중국, 일본, 한국 등이 어떤 시각으로 현지인에게 비추어지며 서로 연관되고 있는지를 감회 깊게 관찰할 수 있었다. 이듬해 1986년에는 처음으로 한국을 찾아서 대학을 방문했고, '일본사가 압제를 가한 외국사의 사적(史蹟)'들도 둘러보았다. 또한 이 무렵부터 필자가 담당한 대학원 세미나에도 한국인 유학생들을 받아들이기 시작했다.

당시 일본에서 시민들의 해외여행은 이미 당연한 일이었고 역사학계에서도 외국사, 대외관계사 전공자만이 아니라 일본사 전공자가 외국에서 열리는 국제적인 역사학 관련 학술대회에 참가하는 사례가 늘어났다. 필자도 가까이 지내던 일본사 전공자들과 함께 동아시아의 연구자들과 직접 교류하고 싶은 욕구를 키우게 되었다. 그리하여 1990년 이래 중국의 난징 대학과 푸단 대학, 한국의 역사문제연구소 등과 교류를 시작했고 현지를 방문하거나 일본으로 초청하면서 점차 상호 관계를 심화해갔다. 비록 각각의 관계에 차이가 생기긴 했으나 지금도 아시아민중사연구회를 통해 의견을 주고받는 교류 형태가 이어지고 필자도 여전히 참여하고 있다.

그러한 4반세기 이상에 걸친 경험 속에서 서서히 발효되어온 사고가 '한국 병합 100주년'에 즈음한 각종 출판기획 등에 참여하며 자극 받은 '현실 문제'의 인식과도 어우러져서, 우선 가시적인 형태로 정리해본 것이 이 책이다. 개인적으로는 학문적인 시야를 넓히는 좋은 기회였다고 생각한다. 하지만 막상 써놓고 보니 '동아시아사 연구자'로서 구성이 아니라 어디까지나 '일본근세사 연구자'의 시각에서 힘자라는 한껏 사지를 뻗어본 데 지나지 않았음을 통감한다. 금후로도 공부를 계속하겠다고 약속드렸지만 위와 같은 입각점은 아마 쉽게 바뀔 수 없을 것 같다. 오히려 일본근세사 전공자로서의 토대를 소중히 하며 그 위에서 볼 수 있는 세계의 광지역사에 대한 관점을 숙성시켜가는 것이 앞으로의 과업일지도 모르겠다.

이 책이 세상에 나오기까지 이와나미서점(岩波書店) 편집국의 고지마 기요시(小島潔) 씨, 이리에 오세(入江仰) 씨에게 대단히 큰 도움을 받았다. 또 일일이 거명하는 일은 삼가겠지만 그간 토론을 나눈 수많은 지기들로부터 이루 헤아리기 힘들 정도로 허다한 시사점을 얻었다. 모두에게 진심으로 감사드린다.

2012년 9월 24일

후카야 가쓰미(深谷克己)

옮긴이의 글

이 책의 원제는 『東アジア法文明圈の中の日本史』(岩波書店, 2012)이다. 독자들께 어떻게 전달할지 고심한 끝에 역서도 제명을 『동아시아 법문명권 속의 일본사』로 직역하고 거기에 '유교핵(儒教核) 정치문화를 중심으로'라는 부제를 달았다. '법문명권', '유교핵 정치문화' 등 지은이의 독창적인 개념어에 대해선 아래쪽을 참고하시기 바란다.

지은이 후카야 가쓰미(深谷克己) 선생은 일본근세사 나아가서는 일본 역사학계를 대표하는 원로학자 중 한 분이다. 와세다 대학을 정년퇴임한 후 현재는 저술 작업에 전념하고 계신 것으로 듣고 있다. 후카야 선생의 연구는 청년기부터의 일본 근세 농민운동을 중심으로 한 민중운동사 분야와 50대 이후 천착한 동아시아 정치문화사 분야로 대별할 수 있다. 물론 양자는 깊은 연관 속에 진행되었는데 그 자세한 연구 궤적에 대해서는 지은이의 권두언 「한국의 독자들께 드리는 말씀」과 약력을 참조해주시기 바란다. 이 책은 그중 동아시아 및 일본의 정치문화에 대한 그간의 온축(蘊蓄)을 집대성한 내용이다. 옮긴이로서는 일본 역사학계의 현재 도달점을 유감없이 보여주는 노작이라고 감히 생각하고 있다.

옮긴이는 후카야 선생께 직접 가르침을 받은 적이 없다. 하지만 1980년대 일본 유학 시절부터 자주 그 연구 성과를 접하며 깊은 존경심을 키워왔다. 이제 선생의 연구의 한끝이나마 국내 학계에 소개할 수 있어서 기쁘기 한량 없다. 역사학의 동학뿐만 아니라 널리 인문학자, 독서가들께서 음미하시고 자국사와 동아시아사의 관계를 둘러싼 치열한 학문적, 현실적 고민에 동참해주시길 기대한다.

이 책의 출발점과 목표, 주요 개념어에 대한 옮긴이 나름의 이해는 아래와 같다.

권두언에서 밝히고 있듯이, "근대 이래 일본사 연구에 깊이 뿌리박은 '탈아론적 일본 이질론'을 학문적으로 어떻게 극복할 것인가?"라는 과제가 이 책의 출발점이자 기본적인 문제의식이다. 또한 「들어가며」에서는 "마치 숙명과도 같이 서로 시의(猜疑, 시기·의심)하는 동아시아의 역사 저 깊은 곳에 함께 땀 흘려 가꿀 만한 '희망의 씨앗'이 이미 오래전부터 싹트고 있지는 않았을까? 그 씨앗을 찾아낼 수 있을지 없을지를 역사학적인 시선으로 재검토하려는 것이 이 책의 목표"라는 점을 분명히 하고 있다. 그리고 이 책 전체를 통해 추구할 연구 과제로 "동아시아를 동아시아답게 해주는 공통분모적 기반은 무엇인가?", "일본은 왜 동아시아인가?"라는 물음을 스스로에게 던진다.

「제1장 일본사 인식의 문제점」에서는 일본 역사학계 주류의 아시아에 대한 인식을 비판적으로 검토한다. 우선 지은이는 쓰다 소키치(津田左右吉), 이에나가 사부로(家永三郎), 마루야마 마사오(丸山眞男), 야스마루 요시오(安丸良夫), 이시모타 쇼(石母田正) 등 소위 '전후 역사학'을 대표하며 학계에 엄청난 영향을 미친 저명한 학자들의 업적에 한편으로 깊은 경의를 표한다. 그러나 마르크스주의에 입각한 '전후 역사학'이 주관적으로는 "'대일본제국'의 행보를 가장 엄중히 비판"하고 "가장 양질의 아시아에 대한 공감과 연대의 의식을 내포한 학문 사조"였음에도 불구하고, 막상 역사인식의 구조라는 측면에서는 "연구자 개개인의 자의식과는 달리 (유럽중심사관에 서서)세계에 대해서는 '일본 이질론', 아시아에 대해서는 '일본 선진론'으로 귀착"되고 마는 "탈(脫)아시아적 내지는 비(非)아시아적인 인식"을 공유한 점에 대해 전면적인 비판을 가한다. 그리고 이러한 '전후 역사학'의 맹점이 1930년대 『일본 자본주의발달사 강좌』에 근원을 둔 불가피한 문제였음을 밝힌다.

「제2장 동아시아 고전고대와 법문명권」은 본론의 도입부로서, "역사 속의 무수히 많은 사상(事象)들을 총체적으로 인식하는 시야를 갖기 위해서는 아무래도 가설적인 논리화를 위한 수단, 즉 이론 자체의 연구를 병행하지 않으면 안 된다"는 전제하에 지은이 자신이 창안 혹은, 사용한 몇 가지 주요 개념어에 대해 논하고 있다.

먼저 '정치문화'는 법문명권을 성립시키는 필수적인 토대이다. 이는 법제·직제와 같은 실체적인 정치질서만이 아니라 치자-피치자 간에 작용하는 정통성과 정당성 관념, 초월적인 신 관념, 옳고 그름을 분별하는 정사(正邪) 관념, 상·하 신분 간에 기대되는 인격상, 모든 구성원이 기준으로 삼고 따라야 할 내적인 규율 등 사회문화적 기반을 이루는 제 요소들을 망라한다. '광(廣)지역 법문명권'은 세계사의 하위 개념으로, 일국사 또는 왕조사를 넘어선 범주에서 내부적으로 일체화된 광역적인 정치문화 권역을 지칭한다. 인류사의 가장 이른 시기에 복수의 중핵지대에서 생성된 몇 종류의 정치문화가 오랜 기간 다양한 교섭과 변용의 과정을 거치며 각기 주변부로 확산되어 결국 지역 전체가 동질의 역사적 구조체로서 광지역 법문명권을 형성했다. 지구 상에는 열 손가락으로 충분히 꼽을 만한 광지역 법문명권이 존재하는데, 지은이는 그 하나하나가 성립에 이르는 전 과정을 '고대화'라고 통칭한다.

완성된 법문명권에는 당해 정치문화의 원천으로서 '고전고대'*의 위치를 점하는 '중핵국가'와 그 문명적 특질을 원자(原資) 삼아 재해석 재창조를 거듭한 '후계 중핵국가', 그 영향을 받은 '주변 국가', 그 외연에 위치하여 자연성을 지속한 '부족사회'의 세 가지 층위가 있다. 그 후 '중세화', '근세화', '근대화',

---

* 지은이는 '고전고대'를 서양의 그리스·로마시대로만 한정하는 "유럽중심사관을 바탕으로 세계를 서열화하는 통념"에 반대하고 세계사의 보편 개념으로서 유용성을 주장한다.

'현대화' 과정에서 경제력을 기본 동인으로 한 시계열적인 변화를 겪긴 했지만, 이미 기층화된 고전고대 이래의 고유한 정치문화는 외관만 바꾸며 현재까지도 직간접으로 동일한 법문명권으로서 기본적인 성격을 지속하고 있다.

'동아시아 법문명권'이란, 최초로 대륙 '중원(中原)'의 중심부를 차지하고 '동아시아 고전고대'를 발원시킨 '중화왕조'와 그 계승자인 '후계 중화왕조', 그 시원적인 광원(光源)하에서 생육되었으나 복속을 거부하고 스스로도 소(小)광원화한 복수의 '주변 왕조', 그리고 그 안팎에 존속한 다수의 '부족사회'들을 총칭하는 개념이다. 중국 대륙·한반도·일본열도·대만·인도차이나반도 북부를 합친 광지역이 여기에 속한다. (후계) 중화왕조-주변 왕조의 관계는 극히 유동적이어서 '고대화' 과정 전체를 통해 난립과 통합의 격심한 흥폐(興廢)를 겪으며 이윽고 화이(華夷)·사대(事大)·기미(羈縻)·적례(敵禮)라고 하는 상하, 병렬의 국제질서를 형성했다.

지은이는 이 동아시아 법문명권이 '천(天)'을 최상위로 하여 제신(諸神)·제불(諸佛)의 세계를 포괄하는 초월 관념과 치자-피치자 간의 비대칭적인 합의에 기초한 인정(仁政)·덕치(德治)의 민본주의·교유(教諭)주의를 근간으로 하는 '유교핵(儒教核) 정치문화권'이며, '소농(小農)'을 기반으로 한 사회라는 점을 특별히 강조한다. 또한 그 위에서 동아시아를 동아시아답게 해주는 다양한 성격의 '공통분모'를 드는 한편으로, 정치사적인 국가 형태, 소농이 주체가 된 촌락공동체의 존재 방식, 민중생활사에 이르기까지 같은 법문명권 내에서 "'키'와 '체격'은 비슷하지만 개성적인 '이목구비'를 갖춘 존재"로서 각국사가 지닌 고유한 '개성적인 분자'에도 주목할 것을 요구한다.

「제3장」 이하 본문 각 장에서는 지은이의 주 전공인 일본근세사를 중심으로 하되 고대부터 근대 명치유신까지를 망라하여 동아시아적인 공통분모와 그 속에 위치한 일본사의 개성적인 분자에 대해 여러 흥미로운 논점을 세워 실증적, 통시대적으로 추적 검토하고 있다. 그 세부 내용을 여기서 정리

소개하는 일은 삼가는 편이 좋을 것 같다.

엄격한 실증주의, 일부 도그마화한 측면도 있으나 냉전체제하 국제사회 및 일본의 정치 현실에 대한 치열한 문제의식, 현실과 학문의 연관성이야말로 일본 '전후 역사학'의 가장 큰 미덕이 아니겠는가. 그러한 점에서 과거-현재-미래를 잇는 통시대적인 학문으로서 역사학의 본령을 고민하고 그 속에서 자신의 생애 연구 과제를 발굴 수행한 지은이 후카야 선생은 '전후 역사학'의 가장 충실한 일원이자, 동시에 냉전체제 붕괴 후 1990년대 이래 진행 중인 '현대 역사학'과의 연결 고리라고 옮긴이는 생각한다.

옮긴이는 이 책의 논지에 전체적으로 깊이 공감하고 있다. 특히 '동아시아화'와 '일본화'의 내적인 융합을 일본사의 기본 골격으로 보는 지은이의 시각은 같은 '동아시아 법문명권' 내의 한국사에도 적용이 가능할 것이다. 그런 일본이 유럽 근대를 수용하고 반세기 이상의 자체 숙성과정을 거친 후 식민지 조선에 강제한 일본적 근대는 그 '동아시아적 공통분모'에 기초한 직접 통치로 인해 전혀 이질적인 유럽 근대에 직면하기보다 더욱 복잡하고 치명적인 결과를 조선의 전통사회에 초래하지 않았을까는 생각이 든다. 물론 이 책에는 무리한 논지 전개로 판단되는 점도 없지 않았다. 그중 「제4장 임진전쟁과 이베리아 임팩트」, 「제10장 웨스턴 임팩트와 '복고적 근대화'」에서 일본이 일으킨 침략전쟁을 '서양 법문명권'의 동아시아 진출과 직접 결부시킨 부분에 대해서는 옮긴이 나름의 비판 논문을 곧 착수할 예정이다.

옮긴이의 역량 미흡이 큰 원인이겠지만, 전후 도치와 생략이 많은 독특한 문체에 다량의 사료를 구사한 원문을 정확히 해독해서 가능한 한 가독성 높은 한글 문장으로 옮기고 비(非)전공자들의 이해를 돕기 위해 간명하게(?) 역주를 다는 데 참 많은 시간이 소요되었다. 그러나 옮긴이 자신의 학업 면에서, 그리고 훌륭한 성과를 국내 학계에 소개하는 보람감으로 연구자로서 참으로 즐거운 나날을 지낼 수 있었다. 미숙한 후진에게 충실한 시간을 갖게 해주신 후카야 선생께 다시 한 번 깊은 감사와 존경을 바친다. 또한 보직 업무를 중도 사퇴하고 작업에 몰두할 수 있도록 허락해주신 근무처 동료들과, 전문 학술서 간행이 극히 어려운 실정임에도 불구하고 흔쾌히 출판을 맡아주신 한울엠플러스(주)의 김종수 사장과 배유진 팀장을 비롯한 실무 편집진에게도 깊이 감사드린다.

2016년 10월
박경수

찾아보기(인명·제도·용어·사건, 주요 사료 및 사료집, 문헌 등)

지은이 후카야 가쓰미 深谷克己

1939년 미에현(三重縣) 출생. 와세다 대학(早稲田大學) 대학원 박사과정 수료(일본근세사 전공), 1974년부터 같은 대학에 근무, 1980년 「백성잇키의 역사적 구조(百姓一揆の歴史的構造)」로 문학박사 학위 취득, 1995년부터 '아시아민중사연구회' 대표, 2010년 와세다 대학 정년퇴직 후 현재 명예교수.

* **저서**: 『百姓一揆の歴史的構造』(1979), 『南部百姓命助の生涯』(1983), 『近世の国家・社会と天皇』(1991), 『士農工商の世』(1993), 『百姓成立』(1993), 『江戸時代―日本の歴史〈6〉』(2002), 『藩政改革と百姓一揆 津藩の寛政期』(2004), 『江戸時代の身分願望 身上りと上下無し』(2006), 『深谷克己近世史論集』全6巻(2009~2010), 『書評で読む近世史』(2010), 『東アジア法文明圏の中の日本史』(2012), 『民間社会の天と神仏―江戸時代人の超越観念』(2015), 그 외 다수.

* **공저·편저**: 『日本近代思想大系21 民衆運動』(1989), 『世界史のなかの民衆運動』(2000), 『展望日本歴史13 近世国家』(2000), 『展望日本歴史15 近世社会』(2004), 『東アジアの政治文化と近代』(2009), 『〈江戸〉の人と身分3 権威と上昇願望』(2010), 『〈江戸〉の人と身分6 身分論をひろげる』(2011) 등 다수.

* **이메일**: fky0@waseda.jp

옮긴이 박경수 朴慶洙

1955년 대구 출생. 계명대학교 일어교육과 졸업, 일본 도호쿠 대학(東北大學) 대학원 박사과정 수료(일본근세사 전공), 1990년부터 강릉대학교(현 강릉원주대학교) 근무, 1993년 「일본 근세 도시상인자본의 연구(日本近世都市商人資本の研究)」로 박사(문학) 학위 취득. 일본 에도시대 유통경제사가 주 전공이며 한일교류사의 여러 쟁점, 한일 관계의 현실에 깊은 관심을 가지고 있다.

* **대표 저·역서**: 『近世日本の都市と交通』(1992, 공저), 『近世日本の生活文化と地域社会』(1995, 공저), 『일본적 사회질서의 기원』(2004, 역서), 『희망사회를 위한 제언』(2010, 역서), 『전근대 일본유통사와 정치권력』(2012), 그 외 개별 논문 다수.

* **이메일**: pks@gwnu.ac.kr

한울아카데미 1928

동아시아 법문명권 속의 일본사
유교핵 정치문화를 중심으로

지은이 ｜ 후카야 가쓰미
옮긴이 ｜ 박경수
펴낸이 ｜ 김종수
펴낸곳 ｜ 한울엠플러스(주)
편 집 ｜ 배유진

초판 1쇄 인쇄 ｜ 2016년 10월 31일
초판 1쇄 발행 ｜ 2016년 11월 14일

주소 ｜ 10881 경기도 파주시 광인사길 153 한울시소빌딩 3층
전화 ｜ 031-955-0655
팩스 ｜ 031-955-0656
홈페이지 ｜ www.hanulmplus.kr
등록번호 ｜ 제406-2015-000143호

Printed in Korea
ISBN 978-89-460-5928-3 93910 (양장)
ISBN 978-89-460-6241-2 93910 (학생판)

* 책값은 겉표지에 있습니다.
* 이 책은 강의를 위한 학생판 교재를 따로 준비했습니다.
  강의 교재로 사용하실 때에는 본사로 연락해주십시오.